Dictionnaire de Pédagogie

Louis Arénilla
Ancien Inspecteur d'Académie

Bernard Gossot
Inspecteur de l'Académie de Paris

Marie-Claire Rolland
Ancien Inspecteur général de l'Éducation nationale

Marie-Pierre Roussel
Inspecteur général de l'Éducation nationale

BORDAS

Maquette de couverture : Jean Castel.
Maquette intérieure : Michèle Billerey.

ISBN 2-04-028367-6

Avant-propos

Ce dictionnaire a été conçu pour être utile à tous ceux qui s'intéressent à la formation des hommes.

Aux étudiants, il propose des éléments commodes pour éclairer les lectures qu'ils ont à faire quotidiennement, un ensemble de connaissances diversifiées facilement mobilisables pour la préparation d'un dossier ou d'un exposé, une initiation à des concepts nouveaux et à leur genèse.

Aux enseignants, il offre une remise en mémoire d'un savoir historique, théorique et administratif, sur les évolutions de l'école dont les significations intellectuelles et psychologiques se trouvent parfois obscurcies par des applications de terrain routinières ou excessives.

Enfin, ce dictionnaire, où les articles et notices ont été rédigés avec le souci permanent de la clarté et de l'objectivité, peut convenir au grand public, au moment où le système éducatif est remis ou se remet en question.

L'ordonnancement alphabétique, un index abondant, des corrélats qui accompagnent la plupart des entrées, une bibliographie volontairement succincte, une liste des sigles utilisés permettront à chaque lecteur de trouver l'information qui lui est utile à un moment donné et de construire à son rythme, d'une manière personnelle, sa réflexion sur la généalogie des problèmes de pédagogie et sur les réponses actuellement proposées.

Nous avons tenu à ce que cet ouvrage reste maniable et agréable, mais cela entraînait diverses contraintes, particulièrement fortes, dans l'organisation des contenus. D'où, par exemple, quelques articles d'une certaine densité ou des absences qui pourraient être considérées comme des omissions puisque les disciplines scolaires en tant que telles n'ont pas été traitées. En effet, chacune d'entre elles, dans sa genèse, ses pratiques traditionnelles ou nouvelles et ses applications à des élèves qui représentent dix ou quinze classes d'âge, de l'enfance à la fin de l'adolescence, aurait mérité un développement considérable, incompatible avec l'esprit et l'objectif de ce dictionnaire.

Des choix ont donc été faits.

Ce dictionnaire n'est pas une histoire, pas plus qu'une théorie de la pédagogie ou un mode d'emploi des techniques éducatives. Le point de vue diachronique y est nécessairement présent, car c'est lui qui explique et met en valeur fractures éventuelles et continuités très réelles. Les entrées concernant le projet, les classes d'environnement, les classes ouvertes ou les foyers socio-éducatifs, d'émergence relativement récente, illustrent la continuelle transformation de la pédagogie. La préoccupation historique est même explicite dans les entrées qui retracent la genèse et l'évolution de la « classe », du « collège », du « ministère de l'Éducation nationale » ; l'entrée « littérature de la jeunesse » enrichit sa signification de sa présentation historique. Les biographies de penseurs et de pédagogues renforcent cette présence de l'histoire, mais aucune exhaustivité n'a été recherchée. Nous n'avons pas retenu de pédagogues antérieurs au XVIe siècle. Si Groote (XIVe siècle) est simplement mentionné, les maîtres italiens du XIVe siècle, comme Guarino de Vérone ou Vittorino de Feltre, ne le sont pas. De même, l'œuvre de Charlemagne ou l'éducation dans l'Occident médiéval ne donnent pas lieu à développement. Nous avons pris le parti de ne pas ignorer les antécédents historiques, mais, à part le rappel de nos sources gréco-romaines, toute histoire systématique a été évitée.

Si l'examen du passé, par prélèvements ponctuels, suggère les pointillés d'une évolution, il dégage aussi l'idée d'une constance de préoccupations et d'attitudes. Elle éclate dans les structures et les contenus du système scolaire, dans le cadre organisationnel classe-collège, dans la longue hégémonie du latin, dans la prédominance du langage, dans le conflit entre culture générale et culture utilitaire, dans la visée humaniste. Érasme et Montaigne illustrent cette dernière comme ils témoignent avec Comenius et Rousseau de l'exigence de méthodes actives en pédagogie. L'entrevision historique est démystificatrice ; les nouveautés pédagogiques reprennent souvent dans des habillages renouvelés des idées et des tentatives anciennes. Les évolutions pédagogiques témoignent de la pérennité d'une interrogation capitale : comment préparer les jeunes à s'approprier les savoirs et comment les adultes doivent-ils agir pour les y aider efficacement ?

L'attention aux problèmes permanents de l'éducation est canalisée ou orientée par des entrées comme « Éducation », « Pédagogie », « Didactique », etc., et s'alimente aux questionnements des théoriciens et des mouvements pédagogiques. La prise en considération de courants scientifiques modernes, comme les neurosciences, ou de conceptions psychologiques et philosophiques, comme le behaviorisme, le cognitivisme ou le constructivisme, aident à renouveler les problématiques et les réponses de l'action pédagogique. Quant à l'absence d'exposés sur la sociologie ou la psychanalyse, elle répond au sentiment que l'apport de ces sciences à la pédagogie est aujourd'hui relativement connu, mais aussi que leur champ propre excède si considérablement celui de la pédagogie qu'on ne pouvait les aborder ici sans effet trop réducteur. Il ne s'agit donc pas de privilégier un point de vue ou une théorie, mais de fournir des informations pour que la réflexion pédagogique soit en prise sur les données mouvantes de la culture.

C'est dans cette objectivité des exposés – même si ceux-ci comportent des prises de position – que réside l'unité de ce dictionnaire. Nous souhaitons qu'y réside aussi son utilité et qu'il soit un compagnon discret et efficace pour tous ceux que préoccupent les questions de pédagogie.

Les auteurs

A

AIRE OUVERTE

L'expression recouvre un concept architectural largement appliqué en Amérique du Nord et en Scandinavie dans le monde de l'entreprise, dans les années 60. Afin de faciliter la communication entre les membres d'une même entreprise ou administration, les bureaux individuels sont remplacés par un vaste plateau où chacun a sa table de travail et l'équipement nécessaire à son activité. Comme une certaine isolation visuelle et surtout sonore demeure quand même nécessaire, des mini-bibliothèques, des jardinières, viennent scander l'ensemble et la moquette est utilisée très largement sur les murs comme au sol. Les espaces de circulation sont intégrés dans cet ensemble, permettant ainsi une récupération de surface au profit de l'espace utilisable pour d'autres fonctions. Ce type d'organisation spatiale s'est notamment développé en France lors de la construction des tours de bureaux dans les villes ou les quartiers neufs.

Une nouvelle conception de l'école

Les écoles britanniques ont été parmi les premières à appliquer ce concept à l'aménagement des écoles élémentaires. En Amérique du Nord et en Scandinavie, on a vu également se multiplier des organisations de ce type. En France, c'est dans des écoles ou des collèges construits dans des villes ou des quartiers neufs que ce style a prévalu à la fin des années 60.

Jusqu'alors les écoles et les établissements étaient construits sur un modèle de type « Jules Ferry », un couloir desservant des salles de même dimension qui accueillaient les élèves, regroupés en classes de composition immuable au long de l'année, et leur maître. La plupart du temps, dans les écoles primaires, aucune salle n'était conçue pour des activités diversifiées ou pour permettre des réunions ; la salle des maîtres ou le bureau du directeur n'étaient pas prévus systématiquement non plus. Dans les établissements du second degré, si quelques éléments étaient un peu plus diversifiés, l'industrialisation de la construction, surtout au moment de l'explosion démographique des années 60, conduisait à une uniformité de la conception architecturale, qui, n'importe comment, répondait au modèle pédagogique dominant, c'est-à-dire des classes fermées conçues pour accueillir l'ensemble d'un groupe classe.

Avec l'évolution de la réflexion sur l'école, en particulier sous l'influence des divers mouvements pédagogiques et de la diffusion des expériences conduites à l'étranger (école ouverte en particulier), l'intérêt s'est porté sur une nouvelle conception de l'architecture scolaire.

Ces innovations architecturales pouvaient provenir des architectes eux-mêmes, en particulier dans les villes nouvelles où l'on voulait introduire une nouvelle façon de vivre, plus favorable à l'individu et à la communication ou, plus simplement, pour en marquer nettement l'orientation novatrice.

Les enseignants faisaient parfois partie du groupe de concepteurs mais cela était loin d'être la règle et, dans bien des cas, ce sont les architectes et les élus locaux qui ont imposé une conception architecturale qui, pensait-on, allait favoriser un nouveau mode de fonctionnement de l'école et donc conduire les équipes pédagogiques vers un changement dans leur approche éducative. Bien souvent, les enseignants nommés dans l'école ou le collège selon les lois du barême ne savaient comment utiliser ce nouvel outil qui, en outre, les empêchait de fonctionner selon leur mode habituel. Si cela put parfois induire une réflexion sur le métier d'enseignant, ce ne fut pas non plus sans créer un certain désarroi, voire des dysfonctionnements.

Dans certains autres cas, l'organisation architecturale était suggérée par des enseignants qui souhaitaient ainsi pouvoir mettre en œuvre un projet pédagogique précis, auquel ils devaient par la suite convertir les collègues qui se trouvaient nommés dans ce nouvel établissement.

Une école ouverte sur le milieu

Le plus souvent, l'architecture reflétait le souci d'ouvrir l'école sur son milieu. Ainsi, on a pu voir des écoles et surtout des établissements du second degré où toute séparation matérielle avec la rue et le quartier avait disparu, où l'on passait de l'espace vert du quartier ou du sentier qui menait au centre commercial à un espace plus spécialement scolaire. C'était une façon de montrer que l'école faisait partie de la cité et que les deux se rencontraient enfin. Les inconvénients de fonctionnement, de discipline, voire de sécurité, induits par des positions parfois trop radicales, ont conduit à marquer de nouveau des délimitations entre la ville et l'école, mais ce mouvement de rénovation de l'architecture et de la conception des établissements a porté des fruits que l'on peut constater actuellement.

Dans d'autres projets, c'était l'espace école qui se convertissait soudain en espace de la maison de quartier ou bien de la crèche ; on passait sans s'en apercevoir d'un lieu institutionnel à un autre, ce qui, pensait-on, devait faciliter le travail en commun de divers travailleurs sociaux et d'enseignants, faciliter également la connaissance par les parents et les utilisateurs, de ces lieux et des possibilités qu'ils ouvraient. Il s'agissait là, déjà, par le biais de l'intégration des équipements, d'une première approche d'une certaine intégration des services, tellement recherchée actuellement dans les pays membres de l'OCDE.

L'aire ouverte facilite le travail en groupe et en équipe

Dans cet esprit de recherche et d'innovation sociale et pédagogique, l'aire ouverte a été l'une des modalités architecturales souvent appliquée dans la conception des écoles ou établissements à cette époque, avec toute la symbolique liée à la disparition des cloisons et donc du cloisonnement, facilitant ainsi ou induisant le travail des élèves en groupes diversifiés et le travail en équipe des enseignants.

Cependant, cette organisation n'impliquait pas la disparition pure et simple de toute cloison et l'école, dans de tels projets, n'était pas réduite à des plateaux rectangulaires de vastes dimensions.

En particulier, les zones de circulation étaient traitées de façon plus souple : elles disparaissaient en tant que telles, c'est-à-dire qu'il n'y avait plus d'espaces dont la seule fonction consistait à faire cheminer les élèves vers une salle ou une issue ; elles étaient traitées de façon à servir de lieux de passage, certes, mais aussi de lieux de rencontre et de communication, d'où des organisations en lignes plus sinueuses ou en surfaces de forme ou de taille variables où les groupes pouvaient se croiser, où les parents pouvaient pénétrer, où des activités diverses pouvaient se dérouler.

Dans certains cas, on privilégiait un espace très vaste où pouvaient être regroupés les élèves de plusieurs classes, d'un même niveau ou de niveau différent, dans des « coins » spécialisés (calcul, lecture, peinture...) ; la fusion de plusieurs territoires-classes pouvait être plus ou moins provisoire et des cloisons mobiles permettaient – en théorie du moins, car la maniabilité de ces éléments n'a pas toujours été suffisante – de jouer sur cette organisation en fonction des activités envisagées ou de la taille des groupes prévus.

L'insonorisation a été l'un des problèmes clés, souvent mal résolu, de ce type d'organisation qui essayait pourtant de répondre à des problèmes d'individualisation de l'enseignement, un des principes de l'école ouverte et de l'éducation permanente, particulièrement prôné à cette époque. On a essayé ce mode d'architecture dans des ZAC comme celle d'Auxerre, des quartiers neufs comme à la Villeneuve de Grenoble, des constructions nouvelles, par exemple à Paris, rue du Renard, mais on a pu également assister à des efforts de rénovation de constructions scolaires déjà existantes, où les équipes enseignantes, l'administration et les élus locaux s'accordaient pour remodeler l'espace en fonction de projets éducatifs et pédagogiques.

L'aire ouverte permet des activités plus diversifiées

Les lieux d'accueil ouvrent directement sur des zones organisées en mini-amphithéâtres ou selon des formes circulaires, hexagonales... Ces aires deviennent polyvalentes et peuvent par exemple servir de lieu de réunion des enfants au moment du goûter ou bien c'est un espace de loisir ou d'information par lequel on passe pour accéder à d'autres lieux. L'imagination et les besoins des élèves comme des enseignants aux divers moments de la journée ou de l'année peuvent changer la destination de ces lieux, dans la mesure en particulier où des équipements spéciaux ou trop lourds ne sont pas indispensables. C'est ainsi que, selon le besoin, ils peuvent se transformer en petite salle de spectacle ou d'évolution, en lieu d'exposition, etc.

L'espace peut également être organisé selon des critères fonctionnels précis. Par exemple, dans les établissements du second degré, le Centre de documentation et d'information, nouveau à l'époque, peut être au centre d'un large espace sur lequel s'ouvrent soit des espaces classes, soit des salles plus petites, conçues pour des travaux de groupe. L'espoir suscité par une utilisation massive des médias (audiovisuel et enseignement programmé, en particulier) a conduit à privilégier des espaces où plusieurs classes devaient pouvoir être regroupées.

Il en a été de même dans l'enseignement primaire où l'utilisation des médias devait être favorisée par des espaces ouverts, polyvalents, qui permettaient également, à certains moments, des activités de motricité ou d'expression théâtrale, etc.

Cette nouvelle conception architecturale de l'école, là où elle était admise ou souhaitée par les enseignants, là où elle répondait à une réflexion pédagogique, a également contribué à faire évoluer l'approche de l'enseignement. La modulation de l'utilisation de l'espace, telle qu'on peut la trouver actuellement, est largement due à cet effort. Il faut noter que les expériences où les salles de classe avaient pratiquement disparu au profit des seuls « coins » à l'intérieur de l'aire ouverte n'ont pas tenu longtemps et qu'il a fallu, après un certain temps, souvent lourd de conflits et de dysfonctionnements, soit refermer les espaces classes, soit construire des cloisons, soit transformer les cloisons mobiles trop peu étanches au bruit en cloisons traditionnelles. L'évolution des matériaux et des techniques a maintenant permis une meilleure mise en œuvre de ces idées, que l'expérience a rendues souvent plus raisonnées et plus efficaces.

➤ **Voir aussi** École ouverte, Éducation permanente, Mouvements pédagogiques, Projet.

ALAIN Émile Chartier, dit (1868-1951)

Professeur de philosophie mais aussi écrivain dont l'influence fut remarquée. Il consacra sa vie à enseigner dans plusieurs lycées de province puis à Paris, au lycée Henri IV. Sa carrière d'enseignant fut interrompue pendant la Première Guerre mondiale où il servit en tant qu'engagé volontaire ; reprise à l'issue du conflit, elle connut son terme après quarante ans d'exercice, mais l'activité du philosophe se poursuivit par une intense production d'écrits sous forme d'articles, d'essais ou d'ouvrages.

Alain s'est intéressé à tous les sujets et les a tous abordés. On a pu regrouper en volumes des propos de littérature, d'économie, de politique ou des propos sur l'esthétique, l'éducation, la religion.

Alain est avant tout un humaniste, il exprime avec force une foi en l'homme et une confiance dans les possibilités et les aptitudes de la nature humaine. Les ressources dont dispose l'individu pour accéder à la sagesse et au bonheur sont dans sa pensée et sa volonté. Mais ce pouvoir ne va pas de soi, il n'est qu'une virtualité dont la concrétisation dépend largement de l'individu lui-même. « Je vois l'homme nu et seul sur la planète voyageuse, et faisant son destin à chaque moment ; mauvais destin s'il s'abandonne ; bon destin aussitôt, dès que l'homme se reprend » ; et c'est par la raison qu'il peut maîtriser son devenir : « Le centre de la vie, c'est cette Raison gouvernante, qui contient les désirs et les colères et qui conduit sa sœur aveugle, la Crainte, à travers la nuit de toute chose ».

Alain est également un moraliste, ses réflexions métaphysiques, politiques, pédagogiques, esthétiques le conduisent fréquemment aux idées morales ou sont mêlées de considérations morales. « Toute connaissance est bonne au philosophe, autant qu'elle conduit à la sagesse ; mais l'objet véritable est toujours une bonne police de l'esprit. » Pour répondre aux questions qu'il se pose, plutôt que d'inventer une philosophie nouvelle, il préfère continuer les méditations que les « sages » ont entreprises sur l'homme et son salut : Platon, Descartes, Kant, Hegel, Comte et son maître Lagneau, car « Il n'y a qu'une méthode pour bien penser, qui est de continuer quelque pensée ancienne et éprouvée ». A. Maurois écrira alors que « Alain pense sur la pensée des autres » tout en concédant « qu'il a su donner un air de nouveauté à de très vieilles idées ».

Alain et l'éducation

Sa confiance en l'homme en tant que maître de son devenir le conduit à orienter sa réflexion sur l'éducation. Ses idées très personnelles et s'inscrivant à contre-courant des idées modernes ont été réunies en un volume *Propos sur l'éducation* (1932, rééd. 1950 puis 1961). L'éducation a un pouvoir considérable puisque c'est par elle que l'homme domine ses passions, construit sa pensée, accède à la liberté et à la sagesse. C'est donc un sujet sérieux qui ne peut être traité qu'avec gravité et attention. Aussi Alain est-il adversaire résolu et absolu de tout enseignement attrayant dont les leçons amusantes « sont rêveries de braves gens qui n'ont pas appris le métier ». Considérant que l'enfant n'aspire qu'à grandir et qu'il aime le travail et l'effort, il plaide pour l'usage de méthodes traditionnelles et la réalisation d'exercices très scolaires, tels que la copie ou la récitation, d'autant qu'il attache la plus grande importance à la maîtrise de la langue, source de la pensée humaine. Il faut, selon lui, mettre l'enfant dans l'obligation de penser et d'affermir sa pensée en le faisant aller des mots et des idées abstraites qu'ils expriment aux choses. « Aller du connu à l'inconnu, c'est notre lot ; autant dire du simple et abstrait vers le concret et individuel, que nous n'épuiserons jamais. »

La lecture lui paraît l'essentiel de l'éducation. « La lecture est ce qu'il y a de plus difficile, et la condition de toute culture, si humble qu'on la suppose » écrit-il, et de réaffirmer qu'il faut « lire et relire ; réciter ; encore mieux écrire, non point vite, mais avec la précaution d'un graveur » et que « toute leçon où le bambin ne lit pas ou n'écrit pas est une leçon perdue ».

Le contexte éducatif dans lequel ces méthodes pédagogiques sont appliquées est marqué de l'empreinte d'une ascèse intellectuelle assez radicale : le cadre de la classe doit être sobre, dépouillé de toute sollicitation visuelle autre que le tableau noir. « L'école est un lieu admirable. J'aime ces murs nus. Je n'approuve pas qu'on y accroche des choses à regarder, même belles, car il faut que l'attention soit ramenée au travail » ; le maître doit adopter une attitude neutre, distante, sans expression affective susceptible de détourner l'élève de l'intérêt de la tâche. « À l'école se montre la justice, qui se passe d'aimer, et qui n'a pas à pardonner, parce qu'elle n'est jamais réellement offensée. » Seule l'émulation est acceptée comme conduite psychologique apte à favoriser la démarche éducative ; cependant, il serait erroné d'en déduire que la conception d'Alain est élitiste, bien au contraire ; en effet, il s'empresse de préciser que

« le projet de n'instruire que ceux qui en sont dignes est laid... si l'on se mettait à instruire les ignorants, nous verrions du nouveau ».

Les conceptions d'Alain en matière d'éducation peuvent paraître paradoxales et parfois surannées. Elles méritent cependant d'être prises en considération et les rééditions successives des *Propos sur l'éducation* révèlent que, par-delà l'aspect un peu surprenant des thèses véhiculées, une interrogation fondamentale demeure sur la manière de conduire l'enfant à devenir un homme libre, responsable, capable d'esprit critique et maître de son destin.

BIBLIOGRAPHIE

Alain, *Œuvres complètes*, la Pléiade, Gallimard, 1956.

Alain, *Propos sur l'éducation*, PUF, 1961.

Alain, *Propos sur le bonheur*, Gallimard, 1986.

G. Pascal, *L'Idée de philosophie chez Alain*, Bordas, 1970.

H. Giraud, *La Morale d'Alain*, Privat, 1970.

➤ **Voir aussi** Éducation, Méthodes pédagogiques.

AMÉNAGEMENT DES RYTHMES DE VIE DE L'ENFANT (ARVE)

L'aménagement du temps scolaire – au fil de l'année, de la semaine, de la journée – peut être considéré en lui-même, mais il peut être envisagé dans un cadre plus large englobant les activités des enfants au sein de la cité. Dans ce dernier cas, l'école peut demeurer concernée, par un contrat d'aménagement du temps scolaire – ATS – mais les équipements sociaux de la ville ou du quartier le sont également, qui permettent de satisfaire aux besoins des enfants dans l'ensemble de leur vie. Cette conception élargie du temps de l'enfant est désignée par « rythme de vie », et les réalisations concrètes, qui l'actualisent, relèvent de l'Aménagement des rythmes de vie de l'enfant (ARVE).

L'idée de prendre en compte les besoins des enfants est née de constats d'origines diverses : la fatigue des élèves, le surmenage scolaire, la déperdition des acquis, l'échec scolaire, le désœuvrement d'enfants que leurs familles ne peuvent prendre en charge pendant le temps extra-scolaire, l'insuffisance des offres en matière de sport ou d'activités culturelles, d'aires de jeux. Si une mauvaise répartition des temps de travail et des temps de repos, le manque d'équipements et d'encadrements extra-scolaires peuvent être considérés comme des motifs majeurs, ils ne sont pas exclusifs, et à traiter indépendamment les uns des autres : c'est, en fait, toute une politique qui est en cause, concernant l'enfance, et la ville, peu hospitalière aux enfants ou aux adolescents. Cette politique spécifique d'une ville à l'égard des enfants peut donner lieu à des contrats ville-enfants (CVE).

L'idée et la volonté d'améliorer les choses ont parcouru le demi-siècle. Toutes sortes d'initiatives, ne relevant évidemment pas de l'ARVE en raison de leur date d'apparition, ont concouru cependant aux mêmes objectifs. Les centres aérés, les maisons de jeunes, les maisons de l'enfance, l'ouverture des stades, gymnases et piscines aux scolaires, les lieux-passerelles entre écoles et familles pour la scolarisation des jeunes enfants en sont des exemples. Il s'agissait de mesures efficaces mais isolées au sein d'une même ville.

L'aménagement des rythmes de vie de l'enfant a été tenté plus spécifiquement à la fois par des initiatives nationales de l'Éducation nationale, de la Jeunesse et des Sports puis du ministère de la Culture, dans l'aménagement du temps scolaire, et par des initiatives relevant des collectivités locales, qui, elles, intègrent et dépassent le cadre de l'aménagement du temps scolaire. Les expériences sont diverses, certaines sont célèbres, comme les expériences de la Villeneuve de Grenoble, qui a plus de vingt-cinq ans, celles d'Épinal ou d'Hérouville près de Caen. Chaque expérience a son caractère propre, en raison de l'intégration de ces projets dans le projet de l'école, mais surtout dans le projet de la ville.

Dans le cadre d'une évaluation des politiques publiques, une estimation de ces initiatives a été réalisée, par étude de sites, en 1991, succédant à quantités d'évaluations plus ponctuelles. La multiplicité des objectifs visés, à la fois de santé et d'encadrement des jeunes, d'amélioration du niveau scolaire, de soutien scolaire, de diversification culturelle, d'insertion des jeunes dans la cité – les aléas de toute réalisation pratique – rendent les évaluations difficiles. Ces efforts, qui coûtent cher en argent, en implication des différents acteurs, en organisation, sont ressentis positivement par la population et par les enfants eux-mêmes. L'incidence sur les résultats scolaires, en revanche, n'est pas probante. Mais le milieu, urbain et rural, s'est sensiblement transformé pour répondre aux nécessités de la vie des enfants et des jeunes qui y vivent.

BIBLIOGRAPHIE

L'Aménagement des rythmes de vie des enfants, Rapport d'évaluation, La Documentation française, octobre 1993.

« Évaluation des effets du dispositif d'aménagement des rythmes de vie sur les enfants à l'école élémentaire et maternelle », ministère de l'Éducation nationale, DEP, *Les Dossiers d'Éducation et Formation*, avril 1994.

➤ **Voir aussi** Aménagement du temps scolaire, Classe de découverte, Périscolaire, Vacances.

AMÉNAGEMENT DU TEMPS SCOLAIRE

Le temps scolaire est celui de l'année, de la semaine et de la journée scolaires. Variable selon les pays et les époques, variable éventuellement selon les degrés de l'enseignement, il constitue un calendrier qui rythme la vie des élèves et des familles qui ont des enfants scolarisés et a aussi une influence considérable sur divers services ou diverses professions. Les transports, l'hôtellerie, les entrepreneurs de vacances et de loisirs, les organismes qui offrent des séjours de vacances pour les enfants et adolescents, les centres d'activités qui fonctionnent pendant les jours de congé hebdomadaire sont particulièrement concernés par le temps scolaire.

La relation entre le temps scolaire et la santé des élèves, ou leur réussite, est un autre aspect de la question, envisagé souvent sous la notion de rythme scolaire.

Quant à « l'aménagement du temps scolaire » proprement dit, il vise quelque chose de particulier et ne se confond pas avec les mesures générales de l'organisation de la scolarité, mais représente la mise en place de dispositifs qui concernent les temps inclus dans l'enseignement et ceux qui environnent ces temps de travail. Le temps scolaire devient, dans cette acception, le temps de l'enfant et il tend à aménager des temps extrascolaires, comme les matins avant la classe, les interclasses, les soirées après la classe, voire les mercredis. Il est actuellement limité à l'enseignement primaire.

Les premiers aménagements

Les premières tentatives furent essentiellement pédagogiques. À la fin de la décennie 60, des essais furent faits qui aboutirent, en 1969, au tiers temps pédagogique. Pendant les mêmes périodes, les écoles à aire ouverte expérimentent des schémas d'emploi du temps et de fonctionnement qui se démarquent par rapport aux habitudes. Le tiers temps était basé sur une rotation ternaire comme son nom l'indique : éducation physique et sportive (EPS) et activités artistiques contrebalançaient pendant les après-midi les disciplines dites, à cette époque, fondamentales. Sans changements d'horaire, un modèle implicite était appliqué, emprunté à des pays voisins, où une demi-journée intensive de classe débouchait sur des après-midi consacrés aux sports et aux loisirs.

Le tiers temps ne fut pas appliqué régulièrement.

Vers l'idée de contrat

L'idée d'aménager le temps de l'enfant – et d'élargir les possibilités dans le domaine des sports – allait être reprise dans diverses expériences et sous divers noms. La circulaire du 13 décembre 1984 dite Calmat-Chevènement, puis l'instauration des Contrats bleus, le 11 décembre 1987, puis la circulaire dite Bambuck-Jospin du 2 août 1988 avaient sensiblement les mêmes objectifs. Elles devaient se situer, peu de temps après, dans des mesures excédant les limites de l'école, et du temps de l'écolier, dites projets d'Aménagement des rythmes de vie de l'enfant (ARVE) créés dans les années 81 et suivantes, puis dans les Contrats de ville, qui élargissaient les perspectives et essayaient de trouver des solutions originales aux problèmes des enfants dans les villes, notamment là où les besoins d'équipement se faisaient sentir. Dans tous les cas il s'agissait d'introduire dans le temps scolaire et en dehors du temps scolaire – dans ce dernier cas pour les enfants qui s'y inscrivaient facultativement – des activités diversifiées, dans le prolongement de celles de l'école ou franchement en dehors de ses compétences et de ses habitudes : sports extrêmement variés, arts, informatique, théâtre, selon les souhaits de l'école, mais plus encore selon les disponibilités locales en intervenants.

Les objectifs de ces dispositifs

Ils sont multiples :
- équilibrer les disciplines d'enseignement par des ateliers divers dans des domaines que l'école ne prend pas nécessairement en compte ;
- socialiser les enfants par de larges contacts avec des adultes spécialistes dans leurs disciplines, donner le goût du sport, de la culture et des loisirs intelligents ;
- alléger la tension, donc la fatigue scolaire, en respectant mieux les rythmes biologiques ;
- améliorer les résultats ;
- organiser des activités dans les périodes où les enfants sont livrés à eux-mêmes, interclasses, fin de journée, mercredis ou samedis, la situation pouvant être cruciale dans certains quartiers urbains.

Des intervenants qualifiés, et agréés, prennent les élèves en charge, par roulement, selon un programme et un calendrier arrêtés dans un contrat entre l'école et la ville.

La responsabilité pédagogique des maîtres dont les enfants sont engagés dans les ateliers reste entière : l'ensemble des activités doit être intégré dans un projet pédagogique. Les fonctionnements sont parfois très complexes si le nombre de groupes d'enfants est élevé. Le coût est nécessairement élevé, bien qu'il y ait eu aussi du bénévolat parmi les intervenants. Différents paramètres comme la diversité des activités offertes, le bien-fondé des unes et des autres, la continuité minimale à attendre, les seuils de rentabilité pédagogique sont autant de facteurs qu'il faut prendre en compte avant d'engager les contrats.

Les ateliers qui fonctionnent hors du temps scolaire ne concernent plus l'école.

Le nombre de contrats signés a connu une croissance foudroyante, puis s'est stabilisé. On estimait en 1992 à 2 500 000 les enfants engagés dans l'aménagement du temps scolaire.

Un bilan difficile à établir

Des évaluations régulières ont été conduites par la Jeunesse et les Sports, et, dans le cadre de l'évaluation des politiques publiques, une commission présidée par un universitaire, et comprenant des représentants des ministères concernés, des élus, des membres d'associations, a conduit une longue opération d'évaluation.

Les conclusions permettent de relever la satisfaction de l'opinion : familles et enfants sont favorables à l'expérience.

Il n'a pas été possible de mettre en évidence que tous les objectifs, notamment scolaires, étaient atteints.

Ces expériences ont favorisé à l'évidence l'ouverture de l'école. Elles ont relayé les maîtres dans certaines activités qu'ils ne peuvent, sauf exception, pratiquer et ont developpé l'esprit de coopération de tous les acteurs concernés par la mise en œuvre des projets, leur suivi et leur évaluation.

BIBLIOGRAPHIE

J. de Chalendar, *L'Aménagement du temps*, Desclée De Brouwer, 1971.

H. Montagner, *Les Rythmes de l'enfant et de l'adolescent : ces jeunes en mal de temps et d'espace*, Stock, 1988.

« Scola 91 Europe plurielle, écoles plurielles », *Actes des rencontres des partenaires de l'éducation*, INRP, Ville de Rennes, Nathan,1992.

➤ Voir aussi ARVE, Vacances.

ANIMATION PÉDAGOGIQUE

L'apparition de la notion

La notion d'animation apparaît dans le vocabulaire de la pédagogie de façon fréquente depuis le début des années 60. Elle se rencontre davantage dans le champ de la formation continue que dans celui de l'enseignement proprement dit, où néanmoins on commence à la trouver vers la même époque.

Les conférences pédagogiques qui rassemblaient les enseignants de l'enseignement primaire subissent en effet à cette époque une transformation importante et tendent à devenir des séances de travail, dont la forme est très variée. Les réunions d'enseignants dans le second degré, moins formalisées parce que ne présentant pas de caractère aussi systématique, subissent une transformation analogue, de façon plus progressive. Les réunions de travail deviennent des séances d'animation. C'est le moment aussi où le maître dans sa classe, et le professeur dans la sienne, se trouvent souvent décrits moins comme enseignants que comme « animateurs ». La formation de groupes de travail ou de réflexion, les techniques de travail préconisées dans la dynamique des groupes font leur apparition dans la formation continue des enseignants et plus timidement dans les classes.

L'origine probable de l'animation

L'animation se définit d'une façon plus implicite qu'explicite, en fonction de présupposés et de modèles forts, mais d'origines variées. Sans qu'il soit possible d'introduire ni chronologie, ni références absolues, on recensera plusieurs facteurs influants.

– **Des exemples qui viennent d'abord, peut-être, de l'extérieur du monde de l'enseignement,** praticiens et théoriciens confondus, fournissant des modèles dont l'influence pèse sur les conceptions et pratiques au sein de l'Éducation nationale : pratiques des travailleurs sociaux, éducateurs ou animateurs de rue, éducateurs en milieu carcéral, travail en psychiatrie, travail dans les organismes de loisirs.

– **L'évolution de la conception de l'enseignement et de la transmission du savoir.** Le travail à l'école se conçoit comme activité du sujet qui apprend, opposée aux leçons et exercices tels qu'ils avaient été conçus traditionnellement. L'élève apparaît comme actif, alors qu'il est considéré comme ayant été passif dans l'ancienne pédagogie.

– **Une réflexion critique sur l'autorité, le pouvoir, le pouvoir hiérarchique et, du même coup, le pouvoir pédagogique,** conçu sur un modèle analogue. Les transactions sociales du savoir dans un groupe de pairs prennent une importance considérable et le pas sur l'enseignement, dont l'autoritarisme dissimulé est dénoncé autant que son rôle de reproduction sociale, qui pérennise les injustices d'une société.

– **L'influence d'exemples ou de travaux comme ceux de Neill, Carl Rogers, Illitch ou, en France, ceux de Vasquez et Oury, ou Lobrot** qui amènent à réfléchir sur les modèles d'enseignement utilisés et qui veulent en démonter les mécanismes cachés.

– **Une revendication du droit à la parole de la part de ceux qui pensaient ne pas l'avoir** – liberté sans laquelle il ne peut y avoir de transaction sociale.

– **Une revendication du droit à l'innovation et du « droit à l'erreur ».** Des expériences spontanées, des expériences dites « sauvages » – qui intègrent le droit à l'innovation, le droit à la parole et le droit à l'erreur – sont revendiquées, encouragées par les instances ministérielles qui préconisent une large interaction entre théorie et pratique et une attention particulière apportée aux désirs et aux demandes des enseignants réunis en stages de formation.

Dans les années 70, on voit dans les départements et les académies se constituer des ERAP et des EDRAP – équipes de recherche et d'animation pédagogique qui recensent, et parfois publient, les travaux innovants.

Le bon enseignant est alors conçu comme un bon « animateur » qui propose, qui incite, qui suscite, qui relance – tous ces verbes pris dans l'absolu intransitif – qui opère, quand il le faut, des synthèses, mais qui est essentiellement à l'écoute de son groupe ou de sa classe, d'où provient l'essentiel. Il peut servir aussi d'instructeur quand le groupe a besoin de lui et le requiert, mais il est au service du groupe, et non son enseignant. Sans que la totalité des classes ou de la formation continue des enseignants ait nécessairement présenté des transformations de ce type, ces évolutions furent néanmoins suffisamment influentes pour que la façon d'enseigner ait considérablement évolué dans les années 70, et de façon durable.

Après une décennie, la tendance s'inverse de façon sensible : l'animation pédagogique a eu ses faiblesses et elles deviennent évidentes ; l'activité et l'activisme ont parfois été confondus ; la nécessité de savoirs de base solides, la nécessité de travaux assumés par l'individu, sans la médiation obligatoire du groupe, sont à nouveau postulées et revendiquées. Psychiatres et psychologues dénoncent la carence d'autorité dans la constitution même de la personnalité des jeunes. Les séances de formation continue, celles qui persévèrent à n'être qu'animation, s'essoufflent, et les participants demandent une information solide.

Ce rééquilibrage n'empêche pas que le modèle de l'enseignement ait trouvé, sous l'influence de l'idée d'animation pédagogique, une pratique et un élan nouveaux.

BIBLIOGRAPHIE

G. Poujol, *Le Métier d'animateur*, Privat, 1978.

P. Besnard, B. Liétard, *La Formation continue*, PUF, 1990.

➤ **Voir aussi** Éducation permanente, Erreur, Formation continue, Pédagogie de groupe.

APPRENTISSAGE

Désigne la période pendant laquelle quelqu'un apprend un savoir-faire nouveau pour lui, et le processus par lequel ce savoir nouveau s'acquiert. Le terme est resté longtemps associé à un champ relativement restreint de significations : l'apprentissage d'un métier, notamment manuel ou technique, est l'occurrence la plus fréquente. Une autre occurence fréquente concerne l'expérience, d'une façon générale : l'apprentissage de la vie.

L'apprentissage d'une conduite, chez l'animal, l'oppose au dressage obtenu par conditionnement ; l'apprentissage est, dans ce cas, le fruit d'expériences réalisées par l'animal l'amenant à choisir la conduite efficace pour ce qu'il désire obtenir.

L'apprentissage professionnel

L'apprentissage d'un métier a toujours été plus ou moins organisé dans la société. Le modèle le plus ancien est celui de l'apprentissage réalisé chez un patron, qui élevait son apprenti en l'entretenant chez lui pour lui apprendre son métier. La loi Astier de 1919 a organisé, en même temps qu'un enseignement technique, l'apprentissage des professions en France ; avec les évolutions normales depuis cette date, l'apprentissage continue à être réglementé : il a été réorganisé en 1987. Des établissements relevant de l'enseignement technique ont porté le nom de « centres d'apprentissage » : les enseignements qu'ils dispensaient ont été repris en charge par les lycées professionnels. Ces apprentissages en établissements sont fondés, dans leurs grandes lignes, sur une alternance entre un enseignement dispensé par l'établissement et des stages dans la profession. Un apprentissage direct chez un patron, avec une obligation d'assister à un certain nombre d'heures de cours, est toujours possible : il est réglementé par un contrat d'apprentissage, passé entre l'apprenti, ou son tuteur légal, et le patron.

L'apprentissage permanent

On assiste depuis quelques années à l'extension de la notion : toute la vie paraît désormais concernée par un apprentissage permanent, nécessité en particulier par l'évolution rapide des connaissances, des métiers et professions, comme par la menace du chômage, qui crée l'obligation pour la plupart des travailleurs de se recycler ou d'apprendre un nouveau métier. Les diverses formations continues avaient pour objectif cette constante mise à niveau, ou ces recyclages, de même que l'acquisition de niveaux supérieurs de formation pour tous. Les ministres européens de l'Éducation franchissent un pas de plus et parlent aujourd'hui de « culture d'apprentissage à vie ». Cette évolution dans le langage est significative. Elle reflète probablement autant l'analyse des conditions actuelles du travail qu'une certitude, celle de la possibilité des individus d'apprendre tout au long de leur vie, sous réserve d'avoir bénéficié de bonnes conditions de départ.

L'apprentissage comme activité psychique

Depuis quelques années, une acception différente est apparue dans le langage de la psychologie. L'apprentissage est alors l'appropriation, par un élève, du savoir qu'on veut lui faire acquérir ; le travail mental qu'il doit effectuer pour dominer ce savoir est qualifié d'« apprentissage », car il demande du temps, il déploie des procédures complexes, qui ne sont pas nécessairement toutes connues et claires pour le psychologue ou pour l'enseignant, il s'en faut de beaucoup, mais qui ne sont pas connues non plus de celui qui apprend. Entre le moment point de départ, où l'élève commence à apprendre, et le moment où il sait, il s'est opéré quelque chose. L'hypothèse est aujourd'hui faite que l'on peut décrire comment le passage s'est fait et, probablement, sélectionner les meilleures procédures de réussite.

Enseigner, apprendre ont relevé pendant très longtemps de l'empirisme : celui qui détenait le savoir enseignait, de son mieux, avec des moyens que l'expérience transmettait. L'élève apprenait, en écoutant, en s'exerçant, en s'appliquant. Cela n'excluait ni l'intelligence, ni le raisonnement, au contraire, mais tout se passait dans une « boîte noire » et seul le résultat apparaissait.

On a beaucoup recouru à l'opposition des verbes anglais *to learn/to teach*, apprendre et enseigner, pour faire comprendre que l'action pédagogique ne consiste pas seulement à faire voir clairement, ni à entraîner convenablement, mais à déployer une stratégie pédagogique. Une stratégie, moins visible mais plus importante encore que celle du professeur, est déployée par l'élève qui apprend.

Les travaux de psychologie génétique de Piaget ont probablement ouvert la voie, puis tous les travaux des cogniticiens. Ils mettent de plus en plus en évidence les facteurs, empiriquement connus, qui se trouvent validés dans leur importance ; notamment l'imbrication de l'affectif et du social dans les procédures intellectuelles. Il faut qu'un élève soit motivé, il faut qu'il soit libre de certains handicaps affectifs ; ses pairs lui sont nécessaires, ainsi que l'adulte enseignant, pour que ses premières représentations évoluent, qu'il s'en forge d'autres et qu'il comprenne le sens des opérations de traitement qu'on lui propose ou qu'il découvre. L'environnement socio-affectif ne fait pas tout ; les méthodologies du travail intellectuel, analyse, synthèse, mise en relation, qui s'exercent sur des données observées et mémorisées, sont indispensables. L'importance de l'erreur au cours du cheminement devient capitale : elle renseigne sur les points où l'élève ne réussit pas dans sa progression. L'idéal de l'enseignement est qu'il n'y ait pas d'erreurs – cela reste évident – mais l'erreur devient moins le signal d'un échec que le signal d'une difficulté à faire surmonter.

On a conclu, parfois hâtivement en pédagogie, que l'enfant (l'élève en général) était l'artisan de son propre savoir, que personne ne pouvait apprendre à sa place, ce qui est une évidence, et que le « cours » ou la « leçon » étaient sans beaucoup d'utilité. L'activité intellectuelle déployée dans ces entraînements demeure primordiale, même si elle doit parfois se nuancer ou se diversifier. Il n'est pas jusqu'aux jugements de valeur émis sur les comportements ou les caractères des élèves qui ne trouveraient leur explication : certains sujets sont plus aventureux, plus rebelles, d'autres plus soumis, et ces traits de caractère ne seraient pas sans influence sur les processus d'apprentissage.

Les théories de l'apprentissage, qui depuis quelques années s'attachent à cerner les itinéraires mentaux, mettent en perspective les conditions complexes qui permettent la compréhension et l'opération intellectuelle.

L'analyse de ces conditions conduit à des investigations variées: des typologies sont peut-être possibles, comme A. de la Garanderie en a esquissées entre les « visuels » ou les « auditifs », ou entre les analytiques et les synthétiques. Les études des neurosciences confirment aussi qu'un des deux hémisphères du cerveau peut avoir une prépondérance relative chez certains individus, le cerveau de la création et de l'imagination l'emportant chez l'un sur le cerveau qui analyse, notamment le matériau linguistique ou vice-versa.

La pédagogie n'est peut-être pas mieux armée actuellement pour décider de ses actions face à un enfant particulier, mais elle l'est quant à l'orientation générale de son effort, et elle peut émettre des hypothèses sur les cas particuliers et différencier ses actions à leur intention.

BIBLIOGRAPHIE

K. Darmon, *Le Guide de l'alternance et de l'apprentissage*, Éditions Jeunes, 1995.

D. Dubois et alii, *L'Homme cognitif*, PUF, 1994.

G. Malcuit, *Psychologie de l'apprentissage*, Maloine, 1995.

OCDE, Communiqué de presse, 9 janvier 1996.

➤ Voir aussi Behaviorisme, Bruner, Constructivisme, Contrat didactique, Erreur, Neurosciences, Piaget, Vygotski, Wallon.

ATELIERS (pédagogie par)

Parmi les différentes organisations d'une classe, se rencontre l'organisation par ateliers. Elle est surtout fréquente à l'école maternelle, on la rencontre également dans quelques classes de l'école élémentaire. Dans le second degré, elle ne se distingue de la pédagogie de groupes que dans des cas bien particuliers comme celui des ateliers d'écriture. Les groupes, ou le travail hors de la classe dans des clubs, remplacent une formation « en ateliers ».

À l'école maternelle, l'expression s'est imposée progressivement au fil des années 70 et suivantes ; elle s'opposait à l'idée de groupes, ceux-ci étant orientés vers la finalisation des groupes: groupes d'affinités, groupes de besoins, groupes de tâches. L'atelier est simplement un lieu où se déroule une activité particulière et que fréquente, selon certaines règles, un groupe d'enfants. Cela n'exclut pas l'idée que ces groupes d'enfants peuvent être constitués en fonction d'un objectif prioritaire, et se trouver être aussi un groupe de besoins, un groupe de niveau, ou un groupe de tâche, mais la fonction essentielle de l'atelier est de distribuer le travail en des lieux spécifiques. On trouve ainsi des ateliers de peinture, de modelage, de tissage ou de lecture, ou d'autres encore. Les ateliers peuvent exister dans la classe, ou être organisés au niveau de l'école tout entière. Cette disposition a des avantages: elle permet que les matériels restent en place, elle invite les enfants à choisir leur atelier, tout en respectant les contraintes établies – par exemple, qu'il faut fréquenter tous les ateliers au cours d'une semaine, ou que l'on ne peut fréquenter le même atelier deux jours de suite. Quelles que soient ces contraintes, qui dépendent du maître ou du conseil des maîtres, elles habituent les enfants à l'idée de contrat, à la maîtrise de leur temps et à la discipline de groupe. Les contrôles du travail sont aisés puisque les enfants travaillent en groupes restreints sur des tâches bien précises. La rotation des ateliers permet aussi la rotation du maître de la classe, qui peut distribuer, en quelque sorte, sa présence, et entretenir avec les enfants une communication plus efficace qu'elle ne peut l'être devant un grand groupe.

Les ateliers ne se confondent pas avec les « coins de jeu », ils obéissent chacun à une progression dans le travail au cours de l'année, qu'il s'agisse soit d'une logique d'apprentissage, soit d'accomplir des tâches nécessitées par le projet de la classe.

À l'école élémentaire, ces organisations se rencontrent moins à l'intérieur d'une classe qu'à l'intérieur de l'école tout entière. Des temps déterminés dans la semaine peuvent être consacrés aux ateliers : les élèves sont alors répartis entre ces ateliers sans considération de la classe à laquelle ils appartiennent ; les maîtres qui font fonctionner ce qu'il est convenu d'appeler un « décloisonnement » choisissent les ateliers où leurs compétences particulières peuvent être utiles, en musique, en arts plastiques ou autres activités. Ils sont aidés par des intervenants extérieurs, parents ou autres. C'est dans cette forme de décloisonnement que fonctionnent également les contrats d'aménagement du temps scolaire (ATS) où travaillent et les maîtres de l'école et des intervenants qualifiés, dont les prestations sont prévues dans le contrat.

Dans le second degré, les ateliers ne se rencontrent guère, à l'exception des ateliers d'écriture, que dans des formations de clubs. Le théâtre, l'informatique sont ainsi la plupart du temps travaillés en dehors des temps de cours, avec des élèves volontaires, et sous forme d'ateliers. Néanmoins, rien ne s'oppose à ce que certains cours fonctionnent comme il a été dit pour les écoles élémentaires, notamment dans des séances de travaux pratiques, de travaux dirigés, ou à l'intérieur de modules ou d'options.

Les avantages pédagogiques de ces formules sont indéniables et elles donnent de surcroît aux élèves un sentiment de liberté et d'efficacité.

➤ Voir aussi Ateliers d'écriture, Intervenants, Pédagogie de groupe.

ATELIERS D'ÉCRITURE

Ces ateliers s'inscrivent dans la pédagogie de l'apprentissage de l'expression écrite. Ils se rencontrent plutôt dans la formation continue des enseignants, mais on peut les mettre en œuvre dans les classes. Ils reposent sur l'idée qu'écrire relève d'un ensemble de techniques au service d'une réelle création. Pour arriver à écrire, celui qui écrit doit vaincre un certain nombre d'obstacles, qui relèvent plus de la psychologie que des connaissances linguistiques ou stylistiques.

Quoi écrire ? Comment oser écrire ? Comment améliorer ou corriger sa propre production d'écrits ? Ce sont là les préoccupations élémentaires qui trouvent des solutions dans un atelier d'écriture. En formation continue, l'avantage est de permettre aux enseignants, qui vivent ou revivent ces angoisses, de bien se représenter celles de leurs élèves et de modifier pour eux, et avec eux, l'approche de l'écriture. C'est le maître de l'atelier – à moins, avec de grands élèves, d'avoir un élève meneur de jeu entraîné – qui suggère un thème, une forme, et qui impose une durée pour le travail et l'ensemble des contraintes en général. L'habitude veut que la production soit anonyme, pour mettre tout le monde à l'aise. Sorte de jeu de société au départ, sans mise en cause personnelle, l'atelier résout la question du choix du sujet et de sa forme, et résout l'hésitation à oser écrire : c'est un jeu...

Les progrès dans l'écriture résultent et de cette levée d'inhibition, et de la transaction sociale qui s'opère à la lecture collective des textes produits. Ce sont les travaux de réécriture qui font apprécier les variations possibles, les choix presque indéfiniment ouverts. C'est ensuite la continuité d'un atelier qui dévoile peu à peu la complexité d'une classification de textes : le professeur ou l'animateur gradue en effet ses choix et les contraintes proposées et c'est par l'exercice direct, et dans un projet d'écriture formellement bien identifié, que les participants passeront du récit simple au récit plus complexe, à la narration biographique comme aux genres les plus élaborés et ardus du pastiche ou de la composition poétique. Ces ateliers ne permettent que secondairement, et presque accessoirement, des progrès en orthographe et un élargissement des vocabulaires. Leur priorité n'est pas là, mais bien de vaincre l'obstacle le plus sérieux, qui est de ne pas oser écrire.

Les ateliers d'écriture débouchent nécessairement sur un renouvellement des horizons de lecture, car l'écriture se nourrit aussi des réalisations des écrivains et de l'analyse de leurs techniques d'écriture.

Le postulat fondamental semble bien être que tout part du désir secret d'écrire, de la pudeur à vaincre pour le faire, de la protection qu'un groupe peut offrir, conditions sous lesquelles s'ordonnent les acquisitions techniques.

Les ateliers d'écriture peuvent être rencontrés de l'école élémentaire aux classes terminales et sont fréquemment utilisés en formation continue d'enseignants. Ils forment une partie importante de l'enseignement actuel du français.

BIBLIOGRAPHIE

G. Vermeersch, *La Petite Fabrique d'écriture*, ESF, 1980.

Oulipo, *La Littérature potentielle*, Gallimard, 1988.

A. André, *Babel heureuse : les ateliers d'écriture au service de l'enseignement du francais*, Syros-Alternatives,1989.

Ph. Meirieu, *Apprendre en groupe*, Lyon, Chronique sociale, 1984.

➤ Voir aussi Pédagogie de groupe.

AUDIOVISUEL (enseignement)

Cette expression peut revêtir deux sens : ou bien il s'agit de l'enseignement par et avec des moyens audiovisuels, ou bien il s'agit de l'entraînement à l'emploi des techniques audiovisuelles. Ces deux sens sont pertinents dans la pratique journalière de l'enseignement.

On pourrait penser que face aux nouvelles techniques d'information et de communication (NTIC), l'audiovisuel a perdu de son actualité. Il n'en est rien, ces auxiliaires pédagogiques sont toujours présents dans les classes.

Les moyens audiovisuels dans l'enseignement ne forment pas une liste très longue ; ils ne sont pas, non plus, nécessairement « audio » et « visuels » simultanément.

Les moyens purement visuels, très classiques, figurent toujours dans la liste : images sur papier, reproductions, photographies, figurines sur tableau de feutre, diapositives, images animées de film en 8 mm, ou en 16 mm (généralement sonorisés), didacticiels, qui sont à ranger dans la catégorie des documents visuels, quand ils offrent sur écran des graphiques ou des images : les CD-ROM, qui couplent le compact disc et l'image sur écran, en font partie également. La référence de définition est la présence d'images, de quelque forme qu'elles soient : les utilisations d'une diapositive ou d'une image projetée de CD-ROM sont évidemment différentes.

Il faut sans doute répéter que les images produites par l'ordinateur n'ont pas déclassé à tout jamais les images sur papier. Il y aurait en effet un contresens pédagogique absolu à penser qu'il y a des moyens anciens, désuets, absolument à bannir et des moyens de haute technologie, dont il faudrait seulement se servir. En fait, les moyens s'amplifient, se diversifient, se conjuguent souvent, mais ils ne s'annulent pas les uns les autres.

Les moyens audio, exclusivement audio, figurent de la même manière dans le répertoire des moyens audiovisuels : enregistrements musicaux ou de paroles, radio. Le téléphone, qui n'a guère d'emploi pédagogique ailleurs qu'à l'école maternelle (où il s'agit plutôt de talkies-walkies) est un moyen « audio » plutôt rangé dans les moyens de communication, cependant, il est un auxiliaire important dans la prise de conscience du langage par les enfants.

Les moyens authentiquement audiovisuels sont : les films, les enregistrements de films, les émissions de télévision – publiques ou spécifiquement éducatives, françaises ou étrangères grâce au câble, en direct ou enregistrées –, les productions d'un circuit fermé – à destination de la classe, de l'établissement ou du quartier dans certains cas –, les montages réalisés en classe – comprenant images et accompagnements parlés ou musicaux –, les CD-ROM. Authentiques également, les produits des méthodes d'apprentissage des langues vivantes, qui ont des cassettes audio et des images comme supports.

L'audiovisuel dans l'enseignement

Ces auxiliaires pédagogiques sont déjà anciens – à l'exception des CD-ROM et de l'accès télématique – et ils ont des emplois variables selon les niveaux d'enseignement et les disciplines.

Les dessins animés, les diapositives, les films commerciaux, fixes ou non, les enregistrements de chansons ou de rythmes, les cassettes audio, les compact discs, servent beaucoup à l'école maternelle.

Toutes les formes d'illustrations visuelles ou auditives servent aux différentes disciplines, et à tous les niveaux scolaires.

La télévision, publique ou éducative, française ou étrangère reçue par câble et l'emploi du magnétoscope, qui permet de garder la souplesse des programmations propres à l'établissement ou à l'école, sont des ressources qui ont plusieurs finalités : illustrations de cours, supports documentaires, apprentissage de la lecture filmique, éducation d'un téléspectateur actif (ce fut le titre d'une association Jeunes téléspectateurs actifs, dans les années 79-81). Le Centre national de documentation pédagogique (CNDP) offre, avec ses revues spécialisées, un soutien pédagogique à l'utilisation de la télévision éducative.

De grands espoirs avaient été investis, dans les années 50-60, dans l'enseignement à distance par la télévision ; mais il s'agissait moins de méthode audiovisuelle que de pallier l'éloignement des élèves, ou la pénurie des professeurs, par un moyen de substitution. Ces réseaux d'enseignement par la télévision se sont surtout développés à l'étranger (Canada, Afrique noire, USA).

À côté de la télévision proprement dite, les enregistrements d'activités, individuelles ou de groupes, avec les moyens propres de l'établissement, servent à l'amélioration de performances en éducation physique et sportive, en éducation artistique, ou dans les exercices de communication orale. Les formations professionnelles se sont servi de ces techniques d'analyse d'enregistrement, comme également les entraîneurs des athlètes de haut niveau.

Ces emplois de moyens audiovisuels, des plus classiques aux plus modernes, ne créent pas de méthodes audiovisuelles proprement dites.

Les langues vivantes font pourtant exception – y compris le français langue étrangère – qui, dans les années 60, ont beaucoup pratiqué une pédagogie audiovisuelle et se sont vues dotées, dans de nombreux établissements, de laboratoires de langues. Ces laboratoires étaient constitués de cabines individuelles, reliées à un pupitre central ; les étudiants entendaient ce que la source, professeur ou bande magnétique, donnait comme modèle et comme exercice. Les retours en arrière, la réécoute de ce que l'élève avait prononcé, accéléraient les progrès. Ces procédés sont encore utilisés dans les apprentissages rapides de langue étrangère. Mais, dans l'enseignement, la plupart des laboratoires de langue ont été abandonnés : le type d'apprentissage qu'ils permettaient était trop éloigné d'une communication naturelle, motivée, dans laquelle l'élève investit son savoir et progresse par tâtonnements successifs plutôt que par imitation d'un modèle. Le français langue étrangère – le FLE – a lui aussi pris certaines distances avec ces méthodes.

L'entraînement à l'utilisation des moyens audiovisuels

Il fait partie désormais du travail quotidien des classes, avec des différences importantes liées aux disciplines et au degré d'initiative laissé aux élèves. Le maniement des appareils par les élèves à l'école primaire est d'autant plus précoce et aisé que les enfants, dans leur grande majorité, disposent à la maison des mêmes appareils : lecteurs de cassettes, magnétoscopes, postes de télévision, magnétophones – bien que ce dernier appareil soit en régression dans les équipements familiaux –, caméscopes. La fabrication de produits audiovisuels – photographies, diapositives, enregistrements, montages sonorisés, est de pratique fréquente. Ces activités se poursuivent ultérieurement, notamment grâce aux plages de temps qui ne sont pas consacrées aux disciplines ; ces activités ont en effet un caractère interdisciplinaire qui les affecte de préférence à des projets d'action éducative, ou à des parties du projet d'établissement. Les sorties, voyages scolaires, échanges scolaires, ou certaines activités de clubs, favorisent également l'utilisation de moyens audiovisuels pour constituer des dossiers documentaires, des dossiers didactiques, des reportages, des expositions.

Il est fréquent d'entendre dire que l'école, dans son ensemble, a manqué « la révolution audiovisuelle » – et cet avertissement est généralement donné pour affirmer que le rendez-vous avec l'informatique et les nouvelles techniques d'information et de communication ne sera pas manqué. Il est injuste de prétendre que cette « révolution » n'a pas pénétré l'école ; elle l'a fait, plus ou moins vite, selon la disponibilité des matériels et leur coût, en fonction aussi de la formation des personnels, mais elle s'est produite, et de façon en quelque sorte parallèle à ce qui se passait dans la société. L'idée que quelque chose a été manqué est née probablement d'une utopie déçue : à savoir que l'école serait intégralement et rapidement changée grâce à l'irruption de l'audiovisuel. Il n'y a pas eu de changement radical mais une intégration progressive et utile des moyens audiovisuels dans l'enseignement.

BIBLIOGRAPHIE

M. Tardy, *Le Professeur et les images*, PUF, 1973.

L. Porcher, C. Blot et J.-F. Le Mouel, *L'École et les techniques sonores*, Colin-Bourrelier, 1975.

B. Lussato, *L'Enfant et l'écran*, Nathan, 1989.

B. Lussato, *La Vidéomatique*, Organisation, 1990.

➤ Voir aussi Autoscopie, Centre national de documentation pédagogique, Informatique, Télévision.

AUTONOMIE

Cette notion, essentiellement philosophique, doit être entendue, dans la plupart des classes de l'enseignement primaire et secondaire, dans un sens plus pragmatique que philosophique. En effet, il appartient seulement aux grandes classes, sinon exclusivement aux classes terminales, d'aborder les définitions possibles de l'autonomie humaine, morale, religieuse ou civique et d'examiner ses rapports avec la liberté, que les contraintes biologiques ou sociales, en un mot existentielles, peuvent entraver. Un regard sur l'étymologie, pourtant, peut être éclairant : *nomos*, ce sont les lois ; l'autonomie est la capacité de régler par soi-même sa conduite selon des lois. L'hétéronomie, à l'inverse, est la soumission à des lois extérieures, imposées. La conquête de l'autonomie serait donc la prise de conscience des lois, et l'intégration de ces lois dans un advenir personnel, dialectique entre contrainte et liberté.

Ces rapports peuvent également faire l'objet d'une réflexion et d'une pratique au sein des familles, en fonction de leurs convictions et du type d'éducation qu'elles donnent à leurs enfants, mais, dans l'institution scolaire, c'est d'autonomie comportementale et intellectuelle qu'il sera surtout question.

On définira l'autonomie comportementale comme la capacité d'agir avec réflexion et en connaissance des enjeux personnels et sociaux de ces actions. L'autonomie intellectuelle sera définie comme la capacité à lire, à écrire, à utiliser les documents ou les instruments courants du travail exigé par les différentes disciplines scolaires, sans dépendre anormalement de l'aide ou du jugement d'autrui.

La construction de l'autonomie aux différents niveaux de scolarité

Pour suivre la chronologie des étapes de la scolarité, l'école maternelle se donne pour objectif de faire accéder les enfants à l'autonomie dans les actions les plus quotidiennes : enlever ou remettre un vêtement, savoir où le replacer, se plier aux règles de la société que représente l'école – dans ses lieux, ses rites, ses interdictions – savoir user des outils ou techniques qui permettent de réaliser ce qui est à faire. Ces acquis représentent une conquête considérable qui font passer l'enfant d'un état de dépendance presque totale vis-à-vis de l'adulte à un état d'autonomie dans le cadre de règles établies. Parallèlement, l'école maternelle s'efforce de développer, en la disciplinant, la sociabilité innée de l'enfant. Les rapports de force ou de soumission, les manifestations d'agressivité ou d'excessive émotivité doivent se surmonter petit à petit et les coopérations sociales s'exprimer normalement.

Ce travail fondamental ne se distingue pas d'une éducation aux savoirs, aux savoir-faire et à la réflexion adaptée à l'âge des enfants, puisque c'est en acquérant ceux-ci que ceux-là se mettent en place.

L'école élémentaire continue d'installer les conditions d'autonomie de l'enfant en lui fournissant les bases de toute autonomie intellectuelle : la capacité de lire, d'écrire et de compter. Cette antique trilogie est toujours aussi nécessaire mais s'y sont ajoutées des contraintes nouvelles qui concernent le recueil et le traitement de l'information et la capacité de participer activement à des projets collectifs. Il faut apprendre également que l'autonomie dans les sociétés contemporaines est de moins en moins une affaire de conscience personnelle, mais qu'elle est de plus en plus liée à l'action et à la pression des autres. Être autonome, c'est savoir coopérer sans se laisser écraser par les autres et sans les écraser. Des pratiques favorisent l'accession à l'autonomie : ce sont les travaux d'ateliers, les travaux de groupes, la pédagogie du projet, le contrat pédagogique, les classes de découverte, et, d'une façon générale, ce qui favorise l'ouverture sur le milieu, sur l'environnement et sur la responsabilité des citoyens.

Les collèges et les lycées ont les mêmes objectifs par rapport à l'information et à la responsabilité des citoyens. Depuis une vingtaine d'années, on assiste à des essais de travail autonome ou en projet, où s'acquiert, entre autres capacités, une maîtrise méthodologique du travail. Les foyers socio-éducatifs, les clubs – clubs européens, clubs informatique, clubs santé et beaucoup d'autres – ont contribué à développer chez les élèves le sens de l'autonomie et des responsabilités. Les institutions elles-mêmes, en créant les délégués-élèves, la représentation élue des élèves dans les conseils de l'établissement, les conseils de jeunes, en autorisant les journaux lycéens, ont donné aux jeunes une expérience de la vie publique au sein des établissements, et un droit de parole, tout en leur apprenant à respecter les prescriptions fondamentales sur la liberté des personnes et l'indépendance de l'école en matière de religion ou de politique.

BIBLIOGRAPHIE

C. Dulibin, *Du travail autonome à l'aide au travail personnel*, INRP, 1993.

V. Marbeau, *L'Innovation dans l'enseignement secondaire : le travail autonome des élèves*, Conseil de l'Europe, Strasbourg, 1979.

➤ Voir aussi Foyers socio-éducatifs, Kant, Méthodes actives, Pédagogie de groupe.

AUTOSCOPIE

Mot à mot « vision de soi-même », l'autoscopie a été et est utilisée dans la formation professionnelle des enseignants. Il s'agit d'une technique utilisant le circuit fermé de télévision ou un caméscope, pour enregistrer un professeur ou un instituteur-professeur des écoles, en train de travailler avec ses élèves. La séquence filmée est ensuite visionnée et analysée par l'intéressé lui-même et, si le formateur le juge opportun, par le groupe d'étudiants en cours de formation. Les attitudes, la voix, le nombre des interventions magistrales, le type de relation entretenu avec les élèves, la pertinence des questions, des réponses, les occasions manquées, tout ce qui échappe à celui qui est en action, est révélé à l'acteur, quand il peut être spectateur de lui-même.

Il est souvent difficile de supporter sa propre image, c'est pourquoi l'autoscopie ne peut être utilisée sans précautions et sans progression. Bien tolérée, elle est un outil qui contribue à l'amélioration des performances. Les entraîneurs de sportifs de haut niveau se servent systématiquement d'enregistrements – comme les danseurs ou les rééducateurs en psychomotricité se servent d'un miroir. Toutefois, l'emploi de l'autoscopie est de plus en plus délicat au fur et à mesure que l'on s'écarte de l'analyse de gestes pour saisir un comportement global où se révèle une personnalité.

Les Instituts universitaires de formation de maîtres et les corps d'inspection dans le cadre de formations continues se sont servi ou peuvent se servir de cette technique.

➤ Voir aussi Enseignement audiovisuel, Formation continue.

B

BASEDOW Johann Bernhard (1723-1790)

Pédagogue allemand. Il estime que « l'enseignement public est un des instruments les plus utiles et les plus sûrs qui puissent faire ou maintenir le bonheur d'un pays... et que, par conséquent, la surveillance constante de cet instrument et de son emploi appartient directement à un conseil patriotique, dont le souverain pourrait écouter les représentations aussi souvent qu'il écoute celles des conseils des finances, de la guerre et de la justice ». Dans chaque État, un Conseil d'éducation proposerait les réformes législatives utiles, surveillerait les spectacles, la publication des livres et les établissements d'accueil de la jeunesse (orphelinats, écoles, gymnases, universités). Dans l'esprit des propositions de Basedow, Frédéric II édicte en 1763 un règlement scolaire obligeant parents et patrons à envoyer les enfants à l'école dès l'âge de 5 ans et jusqu'à 13 ou 14 ans, ouvre en 1779 la première chaire de pédagogie à l'université de Halle (son titulaire est Trapp, un collaborateur de Basedow) et crée en 1787 un Comité supérieur de l'instruction publique.

Les idées de Basedow se répandent dans toute l'Europe par son ouvrage, *Le Livre élémentaire* (*Elementarwerk*), sorte d'encyclopédie illustrée destinée à instruire les futurs maîtres, par la publication d'un périodique pédagogique (*Entretiens pédagogiques, journal et livre de lecture philanthropique*) et surtout par la création en 1774 du Philanthropinon à Dessau, institut qui recevait une cinquantaine d'élèves répartis en trois groupes : les « académistes » ou fils de famille, les « pédagogistes » destinés à enseigner, les « famulants » destinés à être domestiques.

Tout en prenant quelque liberté avec les principes rousseauistes, Basedow prétend s'inspirer de l'*Émile*, publié en 1762. Certes, il vise la formation de l'homme comme membre de la communauté humaine, mais son éducation cherche surtout à former un citoyen utile à son pays. Rousseauiste, la méthode privilégie l'intuition et le sensible, refuse le verbalisme, prône le retour au concret par l'observation et la manipulation des choses : de là l'importance du travail manuel. Il fait une place à l'éducation physique ; mais, en dépit d'une volonté affichée d'endurcir les élèves, s'ajoute une culture excessive de la sensibilité et de son expression spectaculaire (pleurs, baisers, etc.). Il s'éloigne de Rousseau en accentuant le caractère récréatif de la méthode – on apprend à travers des jeux –, par l'importance accordée à la subordination de l'enfant – obéissance aveugle, sanctions, récompenses – et l'indifférence aux processus de maturation : Basedow prétend amener un élève au niveau de l'université en quatre ans et sa fille à quatre ans lisait l'allemand et le français, comptait jusqu'à 100, en montant et en descendant.

Déconsidéré par de médiocres résultats et par des conflits internes, le Philanthropinon ferme en 1793. Kant lui reconnaît le mérite d'avoir constitué une véritable expérience éducative : « L'unique école expérimentale... a été l'Institut de Dessau. Il faut lui laisser cette gloire, en dépit de nombreuses fautes qu'on peut lui reprocher ».

BIBLIOGRAPHIE

A. Pinloche, *La Réforme de l'enseignement en Allemagne au XVIII*^e^ *siècle : Basedow et le philanthropinisme*, Armand Colin, 1889.

➤ **Voir aussi** Éducation nationale (concept), Kant, La Chalotais, Pestalozzi, Rousseau.

BEHAVIORISME

Littéralement, science du comportement. Théorie psychologique qui a connu son développement au début du XXe siècle et dont on situe généralement l'origine dans les travaux du psychologue américain John Watson. En fait, dès le milieu du XIXe siècle, le philosophe français Théodule Ribot a préparé le behaviorisme en se livrant à des recherches sur la psychologie expérimentale et en publiant des comptes rendus de travaux qui s'inscrivent en rupture avec la psychologie subjective et introspective du XVIIIe et du début du XIXe siècle. Pour Ribot, la psychologie ne doit pas être métaphysique, son objet n'est pas de connaître l'essence de l'âme humaine mais d'expliquer certains phénomènes, indépendants de l'affectivité, réduits à leurs composantes biologiques, et saisis scientifiquement.

Cependant c'est Henri Piéron qui, dans sa leçon inaugurale à l'Institut des hautes études en 1908, introduit le premier la notion de comportement. Il définit la psychologie comme une science de l'extérieur, en opposition avec la psychologie de la conscience, et lui donne pour objet l'étude de l'activité apparente de l'organisme et du comportement de l'homme face aux modifications de son milieu.

Considérant que la conscience n'est pas un concept scientifique et rejetant par là même l'intérêt de son étude, Watson expose ses thèses sur le behaviorisme à partir de 1913, il définit la psychologie comme « l'étude de ce que les hommes font de la naissance jusqu'à la mort ». Animé par le souci d'objectivité et voulant faire de la psychologie une science naturelle, Watson fonde sa théorie sur la relation stimulus-réponse et sur la notion d'adaptation. Pour un behavioriste, le comportement est « l'ensemble des réactions adaptatives objectivement observables, qu'un organisme exécute en riposte aux stimuli, eux aussi objectivement observables, provenant du milieu dans lequel il vit ». Dans cette perspective, le fait psychique le plus élémentaire est le réflexe, et certains behavioristes considèrent que le comportement le plus complexe n'est que la somme des réflexes simples, innés ou conditionnés, que l'individu manifeste en réaction à des stimulations de son environnement. Pour autant, la psychologie n'est pas une composante de la physiologie et Watson limite bien son champ à l'étude des rapports entre le stimulus et la réaction de l'organisme, il réserve à la neurophysiologie l'étude de ce qui se passe dans le cerveau pour recevoir des sensations et commander les mouvements. Le behaviorisme ne se préoccupe pas du fonctionnement de la « boîte noire », il a pour objet l'approche objective de la manière dont l'organisme réagit pour s'ajuster aux changements de son milieu. Selon Watson, le milieu est le milieu physique mais aussi l'environnement social, et le psychologue américain postule que le comportement de l'individu dans le milieu social doit être l'analogue du comportement humain dans le milieu naturel. L'important pour lui n'est pas l'action du milieu sur l'individu mais la réaction de l'indivivu au milieu, et le behaviorisme est compris comme une science concrète, pratique, qui cherche moins à expliquer qu'à prévoir. Le rôle d'une psychologie vraiment scientifique est de prévoir la réponse si le stimulus est donné ou inversement, de spécifier la nature du stimulus si la réponse est observée.

Il convient de remarquer que, si Watson a réussi une rupture conceptuelle avec la psychologie introspective et la philosophie spiritualiste du XVIIIe et du début du XIXe siècle, il n'est pas parvenu à donner au behaviorisme une dimension scientifique suffisamment autonome.

Sa théorie s'est développée sur un arrière-plan de philosophie matérialiste, mécaniste, héritière de la théorie cartésienne des animaux-machines transposée à l'homme. Sa position idéologique implicite consiste à admettre comme « naturel » le milieu social ambiant et à organiser ce milieu en fonction de la prise en considération de l'individu, pour suppléer aux failles qui nuiraient à la bonne marche du système. Recherchant l'adaptation optimale, le psychologue behavioriste tente de rationaliser par l'apprentissage la conduite de l'individu dans le milieu social, et, si nécessaire, il corrige les déficiences de l'organisme. Il crée ainsi implicitement une norme qui déterminera l'adaptation ou la non-adaptation à des conditions sociales observables.

Le behaviorisme n'a jamais servi de référence explicite en éducation. On peut cependant considérer que les pédagogies traditionnelles s'en inspirent peu ou prou, puisqu'il s'agit bien, par des démarches éducatives appropriées, de faire acquérir des connaissances et des compétences à l'individu pour qu'il s'adapte aux conditions sociales du milieu dans lequel il vit.

BIBLIOGRAPHIE

D. Deleule, *La Psychologie, mythe scientifique*, Laffont, 1969.

B. F. Skinner, *Pour une science du comportement : le behaviorisme*, Delachaux & Niestlé, 1979.

➤ Voir aussi Cognitivisme, Compétence, Pédagogie par objectifs.

BETTELHEIM Bruno (1903-1990)

Bruno Bettelheim est né à Vienne, dans la Vienne de Freud, en 1903 ; il y est resté jusqu'en 1938, date de l'invasion allemande. Ses études le conduisent à la profession de psychanalyste, l'œuvre de Freud ayant eu sur lui une très profonde influence. Son intérêt pour les enfants, notamment les enfants en difficulté psychologique, se manifeste dès le début de sa carrière. Il prend même chez lui, et, avec sa femme, s'occupe de deux petites filles autistiques. Juif, il est l'un des premiers déportés en 1938 ; pendant un an il est interné, d'abord à Dachau puis à Buchenwald, où il vivra l'expérience des camps, expérience qui sera décisive pour lui. Libéré, il quitte l'Autriche pour les USA où il exerce à l'université de Chicago, comme professeur dans les matières artistiques qui l'ont toujours intéressé. Mais sa personnalité et ses activités antérieures le désignent à l'attention et il est chargé d'un rapport sur l'École orthogénique de Chicago, qui fonctionnait mal. Bettelheim s'y attache et dira un jour qu'il ne remit jamais le rapport demandé, car il n'aurait eu qu'un mot à écrire : « Brûlez tout » !

Il devient directeur de cette école, dont il s'occupera jusqu'à sa retraite en 1973 et d'où il écrira la plupart de ses livres. Il remanie les bâtiments, attache un grand intérêt à la décoration, aux chambres des enfants ou adolescents de l'école, aux lits, le territoire le plus intime des enfants. Il forme une équipe soignante dans laquelle il abolit toute hiérarchie extérieure et qui travaille au coude à coude. L'acceptation totale des enfants, y compris dans leurs manifestations les plus agressives ou les moins tolérables pour l'entourage, est une condition essentielle du fonctionnement de cette école, qui doit être, selon le mot de son directeur, une « matrice d'où renaître » (un des livres s'intitule d'ailleurs *Un lieu pour renaître*). Les enfants sont acceptés de 4 à 20 ans. Le travail scolaire – voire universitaire – n'est jamais imposé mais toujours offert. Les soignants n'exigent rien, mais aident, accompagnent et, par-dessus tout, acceptent les enfants tels qu'ils sont et tels que progressivement ils deviennent.

L'œuvre écrite de Bettelheim est abondante : vingt-neuf titres sont disponibles en traduction française.

On a pu rapprocher les thèses ou méthodes de Bettelheim de celles de Basaglia en Italie, de Laing et Cooper en Angleterre, de Maud Mannoni ou Deligny en France. La relative désaffection qui entoure aujourd'hui un courant apparaissant comme non directif et trop exclusivement psychologique atteint aussi Bettelheim. Quoi qu'il en soit des présupposés théoriques, l'École orthogénique de Chicago a eu un grand retentissement, elle a réussi des cures spectaculaires et l'abondante œuvre de Bettelheim est un témoignage incontournable pour qui s'intéresse aux enfants autistiques, et aux enfants en général.

BIBLIOGRAPHIE

B. Bettelheim, *L'Autisme et la naissance de soi*, Gallimard, 1969. *Un lieu pour renaître*, Hachette, 1980. *Psychanalyse des contes de fées*, Hachette, 1985. *Le Cœur conscient*, Hachette, 1985. *Le Poids d'une vie*, Laffont, 1991. *L'amour ne suffit pas*, LGF, 1994.

G. Bersihand, *Bettelheim*, Jauze, 1986.

N. Sutton, *Bettelheim*, Stock, 1995.

BIBLIOTHÈQUE

Les bibliothèques publiques

Les bibliothèques sont nombreuses en France, depuis la Bibliothèque nationale que l'on peut considérer fondée par l'ordonnance de François Ier, en 1537, instituant l'obligation du dépôt légal, jusqu'à la Bibliothèque nationale de France, qui voit le jour en ce moment, en passant par les bibliothèques municipales, que l'on trouve aujourd'hui dans toutes les villes. Cette situation n'a pas toujours été aussi favorable et par rapport aux pays nordiques, à l'Angleterre ou aux USA, le retard de la France a été sensible jusqu'à l'après-Seconde Guerre mondiale. Conservatoires de livres, les bibliothèques assuraient en France davantage un rôle dans la recherche érudite que dans la lecture publique proprement dite. En dépit de l'effort de certains, parmi lesquels il est juste de citer le ministre Victor Duruy (1811-94), Jean Macé, le fondateur de la Ligue de l'enseignement (1815-94), Jules Ferry (1832-93), la situation resta longtemps peu dynamique.

En 1945, sont fondées au ministère de l'Éducation nationale une Direction des bibliothèques et la Bibliothèque centrale de prêt, dont la mise en place dans les départements s'étendra sur plus de vingt ans. La campagne a été moins bien servie et continue de l'être, en dépit d'efforts intéressants : les bibliobus – autobus circulant avec leur stock de livres et assurant d'écoles en écoles le service de prêts – ont été cependant très efficaces. Depuis deux décennies, l'équipement de nombreux foyers ruraux et le développement des bibliothèques municipales – que l'on estime aujourd'hui à près de 2 000 – représentent un service de la lecture beaucoup plus satisfaisant qu'il ne l'a été.

À côté de cet ensemble de bibliothèques publiques – qui fonctionnent indépendamment les unes des autres et ne formeront sans doute un authentique réseau que lorsque les fonds seront mis en relation par la télématique – il existe de nombreuses bibliothèques appartenant à des établissements ou des organismes divers : universités, grandes écoles, fondations diverses, entreprises, chambres de commerce, maisons de jeunes, foyers, associations. Ces bibliothèques ne sont pas nécessairement ouvertes au grand public.

Les bibliothèques scolaires

En ce qui concerne l'enseignement primaire et secondaire, la situation des bibliothèques a connu des époques d'expansion et des époques de recul.

Toutes les écoles publiques, tous les établissements d'enseignement ont été dotés, dès leur création, de bibliothèques. Il s'agissait dans la plupart des cas, hormis celui des écoles normales supérieures, des écoles normales primaires et des lycées, de bibliothèques de classes ou de disciplines. Chaque classe de l'école élémentaire, chaque discipline du lycée, avait son fonds propre, dont la gestion était assurée par les instituteurs ou les professeurs. Les bibliothèques de l'école primaire étaient plutôt conçues comme des bibliothèques récréatives et les bibliothèques de disciplines comme des sources de documents d'approfondissement dans la matière qu'elles concernaient.

L'effort considérable représenté par la dotation en bibliothèques de toutes les écoles primaires de France, à la fin du siècle dernier, illustre bien la considération qui existait pour l'écrit. Toutefois, cette considération s'accompagnait de distance : le libre accès aux livres, pas plus que la gestion de la bibliothèque, n'étaient permis aux élèves, même si « un grand » aidait le maître dans la distribution et le rangement, et tous les enfants dans le recouvrage des livres. Les professeurs géraient de la même façon leurs bibliothèques, à l'exception de la bibliothèque des lettres qui faisait aussi fonction de bibliothèque générale et qui pouvait avoir du personnel spécialisé.

Le livre représentait, pour les enfants de l'école primaire, notamment, un loisir noble ; le fonds était alimenté en bons livres, et la lecture autorisée aux heures que le travail laissait disponibles, c'est-à-dire essentiellement à la maison, grâce à un prêt à domicile. Le livre était relativement peu intégré à l'enseignement, sinon sous forme de morceaux choisis. Aujourd'hui, cette conception de la lecture paraît bien restrictive.

Au fur et à mesure de l'enrichissement du milieu social et familial en lectures variées, ce qui s'est produit à partir des années 20-30, et de façon spectaculaire après la Deuxième Guerre mondiale, les bibliothèques scolaires sont tombées dans un relatif abandon. Dès ces années, les hebdomadaires et les collections pour enfants et adolescents sont nombreux et n'ont pas de mal à faire concurrence aux livres usagés, peu renouvelés, habillés en uniformes de papier bleu ou beige, que l'école pouvait offrir.

Les bibliothèques d'écoles ont sommeillé plus ou moins, jusqu'à ce qu'elles se changent en bibliothèque centre documentaire (BCD) et centre de documentation et d'information (CDI) ; la lecture s'en est trouvée augmentée et renouvelée dans de nombreuses pratiques : consultation et prêt, traditionnellement, mais aussi support de travaux divers.

Quant aux universités, leur pauvreté est bien connue et ce n'est que récemment qu'elles ont commencé à rattraper leur retard par rapport aux universités étrangères de même niveau.

Les bibliothèques spécialisées pour enfants sont de date récente. Une exception cependant, L'Heure joyeuse, à Paris, la première et la plus célèbre, fut ouverte en 1924 ! Après 1945, la lecture apparaît de plus en plus comme une source d'enrichissement intellectuel, une source documentaire autant qu'une source de plaisir, l'instrument privilégié de la formation, et ces rôles nécessitent que les livres de tout genre circulent à bon rythme.

Il faut attendre encore également pour que la réflexion sur l'acte lexique s'approfondisse. Le tournant est pris vers 1965, avec le projet de rénovation de l'enseignement du français, qui débute alors à l'Institut national de recherche pédagogique.

C'est dans cette même seconde partie de la décennie 60 qu'Inizan fonde l'Association française pour la lecture (AFL). Les recherches en lecture se multiplient à partir de ces dates, retentissant nécessairement sur l'importance reconnue aux bibliothèques.

Quant aux bibliothèques personnelles, ou aux achats privés de livres, ils bénéficient des collections qui sont lancées à prix abordable, et de la distribution accrue de livres en tous genres. Le Livre de poche date de 1953, la FNAC de 1954, le Livre de poche pour la jeunesse de 1970.

Le sort des bibliothèques est étroitement lié à l'image que l'opinion se fait du livre et de la lecture. Le rapport au Premier ministre sur l'illettrisme date de 1984. Il a contribué, pour sa part, à accélérer l'effort fait sur la lecture, sur la dotation des écoles en livres, comme sur le renouveau des bibliothèques.

BIBLIOGRAPHIE

B. Blasselle, J. Melet-Sanson, *La Bibliothèque nationale, mémoire de l'avenir*, Gallimard, 1990.

A. Masson, D. Pallier, *Les Bibliothèques*, PUF, 1986.

➤ Voir aussi Bibliothèque centre documentaire (BCD), Centre de documentation et d'information (CDI), Illettrisme, Littérature de jeunesse.

BIBLIOTHÈQUE CENTRE DOCUMENTAIRE (BCD)

En 1973, une circulaire du ministère de l'Éducation nationale préconise l'implantation dans toutes les écoles d'une bibliothèque centre documentaire. L'idée en était déjà avancée depuis plusieurs années et certaines réalisations effectuées.

Dans les vingt années qui se sont écoulées depuis, le nombre de BCD n'a cessé d'augmenter, y compris dans les écoles maternelles, qui parfois, si les locaux s'y prêtent, utilisent la BCD de l'école élémentaire.

La BCD, plus qu'une bibliothèque

Les BCD se distinguent des bibliothèques classiques au moins par trois caractéristiques : la première est d'être un lieu commun à toutes les classes ; la seconde est d'être non seulement une collection de livres, avec l'instrumentation propre aux bibliothèques d'adultes, à savoir des fichiers et un mode de classement autre que le classement alphabétique, mais d'être aussi une réserve de documentations extrêmement variées, comprenant des dictionnaires, des encyclopédies, des revues, des documents illustrés, des disques, des diapositives, des films, des cassettes, des cassettes vidéo, un Minitel, offrant ainsi l'accès aux technologies contemporaines d'information et de documentation, accessibles à des enfants. La troisième caractéristique est d'être un lieu pédagogique proprement dit, et non seulement une réserve où l'on se fournit en livres et documents, aussi riches ou variés soient-ils.

Un lieu de formation

La fréquentation de la BCD par toutes les classes, même celles des enfants les plus jeunes, est un principe pédagogique : il réalise une familiarisation progressive avec l'utilisation d'une bibliothèque et avec la recherche documentaire, comme avec le maniement d'appareils.

Mais l'ambition pédagogique est plus haute encore : elle consiste aussi à faire de la BCD l'instrument même du travail scolaire, sinon dans sa totalité, du moins dans sa plus grande partie. Ce qui suppose un type d'enseignement particulier : les recherches thématiques, toutes les formes de projets, qui ont besoin de documentation importante, certains contacts à prendre, certaines données à consulter sont des travaux qui ne peuvent se passer de la BCD.

Les BCD supposent nécessairement aussi une autonomie importante des enfants et des groupes, qui doivent conduire tout ou partie du travail par eux-mêmes en se servant des collections qui sont à leur disposition et en sachant demander de l'aide aux adultes présents. C'est former chez ces enfants une capacité à s'organiser, à prendre des initiatives, à coopérer avec d'autres, enfants ou adultes. C'est ainsi que la BCD intervient dans une sorte de philosophie éducative, et dépasse son rôle de centre de ressources.

Des locaux bien aménagés

Une attention particulière a été apportée aux locaux pour qu'ils soient adaptés à des enfants d'une part, et d'autre part aux fonctions que l'on assignait à ce nouveau lieu. On y trouve des mobiliers de rangement, accessibles pour une consultation directe, des espaces pour lire ou travailler seul ou en groupe, des espaces pour réunir un certain nombre d'enfants et les faire travailler ensemble ou permettre de visionner des films. Ces configurations matérielles, à elles seules, indiquent que les activités multimédia sont au cœur de la bibliothèque centre documentaire.

La BCD enfin est un lieu d'animation où une classe – voire plusieurs classes si l'espace le permet – peut entendre un livre présenté par un adulte, un écrivain ou un conteur, où les élèves peuvent eux-mêmes organiser, à l'intention d'autres classes ou de parents, des présentations de livres, ou de thèmes documentaires. Des projections ou des auditions peuvent y être organisées.

Un lieu qui dépasse les limites de la classe ou de l'école

Dans la mesure où des classes étrangères à l'école ou des parents d'élèves peuvent être conviés à certaines activités de la BCD, l'existence d'une BCD ouvre l'école sur l'extérieur et intensifie les relations qu'elle entretient avec son environnement social. Les BCD se sont ouvertes parfois au quartier tout entier et elles sont alors devenues des lieux de convivialité et de formation pour les adultes.

Des freins au fonctionnement

Les BCD ne disposent pas de personnel spécialisé, ce qui entraîne une difficulté de fonctionnement. Il n'est pas rare que des parents volontaires viennent certains jours aider les enseignants.

Après une période de très grande faveur, les BCD ont connu une désaffection relative. C'est qu'on leur demandait trop. Les enseignants se sont parfois découragés. Outil remarquable, la BCD ne saurait remplacer tout enseignement, tout travail de classe et être le centre de la vie de l'école, comme on l'a parfois entendu dire. Mais elle est un outil pédagogique indispensable et le témoin des évolutions pédagogiques considérables qui se sont opérées au sein de l'école primaire depuis une vingtaine d'années.

BIBLIOGRAPHIE

O. Britan et C. Fournier, *Créer une BCD : pourquoi ? comment ?*, Magnard, 1985.
D. Righi, *Animer une BCD*, Hachette, 1993.

➤ Voir aussi Autonomie, Bibliothèque, Centre de documentation et d'information (CDI), Méthodes pédagogiques, Zone d'éducation prioritaire (ZEP).

BINET Alfred (1857-1911)

Psychologue français, docteur ès sciences, connu avant tout pour le test d'intelligence qu'il réalisa avec Théodore Simon en 1905, à la demande du ministre de l'Instruction publique qui cherchait à mieux adapter l'enseignement aux enfants dits « arriérés ».

Destiné à différencier la population scolaire selon la cause des difficultés, retard ou débilité, cet instrument concrétise la volonté manifestée par Binet, depuis les années 1880, d'étudier le fonctionnement psychologique de l'enfant pour comprendre la naissance et l'évolution des aptitudes intellectuelles supérieures. Ainsi, en 1886, son premier livre traite de « la psychologie du raisonnement ». De multiples articles publiés jusqu'en 1911 seront consacrés à des études sur la mémoire (des mots, des phrases...), sur les rapports entre langage et pensée, entre attention et adaptation.

Toute son œuvre illustre la nécessité de fonder la pédagogie sur une psychologie de l'enfant ancrée dans l'observation clinique et expérimentale. Il multiplie les enquêtes et les expériences pour comprendre et expliquer quelles sont les meilleures conditions pédagogiques favorisant la réussite scolaire : étude sur la fatigue intellectuelle, sur la distraction, sur les relations entre écriture et intelligence, sur les conduites d'imagination, de perception, de description...

Chercheur au laboratoire de pédagogie expérimentale qu'il fonde en 1899, il pose des questions nouvelles pour l'époque, qui concernent autant l'élève que le maître : en témoignent quelques articles comme *Expérience sur le self government à l'école* ou *Comment les instituteurs jugent-ils l'intelligence de l'écolier ?*

Il apparaît donc comme le précurseur d'une psychologie qui se préoccupe de la spécificité de l'enfant et des différences individuelles. L'existence d'une « mentalité enfantine » n'est plus une simple déclaration philosophique mais la conclusion d'observations et de recherches étendues sur vingt ans et montrant l'originalité des manières de percevoir, d'imaginer, de comprendre l'enfant. L'ouvrage de 1911 *Les Idées modernes sur les enfants* donne une synthèse de ce questionnement. Cette démarche sera bien sûr reprise par H. Wallon (*Les Origines de la pensée chez l'enfant*) et par J. Piaget (*La Représentation du monde chez l'enfant*). Déjà en 1900, Binet pouvait mettre en garde l'enseignant contre le risque de projeter ce qu'on appellerait aujourd'hui sa logique opératoire sur l'activité de l'enfant.

Enfin, la constatation des différences individuelles, prolongée par les travaux récents de Reuchlin, constitue le fondement de ces échelles de l'intelligence dont le projet originel a été souvent détourné vers une mesure statique de la performance globale sous la forme chiffrée d'un âge mental. Dans l'esprit de Binet, les 55 questions posées à l'enfant dans le test doivent avant tout permettre d'établir un profil individuel, faisant ressortir ses possibilités à partir de l'évaluation de ses connaissances, de l'observation de ses attitudes et de son comportement. En créant un outil pratique de repérage des aptitudes au raisonnement, à la compréhension et au jugement, Binet voulait servir l'enfant et la psychologie individuelle ; il fut souvent desservi par la réduction du diagnostic à la mesure d'un âge mental puis d'un quotient intellectuel dans les adaptations ultérieures de l'instrument. Ce précurseur d'une conception fonctionnelle de l'intelligence mérite d'être réhabilité et... relu.

BIBLIOGRAPHIE

A. Binet, *Les Idées modernes sur les enfants*, Flammarion, 1973.

A. Binet, *Les Enfants anormaux*, Privat, 1978.

➤ Voir aussi Classe de perfectionnement, Psychologie scolaire, Test.

BRUNER Jérôme S. (1915-)

Si J. Piaget a orienté la reflexion pédagogique pendant plus de trente ans, toute réflexion alors se référant à ses travaux, un psychologue américain, apparu à l'horizon pédagogique français à la fin de la décennie 70, allait en peu d'années prendre une importance considérable. Américain, peu traduit, connu d'abord par quelques textes seulement, il compte aujourd'hui parmi les auteurs les plus écoutés. Il s'agit de Jérôme S. Bruner.

Psychologue de la cognition, Bruner reprend les stades piagétiens de développement dans une optique qui ne paraît plus rien devoir aux analogies empruntées à la biologie. Celles-ci fournissaient aux lecteurs de Piaget une sorte de fil conducteur : expérience, accomodation, dépassement, intégration d'une autre expérience – ce processus réalisant l'adaptation du sujet au monde qui l'environne. S'il fallait trouver une autre comparaison, pour Bruner, c'est plutôt aux théories de l'information que l'on songerait. Le signe, la signification, la mise en relation des significations sont au cœur du travail de Bruner. Le contexte social, l'interaction sociale et les systèmes de signes qu'ils représentent ou mettent en action, sont au fondement même des opérations mentales qui mènent au langage et au sens. Si les étapes décrites par Piaget restent pour Bruner des étapes effectives, parcourues dans la construction de la pensée, elles sont aussi générées et modelées par des facteurs qui tiennent à la fois des contextes culturels, des relations affectives, de la nature de la tâche proposée et du rôle des tiers qui interviennent dans chaque apprentissage. Cet élargissement fait plus que nuancer la conception que l'on peut se faire du développement cognitif d'un enfant : il donne une importance capitale aux références qui l'accompagnent. Ce système de signes est essentiellement produit par l'adulte – ou l'autre enfant – qui entre en relation avec le sujet. Le terme « social » doit être principalement entendu en ce sens d'interaction entre individus. Dans la mesure où des facteurs culturels interviennent, et ils interviennent nécessairement d'ailleurs puisque l'adulte-tiers appartient à une culture donnée, le terme « social » peut également signifier le contexte coutumier, dans une culture définie. Mais le sens foncier est celui qui relève de l'interaction de la sociabilité.

L'intérêt de Bruner s'est porté sur la relation de la mère et de l'enfant, dans les premiers jeux entretenus entre eux. Il a montré que le savoir-faire de la mère était important pour assurer la stimulation du bébé, établir une sorte de consensus entre elle et l'enfant sur les significations : significations de gestes, de mots, voire de comportements comme le rire, qui sont créateurs de significations partagées. « Le langage adressé aux enfants » étudié dans les mêmes années par J. Rondal, par exemple, ou les interactions sociales dans l'apprentissage, étudiées par M. Deleau, vont dans le même sens.

La relation pédagogique relève aussi de processus semblables à ceux que l'on peut observer entre mère et enfant. L'identification de la tâche, la mise en relation des savoirs antérieurs d'un sujet avec le problème qu'il est en train de résoudre, le choix de travaux exigeant que l'apprenant se dépasse lui-même, sans que la distance soit infranchissable, dessinent l'essentiel du rôle d'un maître tuteur.

Généticien, dans la mesure où c'est bien la genèse des savoirs qui l'intéresse, Bruner montre cette genèse se produisant dans un contexte extrêmement nuancé et riche. Car la proximité, même interactive, de personnes ne suffirait sans doute pas si l'une n'était pas capable de faire appréhender à l'autre l'essentiel des savoirs, lesquels se présentent chacun dans des formes particulières et s'expriment, ou se formalisent, dans des concepts propres. La structure des savoirs est importante, donc elle se révèle d'abord en formes ébauchées, intuitivement perçues, qui iront en s'approfondissant. Cela signifie que l'âge d'un enfant ou sa maturité intellectuelle ne lui interdisent pas de comprendre beaucoup de relations réputées inaccessibles, pourvu que quelqu'un puisse trouver les mots pour le faire progresser : le rudiment d'une science est déjà cette science en travail. En insistant sur la capacité du tuteur, sur son rôle qui n'est ni d'enseigner ex cathedra, ni d'être une simple personne-ressource ; en montrant que les commencements sont en continuité avec leurs développements majeurs, puisqu'incessamment l'esprit retravaille et reinterprète les données qui l'entourent ; en montrant que la culture, au sens ethnologique du terme, mais aussi en son sens de valeurs intellectuelles et esthétiques reconnues et vécues, est partie prenante de la formation intellectuelle, Bruner, qui n'est pas un pédagogue et dont les travaux ne sont pas orientés vers les didactiques, a néanmoins puissamment aidé la réflexion pédagogique contemporaine.

BIBLIOGRAPHIE

J.S. Bruner, *Savoir faire, savoir dire*, PUF, 1983. *Comment les enfants apprennent à parler*, Retz, 1987. *Car la culture donne forme à l'esprit*, Eshel, 1991.

➤ Voir aussi Constructivisme, Cognitivisme, Piaget, Vygotski, Wallon.

BUISSON Ferdinand (1841-1932)

Ferdinand Buisson est connu surtout pour être l'auteur d'un monumental dictionnaire de pédagogie, paru d'abord en 1887 et réédité en 1911. Si c'est là en effet une œuvre d'envergure, elle occulte à l'excès une vie et des travaux qui méritent d'être connus.

F. Buisson naît à Paris, en 1832, dans une famille protestante. Agrégé de philosophie, à une époque où la philosophie était étroitement surveillée par le pouvoir, il refuse de prêter serment à l'empereur et exerce à l'étranger. Jusqu'à son retour en France, à la chute de l'Empire, ses convictions s'affirment : laïc, libéral, militant des droits de l'homme.

Ferdinand Buisson se distingue d'abord comme administrateur. Nommé inspecteur primaire en 1871, puis appelé par Jules Ferry au ministère comme directeur de l'enseignement primaire, il prend une part active à l'élaboration des lois qui vont régir l'enseignement dans les écoles maternelles et élémentaires. Il parachève cet ensemble en dotant l'enseignement primaire de son prolongement : l'enseignement primaire supérieur, et les écoles normales supérieures, propres au premier degré, qui assurent la formation, l'un, d'une élite de la classe moyenne d'où beaucoup de cadres sortiront, les autres, du personnel enseignant des écoles normales, garantissant la qualité et l'homogénéité de l'enseignement primaire. Ces grandes constructions d'institutions n'empêchent pas F. Buisson d'être attentif aux personnes comme aux moyens de dynamiser l'école : il sait discerner les personnalités qui sont dans le droit fil des idéaux qu'il promeut ; c'est lui, par exemple, qui remarque le travail de Mme Kergomard et l'oriente vers l'inspection des salles d'asiles. Il est également le fondateur de la *Revue pédagogique*, instrument qui n'a pas cessé d'exister.

Cette activité qui découle – mais avec ampleur – des charges qui sont les siennes, se double d'une action militante dans les combats qui marquent la fin du siècle et le tournant du XXe. Il est l'un des fondateurs de la Ligue des droits de l'homme, l'un des défenseurs de Dreyfus. Quelques années plus tard, il sera l'un des acteurs de la séparation de l'Église et de l'État.

Enfin, Buisson est un enseignant : quand il quitte le ministère, c'est pour occuper une chaire de sciences de l'éducation en Sorbonne.

Sa pensée est manifeste au travers de son travail et de ses engagements. Elle l'est de la même façon au travers du *Dictionnaire*.

Le *Dictionnaire de pédagogie* de F. Buisson – et des coauteurs, F. Buisson ne pouvant être le seul rédacteur d'un ouvrage de 2071 pages (édition de 1911) – se présente comme « un guide pratique et sûr de toutes les connaissances qui leur seront utiles (aux maîtres), pour qu'ils orientent convenablement leur enseignement, pour qu'ils connaissent bien l'œuvre à laquelle ils se sont voués et pour qu'ils aient une idée exacte de l'avenir qui les attend » (Préface).

On y trouve en effet, des articles de pure pédagogie, sur la lecture, l'écriture, ou autre discipline, des articles de connaissances générales, relatifs à l'histoire (colonies françaises, Convention...), à la géographie (Maroc, Norvège), des biographies (Montaigne, Pestalozzi, Rousseau...), des articles relatifs à la réglementation scolaire (Brevet de capacité, Conseil supérieur, statistique scolaire, pension de retraite...), enfin des articles où s'exprime une philosophie de l'éducation. L'article « Éducation », signé par E. Durkheim, en est justement un exemple. La minutie de tous les articles, l'érudition de certains, la somme de travail accumulée dans l'ouvrage sont tout à fait remarquables. Les débats contemporains, ou encore vifs dans les mémoires – comme la genèse de la loi Falloux, par exemple, loi du 15 mars 1850 (article « Falloux ») – sont retracés avec une grande abondance de précisions. De larges citations d'interventions, de comptes rendus de débats, des fragments de discours font de cet article, comme de beaucoup d'autres, une source historique vivante. Qu'au passage, Mgr Dupanloup et Adolphe Thiers soient cités, en des extraits qu'ils eussent préféré taire sans doute, donne au dictionnaire un relief politique qui en éclaire l'orientation et milite silencieusement, mais efficacement, pour des idées progressistes. L'article « Liberté de l'enseignement », grave et ardent, est une bonne illustration des combats idéologiques qui entouraient la naissance de l'enseignement primaire, qu'il appelle « les écoles du peuple ».

La raison, la tolérance et le respect, la foi en l'éducation, une stricte morale du devoir sont les valeurs qui imprègnent toutes les lignes du dictionnaire. Sa qualité fait qu'il est à la fois daté, par les connaissances et idéaux de son temps, et hors du temps, en ce sens qu'il peut toujours apporter des informations difficiles à rassembler, et nourrir la réflexion.

➤ **Voir aussi** Lois fondamentales.

BULLETIN OFFICIEL DE L'ÉDUCATION NATIONALE

Depuis 1814 existait un recueil des lois et règlements concernant l'instruction publique et qui récapitulait des textes anciens ; la publication en était irrégulière et ne cherchait pas à suivre l'actualité qui, d'ailleurs, en ce domaine, était bien moins chargée que de nos jours. En fait, le *Bulletin officiel* est né en même temps que le ministère de l'Instruction publique, devenu indépendant du ministère des Affaires ecclésiastiques, en 1828. Sa périodicité restait variable ; il contenait tous les textes officiels, les nominations, programmes, etc. La publication de cette revue d'information ministérielle fut interrompue entre 1932 et 1944 et ses objectifs repris par une revue privée.

Le *Bulletin officiel* reparut le 5 octobre 1944 avec un plan de classement similaire à celui qui existe aujourd'hui et que l'on retrouve également dans le *Recueil des lois et règlements*. Une nouvelle présentation fut inaugurée le 6 janvier 1994 qui visait à rendre le contenu plus attractif pour un public plus large. Il comprend donc une partie « Actualité » qui, en une dizaine de pages, regroupe quelques courts articles, des interviews, des informations diverses qui touchent à la vie de l'école mais avec une tonalité de magazine. Les textes réglementaires sont répartis sous les rubriques :
- organisation générale,
- traitements et indemnités, avantages sociaux,
- enseignement supérieur et recherche,
- enseignements élémentaire et secondaire,
- personnels,
- mouvement du personnel,
- vacances de postes.

Le *Bulletin officiel* est publié chaque semaine tout au long de l'année, sauf pendant le mois d'août. C'est une des missions du Centre national de documentation pédagogique. Des numéros spéciaux, signalés par leur couverture violette ou ocre qui tranche avec la couleur blanche habituelle, viennent s'intercaler entre ces livraisons hebdomadaires lorsqu'il s'agit de publier des textes touchant des avis de mouvement du personnel, des stages nationaux, des programmes, tous documents importants et dont le nombre de pages dépasserait le format imparti au BOEN habituel, moins de 100 pages en général.

Cette publication permet à tous ceux qui le souhaitent de se tenir informés de l'évolution du système scolaire. C'est un outil de travail indispensable à tous les membres de l'Éducation nationale, quel que soit leur rôle ou leur fonction.

➤ **Voir aussi** Centre national de documentation pédagogique (CNDP), Recueil des lois et règlements.

C

CAHIER DE TEXTES

Utilisé essentiellement dans le second degré, cet outil de la classe a une double acception et se présente sous deux formes.

Le cahier de textes des élèves est un outil pour les élèves. Ceux-ci notent dans un cahier spécial, offrant des pages bien distinctes pour chaque jour, les tâches qu'ils ont à accomplir en vue d'un cours ultérieur. Chaque élève en possède un. Cela lui permet de planifier son travail; c'est aussi un lien entre l'école et la famille qui peut ainsi suivre le travail des enfants.

Le cahier de textes est un outil pour l'ensemble de la classe. Chaque classe en a un et les enseignants ont obligation de le tenir à jour. Il se présente sous la forme d'un cahier divisé par matières; chaque enseignant y porte pour sa discipline les travaux effectués par la classe pendant le cours et les tâches qu'il a données aux élèves pour le cours suivant. C'est une référence pour toute personne qui souhaite s'informer des contenus enseignés aux élèves au long de l'année. Il est utile pour l'élève qui a été absent et qui peut s'y reporter avec plus de confiance qu'au cahier de textes d'un camarade; il apporte également une information au chef d'établissement ou à l'inspecteur qui a besoin d'avoir une vue panoramique de la progression suivie par l'enseignant. Il peut également être consulté par un professeur de la même classe mais d'une autre spécialité qui souhaite connaître quelle partie du programme traite son collègue afin éventuellement d'ajuster les travaux qu'il donne aux élèves dans sa propre discipline. Enfin, il est nécessaire pour le remplaçant qui vient assurer le cours en cas d'absence du professeur. Il est sous la responsabilité d'un élève, généralement le délégué de classe, qui doit le remettre à chaque enseignant au début du cours.

Ce sont des outils qui sont utilisés depuis longtemps dans le second degré, où la répartition des cours selon un emploi du temps diversifié et la séparation des contenus en disciplines assurées par des enseignants différents les rendent indispensables. Depuis quelques années, le cahier de textes des élèves a fait son apparition dans l'enseignement élémentaire, en particulier dans le cycle des approfondissements, afin d'habituer les enfants à une gestion plus autonome de leur travail et les préparer ainsi à l'entrée au collège. Le cahier de textes de l'instituteur, polyvalent, prend une forme particulière et s'appelle le « cahier-journal ».

BIBLIOGRAPHIE

Circulaire du 3 mai 1961.

➤ **Voir aussi** Cahier-journal, Devoirs, Études, Répartition, Travail autonome, Travail personnel.

CAHIER-JOURNAL

Dans l'enseignement primaire, document qui est établi par le maître de la classe et qui rend compte jour après jour des activités et des travaux proposés aux élèves. Il fait partie des divers documents que l'inspecteur de l'Éducation nationale a tout intérêt à consulter lors de ses visites car il peut ainsi suivre les progressions établies par l'enseignant. Il est particulièrement utile au remplaçant qui vient assurer l'enseignement lors d'une absence de l'instituteur.

Aucune forme n'est définie pour cet outil, le plus souvent assimilé à un cahier de préparation.

➤ Voir aussi Cahier de textes, Progression.

CARNET DE CORRESPONDANCE

Document de liaison avec les familles. Utilisé dans le premier degré, il sert à communiquer les informations touchant des modifications dans l'organisation de la vie de la classe ou de l'école; il permet également à l'enseignant de porter à la connaissance des parents un éventuel problème concernant l'enfant et de suggérer une rencontre; les parents le signent pour que les enseignants puissent être assurés qu'ils en ont bien fait la lecture. Ce terme s'est étendu au sens de carnet de notes, celles-ci apportant une information importante sur les résultats des élèves. Le carnet de correspondance reste encore souvent utilisé et complète les données communiquées dans le livret de l'élève.

➤ Voir aussi Évaluation, Livret scolaire, Résultats scolaires.

CENTRE DE DOCUMENTATION ET D'INFORMATION (CDI)

Les CDI sont implantés dans les collèges et les lycées.

Le premier d'entre eux, qui fait figure de pionnier, fut ouvert en 1958 au lycée Janson-de-Sailly. S'il n'a pas encore complètement les caractères du CDI, il lui ouvre la voie, puis les créations s'échelonnent jusqu'à devenir générales après 1968, et la dénomination de centre de documentation et d'information remplace définitivement, en 1974, celle de service de documentation, ou service de documentation et d'information, qui furent les premiers noms.

Plusieurs fonctions sont assumées actuellement par les centres. D'une part, ils sont des bibliothèques et des centres de documentation, d'autre part ils sont des centres d'information et de formation.

La documentation et l'information ne sont pas des notions identiques, encore qu'il soit difficile de poser leurs définitions sans empiètement de l'une sur l'autre. La documentation est l'ensemble des renseignements à mobiliser autour d'une question; elle est constituée par des supports variés, et elle peut revêtir une forme technique particulière : films, microfilms, enregistrement, iconographie. Elle nécessite une mise à jour régulière des sources bibliographiques. L'information est plus large et représente une sorte de vigilance sans cesse actualisée sur nombre de sujets – voire sur tous les sujets, si cette totalité ne représentait pas une limite quasi utopique. Elle embrasse théoriquement tous les sujets.

La documentation et l'information ont pris le pas – et ceci est vérifiable dans le titre même des centres dont il est question – sur le livre, donc sur l'idée de bibliothèque, sans doute parce que le livre en tant que tel n'est plus dans la société contemporaine, encore qu'il y occupe une place centrale, qu'un élément entre autres de la documentation, dont la masse est de plus en plus abondante et dispersée.

La documentation disponible sur un sujet croît en effet vertigineusement d'une année à l'autre. Le fonds d'un CDI est cependant toujours important.

Cette information et cette documentation actualisées représentent un défi qui n'est bien relevé nulle part et qui ne peut l'être que par la conception de relations avec des banques de données, avec différents services télématiques, et par une communication des centres documentaires entre eux.

Tous les CDI ne peuvent prétendre à cette exhaustivité, mais tous sont informatisés et mettent à la disposition des élèves et des enseignants de l'établissement des documents bruts, comme les livres, les usuels et les revues, des documents préparés sur place, comme des revues de presse, des dépouillements d'articles, des bibliographies spécialisées, un service souvent considérable de photocopies, des enregistrements par magnétoscope, des documents du commerce, comme des valises pédagogiques, des diapositives, des films, des logiciels et didacticiels.

Au CDI, les relations par Minitel aux serveurs sont assurées, l'accès aux produits des médias se réalise également. Les technologies avancées que représentent les compact-discs interactifs (CD-I) ou les CD-ROM y sont représentées avec plus ou moins d'ampleur, selon les moyens de l'établissement, mais ont vocation à s'y trouver. Ces listes ne sont pas exhaustives mais indiquent le type de travail que l'on peut réaliser dans ces lieux centraux d'un établissement.

CDI et enseignement

L'illusion a pu exister, au moment de la création des CDI, qu'il n'y avait plus d'enseignement réellement nécessaire, mais que le CDI était la réponse à tout besoin. En effet, l'information puis la documentation sous-tendant tout enseignement, de quelque discipline que ce soit, passent par le CDI, qui est donc ressenti comme incontournable, mais l'information et la documentation sont nécessairement au service d'un projet, et le projet relève de l'enseignement. Quant aux apprentissages, s'ils ont besoin de supports techniques qui en démultiplient l'efficacité, ils demeurent aussi le fait de chaque individu, de chaque enseignant et de chaque groupe concerné. L'enseignement n'a donc pas été absorbé par le CDI comme l'illusion – ou la crainte – s'en faisaient jour au temps de leur première implantation, mais il se gère différemment dans beaucoup d'activités pédagogiques : une coordination est nécessaire entre les enseignements et les CDI.

Si cette interaction concerne les professeurs, individuellement, si elle concerne des classes, prises dans leur unité, ou un élève en particulier, chargé d'une recherche précise, il doit exister aussi une politique générale de l'information et de la documentation au sein de l'établissement. Le CDI se trouve donc impliqué dans le projet global de cet établissement, dont il représente, en outre, une des logistiques de fond.

CDI et formation

Les matériaux disponibles ou fournis par le CDI ne doivent pas, enfin, masquer le rôle de formation qui est le sien. Il n'est pas qu'une desserte. La documentation d'une part et le maniement matériel des appareils qui permettent l'accès à l'information d'autre part représentent des apprentissages difficiles, que les élèves doivent faire au cours de leur scolarité et qui les mettent de plain-pied avec la civilisation qui est la leur. Les CDI jouent ainsi de façon transversale un rôle éducatif important. Ils assurent une formation méthodologique générale, tandis que les disciplines forment aux méthodologies qui leur sont propres. Le travail autonome, le travail de groupe ne seraient guère possibles – ou franchement impossibles – au CDI.

CDI et orientation

Son rôle dans l'orientation des élèves ne peut pas ne pas être mentionné. S'il ne s'agit pas d'orientation dans les filières propres de l'enseignement, cet itinéraire relevant des conseils de classes et de réglementations précises, s'il ne s'agit pas d'orientation professionnelle relevant des services spécialisés du même nom, il s'agit d'une première recherche, parfois d'une recherche illustrée de façon concrète, dans des domaines dont les élèves ont entendu parler et dont il est nécessaire qu'ils aient, avant tout contact, une certaine idée : cela est aussi une forme de documentation.

Le CDI apparaît comme l'instrument nécessaire à un enseignement adapté aux exigences de la vie pédagogique actuelle.

BIBLIOGRAPHIE

A. Kepler, *Le Centre-ressource : Pourquoi ? Comment ?*, Chronique sociale, 1992.

H. Meschonnic, *Des mots et des mondes : dictionnaires, encyclopédies, grammaires, nomenclatures*, Hatier, 1991.

CAFOC de Paris, *Apprendre en autonomie*, 1993.

CAFOC de Paris, *La Documentation en autonomie*, 1990.

➤ **Voir aussi** Autonomie, Orientation, Projet.

CENTRE D'INFORMATION ET D'ORIENTATION (CIO)

Les centres d'information et d'orientation forment un réseau qui quadrille les départements. Appartenant à l'Éducation nationale, ils accomplissent dans les établissements, par l'intermédiaire des conseillers-psychologues, des tâches diversifiées.

La principale d'entre elles concerne l'orientation scolaire et professionnelle. Le choix de filières, une réorientation éventuelle, l'information sur les carrières, l'établissement d'un projet professionnel personnalisé pour un élève, en collaboration avec les professeurs principaux et les intéressés, constituent les principales missions dans les établissements scolaires. Une autre tâche consiste à observer les flux d'élèves, à en traiter les données et à contribuer de la sorte à la définition académique ou départementale des cartes scolaires – c'est-à-dire à l'implantation des types d'établissements et de sections utiles ou souhaitées dans le bassin de référence. Les observatoires que constituent les CIO, permettent au service académique d'avoir des renseignements d'ensemble : c'est le rôle essentiel du conseiller auprès du recteur, chef des services de l'information et de l'orientation, qui a un homologue dans chaque département, en la personne de l'inspecteur de l'information et de l'orientation.

Les CIO ne travaillent pas exclusivement pour l'Éducation nationale : ils sont ouverts au public, répondent aux demandes d'information concernant l'orientation professionnelle ; ils participent aux opérations d'insertion professionnelle pour les jeunes sans qualification, ou aux formations continues qui peuvent être organisées.

➤ **Voir aussi** Orientation, Professeur principal.

CENTRE D'INTÉRÊT

Cette notion pédagogique, issue de Decroly essentiellement, mais qui a intéressé également Maria Montessori et d'une façon générale tous les pédagogues de l'école nouvelle ou des méthodes actives, se fonde sur l'intérêt spontané des enfants : ce qui touche à leur vie, comme la nourriture, la maison, le vêtement – ce qui appelle leur attention dans la nature, principalement les animaux – ce qui sollicite leur activité sur les matériaux disponibles ou les objets qui les entourent – ce qui les fait grandir par imitation autonome des grands – sont les ressorts qui déclenchent et assurent le développement de l'intelligence comme de la sociabilité. L'intérêt se rapproche de la motivation, mais il est plus profond : une motivation peut être créée et entretenue, l'intérêt a un jaillissement plus spontané. Les écoles decrolyennes, pour les enfants en difficulté (les enfants « irréguliers » de Decroly) comme pour les enfants ordinaires, ont construit leur pédagogie sur l'observation du milieu et l'exploitation des intérêts fondamentaux des enfants.

L'observation du jeu des enfants et de leurs questions paraît bien indiquer qu'en dépit des influences sociales et des modèles actuels qu'ils se voient offrir, leurs intérêts profonds demeurent stables : construire, habiter, fabriquer, faire par eux-mêmes, imiter, s'expriment comme autant de besoins intellectuels et affectifs.

Hors du cadre précis des écoles nouvelles, et par osmose, une pédagogie du « centre d'intérêt » proprement dit s'est développée dans l'enseignement primaire et a perduré jusque dans la décennie 70. Elle n'a pas disparu complètement. Les écoles maternelles ont été particulièrement actives dans l'élaboration et la conduite de centres d'intérêt, petit à petit appelés « thèmes ». Le glissement de dénomination est révélateur : l'intérêt profond de l'enfant s'effaçait au profit des suggestions des enseignants, qui organisaient alors un ensemble d'activités pédagogiques autour du thème choisi. L'observation, le dessin, le langage, la fabrication d'objets, les textes lus, les textes appris, se regroupaient autour de lui. Ce lien, peut-être factice, offrait une cohérence dans le travail ; mais l'idée originale de Decroly était affaiblie au point d'en être effacée.

Le centre d'intérêt – ou thème – a marqué de la même façon l'enseignement du français dans de nombreux manuels destinés à l'enseignement élémentaire. Les saisons, la maison, la mer ou la montagne offraient des supports pour des choix de textes qui introduisaient un vocabulaire un peu concentré, par champ lexical ou par champ sémantique. La grammaire et la conjugaison se greffaient sur ces mêmes appuis. Le procédé a été utilisé également par de nombreux manuels de langue vivante dans les mêmes années.

La pédagogie des centres d'intérêt n'est plus guère pratiquée. Les intérêts des enfants sont toujours aussi vivaces ; ils se sont enrichis de tout ce qui sollicite leur attention dans le milieu actuel mais les projets, où se développe aussi leur activité, respectent davantage leur esprit d'initiative et les affrontent au réel avec moins d'artifice.

BIBLIOGRAPHIE

J.M. Besse, *Decroly*, Privat, 1982.
Les collections de « l'École maternelle française », Armand Colin-Bourrelier, les collections de « l'Éducation enfantine », Nathan, années 50-70.

➤ **Voir aussi** Jeu, Méthodes pédagogiques.

CENTRE INTERNATIONAL D'ÉTUDES PÉDAGOGIQUES (CIEP)

Créé dès la Libération en 1945, le Centre international d'études pédagogiques illustre la volonté de l'État de développer et soutenir l'enseignement du français à l'étranger d'une part, de susciter la réflexion et la recherche en éducation avec les différents partenaires de la France d'autre part. Depuis sa création, il est installé à Sèvres dans les locaux qui ont abrité d'abord l'ancienne Manufacture royale de porcelaine puis l'École normale supérieure de jeunes filles.

Érigé en établissement public national à caractère administratif par le décret du 12 mai 1987, le CIEP est placé sous la tutelle du ministère de l'Éducation nationale. Son directeur, nommé pour cinq ans par arrêté du ministre, est choisi parmi les membres de l'Inspection générale de l'Éducation nationale. Il est chargé de promouvoir la vocation du centre et d'assurer l'exécution des délibérations du conseil d'administration.

Les missions du CIEP

Par ses nombreuses activités, le Centre international d'études pédagogiques répond à deux missions essentielles :
– la conduite d'une politique de coopération en éducation par la réalisation de programmes organisés dans un cadre bilatéral ou multilatéral. À ce titre, le Centre international procède notamment à des analyses comparatives du fonctionnement des systèmes éducatifs, il prépare des études et des rapports correspondant à ces programmes ;
– la mise en œuvre de la formation et du perfectionnement de spécialistes de l'enseignement du français langue étrangère en liaison avec les institutions françaises et étrangères spécialisées.

En outre, le Centre international d'études pédagogiques est chargé de l'organisation, hors de France, des examens institués par le ministère de l'Éducation nationale pour évaluer l'enseignement du français langue étrangère.

Des actions diversifiées

Le CIEP honore ses missions par des actions diverses. Il développe les contacts pédagogiques internationaux, notamment par la réalisation de stages, de séjours linguistiques, de colloques, de séminaires, et par des échanges de professeurs et d'élèves. Il apporte une aide technique aux visiteurs et stagiaires étrangers en contribuant à la réalisation de leurs projets et de leurs missions. Il assure la production d'une documentation sur la didactique des langues et l'élaboration du matériel pédagogique correspondant.

Le CIEP constitue un référent technique et pédagogique tant pour les établissements scolaires à l'étranger que pour les établissements qui possèdent des sections internationales en France. La formation tient une place centrale dans ses activités ; des stages sont organisés à l'intention des responsables français et étrangers des systèmes éducatifs, mais aussi en faveur des formateurs, des enseignants et étudiants français ou étrangers. Le centre dispose à cet effet d'un service d'hébergement.

Ces actions s'articulent avec des travaux d'études et de recherches menés par des équipes spécialisées dans différents domaines complémentaires : didactique des langues, méthodologie des formations, utilisation pédagogique des nouvelles technologies, expertise des systèmes éducatifs et évaluation de leur fonctionnement.

Certaines études font l'objet de publications dans des revues diffusées par le CIEP, par exemple *Échos*, *Éducation et Pédagogies*.

Enfin, le Centre international favorise la promotion et la valorisation des actions conduites par les associations qui œuvrent pour la coopération internationale en éducation. À ce titre, il est le siège de plusieurs de ces associations comme l'Association francophone d'éducation comparée et la Fédération internationale des professeurs de français.

BIBLIOGRAPHIE

Décret n° 87-325 du 12 mai 1987.

➤ Voir aussi Examens.

CENTRE NATIONAL DE DOCUMENTATION PÉDAGOGIQUE (CNDP)

« Le Centre national de documentation pédagogique, institué par l'article 12 de la loi du 10 avril 1954 [...] exerce auprès des établissements d'enseignement supérieur, des lycées, des collèges, des écoles et des communautés universitaires et éducatives une mission de documentation, d'édition et d'ingénierie éducative ; il coordonne l'activité des centres régionaux de documentation pédagogique. » (Décret du 17 janvier 1992.)

Le CNDP a un rôle de production, soit directement, soit par le truchement des centres régionaux, ainsi qu'un rôle d'expertise des divers matériels d'enseignement. Des groupes d'étude ministériels constitués auprès de lui portent un avis sur les divers documents pédagogiques, écrits, audiovisuels, informatiques... qui leur sont soumis pour habilitation par des personnes privées ou des maisons d'édition.

Un comité national de l'édition a été créé auprès de lui afin de l'aider à établir une politique nationale de l'édition pédagogique, écrite, audiovisuelle et informatique.

Il anime et coordonne la distribution et la vente des produits documentaires d'intérêt national sur l'ensemble du réseau des centres de documentation pédagogique. Il a la responsabilité de la publication du *Bulletin officiel de l'Éducation nationale*, des programmes d'enseignement, entre autres.

Le réseau

Le réseau est composé de centres régionaux, de centres départementaux, voire de centres locaux.

Les centres régionaux de documentation pédagogique (CRDP) sont des établissements publics nationaux à caractère administratif ; ils sont placés sous la tutelle du ministre chargé de l'Éducation ; ils exercent leur activité dans le ressort d'une académie. Leur activité concourt à la réalisation des objectifs académiques fixés par le recteur.

Les centres départementaux de documentation pédagogique (CDDP) exercent leur activité dans le cadre d'un département. Ils sont créés par le CRDP avec l'accord du Centre national. Il en va de même pour les centres locaux. Ils mettent en œuvre la politique définie par le CRDP. Ils peuvent ou non être dotés d'une comptabilité distincte ou être constitués en établissements spéciaux disposant d'un budget annexe intégré dans le budget du CRDP dont ils relèvent.

Le CNDP coordonne et évalue la gestion des centres régionaux ; il assure la répartition des emplois ainsi que des crédits de fonctionnement et d'équipement affectés par l'État aux centres régionaux de documentation pédagogique.

➤ **Voir aussi** Bulletin officiel de l'Éducation nationale (BOEN), Télévision.

CENTRE NATIONAL D'ENSEIGNEMENT À DISTANCE (CNED)

Installé sur le site du Futuroscope de Poitiers, exactement à Jaunay-Clan, le Centre national d'enseignement à distance, établissement public relevant de l'Éducation nationale, répond aux besoins d'élèves qu'une raison majeure empêche d'accéder à une scolarité ordinaire. L'éloignement, un handicap, un enseignement non dispensé dans l'établissement fréquenté, une activité professionnelle empêchant de suivre des cours normaux sont les motifs les plus fréquents d'inscription. Les programmes assurés couvrent toute la scolarité primaire et secondaire. Dans les mêmes conditions, des enseignements post-baccalauréat peuvent être organisés, jusqu'au DEUG inclus, ou des formations rares. Le CNED assure également des préparations à différents concours de l'Éducation nationale et offre des programmes de formation continue.

Le CNED a succédé à des organismes de même vocation, successivement appelés Centre d'enseignement par correspondance et Centre de télé-enseignement. Le principe de fonctionnement est d'établir avec les élèves inscrits une relation à la fois personnelle – par correspondance – et plus collective, par la diffusion de documents pédagogiques. Les professeurs relevant du CNED préparent des cours, fournissent des corrigés, assurent les corrections individuelles. Les élèves reçoivent des notes, des appréciations, se présentent aux examens comme dans l'enseignement ordinaire.

Des centres d'enseignement distribués en France sur les principales villes assurent une déconcentration administrative, en se répartissant les filières. Certains d'entre eux organisent des rencontres pour les élèves inscrits dans les préparations qu'ils gèrent.

Le CNED comptait, en 1994, 2 800 modules d'enseignement et plus de 350 000 élèves inscrits, dont 80 % d'adultes. C'est dire sa fonction essentielle dans l'Éducation nationale.

Adresse du CNED : Jaunay-Clan, Vienne.

➤ **Voir aussi** Formation continue.

CENTRES PÉDAGOGIQUES RÉGIONAUX

Les centres pédagogiques régionaux n'existent plus, mais ils ont marqué plusieurs générations de professeurs dont ils ont assuré la formation professionnelle. Le modèle en réseau de cette formation pratique est en lui-même intéressant, même si l'institution n'existe plus.

Absorbés par les Instituts universitaires de formation des maîtres lors de leur création en 1991, une partie de leur organisation et de leurs structures y a survécu.

Les centres, situés au chef-lieu des académies en général, accueillaient dans leurs académies de résidence les lauréats des concours de recrutements de professeurs, CAPES (certificat d'aptitude pour l'enseignement du second degré), CAPET (certificat d'aptitude pour l'enseignement technique) et agrégations, de toutes disciplines. La durée du stage en CPR était d'un an et la sanction du stage constituée par les épreuves pratiques des concours. Des stages étaient organisés, dans les classes de professeurs volontaires, dits conseillers pédagogiques, à différents niveaux de l'enseignement de second degré, trois stages en général, qui couvraient la durée de l'année scolaire. Les stagiaires étaient, selon leur catégorie, astreints à un nombre d'heures hebdomadaires de service. Des regroupements périodiques complétaient la formation. La structure administrative était légère: un réseau de conseillers pédagogiques, un responsable, le directeur de CPR – un inspecteur pédagogique régional en général – un secrétariat. L'ensemble des inspecteurs pédagogiques régionaux participait, chacun en son domaine, au recrutement des conseillers et participait à la formation.

➤ **Voir aussi** Conseillers pédagogiques, Formation pédagogique, IUFM.

CHEF D'ÉTABLISSEMENT

Le terme « chef d'établissement » recouvre essentiellement les fonctions de proviseur et de principal. Dans les écoles primaires, seule la dénomination « directeur » est licite. Être chef d'établissement, c'est être responsable d'un établissement public local d'enseignement (EPLE), c'est-à-dire d'un établissement du second degré (collège, lycée ou lycée professionnel) ou, éventuellement, d'un établissement spécialisé, quand bien même il n'accueillerait que des élèves du premier degré. L'appellation n'est pas liée à l'âge des élèves qui fréquentent l'établissement scolaire, mais au statut juridique de celui-ci.

Les chefs d'établissement font partie des fonctionnaires de catégorie A.

Comment devient-on chef d'établissement ?

De façon générale, le recrutement s'effectue par concours interne parmi les personnels, enseignants et d'éducation ; le recrutement des proviseurs s'opère souvent parmi les agrégés et les titulaires de chaire supérieure.

Après le concours, les stagiaires bénéficient d'une formation de deux ans, en position de stagiaires détachés de leur corps d'origine. Cette formation est faite très largement par leurs pairs et au sein des établissements, ce qui leur permet d'acquérir à la fois une expérience pratique et une réflexion sur cette pratique, sous la direction de l'équipe de la vie scolaire du département ou de l'académie où ils suivent leur stage. Cette formation est très fouillée et elle fait l'objet d'un intérêt marqué de la part de bien des pays industrialisés qui cherchent à s'en inspirer. Cet accent mis sur la formation s'explique par l'importance des missions qui sont les leurs.

Le rôle du chef d'établissement

Il exerce une autorité au nom de l'État sur un établissement public local (ou spécialisé) d'enseignement (EPLE). Il se situe dans la hiérarchie de l'Éducation nationale, subordonné du ministre, du recteur et de l'inspecteur d'académie.

La place du chef d'établissement se situe au cœur d'un réseau de pouvoirs :

– il représente l'État et doit faire appliquer ses décisions prises sur le plan national ;

– il entretient des relations de travail très étroites avec les collectivités locales, département ou région, qui jouent un rôle très important dans la construction et le financement du fonctionnement des établissements (aménagements divers, projets...) ;

– il est l'exécutif du conseil d'administration, expression de la communauté éducative. À ce titre, il doit préserver ou assurer la cohérence des décisions prises en conseil d'administration avec les orientations définies par l'État, conseil d'administration qu'il préside et qui doit donner son avis sur les divers points d'organisation de l'établissement et de la scolarité des élèves. En particulier, c'est le conseil d'administration qui vote le budget, pierre de touche de la vie de l'établissement. C'est le chef d'établissement qui le prépare avec l'agent comptable. Il lui appartient de le présenter et d'en faire accepter les objectifs et les modalités par les divers partenaires qui siègent au conseil d'administration. Il est chargé d'en assurer l'exécution. Il est l'ordonnateur des recettes et des dépenses de l'établissement.

Par ailleurs,
- il est responsable de l'hygiène et de la sécurité des biens et des personnes ;
- il a un pouvoir de police ;
- il este en justice ;
- il exerce, de façon générale, des compétences administratives, financières, éducatives et pédagogiques.

Le chef d'établissement exerce une autorité hiérarchique sur les personnels. Il note les personnels, enseignants et non-enseignants sur leur façon de servir (notation dite « administrative).

Le rôle pédagogique du chef d'établissement

Il ne note pas les enseignants dans le domaine pédagogique. Ce sont les inspecteurs généraux, les inspecteurs pédagogiques régionaux ou les inspecteurs de l'Éducation nationale qui entrent dans les classes pour évaluer la qualité des formations dans le domaine pédagogique, souvent accompagnés d'ailleurs du chef d'établissement qui peut ainsi connaître la façon dont les professeurs travaillent avec les élèves. Cette habitude tend toutefois à s'estomper sous le poids des réunions et des tâches plus administratives qui occultent de plus en plus cette partie de sa mission ; cependant, le chef d'établissement conserve un rôle pédagogique et c'est une des raisons pour lesquelles il est choisi parmi des personnels enseignants ou éducatifs et non parmi des administrateurs ou des gestionnaires.

Sa connaissance des problèmes et de la réalité de la classe et de l'enseignement lui permet en effet de discuter avec les enseignants dans un langage commun ; cela constitue aussi un élément important dans diverses prises de décision, que celles-ci concernent l'orientation ou les contenus des différents projets, l'infléchissement de certaines options, etc. Il préside les conseils d'enseignement.

Aux termes du décret du 14 juin 1990, c'est le chef d'établissement qui décide, après concertation, de l'utilisation des moyens, organise l'établissement en groupes et en classes, définit les modalités de l'ensemble de la vie scolaire et met en place le projet d'établissement. Il détermine les modalités de mise en œuvre des objectifs et des programmes nationaux, sous forme de programmes d'action propres à l'établissement. Tous éléments qui présupposent une prise en compte des problèmes pédagogiques à poser, à analyser ou à résoudre.

BIBLIOGRAPHIE

Décret du 30 août 1985.

➤ **Voir aussi** Conseils du second degré, Projet.

CLAPARÈDE Édouard (1873-1940)

Originaire d'une famille du Languedoc émigrée à la révocation de l'édit de Nantes, Édouard Claparède est né à Genève en 1873. Docteur en médecine, il s'intéresse à la psychologie. Il prend la direction du laboratoire de psychologie de l'université de Genève en 1904. Il succède comme professeur de psychologie à son cousin Théodore Flournoy qui, ami de William James, lui a fait connaître le pragmatisme des philosophies américaines. En 1912, Claparède ouvre l'Institut J.-J. Rousseau, à la direction duquel il appelle Pierre Bovet. Cet institut, devenu plus tard l'Institut des sciences de l'éducation se propose de former les pédagogues aux méthodes d'observation psychologique et à celles de la pédagogie expérimentale.

BIBLIOGRAPHIE

É. Claparède, *L'Éducation fonctionnelle*, Delachaux et Niestlé, 7e édit., 1964.

É. Claparède, *Psychologie de l'enfant et pédagogie expérimentale*, Delachaux et Niestlé, 1946, 2 t.

➤ **Voir aussi** Dewey, Éducation fonctionnelle, Locke, Piaget, Rousseau.

CLASSE

Dans l'enseignement, on appelle classe les élèves associés dans un même groupe tout au long de l'année, qui forment alors une classe, mais aussi le local dans lequel l'enseignement est dispensé ; c'est enfin le niveau du cursus scolaire représenté par une année donnée : la classe de 6e ou la classe de 2nde. La classe, en statistique, désigne aussi un groupement défini selon certaines normes : une classe d'âge est l'ensemble des individus nés dans une même année ; dans la langue militaire, la classe N est formée des appelés du contingent nés dans l'année N.

Classes et structures scolaires

Dans l'enseignement élémentaire, lors de sa généralisation et de son organisation, à la fin du XIXe siècle, les classes ont été conçues d'abord selon le bon sens, en fonction des niveaux atteints par les élèves : les débutants, puis ceux qui possédaient le rudiment, puis les plus avancés qui terminaient le cycle des études, sans considération précise d'âge. La situation d'alphabétisation dans laquelle se trouvaient encore de nombreuses régions l'exigeait. Par la suite, la fréquentation étant plus régulière, l'habitude a été prise de répartir les enfants en six classes, correspondant à leur niveau, lequel coïncidait à peu près avec leur âge : un cours préparatoire, deux cours élémentaires, deux cours moyens, un cours supérieur se partageaient les enfants. Ce parallélisme entre âge et cours fréquenté a engendré abusivement l'idée du retard scolaire, si l'élève ne se trouve pas au bon âge dans la bonne classe. Quand la scolarité a été prolongée jusqu'à 14 ans, une classe de fin d'études a été ajoutée aux précédentes.

La présence de tous les cours, dans toutes les écoles, n'était pas nécessairement assurée en classes distinctes ; selon les effectifs de l'école, des classes à cours multiples pouvaient être organisées, et dans les écoles à très faibles effectifs, la classe unique, regroupant tous les cours sous la direction d'un seul maître, était de règle. On pouvait trouver également des classes de hameau pour scolariser les enfants vivant dans les « écarts » du village, ou des classes intercommunales, lorsque les effectifs scolaires d'une seule commune ne permettaient pas le fonctionnement d'une classe.

Trois faits ont modifié ces fonctionnements :

– **le départ d'enfants de plus en plus nombreux vers les études,** jusqu'à la création du collège unique, à partir de 1975, qui a enlevé les enfants de l'école primaire à 11 ans, l'école élémentaire s'achevant donc dorénavant à la fin du cours moyen deuxième année, fin du cycle 3 ;

– **la baisse démographique dans les campagnes,** qui a entraîné l'organisation de ramassage des élèves par car, pour les regrouper dans un point unique ou le regroupement d'élèves de plusieurs écoles, distribués par le car dit « de ramassage » dans plusieurs communes : chacune ayant de la sorte un effectif viable – une école fonctionnant ainsi en différents lieux, dont les cours se trouvent donc dispersés, est un « regroupement pédagogique » ;

– **enfin, en 1989, la loi d'orientation a réorganisé le cursus des élèves en cycles** – trois cycles – sans « casser » forcément d'ailleurs la notion de classe. La structure en classes peut connaître, et connaît de plus en plus, un fonctionnement de groupes ou d'ateliers introduit dans la semaine. Ces pratiques n'effacent pas l'existence fondamentale de la classe.

L'école maternelle n'a jamais connu de classes, mais des groupes d'enfants formés en fonction de leur développement : une section de petits, une section de moyens, une section de grands forment très généralement la structure pédagogique des écoles maternelles. Dans les communes de faible population, on a rencontré, et l'on peut toujours rencontrer, des écoles maternelles à classe unique, ou des classes maternelles annexées aux écoles élémentaires, ou des sections enfantines fonctionnant avec la première classe de l'école élémentaire. Depuis la loi d'orientation, l'école maternelle représente le cycle 1 de la scolarité primaire, la grande section appartient à la fois au cycle 1 et au cycle 2. Un fonctionnement, au moins partiel, en groupes est fréquemment rencontré : l'école fonctionne alors en « décloisonnement ».

Les collèges et les lycées sont également organisés en classes qui se succèdent les unes aux autres. L'âge des élèves y est moins déterminant que leur cursus antérieur : il n'y a pas – ou pratiquement pas – de niveau sauté dans l'enseignement du second degré : un élève de troisième est issu d'une classe de quatrième. La complexité des choix possibles pour les élèves, selon les contenus de programmes ou les options offertes, fait qu'un élève peut appartenir à une classe, entendue comme niveau dans le cursus de scolarité, et appartenir en même temps à différents groupes de travail. La classe, terme désignant le local dans lequel travaille un groupe, cède la place au mot « salle » dans le second degré.

Le passage d'une classe à l'autre s'opère à la fin de chaque année, sur le vu des résultats des élèves. Les redoublements de classes ont pu être nombreux, créant des hétérogénéités dans les classes, des retards, et ce que les statisticiens appellent des « bourrelets » d'élèves qui n'accomplissent pas la scolarité prévue et qui « encombrent » les passages. Les redoublements sont aujourd'hui interdits sauf cas exceptionnels dans l'enseignement primaire, et évités le plus possible dans les niveaux suivants. Il en résulte des changements dans l'orientation des élèves dans l'arborescence des choix possibles. Cette orientation selon les différentes classes a été conçue différemment selon les moments. On est passé d'une absence d'orientation totale, le choix des familles étant respecté, à une orientation des élèves en fonction des résultats scolaires ; il résultait de ce mode d'orientation l'apparition de filières – à destination d'études longues ou d'études courtes, ou d'études débouchant rapidement sur une préprofessionnalisation. Ces filières ont été vivement critiquées. Aujourd'hui l'orientation est progressive et concertée, après au moins deux années indifférenciées. Des structures d'adaptation sont introduites aux niveaux sensibles, par exemple des 4ᵉ de soutien, des 3ᵉ d'insertion : l'idée est d'aider, de trouver la bonne orientation, de remédier aux insuffisances qui peuvent être passagères, et non de sélectionner.

Les lycées peuvent abriter et faire fonctionner des classes dites « préparatoires » aux grandes écoles : ce sont des classes post-baccalauréat, où l'entrée n'est pas automatique, mais soumise à l'avis des conseils de professeurs.

Dans les deux ordres d'enseignement, la structure en classes suivant un même programme a parfois été fortement critiquée, comme relevant d'une organisation quasi militaire qui enrôlait les enfants plus qu'elle ne les guidait, dans une homogénéité artificielle. Elle a été critiquée aussi, et pour une raison différente, mais finalement qui converge avec la précédente : l'hétérogénéité des élèves, qui rend la conduite de classe extrêmement difficile si l'enseignement est commun, c'est-à-dire collectif et à démarches identiques. Afin d'éviter la création de filières, considérées comme une sélection par l'échec, et d'assouplir la rigidité des programmes uniformisés, de tenir compte enfin de profils d'élèves variés, une pédagogie différenciée a été préconisée, qui ne rompt pas avec la classe, ni avec le programme, mais fait varier selon les individus, autant qu'elle le peut, les approches méthodologiques.

Classes et pédagogie

Pédagogiquement, une classe se définit par ses programmes. Elle est également conditionnée en partie par le nombre d'élèves dont un même maître ou un même professeur a la charge, l'enseignement à une dizaine d'élèves ne pouvant se comparer à un enseignement destiné à une quarantaine d'enfants (nombre atteint fréquemment jusque dans les années 50, et qui peut être doublé dans les pays dits en voie de développement). Programmes et effectifs sont les deux questions litigieuses qui surgissent régulièrement autour des classes. La classe se module enfin différemment si elle a un seul maître responsable ou si elle est enseignée par une équipe nombreuse de professeurs.

Les programmes

Ils sont périodiquement révisés, et cependant ils engendrent constamment des insatisfactions : trop vastes, trop lourds, ou trop légers en certains domaines, passéistes ou trop indifférents à l'histoire ou aux langues mortes, il est rare qu'ils donnent satisfaction. L'opinion publique en France est extrêmement sensible aux questions de programmes et à la charge de travail qu'ils représentent pour les élèves.

Le nombre d'élèves par classe

C'est une autre source d'interrogations. Les effectifs trop lourds gênent les progrès des élèves qui ne sont pas assez suivis ou entraînés; ils représentent aussi une charge de travail excessive pour les enseignants.

Dans l'enseignement primaire, les effectifs ont régulièrement baissé au cours du siècle. Aucune norme impérative n'est en vigueur, sauf celle qui concerne la première année du cycle 1: le nombre des élèves est limité à 25 par classe. À l'école maternelle, les usages prévalent plus qu'une norme stricte; les inscrits ne sont pas, en pratique, et en moyenne, plus de trente.

Dans l'enseignement du second degré, en raison des accroissements constants des effectifs à scolariser en lycée, les classes sont souvent très chargées. Il s'agit évidemment de constats statistiques qui recouvrent des situations locales parfois aberrantes par rapport aux moyennes officiellement calculées.

Le nombre d'enseignants intervenant dans les classes

Il définit la polyvalence (un seul maître pour tout l'enseignement) ou la monovalence (un enseignant par discipline). Traditionnellement, et pour diverses raisons, l'enseignement primaire pratique la polyvalence, l'enseignement de second degré, la monovalence. Les formations en groupes ou en ateliers ne contreviennent pas au principe général.

En dépit des aménagements très divers qui peuvent faire éclater les classes, celles-ci n'en vivent pas moins dans l'imaginaire comme une cohorte homogène d'enfants ou d'adolescents, constitutive de leur scolarité.

➤ **Voir aussi** Cycles, Lois fondamentales, Loi d'orientation, Polyvalence.

CLASSE (historique)

Dans le système scolaire, désigne le groupe d'élèves réunis dans un même local selon les niveaux d'études administrativement définis: classe de 6e. La notion de cours est proche de celle de classe tout en s'en distinguant. Dans l'enseignement primaire, le cours désigne un programme annuel de connaissances diverses et l'ensemble des élèves auquel il est destiné: cours préparatoire, cours élémentaire, cours moyen. La classe unique, dans les localités où il y a peu d'élèves (milieu rural), réunit tous les cours dans un même local; elle exige une organisation du temps et des activités permettant l'adaptation de l'enseignement à chacun de ces niveaux.

Dans l'enseignement secondaire et supérieur, le cours désigne:

- la suite organisée des séances consacrées à la communication des connaissances dans une discipline donnée;
- l'une de ces séances: le cours, l'heure de physique;
- le livre traitant d'une discipline particulière: le cours de physique.

L'organisation en classes s'ébauche vers le XVe siècle, rompant avec la pratique médiévale indifférente à l'âge de l'élève et à la présentation graduelle d'un enseignement: un auditoire, où se mêlaient enfants et adultes, écoutait le même maître. Elle fut inaugurée et développée dans les écoles des Frères de la vie commune, une confrérie créée au XIVe siècle par le Néerlandais Gérard Groote. Ainsi, l'école de Leyde comprenait huit classes ayant chacune son programme, son maître et son local. La désignation de la classe d'abord *locus*, puis *ordo* (le chiffre le plus élevé de la numérotation étant la classe la plus élémentaire, désignation qui perdure encore et qui s'étendait aux anciennes classes primaires des lycées: classe de 11e, etc.), avant l'emploi du terme classe au XVIe siècle, est significative de l'idée d'un espace approprié et d'un cursus d'études. La division en classes figure dans les règlements de 1509 du collège de Montaigu; elle sera progressivement étendue aux collèges parisiens, définissant essentiellement le *modus parisiensis* ou modèle parisien. Dans l'Europe de la Réforme et de la Contre-Réforme, cette organisation se retrouve aussi bien du côté catholique dans les collèges jésuites que du côté protestant. En 1538, Jean Sturm, un ami de Calvin et ancien élève de Leyde, ouvre un « gymnase » de ce genre, avec huit classes, à Strasbourg. D'autres du même type s'installent à Nîmes (1539), à Tübingen (1557), à Genève (1559).

Après avoir supprimé les collèges, puis institué les écoles centrales le 7 ventôse an III (25 février 1795), la Convention remplace la classe par le cours. La loi du 3 brumaire an IV (25 octobre 1795) crée des sections étagées selon l'âge des élèves : la première section après 12 ans comprend des cours de dessin, d'histoire naturelle, de langues anciennes et vivantes ; la deuxième section après 14 ans, des cours de mathématiques, de physique et chimie expérimentales ; la troisième section après 16 ans, des cours de grammaire générale, de belles-lettres, d'histoire, de législation. L'élève choisit le cours qu'il veut suivre ; la répartition des matières enseignées dans chaque section concilie l'organisation d'un cursus cohérent avec le principe de liberté de l'élève. Mais dès 1802, le Consulat rétablit l'organisation par classes des collèges médiévaux et classiques.

Les notions de classe et de cours renvoient à une gradation du processus éducatif. Celle-ci traduit une hiérarchie épistémologique et une progression pédagogique, exprimées dans une classification administrative et concrétisées par l'affectation de salles de classes dont le cadre rigide, selon certains pédagogues, fige le système et rend plus difficile la gestion souple de groupes d'élèves.

BIBLIOGRAPHIE

Ph. Ariès, *L'Enfant et la vie familiale sous l'Ancien Régime*, Seuil, 1975.

R. Chartier, M.M. Compère, D. Julia, *L'Éducation en France du XVIe au XVIIIe siècle*, Sedes, 1976.

E. Le Roy Ladurie, *Le Siècle des Platter, 1499-1628*, T.1 « Le mendiant et le professeur », Seuil, 1995.

Stendhal, *Vie de Henry Brulard (1835-1836)*, La Pléiade, Gallimard, 1955.

➤ Voir aussi Cycles, Collège (historique), Discipline, Érasme, Jésuites, Loyola.

CLASSE D'ADAPTATION

Créées par la circulaire du 9 février 1970 relative à la prévention des inadaptations, les classes d'adaptation ont été prévues à tous les niveaux d'enseignement : en école maternelle, à l'école élémentaire et dans le second degré. En réalité elles n'ont connu un réel développement qu'à l'articulation école maternelle-début de l'école élémentaire. Deux types de classes étaient prévus :

– classes pour enfants mis en situation d'échec par des difficultés de développement intellectuel dont l'origine se situe dans des retards de maturation, des blocages affectifs, des troubles divers (psychomoteurs ou langagiers), ou encore dans l'influence d'un milieu familial ou social déficient ;

– classes pour enfants rencontrant des difficultés relationnelles, dont l'échec scolaire est imputable à des comportements réactionnels ou à des troubles du comportement déjà structurés au niveau de la personnalité.

La vocation des classes d'adaptation

Tenues par des maîtres ayant suivi une formation spécialisée, ces classes ont pour objectif de préparer l'enfant, au moyen d'un enseignement adapté à chaque personnalité et conjugué avec des rééducations pratiquées à l'école ou hors de l'école, à une réinsertion en classe normale. C'est dire que ces classes se caractérisent par la nature essentiellement temporaire du placement, celui-ci étant assuré et contrôlé par les commissions de circonscription compétentes.

Si les classes d'adaptation pour enfants rencontrant des difficultés relationnelles ont été peu développées, les classes pour enfants mis en situation d'échec du fait de difficultés de développement intellectuel ont connu un certain essor, en liaison plus ou moins étroite avec les groupes d'aide psycho-pédagogique ; la circulaire du 25 mai 1976, qui actualise la politique de prévention, en précise le fonctionnement : les formes d'accueil des élèves peuvent être diversifiées et inclure une fréquentation à temps partiel de cette classe, les élèves qui bénéficient de cet enseignement adapté étant scolarisés le plus souvent possible dans les autres classes de l'école. Enfin, « le séjour exclut la notion de redoublement en classe d'adaptation et ne peut, de toute façon, dépasser une année scolaire ».

Les classes d'adaptation dans les réseaux d'aide spécialisée

La circulaire du 9 avril 1990, relative à la mise en place et à l'organisation des réseaux d'aides spécialisées aux enfants en difficulté (RASED), définit les actions d'aide spécialisée à dominante pédagogique et précise les lieux où elles sont dispensées, il s'agit :

– des classes d'adaptation, accueillant de manière permanente des élèves en difficulté, pour les réinsérer le plus rapidement possible dans une classe ordinaire ;

– des regroupements d'adaptation, rassemblant de manière temporaire, pour répondre à des besoins pédagogiques spécifiques, des élèves en difficulté qui continuent à fréquenter la classe ordinaire à laquelle ils appartiennent.

Le texte réglementaire mentionne également que ces classes ou regroupements sont confiés à des enseignants titulaires du certificat d'aptitude aux actions pédagogiques spécialisées d'adaptation et d'intégration scolaires correspondant à une option spécifique (CAPSAIS).

Dans ce dispositif rénové, l'aide spécialisée est mise en œuvre à la suite d'une concertation organisée par le directeur d'école, les membres du réseau, le maître de la classe et les parents. La commission d'éducation spéciale compétente peut donner des indications sur les dispositifs qui paraissent les plus adaptés pour apporter une aide à l'élève mais n'a plus la responsabilité de l'admission dans la classe d'adaptation.

Depuis leur création, les classes d'adaptation n'ont cessé d'évoluer : tout en demeurant des structures spécialisées, elles œuvrent pour que les élèves en difficulté suivent leur scolarité dans les classes ordinaires. Les modifications qu'elles ont connues ont abouti à inscrire ces classes dans le fonctionnement normal des classes de l'école primaire.

➤ **Voir aussi** Commission d'éducation spéciale, Groupe d'aide psycho-pédagogique, Réseau d'aides spécialisées aux élèves en difficulté.

CLASSE DE DÉCOUVERTE

Une classe de l'enseignement primaire qui quitte son école et s'en va, sous la responsabilité du maître titulaire de la classe, pour une durée de quelques jours – de une à deux semaines en général – dans un lieu où ses activités seront à la fois scolaires et inspirées par ce lieu d'accueil, c'est une classe transplantée ou une classe de découverte... ou une classe d'environnement. Les dénominations ont changé avec le temps.

En 1953, une première expérience est tentée dans le cadre de l'éducation physique et sportive : c'est la première classe de neige ; elle sera suivie de beaucoup d'autres. Les classes de neige connaissent un grand succès. Le modèle sert ensuite à des classes de mer, dont la première est créée en 1964, suivie par les classes « vertes » à la campagne, puis par des classes à finalités assez différentes, les classes-patrimoine, des classes d'initiation musicale ou artistique, organisées comme les autres, mais, en outre, avec le concours du ministère de la Culture et de ses délégations régionales ; il existe enfin des classes-lecture. La réglementation pour le fonctionnement de ces classes s'échelonne depuis 1957.

À l'origine, les classes sont « déplacées » pour faire profiter les enfants d'un changement d'air, et d'une activité sportive dans toute son ampleur. Bientôt, pourtant, le milieu d'accueil devient le centre d'intérêt principal, ce qui ne suspend ni l'activité scolaire proprement dite ni les activités sportives, mais les unes et les autres, au lieu d'être juxtaposées, sont conduites en interaction. La classe devient ainsi une expérience globale, qui est préparée avant le départ et exploitée au retour dans l'école.

La vie collective, en internat, la rencontre avec les enseignants ou instructeurs des centres d'accueil, avec des artistes ou des conservateurs dans le cas de classes culturelles, s'inscrivent également dans le type d'expérience que l'on fait vivre aux enfants ; pour certains, c'est la première séparation d'avec la famille, la première occasion d'être autonomes. Pour tous, les rapports avec les enseignants, et en particulier avec le maître de la classe, s'en trouvent modifiés.

Les classes-lecture représentent sans doute les cas limites : c'est seulement en raison de cette expérience de vie collective, et pour la latitude de conduire des activités sur une longue durée qu'elles justifient le déplacement des classes ; le lieu d'accueil devient alors indifférent.

L'organisation de tels séjours ne va pas sans difficulté : il faut que le maître soit volontaire, il faut que les familles soient consentantes, qu'un lieu d'accueil soit trouvé, qu'un budget soit établi, que le financement soit réalisé et que tous les détails matériels soient réglés. Ces expériences ont représenté, dans la pratique, une première avancée dans l'idée, puis dans la conduite, d'un projet.

Le succès des classes de neige, puis de mer, au début de l'expérience, ont rapidement amené les départements d'accueil à s'organiser pour fournir des locaux, du personnel de service, du matériel. Des directeurs de centre ont été nommés, ainsi que des moniteurs.

Des difficultés d'ordre psychologique ont dû être résolues également. Au début, il y a des réticences, notamment de la part des collectivités sollicitées pour subventionner l'expérience. Les classes de neige, paraissant un luxe, sont dites « élitistes », les sports de neige étant moins répandus qu'aujourd'hui. La demande de certaines familles ne pouvant être satisfaite, comme toutes les classes d'une école ne peuvent partir la même année, il y a des mécontentements. Inversement, et en dépit des aides allouées, d'autres familles refusent d'assumer les frais occasionnés par la classe transplantée, ce qui crée au sein d'une même classe des différences gênantes sur tous les plans, y compris pédagogique.

Ces difficultés se sont aplanies. L'essor des classes transplantées fait qu'elles représentent désormais une pratique courante dans les écoles, y compris dans les écoles maternelles.

Sur le plan pédagogique, elles ont une influence bénéfique sur les comportements de groupes, elles apportent aux enfants une contribution majeure à la connaissance de l'environnement, elles resserrent les liens entre école et familles.

Le recul du temps permet de dire, sans qu'il soit possible de hiérarchiser leurs influences, ni d'esquisser une chronologie irréfutable, qu'elles ont été l'une des premières manifestations de l'autonomie des écoles, qu'elles ont initié l'idée de projet, contribué à faire évoluer la relation pédagogique et le travail pédagogique lui-même, fondé de plus en plus sur l'activité des enfants, à l'intérieur d'expériences très concrètes.

BIBLIOGRAPHIE

F. Mariet, *Les Classes de nature : classes de mer, classes de neige,classes vertes*, ESF, 1977.

➤ **Voir aussi** Éducation à l'environnement, Projet.

CLASSE DE PERFECTIONNEMENT

L'influence de Binet

Créées par la loi du 15 avril 1909, dans le prolongement des textes fondamentaux sur l'obligation scolaire, les classes de perfectionnement annexées aux écoles élémentaires publiques avaient pour vocation d'accueillir les « enfants arriérés des deux sexes ». À cette époque, la notion d'arriération était mal définie chez l'enfant et fortement marquée de la conception qui prévalait pour décrire l'adulte arriéré. A. Binet et Th. Simon l'ont remplacée progressivement par une autre description clinique, faisant intervenir des critères d'adaptation scolaire, critères appréciés à l'aide d'une échelle métrique d'intelligence et exprimés en termes d'âge mental. Ainsi était définie, avec beaucoup de prudence de la part des auteurs, la débilité mentale.

Les enfants admis en classe de perfectionnement étaient des élèves qui ne pouvaient bénéficier d'un enseignement dans les classes ordinaires tel qu'on le dispensait à l'époque puisque, bien qu'étant capables de communiquer avec autrui par le langage écrit (âge mental : 7 ans), ils ne pouvaient accéder à la pensée abstraite (âge mental : 10 ans). Admis par une commission composée de l'inspecteur, d'un directeur, d'un maître enseignant dans ce type de classe et d'un médecin, ces élèves fréquentaient cette classe spéciale dont les effectifs étaient fixés normalement à 15 sans pouvoir dépasser 20, et suivaient un enseignement à support concret qui visait à faire acquérir les techniques de base – lecture, écriture, calcul – et des connaissances directement utilisables dans la vie quotidienne. Cette pédagogie définie par l'arrêté du 18 août 1909 visait également l'épanouissement personnel par la participation à des activités d'expression et à des travaux manuels.

Des classes en évolution

Les études sur la débilité mentale se sont développées et les connaissances approfondies. La référence au quotient intellectuel (rapport de l'âge mental à l'âge réel, ou donnée statistique fournie à partir d'épreuves étalonnées) s'est progressivement imposée et la débilité mentale a été définie comme une insuffisance des processus intellectuels sous-jacents aux apprentissages scolaires. L'arrêté du 12 août 1964, qui expose les méthodes et programmes d'enseignement dans les classes de perfectionnement, précise notamment que « l'appréciation objective de l'intelligence par des tests se traduit en termes de quotient intellectuel : on convient que les enfants débiles relevant de ces classes doivent avoir un quotient intellectuel situé entre 50 et 75 aux tests verbaux de type Binet-Simon » ; certes, ces données chiffrées sont relativisées par des considérations qui demandent que soient pris en compte d'autres éléments cliniques complémentaires, susceptibles de décrire la complexité de la personnalité. La pédagogie prônée se différencie par les niveaux d'âge et distingue la période élémentaire (8-12 ans) au cours de laquelle, après une phase appelée « pédagogie d'attente », sont abordés les apprentissages proprement scolaires, essentiellement les techniques de base de l'activité intellectuelle et l'épanouissement de la personne, et la période correspondant aux classes de 6e-5e (12-14 ans) où l'enseignement dispensé a pour objectif essentiel l'entretien, et si possible le perfectionnement des connaissances scolaires de base, ainsi que l'intégration sociale grâce à des activités communes avec les autres élèves.

En 1965, une circulaire définit les modalités d'accueil des enfants inadaptés et annonce que, dans les classes de perfectionnement, la scolarisation des différentes catégories de débiles (débiles légers avec ou sans troubles associés et débiles moyens) peut être commune. La distinction entre ces catégories est exprimée sous forme de quotient intellectuel : la débilité légère se situe entre 65 et 80 et la débilité moyenne entre 50 et 65. Cependant, le développement des établissements spécialisés du type « institut médico-éducatif » fonctionnant avec des équipes spécialisées et les difficultés rencontrées par les maîtres des classes de perfectionnement amènent les élèves catégorisés débiles moyens à quitter ces classes, si bien que, dans ces structures annexées aux écoles primaires, ne demeurent que les débiles légers. Cette catégorie présente des caractéristiques et des contours flous, souvent la débilité n'est pas évidente même si l'inadaptation au cursus scolaire ordinaire est bien réelle. Aussi, au fil des ans, les classes de perfectionnement ont accueilli, sur décision des commissions d'éducation spéciale, des élèves aux profils très divers mais qui avaient tous en commun d'être en échec scolaire massif.

Dans la grande majorité des cas, ces élèves sont orientés à la sortie des classes de perfectionnement vers les sections d'éducation spécialisée.

Une structure remise en question

À une époque récente (années 1980), ces classes ont été dénoncées comme étant souvent des lieux de relégation accueillant une population hétérogène d'élèves écartés des classes ordinaires. L'application d'une politique volontariste d'intégration, la publication d'une nouvelle nomenclature des handicaps, définie par l'Organisation mondiale de la santé et dans laquelle ne figure pas la débilité mentale légère, ont provoqué une diminution des effectifs des classes de perfectionnement, accompagnée d'une réduction du nombre de ces classes. Par ailleurs, une circulaire du 18 novembre 1991 créant des classes d'intégration scolaire (CLIS) pour handicapés, notamment pour handicapés mentaux, par transformation des classes de perfectionnement, définit les conditions d'accueil d'élèves présentant un retard mental (50 à 70 de quotient intellectuel); le seul résultat à un test psychométrique n'est certes pas le critère déterminant et une étude clinique des capacités cognitives de l'enfant doit établir une relation claire entre des difficultés scolaires et un retard de développement mental. Ces classes, selon cette nouvelle formule, tendent donc à revenir à un modèle plus précis sans pour autant que soit réglée la situation des élèves qui étaient accueillis dans les classes de perfectionnement sans être handicapés.

➤ **Voir aussi** Binet, Classe d'intégration scolaire, Commission d'éducation spéciale.

CLASSE D'INTÉGRATION SCOLAIRE (CLIS)

Des classes pour l'accueil d'enfants handicapés

De création plus récente que les autres classes spécialisées (circulaire du 18 novembre 1991), les classes d'intégration scolaire sont implantées dans les écoles élémentaires – exceptionnellement en maternelle – et ont pour mission d'accueillir les élèves handicapés afin de leur permettre de suivre totalement ou partiellement un cursus scolaire ordinaire. Grâce à une scolarité adaptée à l'âge de ces enfants, à leurs capacités, à la nature et à l'importance du handicap, ces classes préparent puis mettent en œuvre les actions d'intégration des élèves dans les classes ordinaires de l'école.

Les classes d'intégration scolaire sont de quatre types:
- CLIS 1 pour enfants atteints d'un handicap mental;
- CLIS 2 pour enfants atteints d'un handicap auditif;
- CLIS 3 pour enfants atteints d'un handicap visuel;
- CLIS 4 pour enfants atteints d'un handicap moteur.

Des classes à pédagogie novatrice

Ces nouvelles classes doivent se substituer progressivement aux classes spécialisées existantes, fonctionnant, parfois sous des régimes divers, dans les écoles primaires: classes de perfectionnement, classes pour handicapés sensoriels, pour handicapés moteurs... Elles accueillent des enfants dont le handicap a été reconnu par les commissions d'éducation spéciale compétentes; ces élèves peuvent, avec des aides appropriées, bénéficier d'une action éducative favorisant leur intégration dans les structures ordinaires d'enseignement. Ces classes, dont l'effectif est limité à 12, se caractérisent par une pédagogie assez novatrice, marquée par l'individualisation des objectifs et des actions entreprises, par l'utilisation des aides technologiques de correction et de suppléance dans le domaine des handicaps, et par une pratique rigoureuse de l'évaluation. La pédagogie du projet est centrale dans le fonctionnement des CLIS: projet individuel pour les élèves mais aussi projet pour le groupe-classe, et projet d'école prévoyant le fonctionnement de la CLIS en relation étroite avec les autres classes de l'école.

Des soins associés à l'éducation

L'originalité des CLIS réside dans le fait que les activités d'enseignement peuvent être associées à des actions de soins éducatifs, rééducatifs, voire thérapeutiques, dispensés par des intervenants spécialisés qui appartiennent à des services extérieurs à l'école. Ces actions peuvent être menées soit dans l'école, parfois même dans la classe, soit en dehors de l'école; s'inscrivant dans le cadre d'une prise en charge globale de l'enfant handicapé, elles nécessitent une coordination entre les différentes personnes impliquées. Une convention signée par les responsables des instances concernées permet d'établir des liens fonctionnels afin de garantir cohérence et continuité au projet individuel.

Une démarche volontariste d'intégration

Ces classes doivent être tenues par des maîtres possédant un certificat d'aptitude aux actions pédagogiques d'adaptation et d'intégration scolaires, dans l'option correspondant au type de classe (CAPSAIS). Fonctionnant au niveau de l'école primaire, elles devraient aboutir à l'intégration des élèves au sein des structures ordinaires d'enseignement, en vue de la réalisation d'un cursus scolaire normal. Lorsque les élèves handicapés arrivent dans le second degré, ils peuvent être inscrits dans les classes de collège, avec éventuellement les aides techniques appropriées, ou dans des classes de second degré fonctionnant dans des établissements spécialisés. Une autre perspective se présente à eux: les unités pédagogiques d'intégration (UPI), créées par la circulaire du 17 mai 1995 et dont la mise en place doit se réaliser progressivement dans les collèges.

➤ **Voir aussi** Commission d'éducation spéciale, Intégration.

CLASSES SPÉCIALISÉES

Ces classes sont du domaine de l'enseignement spécialisé ; elles accueillent des élèves handicapés physiques sensoriels ou mentaux, orientés par les commissions d'éducation spéciale, ou encore des élèves relevant du secteur médico-social. Toutes ces classes ont pour vocation d'assurer un enseignement adapté au handicap ou aux difficultés des enfants et adolescents ; elles ont une mission fondamentale : la recherche, chaque fois qu'il est possible, de l'intégration des élèves dans les structures ordinaires d'éducation.

Ces classes ne sont pas à confondre avec certaines classes spéciales qui sont caractérisées plus par la spécificité de leur action pédagogique que par le type de population qu'elles accueillent (classes d'application, classes musicales, de patrimoine, de découverte...).

Par classes spécialisées il faut entendre : les classes de perfectionnement, les classes d'adaptation, les classes d'intégration scolaire, qui fonctionnent toutes dans les écoles primaires, mais aussi les classes des structures spécialisées du second degré (sections d'éducation spécialisée annexées aux collèges, établissements régionaux d'enseignement adapté). Il faut comprendre également les classes implantées dans les établissements spécialisés des secteurs médico-éducatif et médico-social ainsi que dans des hôpitaux qui ont des services spécialisés importants pour l'accueil des enfants malades. Certaines classes spécialisées fonctionnent aussi dans des établissements relevant du ministère de la Justice (par exemple, les maisons d'arrêt).

Toutes ces classes doivent être tenues par des enseignants ayant suivi une formation sanctionnée par le certificat d'aptitude aux actions pédagogiques spécialisées d'adaptation et d'intégration scolaires (CAPSAIS). Ce certificat comporte des options correspondant à chaque secteur d'intervention.

➤ **Voir aussi** Classe d'adaptation, Classe de perfectionnement, Classe d'intégration scolaire, Commission d'éducation spéciale, Établissement spécialisé, Intégration, Section d'éducation spécialisée.

CLUB

Ce mot anglais apparaît en France au début du XVIIIe siècle avec des connotations de liberté (s'associer comme on veut), d'égalité (égalité des membres du club), d'un certain élitisme (rassemblement d'hommes libres autour d'une activité non mercantile), et d'ouverture aux problèmes de la société (ex. le club de l'Entresol, fondé en 1724). Il est significatif que les révolutionnaires français de 1789 l'aient adopté lorsqu'ils purent prétendre au droit à la libre association (clubs des Cordeliers, des Jacobins, etc.). Plusieurs de ces caractères se retrouvent dans les clubs actuels.

Dans les établissements scolaires, les clubs sont des groupes relativement restreints, constitués au sein de l'établissement, mais en dehors du travail strictement scolaire, par des élèves ayant un intérêt pour la même activité : ciné-club, caméra-club, philatélie, club-photo,¸club d'échec, club-Unesco (groupés dans la Fédération française des clubs - Unesco), club informatique, club-théâtre, etc.; aujourd'hui, tous ces clubs sont fédérés à l'intérieur du foyer socio-éducatif. Les professeurs de l'établissement apportent fréquemment leur aide.

Outre leurs objectifs particuliers, ces groupes participent à l'élargissement du champ des connaissances (nouvelles technologies) et ont indirectement une fonction sociale, par leur aspect coopératif (gestion des matériels et maintenance), par leur possibilité de susciter de nouvelles vocations de loisirs (cinéma, photo, caméra, etc.), par la préparation à la discussion (ciné-club), par leur travail de production (fabrication de films, mise en scène théâtrale). Ce rôle d'initiation aux responsabilités dans la société est fortement marqué dans un club particulier, le club-santé.

BIBLIOGRAPHIE

N. E. et E. Dunning, *Sport et civilisation, la violence maîtrisée*, Fayard, 1994.

➤ **Voir aussi** Club-santé, Foyers socio-éducatifs.

CLUB-SANTÉ

Dans une perspective de lutte contre la toxicomanie, la circulaire n° 77-107 du 17 mars 1977 crée, au niveau des collèges et des lycées, des clubs-santé « ouverts aux élèves ainsi qu'au personnel enseignant, d'encadrement et de services désirant s'informer sur les questions sanitaires et d'hygiène ». Ce sont des structures animées, en général, par le professeur de biologie – la circulaire recommande d'utiliser le programme de biologie de quatrième – et qui regroupent des élèves volontaires. Ils ont pour objet de développer chez les jeunes le sens de leur responsabillité « devant les problèmes de la vie ». Les élèves choisissent les thèmes à traiter – toxicomanie, sexualité, secourisme, alcoolisme, etc. – et les intervenants ponctuels à inviter. Aujourd'hui, la prévention du sida est devenue une préoccupation essentielle des clubs-santé.

Il s'agit de rassembler des informations et de favoriser l'écoute des jeunes. À partir de leur vécu, le club entreprend un travail de déculpabilisation et de dédramatisation en ce qui concerne la sexualité et la maladie afin de combattre les comportements d'exclusion à l'égard des malades victimes du HIV et de responsabilisation en préparant les jeunes à des comportements conscients et libres. Un deuxième objectif du club-santé est de faire assurer l'information des jeunes par les jeunes : organisation d'expositions, projections de films ou de vidéocassettes, permanences, mobilisation pour la journée mondiale du sida, etc.

BIBLIOGRAPHIE

La Prévention du sida en milieu scolaire. Guide-ressource des actions d'éducation pour la santé liées à la prévention du sida menées dans les lycées et collèges, Agence française de lutte contre le sida, Institut national de recherche pédagogique, 1993.

COGNITIVISME

Une approche dynamique et unificatrice des sciences

Le cognitivisme est un courant de recherche dont l'objet est l'étude du fonctionnement de l'activité intellectuelle. Il exerce une influence croissante dans des domaines variés (linguistique, psychologie, neurosciences, intelligence artificielle) entre lesquels, grâce à une langue conceptuelle commune, peuvent s'élaborer des modèles explicatifs rendant compte aussi bien de la perception visuelle que de la production du langage et de l'acquisition des connaissances comme de la compréhension de textes et la résolution de problèmes. Cette visée unificatrice permet à ces sciences cognitives de collaborer efficacement et de servir l'activité humaine dans des secteurs aussi cloisonnés jusqu'ici que sont, par exemple, l'enseignement et l'entreprise. Ces confrontations ouvrent aussi la possibilité d'étudier les correspondances entre les activités intellectuelles et le fonctionnement du cerveau.

Les sciences cognitives s'inscrivent en rupture avec les conceptions behavioristes qui s'interdisaient de chercher à comprendre ce qui se passait dans la « boîte noire » ; elles créent une relation analogique entre les phénomènes mentaux et ce, quel que soit le champ concerné (perception, langage, acquisition de connaissances). Enfin, les concepts et les méthodes qu'elles utilisent se révèlent compatibles avec les recherches physiologiques et anatomiques menées sur le cerveau pour comprendre les bases biologiques des processus cognitifs.

Le traitement de l'information au service de la compréhension de la pensée

Un tel programme n'a pu se développer sans une sorte de révolution des manières d'étudier la pensée de l'homme. Le saut épistémologique semble être issu des tentatives de formalisation mathématique de l'activité du cerveau, celui-ci étant conçu comme une machine neuronale fonctionnant selon des règles logiques. La cybernétique de Wiener et la machine de Turing comme la logique de Boole seront des éléments essentiels ayant rendu possible l'intérêt pour une machine naturellement intelligente, le cerveau, et la construction d'une machine artificiellement intelligente, l'ordinateur.

Le rapprochement entre ces deux « machines » sera particulièrement fécond. Le cerveau est considéré, à l'instar de l'ordinateur, comme un système complexe de traitement de l'information, fonctionnant grâce à des structures de stockage, la mémoire, et à des opérations d'analyse logique comme la recherche en mémoire ou l'identification de catégories.

Les sciences cognitives essaient de rendre compte du fonctionnement de ce système en montrant le rôle majeur des représentations que le sujet possède dans une situation donnée et sur lesquelles s'effectue le traitement. Devenant « agent cognitif », le sujet qui traite de manière automatisée ou contrôlée des informations symboliques de nature variable (verbale, numérique, iconique), produit des inférences (raisonnements), élabore des décisions d'action et se montre capable d'en planifier et contrôler l'exécution. Les représentations constituent donc la base ou le cœur d'une véritable architecture cognitive où différents niveaux effectuent en cascade et en interactions des traitements successifs pour aboutir à un produit qui peut être une solution de problème ou la réponse à une question de lecture.

Le cognitivisme dans la psychologie de l'enfant

Dans les différentes tâches que peut rencontrer l'individu, la cognition procède par activation des connaissances utiles, sélection des significations pertinentes, construction d'interprétations qui sont des représentations internes grâce auxquelles le système cognitif peut agir. C'est ainsi que les hypothèses cognitivistes sont d'une réelle fécondité dans l'étude du développement intellectuel de l'enfant et des processus d'apprentissage.

Le cognitivisme ne remet pas systématiquement en cause la théorie opératoire de l'intelligence de Piaget mais il montre que, pour comprendre l'acquisition des connaissances, les mécanismes sous-jacents tels qu'ils ont été décrits en terme de niveau opératoire, constituent un cadre théorique inapproprié à la prise en compte de la variation des performances selon les tâches et les différences intra et interindividuelles. Il s'agit donc d'une approche nouvelle dont les concepts pourront s'articuler ultérieurement sur le modèle piagétien et qui commence à rendre des services indéniables dans la construction des apprentissages scolaires.

BIBLIOGRAPHIE

J.P. Codol et A. Tête (sous la direction de), *Bulletin de psychologie* « Psychologie cognitive : questions vives » n° 390 XLII, 1988-1989.

J. Proust, J.P. Desclés, M. Piattelli-Palmarini, D. Andler, F. Varela et J. Petitot, « Sciences cognitives : quelques aspects problématiques », *Revue de synthèse*, Albin Michel, juin 1990.

J.F. Richard, C. Bonnet, R. Ghiglione (sous la direction de), *Traité de psychologie cognitive*, octobre 1990.

➤ **Voir aussi** Behaviorisme, Constructivisme, Neurosciences, Représentation.

COLLÈGE (historique)

Établissement scolaire recevant les élèves de premier cycle de l'enseignement secondaire.

Au Moyen Âge, désigne des institutions charitables – asiles hospitaliers au XIIIe siècle, puis centres créés par les ordres mendiants ou par de pieux donateurs – destinées à héberger des étudiants pauvres qui suivaient les cours dans des écoles appelées « pédagogies » : écoles privées de la rue du Fouarre, écoles ecclésiastiques, écoles rattachées à l'université. Une double évolution, marquée par l'admission de pensionnaires payants dont les parents sont sensibles au climat de discipline des collèges et par l'installation des « pédagogies » dans les centres d'accueil, transforme le collège initial en établissement d'enseignement, prenant en charge, partiellement ou totalement, les disciplines de la Faculté des Arts : le *trivium* (grammaire, rhétorique, dialectique) et le *quadrivium* (arithmétique, géométrie, musique, astronomie).

Dérivé de la structure et du fonctionnement des écoles des Frères de la vie commune, le modèle parisien (*modus parisiensis*), au XVIe siècle, se donne pour but de former des « lettrés chrétiens » en associant l'idéal religieux à l'humanisme. L'éloquence et la rhétorique deviennent prépondérantes. Grâce à la division par classes, la pédagogie se développe dans le cadre d'un enseignement graduel et donne à l'usage de la langue une priorité sur la connaissance abstraite des règles grammaticales ; par l'exercice, les élèves apprennent à parler et à écrire le latin. La *praelectio* (explication préalable) reprend l'*expositio* utilisée dans les cours de philosophie et de théologie. Le contrôle des acquisitions est rigoureux ; il comprend des répétitions nombreuses, des interrogations par le maître ou par les élèves (partagés en groupes, les élèves s'interrogent et se répondent mutuellement), des exercices hebdomadaires de récapitulation. Des exercices nouveaux apparaissent : les devoirs écrits (thèmes, versions, compositions), les déclamations publiques, les représentations théâtrales. Enfin, les récréations sont consacrées à des exercices corporels de type ludique. L'organisation du collège est caractérisée par une hiérarchie des fonctions administratives (un principal à la tête de l'établissement) et des fonctions enseignantes. Le règlement disciplinaire est précis et strict.

La transformation du collège en établissement scolaire introduit trois changements importants dans le champ éducatif. D'abord, une secondarisation de la faculté des arts qui perd sa parité avec les facultés de droit, de médecine, de théologie. Le collège capte à son profit ses disciplines, y compris celle de philosophie. Ensuite, la séparation des âges par laquelle le regroupement des enfants et adolescents dans un espace spécifique se substitue à la pratique médiévale d'un enseignement commun aux enfants et aux adultes. Enfin, une relative puérilisation de l'enfant succède à l'exagération antérieure de sa maturité.

Le collège actuel, tel qu'il résulte de la loi Haby (1975), apporte deux bouleversements dans l'histoire de l'enseignement secondaire. Structure administrative autonome, il rompt l'unité de l'établissement du second degré tel qu'on l'a connue depuis la Renaissance sous des noms divers : collège (sous l'Ancien Régime), école centrale (avec la Convention), lycée (depuis Napoléon), unité qui s'étendait au niveau du primaire depuis le milieu du XIXe siècle avec la création des classes élémentaires de lycées : un Certificat d'aptitude pédagogique des classes élémentaires de lycées est créé en

1881. Ces classes, officiellement supprimées en 1945, ne disparaissent que progressivement. Structure pédagogique unique, accueillant après leur sortie de l'école élémentaire tous les élèves soumis à l'obligation scolaire, le collège remplace les diverses unités d'enseignement court qui, des écoles primaires supérieures (EPS créées en 1833) au collège d'enseignement secondaire (CES créé en 1963), en passant par les cours complémentaires, puis par les collèges d'enseignement général (CEG), ont coexisté ou se sont succédé en France depuis 150 ans.

BIBLIOGRAPHIE

Ph. Ariès, *L'Enfant et la vie familiale sous l'Ancien Régime*, Seuil, 1973.

E. Durkheim, *L'Évolution pédagogique en France*, PUF, 1969.

R. Chartier, M.M. Compère, D. Julia, *L'Éducation en France du XVIe au XVIIIe siècle*, SEDES, 1976.

➤ Voir aussi Classe, Comenius, Érasme, Jésuites, Loyola, Pédagogie.

COMENIUS Jean Amos Komensky, dit (1592-1670)

Membre de l'Unité des Frères moraves, disciples modérés de Jean Hus, après des études à Prague, en Allemagne et à Amsterdam, il revient en Moravie où il dirige une école s'inspirant des principes de Ratichius (1571-1635) qui recommandait d'adapter la transmission du savoir à la personnalité de chaque élève. La campagne de recatholicisation qui suit l'écrasement du soulèvement de la Bohême contre les Habsbourg le contraint à l'exil, un exil que les sollicitations étrangères, dues à sa renommée, transforment en errance. Il se rend en Pologne, à Londres, en Suède, en Hongrie, à Amsterdam où il meurt. Théologien, philosophe, il est généralement connu comme le fondateur de la pédagogie moderne.

Comenius fait passer dans ses textes pédagogiques sa foi religieuse et une connaissance des élèves tirée de son expérience d'enseignant. Reprenant la théorie généralisée par les penseurs italiens du XVIe siècle, il définit l'homme comme microcosme, un abrégé de l'univers. Tout être possède en lui la totalité du connaissable et, par conséquent, tous, garçons et filles, esprits lents ou intelligences déliées, ont droit à un même enseignement. Excluant toute possibilité d'orientation prématurée, le programme d'études doit constituer un tronc commun de connaissances, afin que chacun retrouve l'ordre de la nature. Mais dans la mesure où cet ordre n'est qu'un signe de Dieu, le projet éducatif se replace dans un cadre plus vaste, celui de la réforme de la société, qui rendrait le genre humain à sa vocation divine.

Malgré son conservatisme politique (respect absolu de l'ordre établi) et l'archaïsme de sa conception de l'homme et du monde (anthropocentrisme, géocentrisme, théorie des quatre éléments), Comenius n'est pas moins, dans ses textes et dans son activité, un novateur. L'idée de la correspondance scolaire, de bourses d'études, d'une école commune et publique, l'affirmation de la prééminence de la langue concrète sur la grammaire abstraite dans l'apprentissage des langues étrangères, la nécessité d'une éducation permanente se trouvent déjà chez Comenius. Mettant en application le rôle du concret, Comenius publie le premier manuel scolaire avec des illustrations, *Le Monde sensible illustré (Orbis pictus)*. Ses ouvrages pédagogiques sont nombreux : *Méthode nouvelle d'apprentissage des langues, L'Abrégé de la physique réformée, La Grande Didactique, Esquisse d'une école pansophique, L'École du jeu, La Grammaire enseignée avec plus de facilité,* etc.

BIBLIOGRAPHIE

J. Prévot, *L'Utopie éducative. Comenius.* Préface de J. Piaget, Belin, 1981.

O. Cauly, *Comenius*, Éditions du Félin, 1995.

➤ Voir aussi Basedow, Correspondance scolaire, Didactique, Littérature pour la jeunesse, Manuel scolaire, Pédagogie.

COMITÉ D'INSTRUCTION PUBLIQUE

Créé au sein de l'Assemblée législative en octobre 1791, dominé par la figure de Condorcet, le Comité d'instruction publique poursuit son existence sous la Convention. Souvent renouvelé, composé de personnalités compétentes – la moitié d'entre elles ont exercé des tâches d'enseignement – il produit de nombreux documents et rapports, en particulier le rapport de Condorcet d'avril 1792, texte salué par Jules Ferry et qui fut inscrit en 1883 au programme d'études des élèves-instituteurs. En 1889, James Guillaume publie les *Procès-verbaux du Comité d'instruction publique de l'Assemblée législative* et, de 1891 à 1902, les *Procès-verbaux de la Convention.* La lecture de ces rapports, de ces plans et projets d'éducation montre à quel point les clivages philosophiques et les questions qu'ils induisent – éducation nationale ou instruction publique, épanouissement de l'individu ou adaptations aux besoins économiques, enseignement privé, gratuité, encyclopédisme, crainte de l'intellectualisme, etc. – correspondent à une problématique toujours actuelle.

BIBLIOGRAPHIE

B. Baczko, *Une éducation pour la démocratie, textes et projets de l'époque révolutionnaire*, Garnier, 1982.

D. Julia, *Les Trois Couleurs du tableau noir : la révolution*, Belin, 1981.

➤ Voir aussi Condorcet, Éducation nationale et Instruction publique, La Chalotais.

COMMISSION D'ÉDUCATION SPÉCIALE

La loi d'orientation en faveur des personnes handicapées du 30 juin 1975 crée les commissions d'éducation spéciale qui sont compétentes à l'égard de tous les enfants et adolescents handicapés physiques, sensoriels ou mentaux, de leur naissance jusqu'à leur entrée dans la vie active et pour ceux qui n'y entrent pas, jusqu'à l'âge de 20 ans. Ces commissions ont pour mission de rechercher la meilleure solution permettant au jeune handicapé de se développer autant que possible dans son milieu de vie habituel ; elles doivent définir les actions d'aides les plus appropriées pour favoriser cette insertion et, en cas de nécessité, elles recherchent l'orientation la mieux adaptée dans un établissement spécialisé. La composition de ces commissions est multipartite, elle comprend des représentants des ministères de l'Éducation nationale, de la Santé et des Affaires sociales, des organismes payeurs, des professionnels de l'enseignement et du secteur médico-social, des représentants des associations de parents d'élèves et de familles d'enfants handicapés. Ses membres ainsi que leurs suppléants sont nommés pour une période de trois ans, renouvelable par arrêté préfectoral.

Il convient de distinguer les différentes commissions et leur fonction.

La commission départementale d'éducation spéciale (CDES)

Présidée chaque année alternativement par l'inspecteur d'académie et le directeur départemental de l'action sanitaire et sociale, elle est compétente pour la prise en charge et l'orientation des handicapés dès leur naissance jusqu'à leur formation professionnelle comprise. Elle a pour tâche de désigner les services ou les établissements qui dispensent l'éducation spéciale correspondant aux besoins de l'enfant ou de l'adolescent et d'attribuer les aides financières appropriées à chaque cas particulier (allocation d'éducation spéciale et son complément, bourses d'enseignement d'appoint ou d'adaptation, frais de transport individuel).

La CDES a pouvoir de décision à l'égard des établissements, à l'égard des organismes de prise en charge et à l'égard des enfants et des adolescents ainsi que de leurs parents, mais sous réserve d'une liberté de choix accordée à ces derniers.

Les décisions de la CDES sont prises sur étude de dossier préparé par un secrétariat et instruit par des équipes techniques pluridisciplinaires afin que chacun des aspects du cas de l'enfant soit pris en compte : médical, social, psychologique et pédagogique. Chaque équipe technique reçoit les parents et prépare avec eux les propositions d'aide ou d'orientation, tout en veillant à ne pas perturber les actions déjà engagées. Les décisions prises par la CDES peuvent faire l'objet de recours, en outre elles doivent être soumises à une révision périodique (en principe tous les deux ans).

La commission de circonscription du préscolaire et de l'élémentaire (CCPE)

Œuvrant par délégation de la CDES dans un souci de déconcentration, elle a compétence pour les enfants fréquentant les écoles maternelles et primaires, ordinaires ou spécialisées. D'une composition identique à celle de la CDES, elle est présidée par l'inspecteur de l'Éducation nationale de la circonscription ; elle est amenée à étudier les cas d'enfants qui lui sont soumis par les équipes éducatives et recherche, en liaison avec les parents, les aides appropriées pour scolariser l'enfant dans des classes ordinaires. Si l'importance des difficultés exprimées ne permet pas ce type d'accueil, la CCPE peut prononcer, au nom de la CDES, une orientation vers une classe ou section spécialisée. Lorsque le dossier sollicite une étude plus approfondie, notamment dans le domaine médical, ou lorsque l'orientation prévue nécessite une prise en charge financière, le cas est adressé à la CDES pour décision.

La commission de circonscription du second degré (CCSD)

Fonctionnant selon les mêmes principes que la CCPE, cette commission a compétence pour les élèves relevant du second degré c'est-à-dire ceux qui sont déjà accueillis dans un établissement ou service prenant en charge des enfants se situant, en raison de leur âge, et quel que soit leur niveau scolaire, dans des structures postélémentaires. D'une composition identique à celle de la CDES, elle est présidée par l'inspecteur d'académie et suit plus particulièrement les orientations des élèves vers les enseignements généraux et professionnels adaptés (sections d'éducation spécialisée et établissements régionaux d'enseignements adaptés : EREA). Comme la CCPE, elle se dessaisit au bénéfice de la CDES des dossiers qui demandent des modes d'action dépassant le cadre scolaire.

La circulaire du 22 avril 1976 définit de manière exhaustive la composition et le fonctionnement des commissions d'éducation spéciale. Cependant leurs missions sont complexes. Deux circulaires complémentaires ont été publiées, le 14 novembre 1979 et le 24 août 1989. Elles rappellent les conditions d'une bonne liaison entre les différentes commissions. Ces textes réglementaires insistent sur la recherche de la plus grande adhésion possible des parents aux décisions prises et sur la nécessité de promouvoir des solutions qui visent en priorité l'intégration des enfants handicapés dans les structures ordinaires d'enseignement. Lorsque le jeune handicapé atteint ses 20 ans, la commission de technique de reclassement professionnel (COTOREP) prend le relais de la CCSD.

BIBLIOGRAPHIE

Loi n° 75-534 du 30 juin 1975.
Circulaire n° 76-156 du 22 avril 1976.
Note de service n° 89-271 du 24 août 1989.

➤ Voir aussi Classe d'intégration scolaire (CLIS), Classes spécialisées, Établissement spécialisé, Section d'éducation spécialisée.

COMPÉTENCE

Le mot appartient depuis longtemps au vocabulaire usuel : avoir une compétence est posséder un savoir ou un savoir-faire d'une qualité reconnue, dans un domaine défini ; être compétent a le même sens, c'est faire preuve de savoir et, à la limite, être un expert dans le domaine considéré.

Compétence et performance

Plus récemment, le terme de compétence est apparu chez les psychologues et les linguistes avec une spécification particulière. La compétence représente ce qu'un individu est capable de réaliser ; le champ des compétences s'avère alors très vaste, entraînant des problèmes de définitions, de classifications, et des interprétations diverses quant à la genèse de ces compétences. L'innéité, l'acquisition, l'éducabilité, le transfert des compétences sont des questions d'ordre psychologique. La compétence, dans ce sens élargi, est latente et ne se manifeste que si elle est appelée à s'exercer. Cette manifestation, c'est la performance qui, exprimée par la réalisation de tâches spécifiques, témoigne de l'existence de la compétence.

Le terme de performance, associé fonctionnellement à celui de compétence a, de la même façon et sous les mêmes influences, subi une évolution. La performance était essentiellement une réussite, un exploit – ce concept était et reste encore très employé dans le vocabulaire sportif – alors que son emploi actuel est finalement plus proche de son véritable sens : la performance, c'est la preuve apportée que l'on sait ou que l'on sait faire quelque chose.

Pour le linguiste Chomski, qui en fait une des bases de son système, la compétence langagière repose sur des structures préformées et innées ; la manifestation de cette compétence, c'est la langue émise, donc la performance langagière. Dans cette perspective, les compétences seraient potentiellement infinies alors que les performances, elles, seraient, de fait, limitées à leurs productions.

Ces deux termes n'ont pas une assise conceptuelle ferme, aussi peut-on parfois voir utilisé l'un pour l'autre ou bien observe-t-on des glissements. Dans certains référentiels, ce qu'un individu est apte à réaliser est désigné par la capacité (être capable de...), et la preuve que cette capacité existe est attestée par la manifestation de compétences.

L'utilisation du concept dans l'enseignement primaire

C'est surtout à l'école élémentaire, puis, notamment depuis 1989, dans toute l'école primaire que ces notions ont été le plus utilisées. Déjà, dans les années 60-70, en focalisant l'attention sur la notion d'objectif, la réflexion pédagogique, traduite par le courant de la pédagogie par objectifs, utilisait l'idée de compétence – au moins postulée – et celle de performance qui était alors la réussite tangible à l'objectif fixé. Si l'on ajoute que cet objectif servira à construire la démarche pédagogique qui permettra de l'atteindre, on est en présence d'une relation ternaire entre les potentialités de l'individu (compétences postulées), ses résultats (performances observables et mesurables) et l'action pédagogique.

La pédagogie par objectifs, bientôt considérée comme trop étroitement behavioriste et impropre à traiter la complexité d'un programme scolaire, s'est effacée au profit d'une pédagogie qui se sert essentiellement de l'idée de compétence et qui est étayée par les travaux sur l'évaluation. Évaluer les compétences des élèves consiste à mesurer les performances réalisées sous-tendant ces compétences, soit par un diagnostic en cours de parcours (évaluation formative), soit par une vérification en un verdict final (évaluation sommative).

Il demeure cependant difficile de recouvrir le champ des compétences de manière exhaustive, même si l'on s'en tient au domaine des activités scolaires. Les compétences sont multiples et de nature diverse. Certaines d'entre elles apparaissent comme transversales – il en est ainsi du repérage dans le temps, ou dans l'espace, ou de la capacité à restituer un raisonnement – et qui, présentes dans des performances de natures très différentes, posent la question de la mesure d'une compétence unique, ou de compétences voisines, ou de plusieurs niveaux d'une même compétence. Le problème de la vérification d'une possibilité de transfert de compétences d'une activité à une autre reste également une préoccupation majeure et qui n'est pas résolue dans tous les cas.

Programmes et compétences

En dépit de ces difficultés, un effort considérable a été fait pour exprimer, en termes de compétences à développer, l'essentiel des programmes destinés à l'école primaire, à la suite de la loi d'orientation sur l'éducation de 1989. Un livret de compétences à atteindre en fin de cycle fut élaboré par le ministère de l'Éducation nationale. Isolées de contextes précis, les compétences étaient plus faciles à aborder mais encore difficiles à identifier. Elles ont eu le mérite de donner à l'enseignement une orientation résolument pragmatique et ont établi une cohérence avec la notion d'activité de l'enfant qui sous-tend toute pédagogie actuelle.

Les programmes de 1995 ont pris une certaine distance vis-à-vis des compétences à acquérir. Ils constituent la référence de base des maîtres, particulièrement pour ce qui concerne les contenus disciplinaires que les enfants doivent maîtriser. La liste des compétences, publiée en annexe, complète les programmes, les précise et les intègre dans l'organisation fonctionnelle de l'école primaire en cycles pédagogiques pluriannuels. Ainsi se trouvent distinguées des compétences transversales relatives aux attitudes de l'enfant, des compétences d'ordre disciplinaire et des compétences dans le domaine de la maîtrise de la langue. Néanmoins, c'est souvent en termes de tâche à réaliser que le programme est indiqué, ou en termes de capacité à démontrer. L'étroite relation compétence-performance semble dissociée en actes distincts et si ce sont bien des compétences qui sont visées et construites au long des cycles, au travers des connaissances acquises, celles-ci ne définissent plus que partiellement les tâches d'apprentissages dévolues aux élèves et les tâches d'enseignement dévolues aux maîtres.

Le contrôle d'acquisition de ces compétences relève du dispositif d'évaluation dont les enseignants assurent la maîtrise d'œuvre à partir des livrets de compétences et des opérations proposées par le ministère de l'Éducation nationale.

➤ Voir aussi Cycles, Enseignement programmé, Évaluation, Objectifs (pédagogie par).

CONCOURS

Ensemble d'épreuves qui mettent en concurrence les participants afin de dégager le ou les meilleurs qui seront seuls admis. On peut distinguer trois familles de concours.

Les concours purement honorifiques dans la tradition grecque des concours athlétiques et musicaux ou dans celle des écoles jésuites. Le meilleur exemple de ce type de concours est actuellement le concours général des lycées. Créé en 1748, ouvert aux meilleurs élèves de toutes les classes des collèges de l'université de Paris, il est étendu au cours du XIXe siècle à tous les départements. Supprimé en 1904 et rétabli en 1922, il concerne les élèves désignés par les professeurs de première et de terminale et porte sur les disciplines enseignées dans ces classes. La solennité de la distribution des prix et des accessits à la Sorbonne et la médiatisation actuelle des résultats soulignent le caractère flatteur de ces distinctions.

Les concours comme instruments pédagogiques destinés à éveiller l'intérêt des élèves ou à maintenir une mémoire historique : concours national de la résistance et de la déportation, concours de la Jeunesse européenne des écoles, etc. Pour éviter que ces concours ne soient simplement « l'occasion d'interventions ponctuelles », la circulaire du 5 mars 1987 prévoit deux catégories, les concours organisés par l'administration centrale et inscrits sur une liste renouvelée annuellement dont le retentissement est national ou international, les concours organisés par les écoles sous leur responsabilité.

Les concours de recrutement ajustent la liste des candidats définitivement admis à un nombre préalablement déterminé. Les élèves des grandes écoles (Écoles normales supérieures, Polytechnique, École nationale d'administration, etc.) ainsi que la majorité des enseignants sont soumis au régime du concours : IUFM (Institut universitaire de formation des maîtres), CAPES (certificat d'aptitude au professorat de l'enseignement du second degré), CAPET (certificat d'aptitude au professorat de l'enseignement technique), agrégations, etc.

➤ Voir aussi Évaluation, Examens, IUFM.

CONDORCET Marie Jean Antoine Nicolas de Caritat, marquis de (1743-1794)

Secrétaire perpétuel de l'Académie des sciences, député de Paris à l'Assemblée législative (1791), proche des Girondins, il est arrêté et écrit en prison, avant de se donner la mort, son ouvrage le plus important, *Esquisse d'un tableau historique des progrès de l'esprit humain*. Ses conceptions sur l'éducation s'expriment dans les cinq *Mémoires sur l'instruction publique*, publiés en 1791, et dans le *Rapport et projet de décret sur l'organisation générale de l'instruction publique*, présenté à l'Assemblée législative par Condorcet au nom du Comité d'instruction publique.

L'instruction publique a pour finalité l'appropriation par tous de la puissance émancipatrice de la raison humaine. D'où un certain nombre de conséquences.

Elle n'a qu'indirectement un objectif politique. « Le but de l'instruction publique n'est pas de faire admirer aux hommes une législation toute faite mais de les rendre capables de l'apprécier et de la corriger. » Organe de la République, elle ne doit pas être un instrument du pouvoir, car « tout pouvoir... est toujours l'ennemi des lumières ». Les maîtres seront des fonctionnaires, responsables devant la loi. Le respect des droits des parents et des individus est assuré par la liberté de l'enseignement (possibilité d'écoles privées), par l'exclusion de tout enseignement confessionnel et par un enseignement de la morale indépendant des opinions religieuses.

L'instruction doit être publique, c'est-à-dire organisée par les pouvoirs publics sur tout le territoire, afin que tous, filles et garçons, bénéficient également d'une formation élémentaire procurant une capacité de jugement suffisante pour échapper à toute dépendance.

La visée humaniste est une dimension de l'instruction publique. Le contenu du savoir est organisé, non pas selon les besoins de l'État, mais selon l'ordre de la raison. Une Société nationale des sciences et des arts surveillera la qualité scientifique des programmes scolaires et rédigera des manuels scolaires. L'enseignement technique sera un enseignement général. Si on ne veut pas qu'une pratique professionnelle « devienne une routine, il faudra dans l'éducation insister beaucoup sur les principes de théorie que, sans cela, (les élèves) seraient exposés à oublier bientôt ». L'instruction neutralise les effets des professions mécaniques et de la division du travail, qui poussent à faire « contracter cette stupidité naturelle aux hommes bornés à un petit nombre d'idées du même genre ».

L'instruction l'emporte sur l'éducation, cette dernière étant l'œuvre du sujet lui-même. Dans le premier niveau de l'instruction publique (qui en comporte trois), d'une durée de quatre ans, contrairement à « l'éducation négative » de Rousseau, Condorcet veut sans « prendre une course rapide... hâter la marche de l'instruction ». Le second *Mémoire* (« De l'institution commune pour les enfants ») décrit les didactiques des différentes matières à enseigner au niveau élémentaire.

La pensée de Condorcet a influencé les fondateurs de la IIIe République. En 1870, Jules Ferry célèbre le *Rapport sur l'instruction publique* de 1792 ; il figurera au programme d'études des élèves-instituteurs en 1883.

BIBLIOGRAPHIE

Condorcet, *Cinq Mémoires sur l'instruction publique*. Présentation et notes par Ch. Coutel et C. Kintzler, GF-Flammarion,1994.

Condorcet, *Écrits sur l'instruction publique*, t. 2 : *Rapport sur l'instruction publique*. Présenté et annoté par Ch. Coutel, Les classiques de la République, Edilig, 1989.

E. et R. Badinter, *Condorcet : un intellectuel en politique, 1743-1794*, Fayard, 1989.

➤ **Voir aussi** Comité d'instruction publique, Éducation nationale et instruction publique, Éducation négative, La Chalotais, Manuel scolaire, Rousseau.

CONFÉRENCE PÉDAGOGIQUE

La conférence pédagogique, rassemblant obligatoirement tous les maîtres de l'enseignement primaire une fois par an, est une vieille institution, relevant de la formation continue, bien qu'à l'époque de sa création le terme n'était pas usité. Créées une première fois en 1837, puis abandonnées, les conférences pédagogiques ont été réorganisées en 1880 par un arrêté ministériel. Il s'agissait de proposer, par département, ou plus souvent par canton, une réunion sur un thème pédagogique unique, et se renouvelant chaque année. Les réunions duraient en principe une demi-journée, pendant laquelle les classes vaquaient. Des synthèses départementales de ces réunions étaient rédigées, qui remontaient les échelons hiérarchiques jusqu'au ministère. Les inspecteurs de l'Éducation nationale – dits alors inspecteurs primaires – étaient chargés d'organiser et de conduire ces conférences pédagogiques. Les archives du ministère de l'Éducation nationale, pour la période d'après la Seconde Guerre mondiale et les Archives nationales pour les périodes antérieures gardent la trace – incomplète – de ces travaux, jusqu'à la fin des années 50. La formule s'est en effet maintenue à peu près sans changement jusqu'au début des années 60 où elle a éclaté pour laisser aux circonscriptions – territoires administratifs et pédagogiques contrôlés par des inspecteurs de l'Éducation nationale – plus d'initiatives dans le choix des sujets et dans les formes de travail. La conférence unique fut d'abord transformée en quatre demi-journées dans l'année, puis à compter du réaménagement de la semaine scolaire en 26 heures pour les enfants, et 27 heures pour les enseignants, ces demi-journées sont désormais imputées sur la 27e heure de travail des instituteurs et n'entraînent plus la fermeture des classes. De la même façon, après une période de totale liberté, le ministère de l'Éducation nationale a repris l'habitude de définir annuellement des priorités de réflexion, qui n'interdisent pas pour autant que d'autres thèmes soient abordés, selon les besoins d'information qui paraissent se faire jour, à la demande des instituteurs ou selon l'appréciation de l'inspecteur. Ce sont également des réunions d'information dans le cas de changements de programmes, ou de changements de quelque nature que ce soit dans les fonctionnements du service d'enseignement.

Les synthèses n'ont plus de raison d'être, compte tenu de la dispersion des sujets – sauf à ce qu'elles soient, facultativement, rédigées par les groupes locaux afin de servir de mémoire à la circonscription. Le terme « conférence » ne recouvre plus non plus un type unique d'interventions de la part des inspecteurs ou de leurs conseillers pédagogiques, mais a gardé sa valeur étymologique : il s'agit toujours d'instaurer une réflexion qui confronte des points de vue et des expériences dans l'ordre professionnel.

L'enseignement du second degré n'a pas de conférences pédagogiques réglementées de manière aussi nette, mais la formation continue dans les Missions académiques de formation des personnels de l'Éducation nationale (MAFPEN) et les opérations d'information et de formation conduites fréquemment par les inspecteurs pédagogiques régionaux assurent un type de réunions qui se rapprochent des conférences pédagogiques de l'enseignement primaire.

➤ **Voir aussi** Formation continue, Inspecteurs.

CONSEIL(S) DU PREMIER DEGRÉ

Le conseil d'école

Composé des membres de l'équipe pédagogique et de parents d'élèves élus, auxquels s'ajoutent le maire ou son représentant et un conseiller municipal, ainsi que le délégué départemental de l'Éducation nationale (DDEN), le conseil d'école se voit confier par les textes un grand nombre de compétences, dont on notera en particulier :

– l'organisation d'activités complémentaires éducatives, sportives ou culturelles ;

– l'utilisation des locaux scolaires en dehors des heures d'ouverture de l'école ;
– l'organisation des classes de découverte ;
– la restauration ;
– l'hygiène scolaire ;
– les heures d'entrée et de sortie. Il peut proposer à l'inspecteur d'académie, directeur des services départementaux de l'Éducation nationale, un projet d'organisation particulière du temps scolaire.

L'inspecteur de l'Éducation nationale de la circonscription assiste de droit à ces réunions. En outre, toute personne qui a à connaître des divers problèmes qui peuvent concerner les enfants peut y assister sur invitation du directeur, en particulier les personnels médicaux, paramédicaux ou sociaux.

Le conseil d'école donne également tout avis et suggestion sur le fonctionnement de l'école et ce qui intéresse la vie scolaire, notamment il examine les projets d'intégration d'enfants handicapés.

Le conseil des maîtres de l'école

Cette institution est ancienne puisqu'elle est déjà détaillée dans une circulaire du 15 janvier 1908. Depuis, elle a fait l'objet de plusieurs décrets précisant sa composition et ses attributions, dont celui du 6 septembre 1990 portant sur l'organisation et le fonctionnement des écoles maternelles et élémentaires.

Ce conseil est composé de tous les maîtres affectés à l'école ainsi que des maîtres remplaçants qui y exercent et des membres du réseau d'aide. Il se réunit au moins une fois par trimestre en dehors des heures d'enseignement. Il est présidé par le directeur.

Il donne son avis sur tous les problèmes concernant la vie de l'école et sur l'organisation du service.

L'inspecteur de la circonscription reçoit copie des délibérations.

Le conseil de cycle

Le conseil de cycle est constitué des personnels qui, à un titre ou à un autre, exercent dans le cycle. Il est présidé par le directeur ou toute personne de l'équipe pédagogique du cycle. Ses délibérations sont consignées dans un procès-verbal.

Pour le cycle des apprentissages fondamentaux, l'équipe pédagogique comporte également le directeur ou la directrice de l'école maternelle ou des écoles maternelles situées dans la même zone géographique.

Ce conseil fixe les dispositions pédagogiques servant de cadre à son action, en particulier il élabore le projet de cycle, « veille à sa mise en œuvre et assure son évaluation en cohérence avec le projet d'école ». C'est en conseil de cycle également que les enseignants organisent la programmation des contenus sur les diverses années du cycle.

Il fait aussi le point sur les progrès des élèves et formule des propositions concernant le passage de cycle à cycle. Son rôle pédagogique est donc essentiel.

➤ **Voir aussi** Cycles, Directeur d'école, Évaluation, Loi d'orientation, Projet, Répartition.

CONSEIL(S) DU SECOND DEGRÉ

Conseil d'administration

Le conseil d'administration est un des organes essentiels de tout établissement public local d'éducation (EPLE). Il comporte de 24 à 30 membres selon la taille de l'établissement ; il est composé pour un tiers de représentants des collectivités territoriales, de ceux de l'établissement et de personnalités qualifiées, pour un autre tiers de représentants élus du personnel et enfin pour un dernier tiers de représentants élus des parents d'élèves et des élèves (loi du 25 janvier 1985). Il est présidé par le chef d'établissement.

Les compétences de ce conseil sont définies par la loi du 22 juillet 1986 : il « règle par ses délibérations les affaires de l'établissement ». Ses compétences décisionnelles sont élargies par rapport à celles qui étaient antérieurement celles du conseil d'établissement : elles concernent notamment le budget et le règlement intérieur. Il donne aussi son avis sur les mesures de création ou de suppression de postes, de sections, d'options et de formations complémentaires d'initiative locale.

C'est également le conseil d'administration qui fixe les principes de mise en œuvre de l'autonomie pédagogique et éducative de l'établissement et, chaque année, il établit un rapport sur « les résultats obtenus et les objectifs à atteindre » (Décret du 30 août 1985). Il donne un avis sur le choix des manuels scolaires. Enfin, c'est lui qui adopte le projet d'établissement.

Quelques membres du conseil d'administration constituent une commission autour du chef d'établissement, de son adjoint et du gestionnaire. Cette commission est chargée d'instruire les questions qui seront soumises au conseil d'administration. Sa saisine est obligatoire pour tout ce qui touche à la responsabilité éducative et pédagogique de l'établissement. Ses conclusions sont communiquées au conseil d'administration par le chef d'établissement, président. Son rôle est essentiel dans la vie de l'établissement.

Conseil de délégués

Créé par décret (31 octobre 1990 et 18 février 1991), il rassemble l'ensemble des délégués des élèves. Il est présidé par le chef d'établissement ou l'un des membres de l'administration ou du personnel d'éducation. Il élit une commission permanente et donne son avis sur toute question relative à la vie et au travail scolaires : soutien des élèves, organisation du temps scolaire, orientation et information, santé, hygiène et sécurité... Il est réuni au moins trois fois par an.

Conseil de classe

Le décret du 30 août 1985 précise la constitution et le rôle de ce conseil. Il comprend les enseignants de la classe, deux délégués des parents, deux délégués des élèves, le conseiller d'éducation et le conseiller d'orientation-psychologue, éventuellement renforcés des personnels de santé ou des travailleurs sociaux compétents.

Il se réunit chaque fois que cela est nécessaire et au moins trois fois dans l'année.

Il examine toutes les questions pédagogiques qui intéressent la vie de la classe et tout particulièrement les modalités d'organisation du travail personnel des élèves. Il a à connaître des résultats de chaque élève de la classe. Le conseil se prononce sur les propositions d'orientation formulées par l'équipe pédagogique, émet des propositions d'orientation ou de redoublement. Pour chaque classe, ces propositions sont présentées par le professeur principal.

Conseil d'enseignement

Les problèmes d'organisation pédagogique des disciplines sont traités par les conseils d'enseignement, formés des professeurs et présidés par le chef d'établissement.

Conseil de discipline

Institué par le décret du 30 août 1985, ce conseil est composé de la commission permanente à laquelle est adjoint un autre délégué des élèves, élu parmi les représentants des élèves au conseil d'administration. Il a à connaître des problèmes disciplinaires posés par certains élèves. Il propose éventuellement des sanctions.

BIBLIOGRAPHIE

Loi du 25 janvier 1985.
Loi du 22 juillet 1986.

➤ **Voir aussi** Chef d'établissement, Discipline, Orientation, Professeur principal, Récompenses et sanctions.

CONSEIL NATIONAL DES PROGRAMMES

Organisme créé en 1990 et placé auprès du ministre de l'Éducation nationale, de la Jeunesse et des Sports. Il adresse des propositions au ministre sur la conception générale des enseignements, sur les objectifs à atteindre, sur l'adaptation des programmes au développement des connaissances. Il concourt à l'harmonisation des formations et veille à la continuité éducative entre l'enseignement scolaire et l'enseignement supérieur. L'article 3 du décret précise son rôle dans l'élaboration des instructions pédagogiques. « Sur la base des orientations retenues par le ministre, des projets de programmes portant sur les contenus et les méthodes sont élaborés dans le cadre de groupes disciplinaires, interdisciplinaires, ou par niveaux d'enseignement, comportant des représentants des divers ordres d'enseignement, mis en place après avis du Conseil national des programmes et placés auprès des directions compétentes. »

BIBLIOGRAPHIE

Décret n° 90-179 du 23 février 1990.

➤ Voir aussi Instructions officielles, Programmes.

CONSEIL SUPÉRIEUR DE L'ÉDUCATION

Le Conseil supérieur de l'éducation a été créé par la loi d'orientation de 1989. Il donne des avis sur les objectifs et le fonctionnement du service public de l'éducation.

Présidé par le ministre de l'Éducation nationale, il est composé de représentants des enseignants, des divers personnels, des parents d'élèves, des étudiants, des collectivités territoriales, des associations périscolaires et des représentants des intérêts éducatifs, économiques, sociaux et culturels.

Il donne son avis sur tous les textes qui entraînent une modification dans le système éducatif.

Il peut être constitué en formation disciplinaire statuant en matière disciplinaire et contentieuse.

➤ Voir aussi Loi d'orientation.

CONSEILLER PÉDAGOGIQUE DU PREMIER DEGRÉ

Les inspecteurs de l'Éducation nationale sont assistés de conseillers pédagogiques qui sont généralement au nombre de deux : le conseiller pédagogique généraliste et le conseiller pédagogique de circonscription (généralement appelé le CPC, spécialisé en éducation physique), adjoints à l'inspecteur de l'Éducation nationale.

Une fonction particulière ouverte aux instituteurs-maîtres-formateurs

Ces conseillers pédagogiques sont choisis, après avis de la Commission administrative paritaire départementale, parmi les instituteurs-maîtres-formateurs. Ceux-ci sont des enseignants qui ont réussi le CAFIMF (certificat d'aptitude à la fonction d'instituteur-maître-formateur), examen anciennement dénommé CAEA (certificat d'aptitude à l'enseignement en école annexe et dans les classes d'application). Ce diplôme apporte une amélioration de la rémunération et permet à ces instituteurs (ou professeurs des écoles) d'être nommés, s'ils le souhaitent et si la carte scolaire leur en donne la possibilité, à des postes particuliers dits « d'application ». Ces enseignants dont la compétence pédagogique est ainsi reconnue sont chargés de participer, en liaison avec les formateurs de l'Institut universitaire de formation des maîtres, à la formation pratique des futurs professeurs des écoles. Notamment, ils les accueillent en stage dans leurs classes pour leur apporter les techniques nécessaires et pour les aider à réfléchir à partir de situations concrètes.

Le conseiller pédagogique généraliste

La fonction de conseiller pédagogique généraliste adjoint à l'IEN, devenu « instituteur-maître-formateur adjoint à l'inspecteur de l'Éducation nationale » (IMFAIEN), a été créée au départ, dans les années 60, pour apporter une aide dans les classes aux enseignants qui n'avaient pas reçu de formation professionnelle et qui se retrouvaient en présence d'élèves sans avoir appris les rudiments du métier.

Ces maîtres ont également apporté leur aide et leur expérience aux enseignants qui étaient chargés des classes pré-professionnelles de niveau (CPPN) et qui se heurtaient à des problèmes pédagogiques redoutables.

Ils étaient alors dénommés « maîtres itinérants d'école annexe et de classe d'application ».

La fonction de conseiller pédagogique a évolué et, si priorité est toujours donnée au suivi des nouveaux enseignants et de ceux qui n'ont pas reçu de formation professionnelle, le conseiller pédagogique se rend également dans les classes d'enseignants éventuellement plus chevronnés pour les conseiller dans un domaine ou un autre, s'ils le souhaitent ou si l'IEN l'estime utile.

Le conseiller pédagogique de circonscription (CPC)

Ce conseiller pédagogique est venu s'adjoindre un peu plus tardivement à l'équipe, à une époque où il apparaissait urgent et important de développer l'éducation physique et sportive dans toutes les écoles, rurales ou urbaines.

C'est également un enseignant du premier degré dont la qualification particulière est aussi reconnue par le CAFIMF, avec une spécialisation en éducation physique et sportive. Outre son rôle de conseil et de formation dans tout ce qui concerne l'éducation physique, il est responsable de l'organisation des plannings des piscines ou de l'achat du petit matériel sportif. Il a aussi souvent une part essentielle dans la mise en place et le suivi des diverses actions qui sollicitent un partenariat, en particulier les projets d'aménagement du temps de l'enfant (ARVE, CATE, etc.). Il faut noter toutefois que son rôle tend actuellement à évoluer et à rejoindre parfois celui du conseiller généraliste.

L'équipe de circonscription

Ces deux conseillers sont des collaborateurs très proches de l'inspecteur; ils participent de façon importante à l'animation pédagogique et, plus généralement, à la mise en œuvre du projet de circonscription. Ils exercent au siège de la circonscription primaire où ils disposent d'un bureau. Ils forment la base de ce que l'on appelle l'équipe de circonscription qui, au sens plus large, comprend aussi la secrétaire et, souvent, le secrétaire de la Commission de circonscription préscolaire et élémentaire (CCPE).

Il existe également des conseillers pédagogiques spécialisés en arts plastiques ou en musique. Ceux-ci sont rattachés administrativement à une circonscription mais ils assurent une mission départementale ou intercirconscriptions et dans ces seuls domaines.

➤ **Voir aussi** Animation pédagogique, Formation pédagogique, Inspection, Institut universitaire de formation des maîtres (IUFM).

CONSEILLER PÉDAGOGIQUE DU SECOND DEGRÉ

Les étudiants en Institut universitaire de formation des maîtres (IUFM) accomplissent plusieurs semaines de stage dans divers types d'établissements afin de se familiariser avec les pratiques du métier d'enseignant. Au cours de la seconde année de formation, ils exercent une responsabilité totale dans une ou plusieurs classes.

Pour ce travail en établissement scolaire, ils sont suivis par les professeurs de l'IUFM mais aussi par une équipe d'enseignants qui les accueillent et les conseillent.

Au sein de l'établissement, l'étudiant est plus spécialement pris en charge par un professeur conseiller pédagogique qui l'accueille dans sa classe et lui assure son soutien au cours de son stage. Il doit également l'aider à s'insérer dans l'équipe éducative. Son rôle essentiel est de lui faire prendre conscience des problèmes qui peuvent se poser, d'en analyser les causes et d'en rechercher les solutions possibles. Il l'aide dans le domaine des techniques pédagogiques, en particulier en construisant avec lui les outils indispensables: préparations, évaluations, gestion de la classe, etc.

Les conseillers pédagogiques sont désignés par le recteur, sur proposition du directeur de l'IUFM, en accord avec les corps d'inspection et les chefs d'établissement concernés, parmi l'ensemble des enseignants de l'établissement. Ils bénéficient de journées de formation avec les enseignants de l'IUFM afin de réfléchir aux responsabilités qui leur sont confiées, à leur propre pratique dans la classe et à leur action de formateur.

Ils sont rémunérés pour les stages de pratique accompagnée et pour le suivi des stages en responsabilité, suivant un taux de base, variable selon le type de stage qu'ils encadrent. Les stages de sensibilisation, qui constituent un simple contact avec le métier, n'ouvrent pas droit à rémunération.

BIBLIOGRAPHIE

Circulaire n° 92-136 du 31 mars 1992.

➤ **Voir aussi** Formation pédagogique, Institut universitaire de formation des maîtres (IUFM).

CONSIGNE

Une consigne est « une instruction stricte donnée à un militaire ou un gardien sur ce qu'il doit faire » ou « une défense de sortir par punition » (Petit ROBERT).

Dans le domaine scolaire, le terme peut se référer à une situation disciplinaire ; cette acception est désormais quelque peu vieillie : « l'élève fera trois heures de consigne », cela signifie que l'élève devra revenir à l'école ou rester le soir pour accomplir une punition.

Pédagogiquement, le terme a un autre sens, très important. Il s'agit pour l'enseignant de donner aux élèves les indications qui leur permettront d'effectuer dans les meilleures conditions le travail qui leur est demandé : objectif de la tâche, moyens à utiliser, organisation (en particulier temps imparti), etc. Les critères d'évaluation doivent également être clarifiés dès le départ.

Il est d'abord indispensable, même si cela peut paraître évident, de vérifier que les enfants ont bien entendu ce que l'enseignant a demandé. Il faut également que le maître s'exprime de façon claire, en utilisant des termes précis, dont il doit également s'assurer qu'ils sont bien connus des élèves. Un grand danger en effet serait qu'ils n'effectuent pas correctement la tâche demandée uniquement parce qu'ils n'auraient pas compris ce qui était attendu d'eux. La qualité du travail s'en trouverait compromise et toute évaluation bien sûr faussée. La répétition de la consigne par un ou plusieurs enfants, son explicitation par d'autres, la reprise par le professeur, voire au moyen d'un premier exemple, sont donc essentielles.

➤ **Voir aussi** Cahier de texte, Contrat didactique, Discipline, Études, Évaluation, Test, Travail autonome, Travail personnel.

CONSTRUCTIVISME

Point de vue propre aux sciences humaines qui, prenant en compte la relativité de mondes culturels divers – univers enfantin, monde du schizophrène, toute *Weltanschauung* ou vision du monde – considère que la réalité psychologique, cognitive, sociale est le résultat construit d'un ensemble d'interrelations entre le sujet et son environnement. Ce constructivisme se manifeste tout particulièrement dans la psychologie de Piaget, dans certaines recherches de la psychologie sociale, dans l'école de Palo Alto.

L'épistémologie génétique de Piaget

Dans l'épistémologie génétique de Piaget, discipline qui se propose d'étudier la formation de la pensée et des connaissances, le constructivisme désigne la thèse selon laquelle les formes de l'action et de la pensée sont le résultat de processus de construction pouvant se produire soit sur le plan de la phylogenèse (développement de l'espèce), soit sur le plan de l'ontogenèse (développement de l'individu).

Dans l'impossibilité de se reporter à la formation de la pensée au cours de sa préhistoire, établir un parallèle « entre le progrès perçu dans l'organisation logique et rationnelle de la connaissance et les processus psychologiques » peut révéler comment se construit la connaissance. L'enfance constitue le lieu privilégié de cette genèse. Pour Piaget, les idées que les enfants se font sur le monde ne viennent, ni exclusivement du sujet (rejet des thèses faisant jouer un rôle déterminant à l'hérédité, à l'innéisme, à la maturation), ni exclusivement de l'objet (rejet du behaviorisme, du culturalisme). Elles sont des constructions qui mettent en jeu, à la fois, les structures mentales et l'expérience : cette dernière est organisée par le sujet à travers son activité. Trois processus concourent à la construction des structures cognitives : l'assimilation, l'accommodation, l'équilibration.

Par l'assimilation, le sujet utilise le milieu pour complexifier ses structures organisées de comportements (les schèmes) héréditaires et acquis, par exemple l'application de la succion à des objets – le pouce, le jouet – non prévus dans la programmation organique, ou l'invention d'un geste nouveau comme ébranler le berceau pour faire se balancer un objet suspendu sonore. Dans les premières années de l'enfance, la coordination intersensorielle résulte d'intégrations successives d'éléments nouveaux dans une structure existante qui par ce fait s'enrichit et se complique.

L'accommodation est le processus inverse de l'assimilation. C'est l'activité par laquelle un schème s'ajuste à l'objet assimilé ; par exemple, le schème de succion qui s'étend à tous les objets que le bébé peut atteindre se modifie et se différencie selon la forme de l'objet. Lorsque l'enfant vit le monde distinctement de lui, l'accommodation est le procédé par lequel le sujet teste ses structures d'action et les rectifie pour les adapter au milieu.

L'équilibration est l'état dynamique qui réunit assimilation et accommodation. Elle n'est pas un équilibre mécanique entre deux forces physiques. Le rapport entre l'assimilation des situations extérieures nouvelles dans les structures cognitives existantes du sujet et la transformation de ces structures existantes pour s'adapter à des situations extérieures doit se comprendre comme autorégulation. L'équilibre définit un stade de développement intellectuel qui, à son tour, est travaillé par les mêmes processus. Produites à partir de sa propre activité, le sujet n'a pas cependant conscience des mécanismes constructeurs de ses propres structures.

L'analyse expérimentale du développement intellectuel de l'enfant conduit Piaget à distinguer quatre grandes périodes, elles-mêmes divisées en stades :

– une période sensori-motrice jusqu'à 2 ans – l'enfant passe d'un état d'indifférenciation entre le monde extérieur et le moi à un état où le moi se situe dans un milieu distancié et indépendant de son activité et de son pouvoir ;

– la période pré-opératoire de 2 à 7 ans – l'enfant apprend à parler, à distinguer le signifiant du signifié, à créer des symboles dans le dessin ou le jeu, à se représenter un objet ou un évènement éloigné dans l'espace ou le temps ; la pensée reste encore syncrétique, elle rassemble des faits et objets sans rapport réel ou logique, et égocentrique : l'enfant raisonne en fonction de son propre moi, sans pouvoir se mettre à la place de l'autre ;

– la période des opérations concrètes de 7 à 11 ans – l'enfant acquiert les bases de la pensée logique : notion de conservation (permanence d'un même volume d'eau malgré la forme du récipient), de réversibilité (le volume d'eau reste constant si on le reverse dans un contenant différent), notion de partie à tout, d'inclusion, de classification, de relativité ;

– la période des opérations formelles de 11 à 15 ans – elle est marquée par le passage à la pensée conceptuelle et socialisée, les deux caractères étant liés ; la capacité de réduire les faits à des propositions, de relier ces dernières de façon logique, de rechercher la vérité implique l'intégration d'une pensée collective obéissant à des règles communes.

L'idée de construction des fonctions mentales, à travers l'interdépendance du psychisme et de l'environnement, se retrouve chez Vygotski (1896-1934) qui élabore une théorie des stades du développement de la pensée enfantine. Celle-ci est successivement une pensée par « tas » (le mot se refère à un rassemblement d'objets sans parenté), par « complexe » (le mot reflète des relations objectives entre les choses), par concepts. Mais le rôle joué par la réalité sociale dans les premières expressions langagières l'oppose à Piaget pour qui le langage égocentrique attesterait le caractère initialement asocial de l'enfant.

La construction dans les sciences sociales

Une perspective sociologique, rompant avec la tradition positiviste durkheimienne d'une réalité objective de la société, définit de nouveaux éléments d'étude : les représentations sociales. Différentes des « représentations collectives » de Durkheim qui s'imposent aux membres de la société, les « représentations sociales » sont le produit d'une interaction significative entre le sujet et le monde. En tant que représentations, elles sont des actes cognitifs de la conscience qui figurent un objet et lui donnent un sens ; elles sont sociales, car les catégories qui les structurent et les expriment sont empruntées à un fonds commun de culture. Produit et processus d'une élaboration psychologique et sociale du réel, la représentation sociale se distingue d'autres catégories sociologiques – image, stéréotype, opinion, attitude – réduites à de simples réponses à des stimuli extérieurs (cf. behaviorisme). Toute une branche de la psychologie sociale analyse comment se forment les représentations sociales et, à travers elles, comment se construit le réel (P.L. Berger et T. L. Luckmann, *La Construction de la réalité*). On trouve en France de nombreuses études de représentations sociales comme celle de Moscovici (*L'Image de la psychanalyse et de son public)*, celle d'Herzlich (*Santé et maladie. Analyse d'une situation sociale*), celle de Kaës (*Images de la culture chez les ouvriers français*).

L'école de Palo Alto et le constructivisme

L'école de Palo Alto radicalise l'attitude constructiviste pour en faire une théorie. Cette théorie naît dans le groupe de psychothérapie du Mental Research Institute, installé en 1959 à Palo Alto, près de San Francisco. Cette théorie a été tout particulièrement explicitée par Paul Watzlawick – psychanalyste autrichien de formation jungienne, mais influencé par le logicien autrichien naturalisé anglais, Wittgenstein – comme arrière-plan philosophique d'une nouvelle forme de thérapie inspirée des principes de la cybernétique et de la théorie des systèmes.

Pour le constructivisme, depuis vingt siècles la connaissance humaine est dominée par la conviction que nos perceptions et nos idées reflètent la réalité, ce qui implique l'existence d'une réalité comme hypothèse de base. Or, l'impossibilité de perceptions fiables, puis l'idée kantienne d'inclusion du sujet dans le processus de connaissance mettent en question à la fois l'accès à une réalité et l'existence d'un réel brut, exempt de transformation. Il faut donc cesser d'assimiler l'esprit à un miroir et se débarrasser d'une théorie de la vérité comme correspondance entre nos idées et les choses, point de vue sous-jacent d'ailleurs au pragmatisme américain, celui de Dewey, comme celui plus récent de Rorty (*L'Homme spéculaire*).

« Toute réalité est toujours inventée » et « l'on construit soi-même sa propre réalité » écrit Watzlawick. L'approche constructiviste s'applique bien au cas de l'individu hypersensible qui suppose être l'objet d'irrespect de la part des autres. À cause de ce soupçon, son comportement se fera désagréable et méfiant, provoquant dans son entourage une réaction hostile qui lui prouvera que sa conviction est vraie. D'une manière générale, avec ses structures biologiques et psychologiques, le sujet produit, à partir du flux d'expériences dont il dispose, un ensemble d'idées, de théories, de « lois de la nature » qui constituent son monde. La connaissance est pertinente chaque fois qu'elle résiste à l'épreuve de la vie. Ainsi « toute structure cognitive qui fonctionne encore aujourd'hui en tant que telle ne prouve par là, ni plus, ni moins que ceci : étant donné les circonstances dont on fait l'expérience (et qu'on a déterminées en en faisant l'expérience), cette structure a accompli ce qu'on attendait d'elle.

Logiquement, cela ne nous donne aucune indication sur les éventuelles caractéristiques du monde “objectif”, mais signifie seulement que nous connaissons un moyen viable d'atteindre un but que nous avons choisi parmi les circonstances spécifiques dans notre monde empirique » (E. von Glasersfeld). Les structures cognitives dans le constructivisme ressemblent aux structures biologiques dans l'évolution. Les secondes, façonnées par les mutations, conviennent aux conditions actuelles de la vie, les premières conviennent à la pratique de la vie « parce que l'intention humaine les a formées pour atteindre des buts qu'elles se trouvent effectivement atteindre : à savoir l'explication, la prédiction ou le contrôle d'expériences vécues spécifiques ».

Ainsi le constructivisme rompt avec les représentations traditionnelles du monde. « La connaissance devient quelque chose que l'organisme construit dans le but de créer un ordre dans le flux de l'expérience... en établissant des relations relativement fiables entre elles. » Elle n'est plus l'enregistrement d'une réalité au sens scientifique du terme.

Pour mémoire signalons le « constructivisme », courant artistique du XXe siècle d'origine russe (Gabo, Pevsner) et l'emploi du terme par le philosophe américain John Rawls pour désigner toute doctrine qui résulte d'une procédure de construction. Par exemple, le constructivisme politique, le constructivisme moral de Kant (John Rawls, *Libéralisme politique*, PUF, 1995).

BIBLIOGRAPHIE

J. Piaget, *La Construction du réel chez l'enfant*, Delachaux et Niestlé, 1967.

L.S. Vygotski, *Pensée et langage*. Traduction de F. Sève suivi de *Commentaires sur les remarques critiques de Vygotski* par Piaget, Éditions sociales, 1985.

P. Watzlawick (dirigé par), *L'Invention de la réalité. Contribution au constructivisme*, Seuil, 1988.

➤ Voir aussi Cognitivisme, Double contrainte, Dewey, Durkheim, Piaget, Représentation.

CONTRAT DIDACTIQUE

Si l'objet d'étude de la didactique est le système formé par trois éléments : l'enseignant, l'élève, le savoir et la relation ternaire qui les associe, le contrat didactique est, selon G. Brousseau, « l'ensemble des comportements spécifiques du maître qui sont attendus de l'élève et l'ensemble des comportements de l'élève attendus par le maître ». Dans ce modèle théorique, la relation est dissymétrique : des deux contractants, le maître possède la connaissance et sait où il veut conduire l'élève, celui-ci ne sait pas et construit sa démarche intellectuelle non sur l'aboutissement de la tâche mais sur le comportement du premier.

Un acte implicite

Le terme de contrat, dans cette acception, est utilisé de manière extensive. En effet, un contrat est un acte authentique qui constate un engagement entre deux parties ; or le contrat didactique traduit un engagement réel certes, mais implicite, très peu formalisé et jamais fixé puisqu'en quête permanente de repères les mieux adaptés à la situation didactique. Ce modèle permet de comprendre de nombreux phénomènes observés dans l'enseignement ; ainsi, certaines études ont montré que des élèves, à qui était proposée une situation-problème contenant des données chiffrées sans utilité pour la solution, fournissaient des réponses erronées, reposant sur des opérations numériques inutiles et absurdes, dès lors qu'ils pensaient qu'à un problème de mathématiques le maître ne pouvait attendre qu'une réponse incluant une obligation de calcul.

Une situation interactive

Le contrat didactique a donc un ancrage à la fois psychologique et épistémologique. Il met en jeu les représentations qu'utilisent le maître et l'élève dans la triangulation didactique vis-à-vis de la situation d'enseignement. Si l'élève tente de cerner l'attente du maître plutôt que d'analyser les obstacles lui permettant de résoudre une situation ou de s'approprier une connaissance, il ne progresse pas et risque de faire des erreurs notoires.

Si le maître adopte une démarche en fonction de ce qu'il attend de l'élève, de la représentation qu'il se fait de ses capacités du moment et de la voie didactique qu'il pense être la meilleure, il privilégie une seule procédure d'enseignement au détriment d'autres, peut-être plus efficaces ou plus adaptées aux potentialités de l'élève.

Le contrat didactique traduit donc une situation d'apprentissage interactive et instable, qui voit la recherche continue d'un ajustement des comportements au problème traité. La dynamique du contrat didactique oscille entre deux pôles extrêmes : ou le maître veut à tout prix obtenir de ses élèves ce qu'il attend d'eux, alors il adopte une attitude très magistrale et agit à leur place en les situant dans une position d'exécutants, ou il attend tout des élèves en postulant qu'il leur revient de faire correspondre leurs moyens aux fins, alors il se place en position d'éveilleur en intervenant le moins possible pour éviter d'influencer leurs comportements.

Le rôle du maître

Le concept de contrat didactique invite à réfléchir sur les modalités d'adaptation des comportements respectifs vis-à-vis de la tâche. J.S. Bruner définit le processus d'étayage « qui consiste essentiellement pour l'adulte à prendre en main ceux des éléments de la tâche qui excèdent initialement les capacités du débutant, lui permettant ainsi de concentrer ses efforts sur les seuls éléments qui demeurent dans son domaine de compétence et de les mener à terme ». Dans cette perspective, le contrat didactique fait du maître un tuteur dont le rôle est d'amener l'enfant « à faire les actions qui produisent des solutions reconnaissables pour lui ». Ainsi l'enseignant a pour fonction de mettre en place des faits, des indices que l'élève peut percevoir et comprendre, et dont le traitement est créateur de sens.

BIBLIOGRAPHIE

J.S. Bruner, *Le Développement de l'enfant : savoir faire, savoir dire*, PUF, 1983.

➤ Voir aussi Didactique, Erreur, Représentation, Transfert, Vygotski.

CONTRÔLE CONTINU

C'est un terme qui a fait son apparition et s'est répandu rapidement en 1968. Les étudiants souhaitaient que les examens terminaux, qu'ils jugeaient trop hasardeux, soient remplacés par un contrôle des connaissances qui se fasse au long de l'année.

On a assisté à des mises en œuvre différentes.

Dans l'enseignement secondaire

Le plus souvent, au lieu de « compositions trimestrielles » qui angoissaient les élèves et pouvaient les conduire à un « bachotage », on fit l'addition des notes obtenues par l'élève aux divers devoirs et exercices dans chaque discipline. Mais après un certain temps, on s'est aperçu que pour respecter une certaine équité, ce contrôle continu devait prendre en compte uniquement les travaux dont on pouvait être à peu près sûr qu'ils avaient été exécutés par les élèves dans des conditions semblables. En particulier, les notes des devoirs faits à la maison ne furent plus prises en compte dans le contrôle continu. On en revint donc après plusieurs années, variables selon les établissements, à un système de « devoirs sur table » ou « devoirs surveillés » ; dans certaines disciplines, ces notes pouvaient être complétées des notes reçues par l'élève pour des prestations orales.

Dans les études supérieures, à l'université

La réalité a vite conduit à un système dit de « partiels », c'est-à-dire que, au lieu de subir un seul examen en fin d'année, les étudiants obtiennent leur diplôme après avoir passé au cours de l'année deux ou trois contrôles de connaissances sur les matières étudiées. On évite ainsi d'être jugé sur un seul point du programme.

La délivrance du diplôme

À la suite de ces nouvelles modalités de contrôle dont on pouvait parfois douter de l'équité, la délivrance des diplômes a fait l'objet de nombreuses controverses. Elle a également donné naissance à une première réflexion en profondeur sur l'évaluation et à une distinction entre évaluation formative et évaluation sommative par exemple.

Un des meilleurs exemples est sans doute le travail conduit au cours des années 70 dans les collèges d'enseignement technique. Afin d'alléger les examens terminaux des certificats d'aptitude professionnelle qui comportaient à la fois des épreuves sur des disciplines de formation générale et des savoir-faire techniques, la délivrance du diplôme par contrôle continu est apparue comme une voie prometteuse. Un travail fut conduit sous la direction du Centre universitaire de coopération économique et sociale dans douze CET dits « expérimentaux » ; les professions ainsi que les équipes enseignantes étaient impliquées dans cette expérimentation. Des référentiels furent établis par discipline, faisant l'objet d'une réflexion particulièrement fructueuse qui fut une occasion de véritable rénovation pour l'enseignement « technique ».

Toutefois, les tentatives de délivrance de diplôme par contrôle continu n'ont pas connu un succès qui aurait pu alléger notablement les problèmes de coût et d'organisation posés par des examens organisés au niveau national. Le BEPC, devenu « brevet des collèges », a fait l'objet d'expérimentations en ce sens (beaucoup moins ambitieuses que celles tentées dans les CET), mais on n'a pu encore se résoudre à adopter ce type d'évaluation pour un diplôme de prestige national comme le baccalauréat. On notera avec intérêt, pour l'histoire des idées sur l'éducation en France, que c'est dans l'enseignement technique que ce type d'évaluation a été poussé le plus loin ou pour un examen qui offrait des enjeux limités comme le brevet des collèges.

➤ Voir aussi Évaluation, Examen, Référentiel.

CORRESPONDANCE SCOLAIRE

Mise en relation d'un élève, d'un groupe d'élèves, d'une classe d'une localité avec un élève, un groupe d'élèves, une classe situés dans une autre localité du territoire national ou à l'étranger, par l'échange de documents variés : lettre, journal scolaire, photographie, film, bande sonore, vidéocassette, objets divers, etc.

La correspondance scolaire a pour objet d'établir des contacts entre des élèves vivant dans des milieux différents, de créer des liens d'amitié, d'échanger des connaissances, de susciter des recherches communes, de favoriser la pratique de l'écriture dans la langue maternelle et la connaissance de langues étrangères.

Comenius dans *L'École pansophique ou Atelier de la sagesse universelle*, publié en 1651, demande que l'on persuade les élèves d'écrire souvent à leurs parents ou à leurs amis absents. Au XXᵉ siècle, deux facteurs favorisent l'essor de la correspondance scolaire :
– l'importance de l'apprentissage des langues étrangères. À la suite de conférences faites aux États-Unis, à la fin de la Première Guerre mondiale par le juriste Geouffre de la Pradelle, de jeunes Américains écrivent à de jeunes Françaises. Pour organiser cette correspondance franco-américaine, est fondé en 1922 le Bureau français de correspondance scolaire, rattaché en 1951 au ministère de l'Éducation nationale ;
– le mouvement Freinet. La correspondance scolaire se développe sur le plan national dès 1924, avec l'adoption de l'imprimerie à l'école par de nombreuses classes en France. Une correspondance internationale s'amorce en 1931 avec la publication du premier cours d'espéranto dans la revue *L'Imprimerie à l'école*.

Aujourd'hui, le Service de correspondance scolaire internationale du Centre national de documentation pédagogique (CNDP) ne traite plus directement les demandes individuelles qui lui sont adressées. Il les envoie au Centre régional de documentation pédagogique (CRDP) d'Alsace à Strasbourg, à des associations spécialisées ou à la Fédération internationale des organismes de correspondance et d'échanges scolaires (FIOCES) à Ivrea (Italie).

➤ Voir aussi Apprentissage, Centre national de documentation pédagogique (CNDP), Comenius, Échanges scolaires, Freinet.

CORRIGÉ

Tout travail scolaire doit être corrigé, c'est-à-dire être rapporté à un modèle supposé parfait. Le prototype d'une correction claire serait celui d'une opération arithmétique ou d'une dictée. Les réponses de l'élève sont aisément référables, dans ces exemples, à un corrigé parfait: il n'y a qu'une somme possible pour l'addition proposée, il n'y a qu'une orthographe possible pour les textes dictés. Bien que ces exemples soient réels, ils occultent par leur clarté la dimension de la correction et du corrigé.

Cette notion scolaire de « corrigé » peut être étudiée sous la forme de l'acte magistral de corriger, sous la forme du document que l'on appelle le « corrigé » ou sous celle du travail qu'effectue l'élève pour se corriger lui-même. Quant à l'écart entre le travail fourni par un élève et la correction, il est pertinent au moins dans deux perspectives: en premier lieu, dans celle de la notation, du classement, de la certification, si l'on se trouve dans une situation de contrôle des connaissances ; en second lieu, il est révélateur de l'apprentissage que l'élève est en train de réaliser; la correction, ou le corrigé, permettent de savoir où en est un élève, ce qui fait obstacle à sa compréhension; à ce titre, il est un élément essentiel de l'évaluation formative.

Le professeur et la correction

Le professeur corrige, de façon individuelle ou de façon collective. S'il s'agit d'une correction individuelle, il examine une prestation – interrogation orale parfois, mais le plus souvent un travail écrit, et il recense les erreurs commises. Dans le cas d'une correction collective, le corrigé a une valeur formative générale, car il offre une structure de travail (ou des réponses) que chaque élève rapporte à son propre travail pour y prendre conscience des erreurs commises.

Ces erreurs peuvent être de nature très différente: écart par rapport à un modèle, écart par rapport à une consigne précise, erreurs ponctuelles. Une typologie est possible, mais difficile à établir quand l'erreur relève de l'organisation du travail ou du raisonnement. Tous les travaux d'ordre littéraire présentent cette difficulté. Les erreurs peuvent être également de « gravité » très différente : l'orthographe a son importance, la logique d'exposition en a peut-être plus, le calcul juste est indispensable, le raisonnement l'est peut-être encore davantage. Aucune typologie explicite n'existe par type de travail produit. Une habitude professionnelle guide le professeur ou le maître de la classe élémentaire.

Pour pallier ce que la correction a d'ésotérique, un code peut être institué dans chaque classe, ne serait-ce qu'un code des abréviations, pour que les élèves décryptent les corrections.

Des travaux récents se sont intéressés à l'ensemble que constituent les énoncés, les consignes, les corrections ; ils mettent en évidence que les consignes ne sont pas toujours assez claires, les énoncés parfois difficiles à comprendre, et les références des corrections trop souvent ignorées des élèves. On peut craindre aussi qu'elles soient ignorées de beaucoup d'enseignants qui notent en fonction de critères mal définis, où la subjectivité du professeur n'est corrigée que par l'habitude et l'imitation des corrigés qui lui ont été proposés à lui-même pendant sa scolarité. Or, ces références jouent ou devraient jouer un rôle important dans la prise de conscience, par les élèves, du travail qui leur est demandé. Elles assureraient aussi une prise de conscience chez les professeurs en leur garantissant une plus grande objectivité dans les corrections. Les corrigés devraient donc passer du stade implicite au stade explicite.

Des corrigés tout prêts

Des corrigés entièrement rédigés et remis aux élèves peuvent aussi se rencontrer dans les grandes classes, quand les élèves sont capables d'en tirer des bénéfices. Ils n'ont de valeur qu'indicative dans un certain nombre de travaux: dissertations, littéraires ou historiques, thèmes ou essais. L'enseignement élémentaire et les premières années de collège connaissent, sans utilisation systématique, les fichiers autocorrectifs, dont le premier modèle a sans doute été proposé par le pédagogue Freinet (sauf s'il existe des expériences individuelles non recensées). Ils sont une forme adaptée de « corrigés » pour les plus jeunes élèves. Ils ne peuvent toutefois couvrir que certaines corrections, celles qui sont indiscutables.

Dans l'apprentissage de la langue écrite, la notion de correction est souvent relayée par celle de réécriture. C'est en écrivant à nouveau le texte produit pour l'améliorer, et non pour le refaire, que les corrections essentielles s'opèrent.

L'élève et la correction

L'importance psychologique et pédagogique des corrections a toujours été reconnue. Les corrections « à chaud », c'est-à-dire aussi rapprochées que possible de l'exécution d'une tâche écrite, ont été préconisées maintes fois par les instructions officielles accompagnant les programmes, surtout en ce qui concerne les enfants jeunes. Des recommandations ont été faites également pour déculpabiliser l'enfant ou le collégien – le mot « erreur » étant récemment substitué systématiquement au mot « faute », en orthographe, « faute » pouvant avoir une connotation morale.

Ces précautions, certes utiles, ne remplacent pas la compréhension par les éducateurs et par les élèves du mécanisme de l'erreur et du cheminement cognitif qui amène un individu à se corriger lui-même. Il semble pourtant établi que tant qu'il n'y a pas de prise de conscience de ce qui a été fait par rapport à ce qui aurait dû être fait, il n'y a guère de progrès à espérer.

Construire des référentiels

Bien que les corrections aient toujours existé, c'est un chapitre nouveau de la réflexion pédagogique qui s'est ouvert il y a une quinzaine d'années, permettant le passage d'une pratique empirique et intuitive à une pratique plus raisonnée du corrigé scolaire. Cette question est toute proche de celle de l'évaluation et de ses procédures. Un corrigé étant la reprise correcte d'items qui ont été plus ou moins bien réussis par un élève, il doit s'appuyer sur ces items, préalablement définis.

Une tentative avait été faite dans les années 60 par l'enseignement programmé, de façon éphémère. Non seulement Freinet, déjà mentionné, ou les tâtonnements de l'enseignement programmé, mais la convergence d'efforts faits par certaines disciplines, ont mis en évidence l'utilité des corrigés, si le corrigé passe de l'état de modèle à celui de contrôle – par l'élève autant et plus que par le professeur – et met en relief les points (connaissances ou performances quelconques) qui doivent être sus ou maîtrisés. Deux disciplines ont rempli un rôle pionnier dans cette distinction : les disciplines de l'enseignement technique et celles de l'éducation physique et sportive. On citera également les travaux de l'Institut national de recherche pédagogique sur l'écrit et, de façon plus large, la longue réflexion sur l'évaluation. On ne peut évaluer que ce qui a été visé – et donc sans avoir dit ce qui devait l'être : ces définitions d'objectifs constituent des référentiels de connaissances ; ils servent de repères pour celui qui apprend, mais ils éclairent la correction en la justifiant.

➤ **Voir aussi** Contrat didactique, Docimologie, Enseignement programmé, Erreur, Évaluation, Référentiel.

CYCLES

Le premier degré

Dans le premier degré, les cycles ont été institués par la loi d'orientation du 10 juillet 1989. Celle-ci insiste sur la nécessité de mettre l'enfant au cœur du système éducatif et donc d'organiser l'enseignement dans cette perspective : « la scolarité est organisée en cycles pour lesquels sont définis des objectifs et des programmes nationaux de formation comportant une progression annuelle ainsi que des critères d'évaluation » (art. 4).

L'objectif consiste à mieux prendre en compte le développement de l'enfant et à introduire de la souplesse dans les apprentissages en veillant à la continuité et à la cohérence des acquisitions des savoirs et des méthodes. Une telle organisation a pour but d'éviter les ruptures trop nettes des parcours scolaires en détachant l'action pédagogique de la notion de programme annuel et en l'adaptant au rythme des élèves. La responsabilité et la liberté du maître s'en trouvent renforcées puisque cette organisation est uniquement pédagogique ; elle ne constitue pas une structure : les « groupes-classes » demeurent la référence et c'est à l'intérieur de ces groupes que les maîtres gèrent les apprentissages en fonction des besoins repérés des élèves.

Des compétences sont définies pour chaque cycle et les maîtres construisent leur enseignement dans cette perspective en se référant aux contenus déterminés par les programmes.

On distingue :
- le cycle des apprentissages premiers, qui couvre toute l'école maternelle (y compris la grande section) ;
- le cycle des apprentissages fondamentaux, qui s'amorce à la grande section de l'école maternelle et s'étend jusqu'à la fin de la première année du cours élémentaire ;
- le cycle des approfondissements, qui inclut la seconde année du cours élémentaire et les deux années du cours moyen.

Le second degré

Dans le second degré, on utilise le terme de cycle depuis très longtemps.

Tout d'abord, il a fait référence au découpage du système scolaire du second degré entre collège et lycée. Le premier cycle désigne les classes de sixième, cinquième, quatrième et troisième regroupées dans un établissement qui porte le nom de collège, tandis que le second cycle comporte les années qui suivent la fin du collège, c'est-à-dire la seconde, la première et la terminale du lycée, général et technique, ou les années préparatoires au brevet professionnel ou au baccalauréat professionnel dans les lycées professionnels. Le terme « cycle » représente donc ici la dénomination commode de deux structures. Il continue d'être utilisé dans ce sens.

Une autre acception

À l'intérieur du collège, le mot cycle est également pris dans une acception différente, avec une signification plus précise et plus pédagogique. On désigne alors sous le nom de cycle d'observation les classes de sixième et de cinquième et sous le nom de cycle d'orientation les classes de quatrième et de troisième.

Ces dénominations sont en fait liées aux modalités d'orientation qui avaient cours à ce niveau jusqu'à la promulgation de la loi d'orientation de 1989. Au long du cycle d'observation, l'élève était suivi (« observé ») par les divers professeurs avec le concours des conseillers d'orientation-psychologues et, en fin de cinquième, ils proposaient une orientation de l'enfant, soit vers un lycée d'enseignement professionnel en vue de la préparation d'un certificat d'aptitude professionnelle, soit vers la classe de quatrième de collège en vue d'une continuation du cursus général. Le cycle de deux ans qui suivait conduisait les élèves vers une nouvelle échéance d'orientation, soit vers la continuation d'études longues et générales, soit vers une voie professionnelle. Ces modalités sont désormais caduques et l'orientation fait partie du projet personnel de l'élève, qui doit être bâti par l'élève lui-même avec l'aide des professeurs et des personnels d'orientation.

Depuis juillet 1994, l'organisation pédagogique des collèges repose sur trois cycles :
- la classe de sixième qui représente le cycle d'adaptation ;
- les classes de cinquième et de quatrième qui deviennent le cycle central ;
- la classe de troisième qui joue le rôle d'un cycle d'orientation.

Le mot cycle désigne donc des réalités différentes selon le niveau dont on parle ; il demande également à être situé dans le temps.

BIBLIOGRAPHIE

Note de service n° 94-210 du 19 juillet 1994.
Décret n° 96-465 du 29 mai 1990.

➤ **Voir aussi** Classe, Collège, Loi d'orientation, Orientation.

D

DECROLY Ovide (1871-1932)

Né à Renaix, en Belgique, Decroly fit des études de médecine. Très tôt dans l'exercice de sa profession, il s'intéressa aux enfants qu'à l'époque on appelait anormaux ou arriérés ; lui, préféra les appeler « irréguliers ». Comme Bettelheim le fera plus tard, Decroly commence par prendre chez lui certains de ces enfants, et à chercher pour eux une méthode pour les faire progresser. Quelques années après, parce qu'il avançait dans la conception de cette méthode, il fonda à Bruxelles l'école de l'Ermitage. C'est de là que viennent les orientations qui ont défini l'école de Decroly. Ses publications et celles de ses collaborateurs, parmi lesquels Buyse et Hamaïde, le rayonnement de son école lui attirent rapidement la notoriété. À la postérité, il apparaîtra comme l'un des créateurs des méthodes nouvelles. Il est d'ailleurs l'un des fondateurs de la Ligue internationale pour l'éducation nouvelle. Des « enfants irréguliers », Decroly est en effet passé à la pédagogie des enfants dits normaux, sans jamais cesser de s'intéresser aux premiers, dont il tira, par une observation continue et pleine de sympathie, la conviction qu'il n'y a pas de différence fondamentale entre les uns et les autres, mais des différences de degré, et des différences dans le passage entre les stades de développement : insensibles quand tout va bien, ces passages sont au contraire lourdement perçus dans les cas où il y a des difficultés. L'enfant « irrégulier » est ainsi comme un verre grossissant pour l'observateur.

La sécurité affective, le contact avec la nature, un enseignement fondé sur les activités proposées aux enfants, donc sur leur activité, avant que n'interviennent la démonstration, le raisonnement ou la mémoire, la prise en compte de leurs intérêts spontanés ou vitaux forment le cadre général de la pédagogie decrolyenne.

Les mots-clés, qui ont été parfois si employés qu'ils ont fini par schématiser abusivement la pensée de Decroly, sont : intéret et activité et – plus spécialisée, mais célèbre, et objet de polémiques dont il y a encore des échos aujourd'hui – la méthode globale de lecture.

La sécurité affective

C'est une condition fondamentale pour que l'éducation soit bien reçue et fructueuse. Elle naît à la fois de la relation avec l'éducateur, du style pédagogique qui suit les possibilités des enfants et ne les contraint pas à des efforts qui excéderaient les possibilités de leur stade de développement ; elle est assurée aussi par le jeu, qui est une activité essentielle, acceptée et développée par l'éducateur, et qui contribue au développement. La sécurité affective naît, enfin, de la confiance qui est faite aux enfants, à qui des responsabilités sont confiées au sein du groupe.

La nature

Elle offre à la fois les sujets de l'observation et les principaux centres d'intérêt des enfants : ce qui concerne leur vie, la nourriture, l'abri, le vêtement, ce qui est relatif aux fonctions fondamentales dans la vie physique ou affective les touchent particulièrement. C'est à partir de cet intérêt premier que la curiosité peut être stimulée et des activités proposées. Pour Decroly, rien ne s'imprime bien dans l'esprit qui ne soit passé par une forme d'expérimentation, de contact direct, voire de construction manuelle. Une fois cette curiosité déclenchée par une première approche, des élargissements doivent survenir ; ils sont demandés presque spontanément et c'est dans cette curiosité élargie à ce qui est « ailleurs », « autrefois » ou « autrement » que viennent s'ancrer les principales disciplines à connaître : de l'histoire, de la géographie, des éléments de sciences naturelles. Elles ne sont pas présentées pour elles-mêmes, en tant que savoirs déjà élaborés et organisés, mais elles s'enracinent au départ dans la quête des esprits qui s'intéressent à ce qui est autour d'eux. L'expérience, puis l'observation, le besoin de consigner ce qui a été vu et compris pour le communiquer, installent la lecture, mais aussi les dessins, les schémas, qui font partie de façon presque naturelle – ou fonctionnelle – du travail. Le milieu, le contact direct avec ce milieu, l'expérience, l'expérimentation par l'enfant rattachent la pédagogie de Decroly à une tradition pédagogique réaliste où figurent Rabelais, Comenius, Montaigne et Rousseau.

La méthode globale de lecture

Quant à elle, elle tire son nom du fait que les mots sont rencontrés – ou proposés – comme des objets, dans leur unité graphique globale. Des mots à rencontrer, à reconnaître, à mémoriser dans leur forme. La lecture globale se situe dans une visée pragmatique, conforme à la fois à ce qui se passe effectivement – les mots sont appréhendés d'abord, par celui qui ne sait pas lire, comme des ensembles distincts en forme de dessins – et conforme aussi aux vues nouvelles, que développait alors la *Gestalttheorie*, ou théorie des formes. Celle-ci représentait une des premières avancées de la psychologie expérimentale (les formes sont prégnantes et s'imposent à l'œil) et une première approche de superstructures dans l'organisation mentale. L'existence de superstructures contre-indiquait donc un apprentissage fait à partir d'éléments ajoutés les uns aux autres. La méthode globale n'a jamais été très appliquée, mais elle fournit encore aujourd'hui le point de départ de la plupart des apprentissages en lecture. On lui a attribué toutes sortes de maux, dont des désordres en orthographe, mais comme elle n'a jamais été utilisée et évaluée à grande échelle, les critiques qui lui ont été adressées relèvent plus du fantasme que de la preuve.

Les écoles maternelles et l'enseignement spécialisé ont beaucoup emprunté à Decroly, sans être pour autant des écoles decrolyennes. Dès que l'activité et la responsabilité sont sollicitées comme principe même de la méthode, Decroly peut être évoqué. Il appartient à une génération de pédagogues qui a été frappée par des constats très proches les uns des autres, prenant des initiatives également proches. Il y a de grandes parentés entre Decroly et Claparède, au nom duquel la pédagogie fonctionnelle est attachée, et entre ceux-là et Freinet, en dépit de la différence d'âge, et bien que la visée sociale ou politique chez Freinet soit plus affirmée. On pourrait rapprocher aussi Decroly de William James, de Dewey, ou de Dottrens. La formation des hommes n'est pas la même, sans doute, mais, surtout avec le recul, il est indéniable que chez tous se rencontre une conception de l'enfant actif, autonome, et capable de performances qui ne sont ni enfantines, ni, a fortiori, puériles, conception qui a caractérisé toute l'école nouvelle.

BIBLIOGRAPHIE

J.M. Besse, *Decroly*, Privat, 1982.

P. Guillaume, *La Psychologie de la forme*, Flammarion, 1979.

A. Medici, *L'Éducation nouvelle, ses fondateurs, son évolution*, PUF, 1940, 13e édition, 1990.

➤ Voir aussi Claparède, Freinet, Méthodes pédagogiques.

DÉPISTAGE

Le concept de dépistage est traditionnellement employé pour rendre compte de la recherche d'anomalie, de retard, de dysfonctionnement affectant les fonctions physiques, biologiques ou psychologiques de l'enfant. Ainsi peut-on dépister une surdité, une allergie, une psychose, un trouble articulatoire comme entités relativement isolées ou mettre en évidence des syndromes manifestant l'existence d'un tableau plus large de difficultés : troubles du fonctionnement cognitif, troubles déficitaires de l'attention, syndrome dépressif...

Un acte diagnostique

Le but du dépistage est d'éviter l'évolution vers des pathologies et des difficultés susceptibles d'entraver le développement optimal de la personne. L'action de dépistage consiste donc à déceler précocement des troubles de différentes natures : sensorielle, motrice, langagière, cognitive, affective, comportementale, familiale, sociale, afin d'en corriger les effets par des actions ou des traitements appropriés.

Une telle démarche a été très développée dans l'Éducation nationale à partir des années 60 ; il s'agissait en effet de détecter les élèves qui, pour des raisons diverses, avaient besoin d'une éducation adaptée, devant être dispensée dans des structures spécialisées et articulée à des actions de soins spécifiques. Mais au fil des années, elle a été progressivement discutée et même condamnée dans la mesure où elle se présentait comme une procédure ponctuelle et systématique, et où elle introduisait une dynamique de ségrégation basée sur l'idée que la plupart des handicaps ou des inadaptations étaient irréversibles.

Une démarche de prévention

Désormais le dépistage constitue le premier mouvement d'un ensemble centré sur une problématique de prévention et où sont ensuite articulés diagnostic et remédiation. Il favorise la cohérence de cette démarche en prenant en compte deux conditions : son inscription dans le temps d'une part, la mise en œuvre de moyens d'observation et de décision, d'autre part.

En premier lieu, la dimension temporelle permet de considérer à quel moment il est nécessaire d'intervenir. La précocité du dépistage est reconnue généralement comme souhaitable selon le principe « qu'il vaut mieux prévenir que guérir ». Par exemple, si à l'évidence le dépistage des anomalies génétiques est opportun avant la naissance, celui d'un retard de parole semble bien tardif s'il est effectué après 5 ans. En revanche, la volonté de détecter une dyslexie chez un enfant de CP, qui n'est pas suffisamment avancé dans son apprentissage lexique, est la plupart du temps abusive. Enfin, si dans certains domaines (langage, motricité), la précocité peut être un gage de réussite des traitements ultérieurs, il n'en est pas de même dans d'autres secteurs ; ainsi, les évaluations des capacités intellectuelles pratiquées chez un jeune s'avèrent peu fiables : elles sont incapables de rendre compte des composantes affectives, cognitives et sociales nécessaires à l'adaptation dans une réalité plus large et n'ont pas de valeur prédictive à long terme. Le pessimisme de certains dépistages doit souvent être relativisé.

La seconde dimension à prendre en compte concerne les moyens techniques mis en œuvre pour le travail d'expertise. Il existe d'une part ceux qui relèvent de l'observation conduite par les personnes en contact régulier avec l'enfant, et d'autre part ceux qui ajoutent à l'observation les examens cliniques attribués aux spécialistes. C'est la coordination des informations détenues par les uns et les autres qui s'avère être un gage d'efficacité pour éclairer les difficultés constatées, à condition que les parents soient impliqués d'une manière positive et suivie dans ce travail.

Les métiers de l'enfance comportent actuellement des généralistes (puéricultrices, enseignants, éducateurs) qui sont en mesure de travailler en réseau avec des spécialistes (pédiatres, psychologues, orthophonistes, rééducateurs, assistants sociaux) dans leurs institutions respectives (crèches, écoles, établissements spécialisés). Des dispositifs comme la protection maternelle infantile, la médecine de l'Éducation nationale, les réseaux d'aides spécialisées aux élèves en difficulté à l'école primaire, mais aussi les centres d'action médico-sociale précoce, les centres médico-psychologiques deviennent des relais pour assurer un diagnostic plus efficace avant de constituer quelquefois un cadre de prise en charge.

Ces orientations permettent au dépistage de sortir d'un modèle trop défectologique qui avait ses effets pervers d'étiquetage et de ségrégation, pour s'inscrire dans un modèle préventif, curatif et intégratif.

➤ **Voir aussi** Classes spécialisées, Établissements spécialisés, Intégration, Prévention, Psychologie scolaire, Réseaux d'aides spécialisées aux élèves en difficulté.

DEVOIRS

Terme, moins utilisé aujourd'hui, pour désigner un travail écrit imposé à un élève ou à un étudiant. À l'époque actuelle on peut distinguer :

– l'exercice écrit d'application, effectué en classe, généralement à la suite d'une leçon, pour contrôler la compréhension de celle-ci par les élèves ;

– le devoir en étude dirigée. Tandis que, dans l'exercice d'application, on vérifie « sur le champ la bonne compréhension d'une leçon », dans le devoir proposé lors des études dirigées, il s'agit essentiellement de s'assurer avec précision, dans un temps différé, de l'assimilation des notions et connaissances ayant fait l'objet d'un apprentissage lors de séquences qui se sont déroulées soit dans la journée même, soit dans la semaine, soit même antérieurement ;

– le devoir de contrôle effectué généralement hors du temps scolaire : composition, dissertation, rédaction, expression écrite, etc.

Bien qu'ils ne présentent pas nécessairement un caractère d'obligation, on peut également noter :

– certains tests de connaissance scolaire : questionnaires avec réponses écrites ;

– les devoirs de vacances. Réunis dans un cahier édité par les grandes maisons d'édition scolaire, ils se présentent sous la forme d'instructions à suivre, de questionnaires, etc. Les solutions et réponses figurent dans un livret joint.

Inconnus dans la période scolastique, les devoirs écrits prennent une grande importance avec les collèges jésuites ; l'élève devait y faire chaque jour au moins deux exercices de latin et, en classe de rhétorique, un exercice de composition. L'enseignement secondaire français, avec la diversité des travaux écrits effectués en cours et hors du temps scolaire (versions, composition française, etc.), a perpétué cette tradition. Les maîtres de l'école primaire ont longtemps exigé un travail à la maison : devoirs écrits, leçons à apprendre. Les devoirs écrits à la maison sont interdits le 23 novembre 1956, interdiction réitérée par les circulaires du 29 décembre 1956 et du 28 janvier 1971, et réintégrés dans la journée scolaire par le dégagement, dans l'emploi du temps, d'une plage horaire de cinq heures hebdomadaires. La circulaire du 6 septembre 1994 *Organisation des études dirigées à l'école primaire*, si elle abroge les circulaires ci-dessus citées, n'en conclut pas moins que « les élèves n'ont pas de devoirs écrits en dehors du temps scolaire ». À la sortie de l'école, le travail donné par les maîtres aux élèves se limite à un travail oral ou à des leçons à apprendre.

Dans la tradition pédagogique française, le devoir a constitué et constitue encore un instrument d'évaluation sommative ponctuelle (exercice d'application), ou d'étape (composition), ou même de cursus, si on considère l'examen comme un ensemble de devoirs. Pendant longtemps, dans l'enseignement primaire, le cahier mensuel – créé par l'arrêté organique du 18 janvier 1887 – que chaque élève conservait toute sa scolarité et où il faisait en classe les premiers devoirs du mois, fournissait un bilan mensuel des résultats et l'image de leur évolution. Le cahier de roulement créé par le même arrêté, où chaque élève à tour de rôle faisait ses devoirs, pouvait être considéré comme un moyen commode, mais approximatif, de l'évaluation d'une classe.

➤ **Voir aussi** Apprentissage, Études, Évaluation, Jésuites, Leçon, Test.

DEWEY John (1859-1952)

Philosophe et pédagogue américain. Il représente avec William James et Charles Sanders Pierce le pragmatisme américain de la fin du XIXe siècle et du début du XXe siècle, théorie qui accorde dans la définition du vrai un rôle déterminant à l'action. Dewey considère que la connaissance est un instrument de l'action. D'où le nom d'instrumentalisme donné à sa philosophie.

Appelé à diriger le département de philosophie et psychologie de l'université de Chicago, il y crée une école-laboratoire appelée l'école Dewey. Pour lui, le développement des sciences et de l'industrie, l'immigration et l'essor de la démocratie rendent caduque l'éducation traditionnelle. Celle-ci pense former la capacité d'adaptation aux situations nouvelles par l'exercice des facultés – mémoire, raison, imagination, etc. – à l'aide de programmes d'enseignement cloisonnés, indifférents aux besoins des enfants, centrés sur le maître, suscitant un contexte de soumission et d'obéissance.

« Je crois que l'éducation est un processus de vie et non une préparation à la vie », écrit Dewey dans *Mon credo pédagogique*. L'école doit construire un environnement particulier retrouvant les préoccupations de la communauté. L'idée centrale de la pédagogie est celle d'expérience avec ses deux phases, faire et éprouver. Tout essai de résolution d'un problème mène à un résultat considéré, non pas en terme de vérité, mais en terme d'efficacité. L'intelligence consiste à prendre en compte les résultats antérieurs pour modifier les essais futurs. Elle est purement expérimentale. De même les programmes d'enseignement sont choisis en fonction de leur valeur expérimentale dans la résolution des problèmes posés à l'enfant. L'importance donnée au travail manuel n'obéit pas à la volonté de donner une formation professionnelle, mais au souci de retrouver à l'école le concret de l'existence.

L'école, selon Dewey, devient un lieu de partage de l'expérience, d'abord entre ses membres, ensuite avec les membres des autres goupements sociaux. Elle est, par ce partage, l'exemple de la démocratie. Elle ne peut d'ailleurs se développer authentiquement qu'à l'intérieur des démocraties politiques.

BIBLIOGRAPHIE

J. Dewey, *L'École et l'enfant*, Delachaux et Niestlé, 1922.

J. Dewey, *Comment nous pensons*, Flammarion, 1925.

J. Dewey, *Expérience et éducation*, A. Colin, 1968.

J. Dewey, *Démocratie et éducation*, A. Colin, 1990.

➤ Voir aussi Behaviorisme, Claparède, Programme.

DIDACTIQUE

Il est difficile de faire une distinction pertinente entre pédagogique et didactique. Dans les deux cas, ces adjectifs indiquent qu'il s'agit d'une transmission de savoir, en direction d'un élève qui doit apprendre : il s'agit d'enseigner, et si « pédagogique » réfère plus à l'enfant et « didactique » plus à l'enseignement, en raison de leurs étymologies respectives, les différences ne sont pas évidentes. Elles le sont davantage si l'on considère les formes substantives : la pédagogie et la didactique. La pédagogie serait plus englobante, s'attachant aux relations affectives dans la classe, au climat de la classe, incluant dans les savoirs du maître ou du professeur des savoir-faire, voire des tours de métier ; la didactique serait, elle, plus rigoureuse dans le sens où elle s'attache davantage à une discipline déterminée et à son enseignement.

C'est l'histoire de la façon dont le mot fut ressenti qui est éclairante et discriminative, beaucoup plus que les définitions. *La Grande Didactique* de Comenius, la première tentative pour systématiser les procédures pédagogiques, est une méthode qui se veut rigoureuse et quasi scientifique et non un « art d'enseigner ». Cette même rigueur fut ressentie, mais cette fois péjorativement, aux temps de l'école nouvelle : la didactique semblait appartenir, de façon froide, à l'enseignement, alors que la pédagogie était un art de la relation, la manière d'intéresser et de conduire les enfants dans un apprentissage global, qui ne soit pas inféodé exclusivement aux disciplines. Ces fluctuations d'appréciations révèlent un tiraillement entre des conceptions apparemment opposées de l'acte d'enseigner.

Les Écoles normales en ont offert un exemple intéressant. Elles connaissaient une « pédagogie générale » et une « pédagogie spéciale ». La première s'intéressait à tout ce qu'il y a de commun dans l'acte d'enseigner, quel que soit le contenu de l'enseignement. L'attention des enfants, leur motivation, les phénomènes de mémoire, et leurs différents types, les approches concrètes faites par les maîtres, la nécessité des révisions, la manière de se servir des technologies éducatives, par exemple, appartenaient tous à la pédagogie générale. La pédagogie spéciale, pour sa part, posait le principe qu'en dehors des dispositions, ou des dispositifs pédagogiques généraux, existe un cheminement propre à chaque discipline. Apprendre à écrire ou apprendre une langue étrangère suppose chacun une façon de faire qui tient sans doute à l'enfant mais qui tient aussi à la discipline, à ses notions et concepts et à ses visées propres. C'était, ou devait être, une didactique rigoureuse. L'enseignement technique a connu le même genre de différenciation, en opposant spécialités à généralités.

La pédagogie spéciale, comme la pédagogie générale, ont disparu aujourd'hui, mais elles reflètent bien, dans cette rétrospective, un débat fort ancien.

Vers la didactique contemporaine

Dans le début de la décennie 70, les Instituts de recherche pour l'enseignement des mathématiques ont fourni un modèle de recherche en didactique, qui n'a cessé depuis de s'approfondir et de s'étendre à d'autres disciplines. Cet effort a intégré les connaissances de psychologie infantile contemporaine – notamment sur la représentation des savoirs, sur les processus d'évolution de ces représentations – à la rigoureuse analyse de l'objet à enseigner. Une didactique des mathématiques, par exemple, commence avec les premiers essais de quantification ou de numération chez les jeunes enfants ; elle examine les programmes, leur cohérence, leur faisabilité ; elle expérimente des cheminements d'apprentissage, construit des évaluations. On peut parler ainsi des didactiques, puisqu'il existe une didactique des langues, une didactique des sciences expérimentales et autres disciplines.

Par un retournement curieux, la réflexion sur la discipline et la façon de l'enseigner ont réintégré dans la didactique ce qui faisait l'objet d'une pédagogie ressentie comme générale ; la didactique d'une discipline intègre, en effet, des capacités supposées transversales et homogènes, comme l'attention et la mémoire ; ce qui était envisagé comme aptitudes quasi indépendantes de l'effort spécifique d'un apprentissage fait partie de cet apprentissage.

Dans cet effort d'analyse de l'acte d'apprentissage, la didactique contemporaine a créé une nouvelle terminologie. Parmi les notions nouvelles, on citera la situation-problème, la résolution de problèmes, l'obstacle épistémologique, l'objectif-obstacle, le conflit socio-cognitif, qui toutes visent le cursus de l'élève.

L'apprentissage de l'élève dépend en effet du travail intellectuel qu'il doit fournir pour définir un problème (et non seulement le résoudre), de sa capacité à imaginer des solutions avec les acquis dont il dispose, de sa capacité à franchir un obstacle qui barre le chemin de sa compréhension, comme un obstacle matériel sur un parcours équestre, de sa capacité même, enfin, à définir un obstacle, dont le franchissement devient l'objectif majeur du travail ; quant au conflit socio-cognitif, qui peut apparaître dès que le sujet apprenant est capable de percevoir des différences de points de vue sur une question, il fait partie de l'apprentissage, en faisant évoluer la fausse évidence d'une idée préalable, qui bloquait la compréhension.

Il résulte de ces notions, sinon encore un corps de concepts fini, du moins une vision nouvelle et dynamique de l'apprentissage.

Du côté des maîtres, on trouverait la notion nouvelle (et en même temps fort ancienne, car la vieille pédagogie ne rêvait que cela...) de transposition didactique. Le «savoir savant», comme on trouve dénommé parfois le savoir universitaire de haut niveau, doit être adapté, reformulé, et non seulement simplifié, pour être accessible et non défiguré. Il appartient aussi aux maîtres, en collaboration avec les apprenants, de définir le contrat didactique, autre notion nouvelle, c'est-à-dire de fixer les objectifs à atteindre et, ce faisant, d'impliquer la volonté de l'apprenant dans un effort limité en temps. Si les programmes, inconnus des élèves en général, se déroulaient en spirales sans fin, le contrat didactique est connu, ciblé et accepté. Le contrat didactique implique donc, et en outre, l'explicitation des attentes mutuelles du professeur et des élèves, attentes implicites en général, qui peuvent fausser le travail pédagogique si elles ne sont pas reconnues. Le contrat didactique fait partie du contrat pédagogique, qui définit l'ensemble de l'institution d'enseignement: le contrat pédagogique, c'est finalement celui que passe la société avec les usagers, familles et jeunes, pour assurer l'enseignement.

Si les didactiques de disciplines ont été renouvelées par ces approches, la question se pose de savoir s'il existe une didactique générale, en dehors des contenus d'enseignement. À l'heure actuelle, il ne semble pas qu'il y ait le commencement d'une telle didactique; mais la comparaison des didactiques de disciplines entre elles mettra peut-être en évidence des ressemblances ou des spécificités propres à établir une didactique générale, qui serait alors la pédagogie tout entière.

BIBLIOGRAPHIE

M. Develay, *De l'apprentissage à l'enseignement*, ESF, 1992.

M. Develay, «Didactique et sciences de l'éducation», *Bulletin de l'Association des enseignants chercheurs en sciences de l'éducation*, n° 13, 1993.

L. Not, *Enseigner et faire apprendre*, Privat, 1991.

F. Tochon, *Didactique du français*, ESF, 1990.

➤ Voir aussi Apprentissage, Cognitivisme, Constructivisme, Contrat didactique, Écoles normales, Psychopédagogie.

DIFFICULTÉ (enfants en)

La notion d'enfants ou d'adolescents en difficulté scolaire est empreinte de relativité et doit être utilisée avec prudence car, tout au long de son cursus scolaire, un élève rencontre naturellement des obstacles qui le mettent, au moins momentanément, en difficulté. Dans son acception la plus stricte, cette notion présente la manière de traduire l'impact négatif que produisent des facteurs organiques, psychologiques, sociaux ou pédagogiques sur la scolarité du sujet, impact souvent durable si des actions ne sont pas dispensées pour en gommer l'effet.

Généralement on convient alors des mesures à prendre pour que ces difficultés aient une influence limitée sur la scolarité en essayant de prévenir leur apparition, en les signalant dès qu'elles surviennent et en donnant une réponse appropriée dans le cadre de l'école ou avec le concours de services extérieurs éventuellement. L'action spécifique de la protection maternelle infantile, de la médecine scolaire et du réseau d'aides spécialisées aux élèves en difficulté offre aux enseignants des interlocuteurs pour comprendre la genèse des difficultés et évaluer leurs conséquences. Il s'agit pour ces spécialistes de conduire des observations et des investigations auprès d'enfants présentant des déficits (sensoriels, moteurs, intellectuels...) ou des troubles (langagiers, comportementaux, affectifs...) qui gênent leur adaptation en milieu scolaire. Si l'étude des problèmes posés par chaque enfant passe par un signalement effectué par l'enseignant, l'analyse et l'appréciation des difficultés sont donc de plus en plus travaillées en équipe, d'abord au sein du conseil de cycle, puis en collaboration avec des intervenants extérieurs à l'école quand les difficultés nécessitent une prise en charge plus lourde. Dans tous les cas, l'implication des parents est recherchée car elle conditionne, en grande partie, l'évolution des prises en charge vers un progrès significatif. Il faut reconnaître aussi que les relations créées entre l'école, les parents et les services extérieurs (centre de guidance infantile, centre d'action médico-sociale précoce, centre médico-psycho-pédagogique...) permettent souvent d'apprécier plus objectivement les difficultés et donc d'éviter, soit leur banalisation, soit leur dramatisation. Une complémentarité toujours négociée entre les institutions garantit une cohérence dans les différentes prises en charge possibles, écartant ainsi un certain « morcellement » de l'enfant.

Distinguer la difficulté du handicap

La notion « d'enfant en difficulté » peut apparaître d'une généralité trompeuse puisqu'elle sert, dans un premier temps, à signaler plus qu'à identifier la difficulté, et recouvre sous un terme générique des problèmes dont l'importance très variable appelle des réponses très différentes. Il s'agit cependant d'une précaution destinée à éviter les dérives suscitées par l'emploi du terme « handicap » invalidant soit la personne (être handicapé), soit le milieu (le handicap socioculturel). La notion de personne handicapée, précisée par la loi d'orientation du 30 juin 1975 et par l'arrêté du 9 janvier 1989 sur la nomenclature des déficiences, incapacités et désavantages, n'est cependant pas occultée et les mesures qui s'y rapportent, notamment les dispositions relatives à l'intégration, lui ont fait correspondre, depuis le milieu des années 80 la dénomination « enfants et adolescents en grande difficulté ». Ainsi la confusion n'est pas complètement effacée.

Enfin, il n'est pas sans intérêt pour l'institution scolaire de prendre conscience que, de la maternelle au lycée, de nombreux enfants rencontrent des difficultés d'adaptation de toute nature, dont la prise en compte est un défi à relever pour éviter le processus qui aboutit lentement à l'échec puis à l'abandon scolaires, et à leurs conséquences psychologiques et sociales.

➤ **Voir aussi** Cycles, Dépistage, Échec scolaire, Prévention, Psychologie scolaire, Réseaux d'aides spécialisées aux élèves en difficulté.

DIRECTEUR D'ÉCOLE

Les écoles primaires – écoles maternelles et écoles élémentaires – ne sont pas des établissements, c'est-à-dire qu'elles n'ont pas d'autonomie financière ni d'entité juridique. À leur tête, il n'y a donc pas de chef d'établissement, comme le principal d'un collège ou le proviseur d'un lycée mais un directeur, chargé d'assurer des tâches de gestion, de coordination et de relation, qui demeure – sauf conditions particulières – un instituteur comme les autres, chargé de classe.

Une certaine ambiguïté demeure autour de la fonction : le directeur n'est pas considéré comme un supérieur hiérarchique bien que la « voie hiérarchique » des courriers passe par lui, il n'est pas investi du pouvoir de notation administrative ni pédagogique ; mais il est censé conseiller les jeunes qui arrivent dans son école ; il n'a pas de responsabilités pédagogiques définies vis-à-vis de l'ensemble de ses adjoints, mais on lui demande d'être un animateur pédagogique. Les syndicats d'instituteurs ont toujours tenu jalousement à cette limitation des pouvoirs du directeur. Il est un parmi les autres mais néanmoins, et de plus en plus, le directeur est censé animer son équipe de maîtres, animer les conseils, bâtir en tant que coordonnateur le projet d'école, régler les conflits qui peuvent surgir, donner une dynamique à son école, en un mot assumer d'importantes responsabilités.

Le recrutement des directeurs

Il a évolué dans le temps. Les directeurs ont été longtemps choisis au barème – c'est-à-dire en fonction de classements de critères où jouaient des facteurs divers, l'ancienneté, la note pédagogique en étant les principaux. Depuis 1977, la procédure de recrutement est différente. Le candidat doit satisfaire à un entretien devant une commission, à l'issue duquel il est inscrit ou non sur la liste d'aptitude aux fonctions de direction. Son inscription est valable pendant trois ans. S'il est affecté à un poste, il doit participer à un stage de formation dans les premières semaines de sa prise de fonction. L'affectation à un poste n'implique pas que le directeur soit exclu des mouvements ultérieurs – il peut évidemment demander son changement – ni qu'il conserve un droit absolu à être affecté à un autre poste de direction.

En cas de pénurie de candidats, l'inspecteur de circonscription peut charger de fonction, temporairement, un maître choisi parmi les instituteurs de l'école.

Les tâches et les responsabilités du directeur

Le rôle du directeur est modulé selon l'importance de l'école.

Il exerce des fonctions de gestion administrative, dans tous les cas : il assure les inscriptions des élèves, vérifie que les conditions réglementaires pour l'inscription sont remplies, assure la coordination avec les autres écoles quand un enfant quitte la sienne. Il réunit le conseil des maîtres et décide avec eux, sous la tutelle de l'inspecteur de circonscription, de toutes les questions de service et des choix pédagogiques qu'il y a lieu de faire au sein de l'école (achat de manuels, ou de matériel par exemple). Il en assure les comptes rendus. Il organise les élections au conseil de l'école et le réunit ; il diffuse les procès-verbaux. Il est en relation avec les autorités qui participent à la gestion de l'école, la municipalité et les autorités hiérarchiques de l'Éducation nationale, principalement l'inspecteur de la circonscription. Il répond à toute forme d'enquête, et transmet à ses adjoints les directives qui lui sont communiquées pour application. Il est en relation avec les personnes ou services qui s'occupent des enfants : personnels du réseau d'aide spécialisée, psychologue scolaire, médecin de l'Éducation nationale, éventuellement, en cas d'incident grave, gendarmerie, tribunal, services spécialisés dans la protection de l'enfance.

Sur le plan pédagogique, il est en relation avec les intervenants qui participent au contrat d'aménagement du temps de l'enfant, et avec toute personne que suppose l'exécution du projet d'école.

On attend de lui qu'il communique à l'ensemble des enseignants de l'école une dynamique pédagogique, qu'il soit un élément moteur dans le projet d'école.

Ce qui le définit le mieux c'est la responsabilité globale qu'il assure. Sans que la responsabilité individuelle de chaque enseignant soit effacée, le directeur est responsable des enfants, de leur sécurité, de leur bien-être. Il est responsable des locaux dont il doit faire respecter l'utilisation normale et réglementaire ; il se doit de signaler à la municipalité les défectuosités ou les travaux à réaliser. Il est responsable des matériels.

Il est le représentant de fait de l'école, il reçoit les familles, s'entretient avec elles et son rôle de conseiller et de modérateur en cas de conflit est primordial.

Pour exécuter ces tâches extrêmement diverses, le directeur ne dispose pas de secrétariat, mais si les effectifs sont lourds, quelques allégements de service sont prévus : le directeur peut être partiellement ou complètement déchargé de classe, selon des normes d'effectifs variables d'ailleurs selon les possibilités du département où il exerce. La tâche des directeurs s'est alourdie au fil des années sans que beaucoup d'aide soit prévue. Une tentative pour créer, en 1986, un corps de maîtres-directeurs s'est soldée par un échec. Actuellement, les charges qui lui incombent sont très lourdes, à la mesure de son rôle, multiforme et indispensable à la bonne marche des écoles.

➤ **Voir aussi** Conseils du premier degré, Projet.

DISCIPLINE

Le terme « discipline » a différentes acceptions.

Il peut signifier un domaine scolaire d'études : le français, l'histoire ou le latin sont des disciplines. Il peut signifier l'observance de l'ensemble des règles qui régissent une communauté, scolaire ou autre. Un sens enfin, étranger au domaine de l'école, et inusité aujourd'hui, sauf cas très rares, désigne le fouet dont on usait par pénitence, au sens religieux du terme. L'adjectif « disciplinaire », quant à lui, s'applique à une mesure, ou une structure, dont le caractère particulier a valeur de châtiment : un bataillon disciplinaire est celui qui reçoit un régiment puni.

Il y a une connotation de cette nature dans le « conseil de discipline » qui a à connaître des fautes commises par des élèves, ou des fonctionnaires, et décrète ou propose des sanctions. Ces acceptions, apparemment très éloignées l'une de l'autre, s'éclairent dans l'étymologie du mot. Discipline vient du terme latin, *disciplina*, qui signifie simultanément enseignement et discipline militaire (à noter qu'*instruere*, instruire, c'est ordonner, ranger, comme on dispose une armée pour la bataille).

Les différentes disciplines à enseigner

Le premier sens – celui de matière enseignée – est bien connu dans l'enseignement. Les disciplines n'apparaissent pourtant que lorsqu'elles sont constituées en ensembles cohérents de concepts, de notions et de méthodologies qui leur soient propres. C'est pourquoi on parle peu de « disciplines » à l'école élémentaire – et a fortiori à l'école maternelle – mais que le terme apparaît dans le second degré.

Les disciplines ont peu changé de dénomination au cours d'un siècle, sauf dans quelques cas, et ces changements ne sont pas sans signification quant à l'orientation pédagogique de ces enseignements. On peut citer la musique devenue éducation musicale, la gymnastique, devenue éducation physique et sportive, le dessin, devenu arts plastiques. Elles correspondent à des champs universitaires et varient en fonction de l'évolution intrinsèque de ces sciences, mais également en fonction des significations qu'elles peuvent revêtir dans la conscience collective. Des disciplines nouvelles sont apparues, comme la technologie ou l'économie.

La discipline comme règlement à observer

La discipline, au second sens, comme règle de vie, concerne toute communauté scolaire. Elle peut être envisagée du côté de la réglementation, ou du côté de ceux qui sont astreints à l'observance de cette réglementation. Le document qui fait foi est essentiellement le « règlement intérieur ».

La définition de la réglementation propre à un établissement ou à une école dépend d'une part de règles nationales, d'autre part de dispositions qui lui sont propres. L'âge et les conditions auxquels les élèves seront admis, les dossiers à établir, les formalités à accomplir, les frais éventuels à acquitter sont des exemples de dispositions relevant de la réglementation nationale. De la même façon, les grands principes qui régissent l'éducation publique en France – la laïcité, la neutralité en matière de politique, le respect des personnes et des biens, la protection des mineurs – dépassent, a fortiori, le cadre de l'établissement. Ils ne peuvent évidemment pas être remis en cause ; ils sont plutôt évoqués dans les règlements intérieurs en raison des applications qu'ils autorisent ou prohibent, plutôt qu' évoqués en tant que tels. D'autres dispositions sont propres à l'établissement auquel elles s'appliquent : les horaires, certains éléments de calendrier pour des jours fériés, la tenue des élèves, les utilisations des parties communes, les réglementations concernant le foyer socio-éducatif, les gymnases ou autres, font l'objet de précisions qui doivent faciliter la vie commune et éviter les conflits.

Le règlement scolaire est établi de façon différente pour les écoles ou pour les collèges et les lycées. Les écoles adoptent un règlement départemental, éventuellement adapté sur quelques points pour répondre à des exigences locales ; ce règlement-type a été approuvé par le Conseil départemental de l'Éducation nationale (CDEN) et la version propre à l'école entérinée par le conseil d'école. Pour les établissements de second degré, le règlement est élaboré et approuvé par le conseil d'administration.

Dans tous les cas, un règlement intérieur a valeur de contrat : il engage les parties qui doivent l'observer, c'est-à-dire l'administration, les élèves et les parents d'élèves et, implicitement au moins, toute personne travaillant dans l'enceinte de l'école ou de l'établissement.

Les élèves sont tenus de se soumettre à la discipline telle que le règlement la décrit.

Le conseil de discipline

En cas de manquement grave, la procédure du « conseil de discipline » s'applique ; elle est prévue par les textes réglementaires et par le règlement intérieur. Un conseil de discipline fonctionne, à grands traits, comme un procès de justice. Les faits étant établis et rappelés, l'élève est convoqué devant le conseil qui comprend le chef d'établissement, des représentants des professeurs et d'autres membres du conseil d'administration. Il est présidé par le chef d'établissement. L'élève peut avoir connaissance de son dossier, il peut être assisté par un conseil pour sa défense.

Les sanctions dont dispose le conseil de discipline sont la réprimande, l'avertissement, le blâme, l'exclusion temporaire, l'exclusion définitive de l'établissement.

Les décisions du conseil de discipline sont susceptibles d'appel auprès du recteur de l'académie. Dans le cas où le conseil l'estime absolument nécessaire, ses décisions peuvent néanmoins être immédiatement exécutables.

En dehors de cas appelant la réunion du conseil de discipline, la régulation se fait au quotidien par l'intermédiaire des conseillers d'éducation, des surveillants, des animateurs de clubs, et par le chef d'établissement.

La discipline interne épouse l'évolution des idées et des mœurs. On est passé, en quelques décennies, d'une discipline très stricte à des règles de vie plus souples. Le comportement des élèves a lui-même évolué vers plus d'autonomie, une revendication plus grande de liberté et de prise de responsabilité. Les comportements déviants, impliquant des violences, ont toujours existé, mais ils ont pu prendre au cours des vingt dernières années des proportions inquiétantes dans certains établissements : ces phénomènes ne relèvent plus de la discipline, mais demandent à être étudiés et traités dans d'autres cadres que celui des règlements intérieurs et de la discipline au sens d'acceptation de règles communes, dont ils sont précisément la négation. Dans l'ensemble, le régime des établissements a évolué vers la communication et la convivialité.

BIBLIOGRAPHIE

J.-M. Dumay, *L'École agressée, réponse à la violence*, Belfond, 1994.

J. Ferrez, R. Périé, *Code pratique de l'Éducation nationale*, Berger-Levrault, 1989.

➤ **Voir aussi** Conseil(s) du second degré, Didactique, Interdisciplinarité.

DOCIMOLOGIE

Des études datant de plus d'un demi-siècle ont mis en évidence la fragilité de la notation des productions d'élèves par leurs professeurs de même que l'absence d'objectivité dans les appréciations formulées. Ces études ont constitué la base d'une discipline scientifique mise en forme par H. Piéron : la docimologie. Dans une enquête célèbre, ce psychologue a démontré que, pour obtenir une réelle fiabilité dans la notation d'une copie, il faudrait procéder à la correction du travail non par un seul mais par plusieurs professeurs, le nombre variant selon la discipline concernée : une quinzaine pour un travail scientifique de niveau secondaire, 78 pour une copie de français, plus d'une centaine pour une dissertation de philosophie.

Par-delà l'aspect polémique dénonçant le fait que les résultats aux examens dépendraient plus du correcteur que du candidat, la docimologie étudie les modalités d'évaluation des travaux scolaires et analyse les conditions d'attribution de la note, la difficulté de la tâche, les facteurs personnels..., c'est-à-dire l'ensemble des paramètres susceptibles d'influer sur la notation.

Dans une période plus récente, la docimologie a élargi son champ d'étude à l'analyse des composantes sous-jacentes aux appréciations des professeurs. Se fondant entre autres sur les travaux de R. Rosenthal et L. Jacobson, elle met en exergue les différents facteurs qui influencent le jugement porté par les professeurs sur leurs élèves. Parmi ces facteurs, on retient en particulier l'effet de halo qui consiste à se référer à une impression première, bonne ou mauvaise, pour construire progressivement un jugement qui se renforce dans le sens amorcé au départ, en fonction des attentes implicites de l'enseignant (effet Pygmalion) : d'un élève jugé initialement bon, le professeur prédit de bons résultats et cette attente a un effet amplificateur sur le jugement. Cette logique vaut également, mais en sens inverse, pour l'élève jugé initialement faible.

Les études docimologiques montrent par conséquent que, pour un enseignant, il n'existe pas d'approche réellement objective des résultats d'un élève, d'autant qu'il est difficile de faire la distinction entre ce qui se rapporte à son passé scolaire, à ses apprentissages récents et à son état psychologique du moment.

L'influence sur les modalités des corrections d'examens

Dans le cadre des corrections d'épreuves d'examens, différentes modalités sont prévues afin de réduire l'arbitraire de la notation : la double correction est très souvent appliquée et, par ailleurs, lorsque plusieurs commissions composent un jury d'examen, une péréquation des notes attribuées par chacune des commissions est effectuée à partir d'une comparaison des moyennes et d'une réduction des écarts, afin d'établir une harmonisation d'ensemble.

Pour tenter de corriger le manque de fidélité des procédures traditionnelles de notation et pour étayer les jugements des enseignants vers la recherche d'une plus grande objectivité, deux voies sont progressivement empruntées dans le système éducatif.

Le développement des dispositifs d'évaluation externe. Des épreuves, fournies par le ministère de l'Éducation nationale, de l'Enseignement supérieur et de la Recherche, sont construites par des experts à partir des programmes d'enseignement et visent à évaluer les compétences maîtrisées par l'élève pour un niveau donné. Accompagnées de consignes de passation et de modalités de correction, elles permettent aux enseignants d'adopter une démarche plus distanciée pour connaître plus objectivement leurs élèves.

La mise en œuvre de dispositifs d'examens dont la construction repose sur les méthodes psychotechniques. L'adoption de ces nouvelles mesures permet une quantification plus formelle des épreuves, leur fiabilité ayant été acquise au préalable grâce à des procédures d'expérimentation, d'étalonnage et de validation.

Il n'en demeure pas moins que certaines disciplines se plient mal à une forme de standardisation, quel qu'en soit son degré de sophistication. Si on peut éventuellement imaginer que certaines connaissances philosophiques peuvent être appréciées, par exemple à l'aide d'un questionnaire à choix multiples (QCM), la maîtrise de la pensée philosophique échappe encore à ces modes d'évaluation. De même, l'appréciation d'épreuves orales garde, malgré l'utilisation de cadres formels parfois complexes, une part de subjectivité inhérente au fonctionnement des relations interindividuelles, lesquelles sont souvent empreintes d'irrationnel.

Enfin, il convient de rester vigilant à l'égard des méthodes d'évaluation basées uniquement sur des traitements statistiques dont l'aspect rigoureux tendrait à donner l'illusion de l'accès à la vérité absolue. En effet, la justesse de calculs, même si elle est la résultante de la bonne réalisation d'une démarche mathématique, n'est pas absolument garante de la pertinence de l'approche de l'objet, encore moins de ce qu'elle mesure. Nombre de résultats d'études quantitatives demandent à être complétés par des analyses qualitatives ; les problèmes d'éducation sont toujours complexes et font intervenir de nombreuses variables qui interagissent, rendant leur compréhension délicate. Or, on sait que plus un phénomène est complexe, moins il est saisissable par des modèles standardisés.

BIBLIOGRAPHIE

H. Piéron, *Examens et docimologie*, PUF, 1963.

R. Rosenthal, L. Jacobson, *Pygmalion à l'école*, Castermann, 1971.

G. Noizet, J.P. Caverni, *Psychologie de l'évaluation scolaire*, PUF, 1978.

C. Thélot, « Que sait-on des connaissances des élèves ? », *Les Dossiers Éducation et Formation*, n° 17, ministère de l'Éducation nationale, 1991.

➤ Voir aussi Concours, Évaluation, Examen, Test.

DOLTO Françoise (1908-1988)

Françoise Dolto n'est ni une enseignante, ni une pédagogue, mais sa recherche et son œuvre ont eu et ont encore en 1996 une grande influence dans tout le domaine de la petite enfance.

Élevée dans le cadre strict de l'éducation d'une jeune bourgeoise, F. Dolto a été durement éprouvée par la maladie et le décès de sa sœur. Ce bouleversement ainsi que ceux apportés par la grande guerre jouent un rôle essentiel dans son orientation personnelle et professionnelle. C'est vers le milieu médical et éducatif qu'elle se dirige et, en 1932, elle parvient à commencer des études de médecine en même temps qu'elle entreprend une analyse. Très vite, elle s'oriente vers la pédiatrie et non vers la psychanalyse. Pourtant, déjà, elle songe à utiliser ces techniques dans le domaine de la prévention et auprès des enfants. En 1937, elle soutient sa thèse sur *Psychanalyse et pédiatrie* qui sera publiée en 1939.

De 1940 à 1978, elle sera responsable du service de psychothérapie de l'hôpital Trousseau à Paris. En parallèle, elle recevra des patients à son domicile, animera des séminaires de l'École freudienne ainsi que des sessions de formation à l'Institut des jeunes sourds à Paris.

Elle estime que c'est à l'âge le plus tendre qu'un travail peut être efficace. « Il s'agira alors de traiter par la parole pour retrouver l'origine des dysfonctionnements du corps et de l'appétit de vivre. » Son travail est essentiellement un travail d'écoute : de la parole du jeune enfant, mais aussi de celle des parents.

Très influencée par S. Morgenstern, elle adhère à la Société psychanalytique de Paris, mais cela ne va pas sans conflits car on considère que ses méthodes manquent de rigueur. En outre, elle était restée très croyante et cela fut également source de heurts avec certains de ses confrères. Elle finira par abandonner ce groupe pour fonder en 1953 la Société française de psychanalyse, avec J. Favez-Boutonnier et D. Lagache. Avec J. Lacan et S. Leclaire, elle contribuera à la formation de nombreux jeunes psychanalystes. Cette école connut de nombreux conflits et disparut en 1980, date à laquelle F. Dolto fondera la « maison verte ».

Le jeune enfant considéré comme une personne

Psychanalyste, F. Dolto a toujours refusé de s'entourer du mystère du spécialiste. Elle a toujours considéré que les acquis de la psychanalyse pouvaient être investis dans le domaine de l'éducation ; elle a tenu à partager l'expérience des éducateurs, parents et enseignants. Toute sa pratique est fondée sur la communication. Elle préconise la mise en confiance de l'enfant, le développement de tout ce qui peut favoriser l'expérience, même avec risques (n'oublions pas qu'elle a également travaillé avec Cooper et Laing), l'autonomie, la créativité, l'éveil au sens critique dans le véritable respect de la personne de l'enfant.

La « maison verte », un lieu novateur de socialisation du jeune enfant

C'est une petite structure qui accueille les enfants à temps partiel mais qui n'a rien de commun avec une crèche ou une halte garderie. C'est un lieu où l'enfant est conduit à vivre des expériences nouvelles avec d'autres enfants mais où les parents sont présents, accueillis par l'équipe et pleinement reconnus. Dans cette ambiance confiante, les parents peuvent échanger entre eux mais aussi avec des professionnels de la petite enfance et des psychiatres.

La « maison verte » n'est pas un lieu thérapeutique dans la mesure où il n'y a aucun traitement formel dans ces groupes. On y poursuit un travail de socialisation que l'on peut considérer comme une préparation de la mère et de l'enfant à la séparation avant l'entrée à l'école maternelle.

Actuellement, d'assez nombreuses expériences de ce style sont mises en place, sous l'égide d'associations le plus souvent ; elles peuvent prendre des orientations plus sociales que psychanalytiques et connaissent des durées de vie variables, parfois fort brèves.

BIBLIOGRAPHIE

F. Dolto, *Le Cas Dominique*, Le Seuil, 1971.
M.-H. Ledoux, *Introduction à l'œuvre de F. Dolto*, Petite Bibliothèque Payot, 1995.
F. Oury, « Des instituteurs parlent » in *Le Bloc-notes de la psychanalyse,* Buchet-Chastel, 1987.

➤ **Voir aussi** École maternelle.

DOUBLE CONTRAINTE *(Double bind)*

Concept inventé par Gregory Bateson – anthropologue américain, d'origine britannique (1904-1980) – dans le cadre de la recherche en milieu familial sur la schizophrénie. Il désigne une interaction conduisant à un état pathologique.

Bateson précise les éléments indispensables de la double contrainte : au moins deux personnes, une expérience répétée, une injonction primaire (ex. : « Si tu ne fais pas ceci, je te punirai ») et une injonction secondaire contradictoire (« Ne considère pas cela comme une punition »). Mais il faut noter que, lorsque le sujet a appris à percevoir son univers sous la forme de la double contrainte, les conditions initiales requises ne sont plus nécessaires. La double contrainte structure la situation schizophrénique qui apparaît lorsque le sujet :
– vit une relation intense dans laquelle il est pour lui vital de déterminer le type de message qui lui est adressé pour y répondre de façon appropriée ;
– est pris dans une situation où il reçoit deux genres de messages dont l'un contredit l'autre ;
– est incapable de reconnaître le type de message auquel il doit répondre.

Exemple : dans la situation familiale du schizophrène, l'enfant ne peut instaurer un lien sécurisant avec sa mère car celle-ci, angoissée, le repousse pour se défendre de cette intimité, mais s'il ne manifeste pas d'affection, la mère effrayée, se rapproche de lui et le punit de sa froideur. Ainsi, quels que soient les messages ou l'attitude de l'enfant, que celui-ci manifeste de l'amour ou de l'indifférence, il sera toujours puni. La schizophrénie comme trouble de la communication est la seule réponse salvatrice à la double contrainte.

En fait, Bateson décrit moins un cas psychiatrique qu'une situation de communication particulière où le délire devient la seule réponse possible. La notion de double contrainte a été transportée dans d'autres domaines que celui de la pathologie – littérature, histoire. Ainsi, libérée de sa fatalité pathologique, la double contrainte avec son caractère d'impasse, sous sa forme d'injonctions contradictoires rassemblées dans une formule unique, se rencontre dans toute communication humaine et peut troubler l'individu, particulièrement le jeune, en le plongeant dans des situations perturbatrices. Par exemple, « Sois spontané » place l'interpellé dans la situation impossible de s'efforcer d'atteindre ce qui, par définition, s'atteint sans effort. « Ne sois pas si obéissant » oblige paradoxalement le destinataire à désobéir pour obéir. « Il ne faut pas penser à cela » revient à demander d'y penser pour ne pas y penser. Le reproche, fait parfois à certains élèves, de « travail trop scolaire » relève dans une certaine mesure de la double contrainte.

BIBLIOGRAPHIE

G. Bateson, *Vers une écologie de l'esprit,* Seuil, t. I, 1977, t. II, 1980.
G. Bateson, *Premier état d'un héritage.* Colloque de Cerisy sous la direction d'Yves Winkin, Seuil, 1988.
G. Bateson et J. Ruesch, *Communication et société*, préface de Paul Watzlawick, Seuil, 1988.

➤ **Voir aussi** Constructivisme.

DURKHEIM Émile (1858-1917)

À la fois enseignant et théoricien de l'éducation, Durkheim est surtout connu comme sociologue.

Il a donné à la sociologie, dont le nom a été inventé par Auguste Comte, un objet, une méthode et une armature conceptuelle. Pour Durkheim, les faits sociaux « consistent en des manières d'agir, de penser et de sentir, extérieures à l'individu, et qui sont douées d'un pouvoir de coercition en vertu duquel ils s'imposent à lui ». Les « représentations collectives » qui les expriment sont les états d'une « conscience collective » qui ne dérive pas des individus pris séparément, mais d'une association entre eux. Cette définition du fait social détermine l'approche méthodologique. « La première règle et la plus fondamentale est de considérer les faits sociaux comme des choses » ; ce qui conduit à élaborer quelques distinctions conceptuelles comme celles des jugements de valeur (appréciatifs) et des jugements de réalité (simples constatations), du sacré (ce qui est séparé, mis à part, tabou) et du profane, du normal et du pathologique : un fait social est normal lorsqu'il se produit dans la moyenne des sociétés de la même espèce à une phase déterminée de leur évolution. La société moderne se caractérise par une division du travail social toujours plus différenciée et par le développement corrélatif de l'individualisme exigé par la spécificité des fonctions. Les principales études sociologiques de Durkheim, *De la division du travail social* (1893), *Le Suicide* (1897), *Les Formes élémentaires de la vie religieuse* (1912) montrent la dépendance de l'individu vis-à-vis de la société et le « culte de la personne », parfois identifié à une nouvelle religion.

La vocation enseignante de Durkheim trouve ses sources dans le besoin d'agir (« Nous estimons que nos recherches ne méritent pas une heure de peine si elles ne devaient avoir qu'un intérêt spéculatif. »), dans les préoccupations de l'époque (relever l'esprit public après la défaite de 1870, préparer l'élaboration des lois laïques), dans le milieu familial : de culture hébraïque, agnostique, Durkheim porte en lui les valeurs rabbiniques de communion et de Loi. Élève de l'École normale supérieure, professeur de philosophie à Sens, chargé d'une mission d'étude en Allemagne sur l'enseignement de la philosophie et sur l'état des sciences sociales, il succède en 1886 à Espinas. Espinas (1844-1922), connu pour ses études sur les sociétés animales, assurait à la faculté de Bordeaux un enseignement philosophique et « un cours de pédagogie » pour les instituteurs et institutrices, sans doute le premier cours de pédagogie dans l'enseignement supérieur. En 1902, Durkheim occupe à la Sorbonne la chaire de « sciences de l'éducation », laissée libre par la nomination de Ferdinand Buisson comme directeur de l'enseignement primaire et transformée en 1913 en « sciences de l'éducation et sociologie » ; il écrit l'article « Pédagogie » dans le *Nouveau dictionnaire de pédagogie* de F. Buisson (1911). Trois types de cours sont dispensés :

– des cours généraux sur l'éducation morale et intellectuelle ;

– des cours d'histoire de la pédagogie ou de l'éducation ; rendus obligatoires en 1904 pour les candidats à l'agrégation, ils étaient professés à l'École normale supérieure ;

– des conférences de psychologie qui portent sur les grandes fonctions psychologiques et leur application en éducation.

La vocation pédagogique et la conception sociologique contribuent à renouveler la problématique de l'éducation. Les fins et les moyens de cette dernière ne se déduisent pas d'une conception philosophique mais de l'analyse du fait éducatif justiciable de l'approche sociologique. *L'Évolution pédagogique en France* démontre que notre école est un héritage de l'école religieuse originelle. À la différence de l'Antiquité où l'élève reçoit un enseignement de plusieurs maîtres, les écoles de l'Église concentrent l'enseignement en un seul maître et un seul lieu. Ce dernier constitue « un milieu moral imprégné de certaines idées, de certains sentiments » destinés à créer chez l'enfant « un état intérieur et profond ». Les processus de sécularisation ultérieurs ne suppriment pas la marque religieuse de cette origine. On a reproché à Durkheim d'y chercher un substitut à la transcendance divine capable de fonder l'autorité du maître. Certes, la morale est devenue indépendante de toute religion ; elle reste cependant soustraite « aux atteintes du profane. C'est un domaine sacré ».

La conscience collective que Durkheim dégage de l'analyse de la société se caractérise par la coexistence mutuellement renforcée du sentiment de solidarité et du respect de la personne. De ce double constat, il s'ensuit que l'éducation est une « socialisation méthodique » de la jeune génération. Elle revêt la forme d'une intégration qui comporte même une fonction d'insertion professionnelle. L'éducation morale, au centre de cette socialisation, est plus un instrument d'accès à la conscience collective qu'une formation du citoyen. Ce sens du collectif s'acquiert, dans la classe définie comme « fusion, communion des consciences », par les diverses régulations de l'existence scolaire : la régulation disciplinaire, celle des activités et celle de leur place dans le temps. Toutes les matières enseignées, en particulier l'histoire, concourent à l'attachement de l'enfant à la société. En faisant de l'individu un être social, conscient de la nécessité des règles et des valeurs qui garantissent l'existence et la survie de la société, l'éducation le prépare à l'exercice de l'autonomie. Celle-ci n'est pas l'œuvre d'une raison individuelle, mais l'intériorisation de la conscience collective.

BIBLIOGRAPHIE

É. Durkheim, *L'Évolution pédagogique en France*, PUF, 1990.

É. Durkheim, *L'Éducation morale*, PUF, 1992.

J.C. Filloux, *Durkheim et l'éducation*, PUF, 1994.

Durkheim, sociologue de l'éducation, textes réunis par François Cardi et Joëlle Plantier, présentation, Paul de Gaudemar, L'Harmattan, INRP, 1993.

➤ **Voir aussi** Autonomie, Buisson, Condorcet, Éducation, Éducation dans l'antiquité gréco-romaine, Kant, Pédagogie, Représentation.

DYSLEXIE

Ce terme désigne les troubles dans l'apprentissage de la lecture : un enfant dyslexique peut être caractérisé par un retard de deux ans au moins dans sa compétence lexique. Le diagnostic est porté chez les sujets qui, à l'âge d'environ neuf ans, ont une lecture très lente et commettent fréquemment des erreurs visuelles, phonologiques ou sémantiques qui entraînent des confusions, des substitutions ou l'impossibilité de lire tout ou partie d'un mot.

Les tentatives d'explication de la dyslexie ont fait l'objet d'un nombre considérable de recherches qui, depuis la fin du XIXe siècle, ont suscité l'éclosion et la diffusion de théories variées. Les facteurs impliqués traditionnellement mettent l'accent plus sur les difficultés extra-linguistiques que linguistiques : problèmes d'organisation de l'espace, du temps affectant les perceptions visuelles et auditives et leur coordination. Le rôle de ces éléments fut surestimé pendant longtemps parce que ceux-ci semblaient rendre compte d'erreurs, de confusions de lettres et de phonèmes. En outre, ces principes étaient congruents avec le modèle médical d'un dysfonctionnement sensoriel et moteur (influence de la latéralisation) qui a pu être relié à une étiologie organique de type lésionnel et a trouvé aussi une certaine légitimité dans les pratiques rééducatives visant à améliorer les fonctions défaillantes.

Quand on sait qu'il n'était pas impossible d'articuler ces facteurs relevant plus ou moins du « langage du corps » aux troubles affectifs et relationnels, on comprend l'existence de cette inflation théorique à partir de laquelle tel ou tel facteur pris isolément a pu être investi d'une valeur explicative dominante. Sur le plan méthodologique, la faiblesse de ces interprétations tient en grande partie à ce que l'association des troubles de type spatio-temporel aux troubles lexiques relève davantage d'une approche corrélative que causale : la mise en relation de deux facteurs se développant parallèlement n'implique pas que l'un soit la cause de l'autre. Cette réserve épistémologique est renforcée par le fait qu'une telle corrélation n'est pas toujours attestée : des enfants présentant une dyslexie avérée peuvent disposer d'une organisation spatio-temporelle très structurée ; à l'opposé, certains enfants connaissant des troubles spatio-temporels importants peuvent avoir une bonne efficience lexicale.

Un essai d'intégration des différents facteurs instrumentaux évoqués ci-dessus donna lieu à la recherche de profils caractéristiques des enfants ayant des troubles lexiques : la notion de « structure dyslexique » semble être la dernière tentative pour montrer les poids respectifs des facteurs recensés à l'intérieur d'un outil d'évaluation de l'intelligence (le WISC, *Wechsler Intelligence Scale for Children*).

Ces essais explicatifs quelque peu réducteurs et finalement peu féconds ont abouti, pendant un temps, à la mise à l'écart du concept de dyslexie. Les élèves rencontrant de grandes difficultés dans ce domaine étaient alors qualifiés de « mauvais lecteurs » et l'analyse de ce phénomène a été inscrite dans une approche plus globale, centrée sur l'interaction de différents facteurs au nom desquels le milieu socio-culturel était présenté comme ayant une influence assez marquée.

L'implication des facteurs linguistiques est plus récente et son intervention dès les années 70 débuta, comme pour les facteurs précédents, par une sorte d'inventaire des troubles possibles dans la maturation du langage : compréhension faible et lente révélant l'insuffisance du vocabulaire et de la capacité à catégoriser et à dénommer les objets. Comme dans le recensement des facteurs extra-linguistiques, une logique affective ne peut manquer, quelquefois, d'impliquer d'autres troubles dans l'utilisation des mots.

Les études menées depuis les années 80 ont permis, grâce à des méthodologies plus rigoureuses, de montrer que les facteurs linguistiques et métalinguistiques tiennent un rôle majeur. Les enfants dyslexiques ont des difficultés dans trois domaines.

– Une conscience phonologique faible ; ils sont souvent en échec dans le travail d'analyse et de synthèse de la parole en unités phonologiques (analyse et synthèse lexicale et syllabique). De même, la conscience, la reconnaissance des phonèmes (conscience phonémique) est peu développée.

– L'accès au lexique est lent ; ils récupèrent plus difficilement dans leur lexique mental les mots désignant des objets, des lettres ou des chiffres. Quand l'apprenti lecteur traite l'information visuelle, il sera plus lent à donner du sens aux indices prélevés au fur et à mesure du décodage grapho-phonologique. Ce sont les processus de compréhension qui peuvent faire obstacle à la conduite des processus de reconnaissance visuelle des lettres et syllabes.

– Le maintien de l'information phonologique en mémoire de travail est plus fragile ; les enfants dyslexiques ont plus de difficulté que les autres à traiter simultanément plusieurs types d'information et à les maintenir en état de ressources disponibles pour une utilisation et une gestion immédiates, et a fortiori différées.

Ainsi, actuellement, l'accent est mis sur les déficiences phonologiques qui sont rendues responsables des difficultés de codage dont l'automatisation, nécessaire pour effectuer la fusion syllabique puis lexicale, appelle aussi un fonctionnement optimal de la mémoire de travail. Cette approche plus rigoureuse des problèmes d'appropriation de l'écrit devrait avoir des incidences sur les modes d'actions en faveur des enfants qui rencontrent ce type de difficultés mais aussi, plus largement, sur les pratiques d'enseignement de la lecture à l'école primaire.

Ce sujet, trop souvent traité dans le passé sur un mode passionnel, demande une attention particulière. S'il ne faut pas voir une dyslexie derrière le moindre indice de trouble lexical, il n'en demeure pas moins que le problème ne doit pas être ignoré au nom d'une quelconque conception de l'apprentissage de la lecture ; la réalité demande que soient prises en compte de manière spécifique des difficultés que l'enfant rencontre et qu'il pourra vivre de manière douloureuse non seulement durant toute sa scolarité mais au-delà, dans sa vie d'adulte, si une prise en charge sérieuse n'est pas assurée.

BIBLIOGRAPHIE

A.W. Ellis, *Lecture, écriture et dyslexie*, Delachaux & Niestlé, 1989.

Sprenger-Charolles, « L'apprentissage de la lecture et ses difficultés : approche psycholinguistique », *Revue française de pédagogie*, n° 87, 1989.

P. Lecocq, *Apprentissage de la lecture et dyslexie*, P. Mardaga, 1991.

L. Malson, *Qu'est-ce que la dyslexie ?*, Privat, 1993.

➤ **Voir aussi** Dépistage, Difficulté (enfants en), Échec scolaire, Méthodes de lecture.

E

ÉCHANGES SCOLAIRES

Ils désignent les échanges d'élèves, de professeurs, de classes entre un établissement scolaire français et un établissement scolaire étranger. Ces échanges qui prennent des formes variées sont facilités par un instrument administratif, l'appariement : « l'appariement entre deux établissements scolaires, l'un français, l'autre étranger, institue officiellement entre ces deux établissements une relation permanente susceptible de servir de cadre, à l'initiative des établissements intéressés, à des échanges et activités divers de caractère scolaire et culturel ».

Ces échanges prennent les formes suivantes : voyages de découvertes linguistiques et culturelles (voyages en groupes pendant les vacances scolaires sans contrainte de durée et d'encadrement spécifique), échanges de classes à vocation pédagogique pendant l'année scolaire avec des contraintes de durée (15 jours au minimum), pédagogiques (participation de la classe tout entière, obligation de recevoir l'enseignement des disciplines fondamentales), séjours à l'étranger d'un ou de plusieurs élèves sous certaines conditions (accueil dans une famille et possibilité de suivre un enseignement conçu pour l'élève français), échanges de jeunes en formation professionnelle initiale ou continue, échanges poste à poste de professeurs de langue vivante, le professeur étranger assumant toutes les charges du professeur remplacé.

Dans l'enseignement supérieur, outre les visites d'études de courte durée, l'échange prend la forme d'une mise en œuvre de programmes communs d'études : les étudiants passent une partie de leur période d'étude dans un établissement étranger.

Pour favoriser la compréhension des cultures et des peuples étrangers, des dispositions variées facilitent les rencontres et les voyages de jeunes : concours de la jeunesse européenne des écoles, doté de bourses de voyages à travers l'Europe pour les bénéficiaires, création de l'Office franco-allemand pour la jeunesse (OFAJ), du Centre franco-québécois de développement pédagogique.

Enfin, sans rentrer dans le cadre des échanges stricto sensu, de nombreux projets éducatifs européens, par l'attribution de bourses, contribuent à accroître la mobilité des étudiants à travers l'Europe et la communication entre cultures. Ainsi, grâce à ERASMUS, les étudiants peuvent effectuer une partie de leurs études à l'étranger ; LINGUA assure des séjours et des stages linguistiques pour étudiants et professeurs. En 1995, l'Union européenne adopte deux nouveaux programmes d'une durée de 5 ans : LEONARDO qui concerne tous les acteurs de la formation professionnelle (établissements scolaires, GRETA, entreprises) et SOCRATES qui reprend et développe ERASMUS et LINGUA et y ajoute un troisième volet COMENIUS. COMENIUS est destiné à établir un réseau de relations entre les établissements du premier et du second degré, à financer des « projets éducatifs européens » (PEE) et à mettre en commun des expériences pédagogiques en faveur des enfants de travailleurs migrants.

BIBLIOGRAPHIE

Circulaire n° 76-353 du 19 octobre 1976, *Ouverture du système éducatif sur l'étranger : appariements d'établissements scolaires ; échange de classes.*

➤ Voir aussi Correspondance scolaire.

ÉCHEC SCOLAIRE

Ambiguïté de la notion

Depuis longtemps – peut-être depuis toujours – on parle des « mauvais élèves », des élèves qui échouent, c'est-à-dire de ceux qui n'obtiennent pas des résultats satisfaisants dans les matières scolaires, abstraites. Souvent également, on considérait que, sauf cas particulier lié à une déficience plus ou moins lourde, l'élève était en échec par sa faute, par manque de travail, d'attention ou d'intérêt.

La notion d'échec scolaire a pris de l'ampleur et a mobilisé l'intérêt des pédagogues et des psychologues à partir des années 60, quand la démocratisation de l'enseignement a accru considérablement le nombre des élèves mais plus particulièrement dans les années 70 quand le collège unique a accueilli tous les enfants qui ne présentaient pas de handicap particulier. C'est donc surtout autour des années 80 que l'on a essayé de clarifier cette notion d'échec scolaire, même si on avait déjà essayé de trouver des remèdes à une situation que la réalité des classes rendait évidente.

La définition de l'échec scolaire varie d'ailleurs selon les motivations idéologiques ; elle dépend également en partie du milieu dans lequel évolue l'enfant ou le jeune, des attentes que sa famille ou la société entretiennent à son endroit, de la représentation qu'elles ont de la réussite.

On considère en échec les élèves qui ont des carences considérables dans les apprentissages de base, quelles qu'en soient les raisons qui peuvent être très diverses : ceux qui sont démotivés et en complet rejet de l'école, ceux qui souffrent de handicaps divers, détectés ou non, toutes catégories difficiles à cerner de façon claire et qui s'enchevêtrent et se renforcent souvent. Il est difficile d'en analyser les causes premières et réelles, mais de plus en plus on en est venu à considérer que l'échec était dû moins au jeune lui-même qu'à l'inaptitude du système éducatif à réaliser pour tous les enfants sa mission éducative. Il y a là un renversement d'analyse particulièrement intéressant et qui a une influence déterminante sur le traitement que l'on essaie d'en faire.

Le traitement de l'échec scolaire

Une des façons les plus banales d'aborder cette question a été (et reste encore souvent) le redoublement. En fait, celui-ci, surtout s'il est reproduit à plusieurs reprises au cours de la scolarité, apparaît davantage comme une preuve de cet échec que comme un traitement efficace, puisque le redoublement consiste à faire refaire à l'identique, dans ses contenus et ses méthodes, le parcours déjà effectué par l'élève l'année précédente sans qu'on se soit vraiment préoccupé d'analyser ses besoins. Des études conduites en 1983, notamment, ont montré que la plupart des élèves qui redoublaient l'année du cours préparatoire, première année de l'enseignement élémentaire, se retrouvaient plus tard en échec scolaire plus ou moins marqué.

Aux divers niveaux de la scolarité, mais en particulier à l'école primaire et au collège, on a créé des structures diverses qui ont pour rôle d'accueillir les élèves dont on ne parvient pas à résoudre les difficultés.

Des structures qui s'ouvrent sur des critères d'admission variables

Il existe des structures dans lesquelles l'enfant est admis sur des critères psychologiques ou des critères médicaux. C'est le cas des classes de perfectionnement, des classes d'intégration scolaire à l'école primaire ou des sections d'éducation spécialisée au collège. Les jeunes y sont orientés par une commission qui examine, certes, leurs résultats scolaires mais aussi leur dossier médical, leur dossier social et leur bilan psychologique. Pour objective qu'elle puisse paraître, une telle orientation a montré ses limites et les déviations possibles.

On peut aussi se baser sur les seuls résultats scolaires liés parfois à un concept peu clair de « maturation » de l'enfant ; telles sont par exemple les classes d'adaptation à l'école primaire. Au collège, cela a été ces classes préprofessionnelles de niveau (CPPN) qui se sont un temps multipliées au point que certains établissements pouvaient en avoir plusieurs, généralement suivies d'une classe préparatoire à l'apprentissage (CPA) ou ouvrant simplement une porte sur la « vie active ». Cette dernière expression recouvre en fait le départ vers le monde du travail de ces élèves souvent indisciplinés, en rejet de l'école, sans formation professionnelle précise et sans formation générale, souvent touchés par l'illettrisme, et cela dès leur seizième anniversaire, terme officiel de la scolarité obligatoire. Les élèves étaient en général orientés vers ces structures à la fin de la cinquième qui constituait alors un palier d'orientation particulièrement redoutable, mais parfois aussi dès la fin de l'école élémentaire s'ils avaient douze ans ou plus.

Lié à cette situation et à ce devenir négatif des élèves, on trouve le concept d'orientation qui consistait essentiellement à faire abandonner la filière générale aux élèves qui n'obtenaient pas de notes satisfaisantes dans les disciplines fondamentales (français, mathématiques, langues, etc.) et à les conduire vers un enseignement plus « concret », c'est-à-dire à dominante technologique ou professionnelle.

Une recherche de solutions souples

En fait, il est apparu de plus en plus que l'école méconnaissait trop l'individu et ses rythmes de développement. Les travaux de chercheurs et de pédiatres comme le professeur H. Montagner ou G. Vermeil ont jeté une nouvelle lumière sur ces questions de l'échec scolaire.

Au fil des ans, on a cherché à améliorer la prise en charge individuelle des enfants au sein de la classe par les enseignants eux-mêmes, en collaboration, si besoin est, avec les maîtres spécialisés des GAPP (Groupes d'aide psychopédagogique) ou des RASED (Réseaux d'aides spécialisées aux élèves en difficulté). On a aussi apporté un soin particulier à améliorer la prévention, à la fois par le développement de ces réseaux d'aide et par celui de l'accueil en maternelle.

On s'efforce également de mieux répondre aux besoins des enfants en tenant compte des rythmes biologiques et en recherchant un meilleur équilibre entre les apprentissages scolaires et le développement physique et culturel. C'est le sens des diverses expériences portant sur l'organisation du temps scolaire.

La loi d'orientation insiste sur la nécessité de centrer l'action de formation sur l'enfant tel qu'il est. La mise en place des cycles dans une perspective de pédagogie différenciée est un élément essentiel de cette lutte contre l'échec scolaire puisqu'ils permettent d'affranchir l'élève du carcan de l'année scolaire. L'expérimentation conduite dans les collèges depuis 1994 vise aussi un tel objectif ; elle s'efforce d'apporter aux élèves de sixième la « consolidation » de leurs apprentissages précédents, par un traitement différencié, adapté à leurs besoins, en particulier en établissant des « parcours diversifiés ». À l'école élémentaire comme au collège, des études dirigées sont organisées pour permettre de mieux apprécier les problèmes propres à chaque élève et les aider à s'approprier des méthodologies, ce que, jusque-là, on n'avait pas estimé nécessaire ; or, on a constaté que, bien souvent, les jeunes se heurtaient à des difficultés que rien ne les aidait à surmonter et qui pouvaient s'avérer source de blocage : consignes dont ils ne comprennent pas le vocabulaire ou la portée, leçons qu'ils ne savent pas comment apprendre, travail de la semaine qu'ils ne savent pas organiser, etc.

Les classes de CPPN sont en forte diminution puisque, de 400 000 élèves, elles sont passées actuellement à 45 000. La suppression du palier d'orientation en cinquième a aussi conduit les collèges à rechercher des solutions adaptées ; ainsi, les collèges ont souvent implanté des quatrièmes et troisièmes technologiques, des quatrièmes aménagées, des troisièmes d'insertion ou des cycles d'insertion professionnelle par alternance (CIPPA), etc., toutes structures dont l'objectif est d'accueillir les élèves en difficulté et de les aider à préparer leur insertion dans le monde du travail en répondant à leurs besoins et en proposant des approches diverses, souvent des solutions qui font appel à certaines formes d'alternance. Selon les établissements, on peut trouver d'autres organisations, aux dénominations variables (quatrième de soutien, de remise à niveau...) dont l'objectif consiste aussi à mieux répondre aux besoins de ces élèves dont les résultats scolaires sont faibles et grâce auxquelles on espère leur permettre de poursuivre des études, garantes d'une certaine insertion professionnelle et sociale. C'est aussi la logique qui préside à l'orientation des jeunes en fin de troisième vers les lycées professionnels ou vers les actions du Dispositif jeunes (DIJEN).

Le système scolaire se préoccupe de la réussite des jeunes dans une perspective de responsabilité sociale. C'est une étape essentielle de l'ouverture de l'école et de sa relation à la cité.

BIBLIOGRAPHIE

Cl. Seibel, « Genèses et conséquences de l'échec scolaire ; vers une politique de prévention » in *Revue française de pédagogie*, n° 67, avril-mai-juin 1984.

Éducation et formations, numéro spécial, octobre 1993.

➤ Voir aussi Classes spécialisées, Cycles, Difficulté (enfants en), Dyslexie, Établissement spécialisé, Évaluation, Intégration, Loi d'orientation, Orientation, Pédagogie différenciée, Prévention, Remédiation, Résultats scolaires, Soutien.

ÉCOLE MATERNELLE

Les écoles maternelles se définissent d'abord sur un plan juridique. Ce sont des écoles conventionnellement obligatoires. Cela signifie que l'État et les communes ne sont tenus de les pourvoir en personnel et de les entretenir que si elles sont créées administrativement, à l'inverse des écoles élémentaires qui doivent être créées dans toutes les communes (sauf cas particuliers) pour assurer l'obligation scolaire. La scolarité obligatoire ne commençant en France qu'à l'âge de 6 ans, les écoles maternelles ne sont pas comprises dans les années d'obligation scolaire légales.

Créées à la demande des municipalités, elles deviennent une charge obligatoire pour l'État qui a accepté leur création et pour la commune d'implantation dès qu'elles sont ouvertes. Cette ouverture, recommandée dès 1848 dans les communes de plus de 2000 habitants, n'est plus soumise aujourd'hui qu'aux besoins de la population, sans norme de nombre d'habitants. Là où les effectifs sont trop restreints, les enfants sont accueillis dans des classes annexées aux écoles élémentaires, dites classes maternelles annexées (ex-classes enfantines) ou, à partir de 5 ans, dans des sections maternelles fonctionnant en même temps et dans les mêmes locaux que le cycle 2.

Les écoles maternelles reçoivent les enfants de deux à six ans. Ils sont habituellement répartis en trois groupes : les petits, les moyens et les grands. Cette organisation est susceptible de souplesse. Le personnel enseignant qui y exerce est de même recrutement et de même formation que le personnel des écoles élémentaires. Des agents territoriaux spécialisés y sont également attachés – et y travaillent occasionnellement divers personnels, extérieurs ou non à l'Éducation nationale.

Un peu d'histoire : des salles d'asile aux écoles maternelles

L'histoire des écoles maternelles est longue, puisqu'elles ont succédé aux « refuges », garderies collectives ouvertes ici ou là, puis aux « salles d'asile », dont la première fut créée en 1770 par le pasteur Oberlin, dans les Vosges, sous le nom d'« écoles à tricoter », dans le but d'enseigner quelque chose aux enfants. En plus de deux siècles, elles ont connu des évolutions considérables sur les plans pédagogiques et architecturaux, comme sur le plan social. En 1994-95, 99,6 % des enfants de plus de 3 ans, et 54 % des enfants de 2 ans – enseignement public et enseignement privé confondus – fréquentaient l'école maternelle.

Les salles d'asile

Elles furent créées dans un but charitable au moment où les femmes commençaient à travailler dans les ateliers ou les fabriques. Le modèle anglais des *Infant Schools*, ouvertes depuis 1816, fut étudié en France, sous l'impulsion notamment de Cochin, maire d'arrondissement à Paris. Dans la première moitié du XIXe siècle, les salles d'asile se développèrent rapidement. En 1801 à Paris s'ouvre la première « salle d'hospitalité » qui ne pourra pas survivre. L'expérience est reprise en 1826, puis en 1828 ; ces départs difficiles rendent plus spectaculaire le fait qu'en 1840 la quasi-totalité des départements avaient des salles d'asile et que, dès 1835, on recensait 24 000 enfants accueillis. En 1850, on en comptait 160 244. Il n'y a pourtant pas encore d'existence réglementaire pour ces établissements qui sont gérés par un comité de dames patronnesses, mais les pouvoirs publics sont nécessairement entraînés à leur octroyer quelques moyens de subsistance, et les ministres successifs s'intéressent à eux. Peu à peu, les salles d'asile conquièrent une existence reconnue, sinon encore organisée. En 1836 – circulaire du 6 avril –, elles sont déclarées « relevant du ministère de l'Instruction publique ». Un grand pas est accompli. Des instructions sont données aux mêmes dates pour qu'à l'occasion de construction d'école, on adjoigne un local pour l'asile des petits enfants. À Paris, en 1847, une sorte d'école normale est créée sous le nom de « maison d'étude », destinée à former des maîtresses pour les salles d'asile. Un pas décisif est franchi par l'arrêté du 28 avril 1848, qui, dans son article 1, stipule : « Les salles d'asile, improprement qualifiées d'établissements charitables par l'ordonnance du 22 décembre 1837, sont des établissements d'instruction publique. Ces établissements porteront désormais le nom d'écoles maternelles ». En fait, cela restera lettre morte jusqu'en 1881 et si le recrutement d'enfants est important, les dispositifs administratifs sont lents à se mettre en place et plus encore l'appareil pédagogique, qui devra attendre une définition jusqu'en 1881 également.

La pédagogie, en effet, reste sommaire : les exercices religieux, les travaux manuels, un peu de lecture occupent les enfants. Il n'y a pas de matériel spécialisé, ou très peu. C'est le commentaire annexé à l'arrêté du 28 juillet 1882 qui élève la réflexion pédagogique, puis la création d'une école préparant les directrices d'écoles maternelles – école Pape-Carpentier –, c'est enfin l'organisation d'une Inspection départementale et d'une Inspection générale des écoles maternelles où allaient s'illustrer des femmes comme Mme Pape-Carpentier et Mme Kergomard, qui fondent véritablement l'école maternelle.

L'évolution des écoles maternelles de 1882 à aujourd'hui

À l'origine, les écoles maternelles recrutent leurs enfants dans les couches très modestes de la population. Les couches plus aisées gardent les enfants à la maison, soit que les femmes ne travaillent pas, soit que des moyens de garde soient trouvés dans la famille élargie ou dans la domesticité. L'image de l'asile, mettant l'enfant « à l'abri des dangers de la rue », œuvre charitable, empêche le brassage social des enfants. En dépit des objectifs éducatifs proclamés par l'école maternelle, c'est la garderie qui prévaut dans l'esprit de nombreuses familles.

Cette image s'inverse radicalement après la Seconde Guerre mondiale : la demande d'éducation préscolaire devient considérable. Des facteurs divers concourent à cette transformation : le travail des femmes s'amplifie, le baby-boom est commencé, et durera quelques années, mais il ne faut pas sous-estimer le rayonnement acquis par l'école maternelle : ses locaux sont beaux et avenants, son mobilier et ses matériels sont étudiés, l'accueil y est chaleureux, sa pédagogie est réputée, les enfants s'y développent harmonieusement. Le paupérisme qui s'associait quelque peu à son image a disparu pour faire place à celle d'une école où le plaisir, la pratique des arts plastiques, de la musique, du jeu et des évolutions d'éducation physique sont les voies riantes de la pédagogie. Les difficultés commencent du même coup : il n'y a pas de places pour tous les enfants, les classes sont trop chargées, les enfants de deux ans refoulés ; des listes d'attente se créent. Il faudra attendre que la démographie reflue un peu pour que les enfants de deux ans soient à nouveau admis, les effectifs délestés. Ils ne le sont pas encore partout. Les historiens de l'institution montrent, en outre, que le personnel enseignant des écoles maternelles change, qu'il est de plus en plus cultivé et ouvert, se rapprochant des valeurs et des modes de vie des couches favorisées de la population, ce qui contribue à expliquer que la demande d'inscription des enfants à l'école maternelle émane désormais de tous les milieux sociaux.

À partir de 1981, la vocation sociale – autant que pédagogique – de l'école maternelle est rappelée et des instructions ministérielles prescrivent que les priorités d'inscriptions soient données aux enfants dont les mères travaillent, notamment dans la classe d'âge des deux ans, et dans les zones difficiles : l'échec scolaire commence à mobiliser les esprits et une scolarité précoce, reconnue comme favorisant la réussite ultérieure des enfants, est préconisée pour toute population présumée en difficulté.

La pédagogie de l'école maternelle

Elle a évidemment varié au fil des 120 ans de son existence mais on peut assez facilement en suivre les évolutions en lisant les différents textes d'orientation qui l'ont accompagnée ou en feuilletant les revues spécialisées pour l'école maternelle. Certaines caractéristiques sont cependant restées constantes : l'absence de programmes contraignants, comme d'examens, qui laisse la place à des initiatives pédagogiques, un encadrement très actif et motivé, une attention vigilante accordée à tous les travaux de recherche relatifs au développement des enfants. Le corps des inspectrices départementales spécialisées des écoles maternelles, comme les inspectrices générales spécialisées, ont fortement contribué à faire des écoles maternelles un univers original, et plus ou moins militant, dans la mesure où la place de l'école maternelle – hors scolarité obligatoire – a pu paraître parfois menacée par les autorités académiques ou reléguée au rang de seconde nécessité.

Les groupes d'inspection spécialisée n'existent plus aujourd'hui. Les écoles maternelles sont sous la responsabilité des inspecteurs de l'Éducation nationale, qui gèrent désormais des circonscriptions mixtes (écoles maternelles + écoles élémentaires).

Les grandes orientations pédagogiques

Elles concernent :

– **la liberté de mouvement des enfants :** socialisés, intégrés à des groupes et à l'école tout entière, ils ne sont cependant pas soumis à une discipline scolaire, mais s'adonnent à toutes les activités ludiques et motrices de leur âge ;

– **l'activité des enfants,** qu'elle soit de découverte, de fabrication, d'expression plastique, musicale, ou langagière ;

– **l'initiation à ce qui sera, à l'école élémentaire objet d'enseignement :** la lecture, la numération, la mesure, le graphisme, la fréquentation des textes écrits par l'écoute, les comptines ou la poésie, l'élaboration collective de consignes, de comptes rendus, de récits ;

– **la détection** précoce des difficultés et une grande ouverture à l'intégration d'enfants handicapés qui est de règle à l'école maternelle.

L'école maternelle attache une importance toute particulière à cette pédagogie qui prépare les fondements de l'enseignement, sans lesquels il semble que les apprentissages ultérieurs s'ancrent moins vite et moins profondément. Les liaisons entre elle et l'école élémentaire ont été travaillées depuis 1978 et cette liaison est devenue organique, en quelque sorte, depuis la loi d'orientation en juillet 1989 : la grande section de l'école maternelle couronne le cycle 1 mais constitue aussi, avec le cours préparatoire et le cours élémentaire 1 de l'école élémentaire, pour user des anciennes dénominations, le cycle 2, dit des « apprentissages fondamentaux ».

L'école maternelle française jouit d'un grand prestige. Elle a néanmoins suscité des critiques ou des réserves, notamment à propos de l'accueil des enfants de deux ans – considéré par certains pédiatres ou psychologues comme plus nuisible qu'utile. Cette question ne peut être tranchée dans l'absolu : tout dépend des conditions dans lesquelles se trouverait l'enfant de deux ans s'il n'était pas à l'école maternelle et s'il n'était pas dans sa famille, ce qui est aujourd'hui le cas le plus fréquent. Le vrai choix ne se situe pas entre famille et école, mais entre école et différents types de garde.

2 500 000 enfants environ sont « élevés » par l'école maternelle et l'évolution des autres institutions ou d'autres pays, dans leurs préscolarisations, rejoint l'orientation pédagogique des écoles maternelles, telle qu'elle existe en France : cela paraît être la preuve de sa qualité et du bien-fondé de ses démarches.

BIBLIOGRAPHIE

Textes d'orientation de 1977, *L'École maternelle*, 1986, Livre de Poche.

Programmes de 1995.

E. Plaisance, *L'Enfant, la maternelle, la société*, PUF, 1986.

G. Py, *L'Enfant et l'école maternelle*, « Les enjeux », Armand Colin, 1993.

M.-C. Rolland, *Enseigner aujourd'hui à l'école maternelle*, Ellipses, 1994.

➤ Voir aussi Ateliers (pédagogie par), Cycles, Lois fondamentales, Loi d'orientation.

ÉCOLE OUVERTE

Conception qui, dans les années 60, a orienté l'innovation pédagogique, surtout au niveau élémentaire, dans une perspective d'ouverture vers la cité et d'une meilleure collaboration des enseignants entre eux et avec les personnes « extérieures » à l'école, en particulier avec les parents.

Issue d'une recherche pédagogique et d'applications mises en œuvre dans les pays nordiques et surtout en Amérique du Nord et en Grande-Bretagne, l'école ouverte prône la possibilité pour les parents d'intervenir dans les écoles dans un cadre dressé par les enseignants et d'apporter leurs compétences pour enrichir l'enseignement dispensé aux enfants, comme la menuiserie par un père d'élève le samedi matin ou la présentation de photos par une mère qui revient d'un voyage à l'étranger, etc. Cela a également pour but de faire mieux comprendre l'école aux parents et de renforcer le lien qui apparaît nécessaire avec les familles. C'est donc toute une nouvelle approche, liée à la représentation que l'on peut se faire du rôle de l'école et de l'enseignant et, surtout, de la place du savoir académique dans la classe. L'instituteur apparaît ici comme un médiateur entre les enfants et les connaissances, là où elles se trouvent, et non comme le seul détenteur et dispensateur du savoir.

Cette pédagogie a souvent été traduite par de nouvelles modalités architecturales comme l'aire ouverte, mais aussi de façon plus large par une nouvelle conception de la place, de l'implantation et de l'organisation spatiale des bâtiments dans la cité.

Elle a été une des origines du mouvement qui a conduit vers la mise en place des PAE (projets d'action éducative) ainsi que vers l'organisation des voyages et sorties scolaires qui ont connu un grand développement au cours des années 80.

L'intégration du milieu extérieur à la vie scolaire a conduit parfois à une demande plus nette des parents pour participer à la définition même des orientations de l'école et des modalités de travail des élèves. Dans les pays nordiques et anglo-saxons, le développement de cette tendance a pu conduire à la création d'écoles d'un type particulier que l'on a appelées les « *free schools* », qui reflétaient l'idéologie de groupes de parents et où ceux-ci jouaient un rôle décisif dans l'organisation pédagogique.

➤ Voir aussi Aire ouverte, Échanges scolaires, Méthodes pédagogiques, Projet d'action éducative (PAE).

ÉCOLES NORMALES

Cette dénomination s'applique aux écoles normales primaires, aujourd'hui supprimées, qui ont assuré en France le recrutement et la formation des enseignants de l'école primaire, et aux écoles normales supérieures qui assurent, de même que les universités, la préparation aux concours des agrégations. Ces dernières sont souvent connues sous la dénomination de leur premier lieu d'implantation, que parfois elles ont quitté : ENS de la rue d'Ulm, ENS de Sèvres (pour les jeunes filles), ENS de Saint-Cloud, qui autrefois préparait au professorat dans les écoles normales primaires avant de préparer aux mêmes concours que l'ENS de la rue d'Ulm, ENS de Fontenay (équivalent pour les jeunes filles de Saint-Cloud pour les garçons), ENS de l'enseignement technique de Cachan, ENSEPS, pour l'éducation physique et sportive, à Chatenay-Malabry.

Il n'est question, dans cet article, que des écoles normales primaires.

Aujourd'hui remplacées par les Instituts universitaires de formation des maîtres (IUFM), elles ont joué un rôle considérable dans la scolarisation du pays, pendant plus de cent cinquante ans. « Normales », elles avaient été conçues par le législateur comme devant donner la norme, le modèle de la pédagogie.

Un peu d'histoire

Il est difficile de dater le commencement des écoles normales. Les assemblées révolutionnaires, dans leurs projets d'organisation de la nation et dans le souci d'assurer l'instruction, ont mis sur pied une première esquisse de ce qui aurait pu être des établissements spécialisés. Envisagé en l'an III, le projet devait être aussitôt abandonné, faute de moyens pour le faire exister.

Mais l'idée de créer ces établissements n'était pas abandonnée : elle fluctuait avec les tendances politiques dominantes ; les libéraux penchaient à les installer, les conservateurs y voyaient des établissements virtuellement concurrents des écoles religieuses et dangereux sur le plan idéologique. Il est un fait certain, c'est que les écoles normales ont toujours été plus ou moins considérées comme des enjeux politiques, ayant, de plus, un poids moral – heureux ou pernicieux selon les points de vue – dans la vie de la nation.

En 1811, des classes spéciales sont créées à Strasbourg pour la formation des futurs enseignants. Bien que les structures soient différentes de celles qui allaient ultérieurement être mises en place, on peut considérer que Strasbourg ouvre la première école normale de France. Elle restera seule jusqu'en 1833 où le ministère Guizot fait obligation aux Conseils généraux d'ouvrir de telles écoles et de les entretenir. Leur mise en place sera néanmoins extrêmement lente. Il faudra attendre la IIIe République et le ministère Jules Ferry pour que les écoles normales s'installent véritablement dans chaque département, et assurent la formation des élèves-instituteurs et des élèves-institutrices.

Le fonctionnement des écoles normales

Recrutement

Les écoles normales sont, dès l'origine et jusqu'aux années 1960, conçues comme des établissements de formation générale et professionnelle, et fonctionnent en internats. Les études y sont gratuites, et à partir de 1945 rémunérées lors de l'année de formation professionnelle, sous la réserve d'un engagement décennal de servir l'État. Si cet engagement n'est pas tenu, les élèves sont astreints au remboursement des frais de leur scolarité.

Les écoles normales assurent leur recrutement par concours – tout élève recruté devient un futur maître dont la place dans le département de recrutement est assurée en principe, et très largement dans la pratique : on a pu connaître, cependant, des moments critiques où les élèves-maîtres étaient provisoirement en surnombre dans leur département ou se voyaient offrir, par transfert, un poste dans un département déficitaire en enseignants.

Elles assurent la formation générale en prenant les élèves jeunes, à la sortie du cours complémentaire, puis à la sortie de la classe de 3e des collèges et elles les mènent, avant la Seconde Guerre mondiale, au brevet supérieur, titre de capacité requis pour enseigner, puis au baccalauréat après 1945. Les élèves des écoles normales sont appelés élèves-maîtres. Toutes les sections du baccalauréat n'étaient pas ouvertes aux élèves-maîtres, la série Sciences expérimentales étant leur destination la plus fréquente, car elle semblait offrir la formation polyvalente convenant à leur futur métier. Leurs diplômes acquis, les élèves-maîtres reçoivent une formation professionnelle d'un an, mi-théorique, mi-pratique, les stages dans les classes occupant le tiers du temps. À la sortie de l'école normale, les élèves sont affectés à un poste dans le département mais ils doivent passer, au cours des premiers mois de leur installation, le Certificat d'aptitude professionnelle (CAP) qui les qualifiera et permettra leur titularisation.

Dans ses effectifs, l'école normale compte des instituteurs remplaçants en stage de formation. Ils sont peu nombreux, alors qu'à partir de 1960 le recrutement d'auxiliaires, dits instituteurs remplaçants, est considérable. Une sorte de déséquilibre structurel atteint gravement à cette époque le recrutement d'enseignants pour le primaire, rendant la formation en école normale l'exception par rapport aux recrutements directs.

Formation

L'enseignement théorique se répartissait entre la pédagogie générale, la psychologie de l'enfant, la pédagogie propre à chaque discipline, la réglementation scolaire. Des enseignements optionnels et des heures obligatoires d'éducation physique et d'art complétaient un programme dont la lourdeur était peu compatible avec une seule, et même deux années, de formation professionnelle. Les élèves-maîtres s'acquittaient en outre d'un mémoire de fin d'année sur un sujet de leur choix et assistaient à un programme de conférences obligatoires.

Les professeurs des écoles normales qui, après 1945, ne sont plus spécialisés, assuraient l'enseignement mais aussi la guidance des élèves, avec l'appui des maîtres d'application, devenus rapidement, après 1970, des maîtres-formateurs, déchargés de classes pour 6 heures hebdomadaires.

Autour des écoles normales gravitait tout un système de classes permettant l'observation et l'entraînement. Une école annexe travaillait de très près avec l'école normale, des écoles dites d'application se distribuaient dans la ville ou le département et recevaient les élèves en stage ; des classes d'application isolées faisaient de même. Les titulaires de ces classes étaient des maîtres compétents, ayant satisfait aux épreuves d'un Certificat d'aptitude à l'enseignement dans les classes d'application. Les maîtres dits « temporaires » étaient choisis pour leur compétence reconnue. Ce réseau était dense et bien organisé.

Une alternance systématique était pratiquée entre l'enseignement théorique et les stages pratiques, ceux-ci pour un tiers du temps. Les élèves-maîtres passaient dans les différents niveaux de l'école primaire. Les maîtres d'application aidaient les stagiaires, qui assistaient d'abord en observateurs à l'enseignement et prenaient progressivement la classe en main. Ce modèle a été en partie repris par les IUFM pour ce qui concerne les professeurs des écoles, nouveau titre des instituteurs.

La fin des écoles normales

Le seul événement grave au cours d'un siècle et demi est la suppression des écoles normales par le gouvernement de Vichy, qui les accuse d'avoir contribué à la défaite de 1940 en « démoralisant » les forces du pays. Elles sont rétablies en 1945, à la Libération.

Des changements de structures interviennent à la réouverture, les élèves-maîtres préparent le baccalauréat, puis, à partir de 1968, la formation professionnelle est portée à deux ans. L'instauration de la formation continue à partir de la rentrée de 1968, fonctionnant en alternance avec la formation initiale, renouvelle profondément la vie des établissements. Une autre innovation est la liaison avec les universités : afin que les élèves-maîtres ne soient pas coupés complètement de l'enseignement supérieur, et qu'ils puissent acquérir le Diplôme d'études universitaires générales (DEUG) qui leur était nécessaire, des professeurs de l'enseignement supérieur enseignent dans les écoles normales. Comme elles sont départementales, certaines d'entre elles, qui ne sont pas implantées au siège des universités, éprouvent de grandes difficultés à faire fonctionner ces enseignements.

À compter de la seconde moitié de la décennie 70, le régime des études ne cesse de varier, jusqu'à l'implosion finale.

L'esprit des écoles normales

On a dit qu'elles étaient « des séminaires laïques ». L'internat, la discipline stricte, la tenue exigée des élèves, les valeurs républicaines de civisme, surtout dans les années qui précédèrent la Seconde Guerre mondiale, l'entraide et la solidarité à l'intérieur des promotions d'élèves en firent des établissements très caractéristiques. Le niveau d'études y était bon, les équipements pédagogiques, notamment les bibliothèques, abondants et de qualité. Le recrutement, opéré essentiellement dans les couches modestes de la population, a favorisé une montée d'élites, qui, sans l'école normale, n'auraient probablement pas accédé aux études, et ceci est demeuré vrai jusqu'à la décennie 70; le recrutement s'est diversifié assez largement par la suite. Il sortait des écoles normales un corps enseignant compétent et dévoué.

On a reproché aux écoles normales un certain enfermement – surtout lorsque la voie du baccalauréat était fermée aux élèves-maîtres – et sa coupure nette d'avec l'enseignement supérieur. À l'origine, cet « enfermement » avait été voulu par le législateur, et notamment par Jules Ferry, qui tenait à ce que les ordres d'enseignement restent séparés. À partir de 1970, les aménagements pour intégrer un enseignement supérieur dans la formation des instituteurs se sont heurtés à trop de difficultés pour être efficaces. Le modèle des écoles départementales n'était plus viable; en outre, à l'heure de l'Europe, il s'appariait mal à la formation donnée dans les autres pays européens, dont les systèmes étaient très différents.

Les écoles normales ont été des laboratoires de pédagogie. On peut citer parmi leurs innovations les plus marquantes: l'introduction de la télévision en circuit fermé, l'autoscopie, les laboratoires d'essai pédagogique, les ateliers informatiques. La plupart d'entre elles ont été des terrains féconds de la recherche pédagogique, en liaison avec l'Institut national de recherche pédagogique.

Elles ont été également traversées de courants idéologiques, par moments virulents, attestant plus leur vitalité que leur déclin. Elles font désormais partie de l'histoire de l'institution.

BIBLIOGRAPHIE

Ch. Nique, *L'Impossible gouvernement des esprits: histoire politique des écoles normales primaires*, Nathan, 1991.

➤ **Voir aussi** IUFM, Loi d'orientation.

ÉDUCATION

Dans une acception large, l'éducation désigne l'ensemble des influences de l'environnement, celles des hommes ou celles des choses, aboutissant à transformer le comportement du sujet qui les subit: on l'applique au dressage des animaux, on parle de l'éducation de la vie.

Dans un sens restrictif, éducation désigne l'influence d'une génération sur des enfants, des jeunes ou des adultes pour en faire des êtres insérés dans une société donnée. Elle a l'homme pour objet (en général des jeunes) et comme agent (en général des adultes). Elle est donc propre à l'espèce humaine en raison de la particularité de son développement. « Un jeune animal, tant par l'incitation que par l'exemple, apprend en quelques semaines d'âge à faire tout ce que ses pères et mères font; il faut des années à l'enfant, parce qu'en naissant, il est sans comparaison beaucoup moins avancé, moins fort et moins formé que ne le sont les petits animaux » (Buffon, *Histoire naturelle*).

Avant d'être un processus volontaire, l'insertion sociale s'opère par l'action de la tradition, communication d'une manière d'être, de faire et de sentir, prenant la forme d'une inculcation. C'est une action quasi inconsciente et mécanique propre aux sociétés à changements lents (sociétés primitives). En dénonçant les tenants de la tradition (Anytos dans le *Menon*), Platon pose le vrai problème pédagogique, celui de l'éducation organisée, dans une société où la complication croissante de la vie fragilise les croyances communes. Les sophistes (Ve siècle av. J.-C.) jouent un rôle capital par une innovation (ils se font payer leur enseignement, considéré comme un moyen d'accès au pouvoir) et par une métaphysique de l'homme illustrée par le mythe d'Épiméthée ; ce dernier, chargé de répartir les facultés entre les espèces vivantes, a tout donné aux animaux, laissant l'homme totalement dépourvu. Il faut donc pallier le dénuement de l'homme en lui procurant des connaissances et des capacités techniques (Platon, *Protagoras*), en d'autres termes une culture. En partant de ce contexte originel où se rencontrent les idées de citoyenneté et de culture, on peut définir l'éducation comme l'ensemble des processus généralement dirigés par les adultes qui, volontairement et intentionnellement, développent les potentialités de l'être humain pour l'amener à jouer un rôle actif et responsable dans la société où il vit.

Le terme éducation apparaît au début du XVIe siècle. À sa véritable étymologie (*educare*, nourrir, élever), les humanistes préfèrent celle de *educere* (faire sortir, tirer hors), associant ainsi dans le même concept les significations d'élevage et d'instruction. Un tel contenu sémantique implique :

– une couverture de toute l'existence humaine dans son déroulement (éducation préscolaire, scolaire, permanente) et dans ses préoccupations (éducation religieuse, politique, morale, musicale, sportive, etc.) – dans l'institution scolaire, le terme éducation (éducation morale, musicale, physique, etc.) est l'équivalent de discipline, matière d'enseignement ;

– une diversité d'intervenants (famille, école, église, parti, association, etc.) et de formes (informelle avec l'école dite parallèle, institutionnelle avec le système éducatif) ;

– une tension particulièrement sensible dans le système éducatif entre les finalités humanistes (prédominance des « humanités », de l'encyclopédisme, de la culture en vue du développement de l'individu) et les finalités utilitaristes (prédominance d'une éducation technique, professionnelle, civique en vue d'une intégration socio-économique) ;

– la tentation d'une subordination de l'éducation aux forces dominantes de la société : religieuses (ex. les Jésuites et la Contre-Réforme), libérales (l'école laïque), totalitaires (l'endoctrinement nazi) ;

– enfin, la production d'un ensemble d'éléments culturels, qui se fait sentir dans des schèmes de pensée, de sentiment et d'action, caractéristiques de chaque communauté, classe sociale ou société (l'*ethos* chez Max Weber, l'habitus chez Bourdieu, la personnalité de base chez Kardiner et Linton).

Cet effet de production amène un glissement de sens du terme éducation qui désigne parfois les manières et le comportement propres à un groupe social ou à une société (c'est un homme sans éducation).

Formation des jeunes par les adultes, l'éducation a toujours été accusée d'être inadaptée. On regrettait de trop instruire, de maintenir à l'école des forces plus utiles au travail de production, ou bien on jugeait les contenus éducatifs impropres. Lieu d'une rencontre inter-générationnelle, l'institution scolaire met au grand jour le malaise des jeunes face à l'effort des adultes pour leur imposer des modèles anciens. Avec les mouvements de 1968, la contestation habituelle de la jeunesse prend un tour nouveau : ce ne sont plus les contenus de l'enseignement qui sont contestés, mais l'institution elle-même que les jeunes veulent transformer en une structure spécifique se proposant une analyse et une contestation radicale de la société. L'imprévisibilité de l'évolution sociale et technologique, la précarité et l'inefficacité des modèles traditionnels, la constitution de l'adolescence et de la jeunesse en catégories sociologiques définissent une situation nouvelle. « Pour la première fois peut-être dans notre tradition culturelle, une place est faite à une génération intermédiaire (les adolescents et les jeunes adultes) qui a le pouvoir de proposer le modèle de formes nouvelles de conduite », écrit Jérôme S. Bruner qui se demande si « on peut aider à l'avènement d'une nouvelle communauté en laissant les jeunes prendre une part plus active à l'éducation des jeunes, en leur permettant d'avoir une idée plus approfondie des dilemmes de la société dans son ensemble. Ce qu'il nous faudrait peut-être, c'est une modalité d'initiation des plus jeunes par recours à un système d'éducation plus communautaire où chacun contribuerait à enseigner, à aider ou pousser ou motiver ceux qui sont moins capables, moins savants ou moins motivés que soi-même ». (« Nature et usage de l'immaturité », in *Le Développement de l'enfant, savoir faire, savoir dire.*)

BIBLIOGRAPHIE

M. Bernard, *Critique des fondements de l'éducation*, Chiron, 1989.
J.S. Bruner, *Le Développement de l'enfant, savoir faire, savoir dire*, PUF, 1983.

➤ **Voir aussi** Bruner, Discipline, Éducation dans l'antiquité gréco-romaine, Éducation nationale et instruction publique, Formation permanente, Intervenants.

ÉDUCATION À L'ENVIRONNEMENT

Une notion complexe

L'environnement est souvent confondu dans le langage courant avec l'écologie. Les deux notions sont cependant loin de se recouvrir. Apparue à la fin du XIXe siècle, l'écologie a pu être définie comme une science biologique qui étudie les rapports des espèces animales et végétales avec leur milieu de vie. Depuis, le terme a été utilisé dans des acceptions très diverses dont beaucoup sont dues à un effet de mode. L'environnement recouvre un domaine plus large, puisqu'il concerne l'ensemble du milieu dans lequel nous vivons, c'est-à-dire aussi bien le milieu naturel que celui créé par l'homme : l'architecture, la ville et tout le système sociologique et économique dont il dépend ; la connaissance de l'environnement et des dangers qui le menacent ainsi que la mise en évidence de l'importance des choix économiques, politiques et sociaux font également partie de cette étude.

C'est par excellence un domaine pluridisciplinaire qui concerne aussi bien le biologiste que le géographe, l'économiste ou l'artiste. L'environnement n'est pas une nouvelle discipline ajoutée au programme.

Pourquoi cette éducation à l'environnement ?

En étudiant tout ce qu'implique cette notion d'environnement, trois notions apparaissent particulièrement importantes :
– la notion de la valeur de l'environnement, c'est-à-dire du patrimoine que constituent les divers éléments naturels (paysages, terroirs...) mais aussi l'architecture, l'urbanisme... ;
– la notion de civisme et de responsabilité à l'égard de l'environnement (déchets, sécurité...) ;
– la notion de solidarité, en sensibilisant les jeunes aux inégalités devant l'environnement (qui rejoint ici certains aspects de l'éducation au développement).

Il est apparu depuis une vingtaine d'années qu'il était du rôle de l'école de sensibiliser les jeunes à ces problèmes et de leur apprendre à réfléchir sur ces divers sujets qui concernent le citoyen, français comme européen. « À une époque où la dégradation de son milieu de vie pose à l'homme des problèmes de choix déterminants pour son avenir, une éducation en matière d'environnement s'impose de toute évidence » peut-on lire dans une circulaire du 29 août 1977. Ainsi, l'éducation est-elle un facteur essentiel de protection de l'environnement, parce qu'elle sensibilise les jeunes au problème et préserve ainsi l'avenir ; de plus, à travers les enfants, on peut toucher les adultes immédiatement.

On vise ainsi à rendre l'action efficace à court et à long terme.

On a vu alors certains programmes scolaires tenir compte de cette dimension, mais il est apparu de plus en plus souhaitable de mieux adapter leurs contenus à la complexité croissante de ces problèmes, aux progrès de la recherche et de la technologie et à la mondialisation des enjeux.

Un plan pour le développement de l'éducation à l'environnement a fait l'objet d'un protocole d'accord entre le ministère de l'Éducation nationale et le ministère de l'Environnement le 14 janvier 1993. Ce plan s'inscrit dans la suite des recommandations élaborées au congrès de Rio où, en 1992, ces problèmes avaient été traités au niveau mondial.

Sous quelle forme cette éducation est-elle pratiquée ?

Cette éducation présente un aspect original en ce qu'elle n'implique pas un programme particulier lié à une discipline précise ; cette culture se fonde sur des disciplines de référence, en particulier les sciences physiques, la géographie ou les sciences de la Terre, mais aussi l'économie ou l'éducation civique. Il y a bien sûr une partie de connaissances que l'élève peut et doit acquérir mais il s'agit bien d'une éducation qui doit se faire à partir de l'expérience, à partir de problèmes globaux rencontrés sur le terrain, en partenariat avec les divers organismes intéressés tels que les parcs nationaux, le Conservatoire du littoral, l'Agence de l'eau et diverses associations ou ministères (Jeunesse et Sports, Agriculture...) ou collectivités locales.

Le Comité national des programmes inclut ces préoccupations dans la conception des nouveaux programmes du second degré. À l'école primaire, les programmes de 1995 précisent que les activités de l'élève lui permettent d'organiser, « à partir de situations choisies dans son environnement immédiat, un ensemble de connaissances et de compétences qui lui permettront de comprendre progressivement le monde dans lequel il vit et d'agir sur lui ».

Un outil privilégié d'ouverture de l'école

Pour atteindre les objectifs d'éducation à l'environnement, les sorties et visites diverses, les Projets d'action éducative (PAE) sur des thèmes qui la favorisent, les classes de découverte, sous toutes leurs formes (classes de ville, classes-patrimoine, classes scientifiques et techniques, classes européennes...) sont particulièrement encouragés à l'école primaire.

Au collège et au lycée, non seulement les PAE, mais aussi les clubs et les actions en partenariat, paraissent des outils très efficaces grâce auxquels on peut promouvoir cette éducation. Les thèmes transversaux qui constituaient un élément novateur des programmes des collèges de 1985 auraient pu être un vecteur particulièrement porteur, mais, de fait, ils n'ont guère été mis en œuvre par les enseignants.

Parmi les actions les plus répandues, on notera les « classes Villette », à la Cité des Sciences et de l'Industrie, les ateliers « paysages » conçus comme un carrefour de disciplines dans lequel le paysage est abordé dans toutes ses dimensions, mais le PAE reste, à tous les niveaux du système scolaire, un des outils les plus commodes et les plus utilisés. Des actions partenariales comme l'opération « À l'école de la forêt », au niveau national, ont une importance certaine. Un rapport de l'inspection générale constate que les instituteurs privilégient plutôt les études locales alors que les enseignants de lycée s'orienteraient davantage vers des thèmes mondiaux.

L'ensemble reste encore marginal, semble-t-il. Diverses analyses ont pu être faites à ce propos. Peut-être est-ce parce que les enseignants s'enferment encore trop dans leur discipline ? Les Instituts universitaires de formation des maîtres n'ont d'ailleurs que rarement inclus cette préoccupation dans leur programme de formation. Peut-être aussi est-ce parce que cette formation n'est pas concernée par une évaluation utile pour l'ensemble du cursus scolaire ? Peut-être également parce que la société, à travers les parents comme les élèves eux-mêmes, n'attache pas suffisamment de valeur et d'intérêt aux objectifs de cette éducation ? Celle-ci est pourtant particulièrement proche de l'éducation civique en ce qu'elle crée, par l'apport de connaissances et l'enseignement de méthodes, les conditions de la réflexion personnelle, du débat démocratique et de l'action, ce qui semblerait indiquer que le système de valeurs actuel minorise ces éléments. La nouvelle approche éducative actuellement développée dans maint collège en expérimentation, où l'accent est également mis sur l'éducation civique, apportera peut-être un nouveau souffle à ces actions. L'insertion plus fréquente de telles préoccupations dans les projets d'école ou d'établissement pourra y contribuer également.

BIBLIOGRAPHIE

Circulaire n° 77-300 du 29 août 1977.

H. Jonas, *Le Principe responsabilité : une éthique pour la civilisation technologique*, Édition du Cerf, 1990.

Lester R. Brown, *L'État de la planète*, Économica, 1992.

Protocole entre le ministère de l'Éducation nationale et de la Culture et le ministère de l'Environnement, 14 janvier 1993.

Rapport de l'Inspection générale de l'Éducation nationale, La Documentation française, 1993.

P. Giolitto et M. Clary, *Éduquer à l'environnement*, Hachette, Profession enseignant, 1995.

➤ Voir aussi Aménagement des rythmes de vie de l'enfant, Aménagement du temps scolaire, Classe de découverte, Club, École ouverte, Éducation civique, Partenariat, Programmes, Projet, Sorties scolaires.

ÉDUCATION CIVIQUE

Formation du citoyen éclairé et responsable, dispensée formellement dans les écoles primaires et dans les collèges.

En France avant la Révolution, l'éducation civique entre dans ce que l'on appelait la « civilité » : des ouvrages comme le *Traité de civilité* d'Érasme ou *Les Règles de la bienséance et de la civilité chrétienne* de J.-B. de La Salle (1711) rappelaient les principes du comportement en société. L'enseignement de la civilité était plus une préparation à la vie sociale qu'un apprentissage du civisme – bien qu'employé pendant la Révolution, ce terme fut seulement admis dans le dictionnaire de l'Académie française en 1845 – ou une éducation du citoyen – le mot n'apparaît que vers 1770-1775. Diderot, dans l'article « Citoyen » de l'*Encyclopédie*, distingue le sujet du citoyen qui participe à la souveraineté ; La Chalotais réclame une « éducation civile » pour « préparer des citoyens à l'État ». La Révolution précise l'idée de citoyen possesseur de droits, ceux qui ressortissent au droit naturel et à la morale universelle, et ceux qu'il détient en vertu d'un statut juridique déterminé par la législation nationale. Avec la Restauration, l'éducation civique se dissout dans l'éducation morale et religieuse. Après des débats législatifs houleux entre républicains et monarchistes refusant la suppression de l'enseignement religieux à l'école, le premier article de la loi du 28 mars 1882 stipule : « L'enseignement primaire comprend l'instruction morale et civique, la lecture, l'écriture... ». Ignorée dans l'enseignement secondaire jusqu'à la Seconde Guerre mondiale, l'instruction morale et civique apparaît dans le premier cycle des lycées à raison d'une heure par semaine ; il est prévu une demi-heure dans le second cycle pour l'éducation civique seule. La réforme Haby, en 1975, en regroupant certaines matières d'enseignement sous les rubriques de « sciences sociales » et de « disciplines d'éveil » fait disparaître l'éducation civique comme discipline à part entière. En 1985, elle est réinscrite dans les horaires et les programmes par J.-P. Chevènement.

Dans le programme de l'école maternelle, à la rubrique « Domaine d'activité de l'école maternelle », figure un groupe d'activités intitulé « Vivre ensemble ». Il s'agit d'apprendre à des enfants, qui ne sont pas familiarisés avec la vie d'un groupe important de petits camarades, à partager avec d'autres des activités et des espaces communs, à découvrir un monde régi par les règles de la vie collective. L'apprentissage des règles de la sécurité routière, la sensibilisation à l'environnement, déjà présents à l'école maternelle, se poursuivent à l'école primaire et sont complétés par une éducation centrée sur les thèmes de la vie en commun (cycle d'apprentissage) et de la vie civique dans la société (cycle d'approfondissement). Dans les collèges, l'éducation civique est une discipline enseignée généralement par le professeur d'histoire et géographie. Il n'y a pas de professeur spécialisé, l'absence de formation universitaire correspondante interdit un recrutement spécifique.

L'annexe à l'arrêté du 14 novembre 1985, toujours valable dans l'attente de nouveaux programmes, précise que cet enseignement « doit être une instruction et une pratique ». Les savoirs dispensés concernent l'environnement institutionnel du citoyen. Les contenus des programmes suivent l'extension de la notion de citoyenneté qui, d'abord limitée à la cité, se dote de significations plus larges : citoyen de l'Europe, citoyen du monde. Ainsi sont étudiés : en classe de sixième, la vie démocratique de la commune, en cinquième le département et la région, en quatrième l'exercice de la liberté en France et en Europe, en troisième la vie internationale. Moins descriptive et plus réflexive, l'étude des conquêtes de la liberté, de l'*habeas corpus*, de la Déclaration des droits de l'homme et du citoyen en classe de quatrième, de la France État républicain, de la valeur de la démocratie en classe de troisième, dégage les normes auxquelles se conforment les institutions ainsi que la vie quotidienne du citoyen.

Pour que le niveau purement informationnel soit dépassé, l'élève est mis en situation d'expérimenter les règles qui fondent l'organisation politique et l'aménagement des rapports sociaux. Le collège favorise les expériences personnelles des procédures démocratiques à travers la vie associative – UNSS, foyers socio-éducatifs –, organise l'apprentissage de la responsabilité – formation des délégués de classes, des responsables de foyers socio-éducatifs –, encourage les gestes de solidarité au sein d'associations externes, sensibilise les élèves aux grands problèmes de l'actualité : la faim dans le monde, la protection des animaux, le respect des libertés. Une telle expérience dans et hors l'institution scolaire fait découvrir la valeur de la démocratie comme vocation inaliénable des hommes à prendre en charge leur destin tant individuel que collectif.

BIBLIOGRAPHIE

J. Vial et A. Mougniotte, *L'Éducation civique et sociale d'hier à demain*, Érès, 1992.

Arrêté du 22 février 1995, *Horaires des écoles élémentaires et maternelles.*

Arrêté du 22 février 1995, *Programme pour chaque cycle de l'école primaire.*

➤ Voir aussi Cycles, Discipline, Érasme, Éveil, Foyer socio-éducatif, La Chalotais, La Salle, Programme.

ÉDUCATION DANS L'ANTIQUITÉ GRÉCO-ROMAINE

L'éducation grecque

« Il est impossible d'avoir une connaissance ou des projets quelconques en matière d'éducation sans avoir étudié minutieusement et profondément la culture hellénique » (W. Jaeger, *Paideia : la formation de l'homme grec*). Trois périodes sont à considérer : les origines, l'élaboration de l'éducation classique, la période hellénistique.

Avant le IVe siècle

Avant le IVe siècle, l'éducation a une finalité essentiellement militaire. Destinée aux nobles, elle est fondée sur la culture du corps et sur les poèmes homériques qui offrent à travers les héros (Achille, Ulysse) des modèles de courage, d'intelligence, de civisme à imiter. L'éducation spartiate, étatique et collective, illustre la prédominance des valeurs communautaires. L'éducation se réduit à un dressage appuyé sur une pédagogie répressive (punition, usage du fouet).

L'éducation classique

L'élaboration de l'éducation classique transforme progressivement la formation aristocratique. Elle accompagne la vulgarisation de l'écriture alphabétique et l'apparition, du fait de l'extension des relations commerciales en Méditerranée, de nouvelles classes sociales. Au sport et à la musique s'ajoutent des enseignements – lecture, écriture, rhétorique, philosophie – exigés par les besoins nouveaux. De simple technique de conservation communautaire, l'éducation devient fin en soi. L'enseignement de la musique (apprentissage choral et instrumental) et de la gymnastique, sous la férule du pédotribe préparant aux compétitions athlétiques des jeux panhelléniques, cherche toujours à former des caractères et des citoyens. D'où l'importance pédagogique et culturelle des trois lieux de l'éducation du corps, le gymnase, la palestre, le stade. Le grammatiste enseigne la lecture, l'écriture et le calcul. Enseignement sommaire, étendu pourtant sur plusieurs années, quatre selon Platon, en raison des difficultés des textes sans ponctuation et où les mots ne sont pas détachés, il fait appel à une discipline rigoureuse, à la mécanisation – on psalmodiait les lettres, les syllabes, les compositions de syllabes – et surtout à la mémoire : récitation des textes appris par cœur.

L'abandon du service exclusif de la cité au profit de l'accomplissement des individus modifie la finalité du processus éducatif qui devient façonnement de l'homme par l'art du langage. Les sophistes par leur conception de l'homme – il est perfectible et la vertu s'apprend –, par la mise en œuvre du cours magistral et de la discussion – à laquelle Socrate oppose la maïeutique, l'art d'accoucher les esprits, de leur faire découvrir la vérité qu'ils portent en eux-mêmes sans le savoir –, par leur objectif éducatif d'apprendre à persuader, par leur itinérance de ville en ville, accréditent dans toute la Grèce l'idée que le langage et la perfection formelle du style sont à la fois la fin et le moyen de l'activité formatrice de l'homme. Point culminant de la *paideia* – *paideia* au sens du système conscient de formation de l'esprit, destiné à faire participer l'individu à l'univers intellectuel et spirituel de la société – le IVe siècle cristallise la pensée hellénique, spécialement manifeste dans la rhétorique et la philosophie avec les écoles d'Isocrate et de Platon (l'Académie). Ce dernier est à la fois un professeur et un théoricien de l'éducation (*La République*, *Les Lois*), prônant un enseignement d'État, l'égalité des hommes et des femmes devant l'instruction et une promotion des mathématiques comme propédeutique à la philosophie. Pour Platon, la formation de l'homme s'achève à 50 ans.

La période hellénistique

La période hellénistique correspond à l'expansion grecque, à l'ouest avec la colonisation grecque de la Campanie, de la Sicile, de l'Italie, à l'est avec les conquêtes d'Alexandre. Ainsi se crée un espace unifié par une culture commune et un certain type d'éducation. L'amoindrissement de la fonction militaire, désormais confiée aux mercenaires, la démocratisation des cités justifient l'extension de l'accès du savoir à tous les citoyens. Le développement de la philosophie et de la rhétorique fait apparaître la nécessité d'un échelon intermédiaire entre le niveau supérieur et l'enseignement élémentaire. Ces facteurs politiques, sociaux et culturels conduisent à la civilisation hellénistique qui parachève l'éducation classique. L'organisation des études comprenait trois degrés.

– Le degré élémentaire, de 7 à 14 ans, fut peu modifié par rapport à l'époque classique, mais connut une extension géographique et sociale.

– Le degré équivalent à l'enseignement secondaire après 14 ans fut généralisé à l'époque d'Aristote (384-322 av. J.-C., fondateur du Lycée à Athènes) et cet enseignement équilibrait formation littéraire et formation scientifique. Cette dernière comprend la géométrie (les *Éléments* d'Euclide), l'arithmétique (essentiellement l'étude du nombre entier), l'astronomie souvent liée à l'astrologie, et l'acoustique. L'étude de ces disciplines est indifférente aux applications pratiques. L'enseignement des lettres fait connaître les auteurs classiques à l'aide d'une méthode spécifique d'exploration textuelle. L'explication littéraire se décompose en critique et établissement du texte par correction des copies manuscrites, lecture à haute voix avec scansion, récitation puis explication proprement dite (examen de la forme, analyse du récit, des idées, des personnages, de l'action, de son époque) et, enfin, appréciation générale centrée sur la portée morale du texte.

– L'équivalent de l'enseignement supérieur offrait quatre voies à l'étudiant. La médecine avec les écoles de Pergame, d'Éphèse ou d'Alexandrie, l'érudition avec les musées (institutions rassemblant des collections d'art et de livres, créées à Alexandrie, multipliées dans les monarchies hellénistiques qui y ajouteront une fonction d'enseignement), la rhétorique et la philosophie. Chaque école de philosophie – le Lycée (Aristote), le Portique (les stoïciens), le Jardin (les épicuriens), l'école des cyniques – présente sa solution pour atteindre le bonheur par la vertu.

L'enseignement de la période hellénistique présente les particularités suivantes :

– importance du contact personnel entre l'enseignant et l'enseigné – le précepteur ou gouverneur dans la Grèce ancienne, le maître dans les écoles de philosophie ou de rhétorique établissent un rapport personnel avec l'élève ou avec le disciple par l'intermédiaire d'entretiens familiers ;

– intellectualisation progressive de l'enseignement, perceptible dans le fait que la culture du corps « n'est plus l'axe de la culture en devenir » et dans l'aspect purement spéculatif de la connaissance scientifique – la culture grecque est désintéressée (*scholè* signifie loisir) ;

– rôle du texte ; le grammairien, le rhéteur, le philosophe partent de textes classiques, les expliquent et les commentent ; même dans les écoles de médecine on part des textes, en particulier des très nombreux écrits attribués à Hippocrate ;

– l'humanisme grec comme épanouissement de la nature humaine authentique.

Ces caractères soulignent la primauté de la langue, inséparable du *logos* porteur de raison et d'universalité. L'usage antique de la lecture à haute voix ajoutait au souci de la culture la jouissance de l'harmonie et de la perfection de la langue. De là, la longue suprématie de l'enseignement littéraire dans la culture occidentale.

L'éducation romaine

« Nous sommes des gréco-latins : tout l'essentiel de notre civilisation est issu de la leur » et nous leur sommes redevables « à un degré éminent de notre système d'éducation » (H.I. Marrou). L'éducation romaine effectue la synthèse des deux civilisations en greffant le modèle hellénistique sur une culture marquée d'un « archaïsme rémanent ».

Du IVe au IIIe siècle av. J.-C., l'éducation romaine est une éducation paysanne à visée pragmatique, entretenant le culte des ancêtres et la soumission à la collectivité, effectuée au sein de la famille dont l'action est complétée par les leçons du précepteur pour la lecture, l'écriture et le calcul. Cette tradition archaïque s'efface sous l'influence grandissante de la civilisation grecque. Jamais absente, cette dernière s'affirme avec la conquête, au IIIe siècle av. J.-C., de la Sicile et de ce qui reste de la Grande Grèce, puis au IIe siècle av. J.-C., avec l'annexion romaine de la Macédoine et de la Grèce. L'aristocratie romaine initie précocement ses enfants à la langue grecque en appelant des précepteurs grecs, puis les envoie étudier à Athènes ou à Rhodes. La démocratisation de la vie politique, en outre, commande l'intérêt des jeunes nobles pour la rhétorique enseignée à Rome par des professeurs grecs.

Mais au Ier siècle avant J.-C., la réticence populaire à l'égard de la culture hellénique entraîne tout à la fois une romanisation et une généralisation du modèle hellénistique. Si l'enseignement du grec demeure, celui-ci se double d'un cycle d'études calqué sur celui des écoles grecques, mais transposé en langue latine. À côté des écoles où s'enseignaient les disciplines grecques, s'ouvrent des écoles latines : primaires, secondaires, supérieures. Désormais, il existe trois degrés d'études :

– le niveau élémentaire mais délesté de la gymnastique – jugée impudique (*gymnos* en grec signifie « nu »), immorale et inutile – et de la musique ; les filles fréquentent l'école au même titre que les garçons ; le maître – souvent un esclave ou un affranchi – est peu payé ; il lui faut une classe d'au moins trente élèves pour lui assurer le salaire d'un maçon ou d'un charpentier et la classe est souvent une boutique isolée des bruits et de la vue de la rue par un voile ;

– le niveau secondaire où un enseignement latin à dominante littéraire s'applique à l'étude de Virgile, Térence, Salluste et Cicéron ;

– le niveau supérieur où se manifeste le pragmatisme romain dans l'enseignement purement formel de la rhétorique, peu soucieux de réflexion sur l'homme. L'accroissement de la bureaucratie impériale accentue ce caractère pratique des études qui apparaît bien dans le développement du droit, originalité romaine par excellence, et la naissance de la sténographie, filière la plus courte, ne requérant pas de connaissances spéciales et permettant de parvenir aux fonctions de secrétaires dans l'administration (*notarii*, ceux qui prennent des notes). L'école romaine se met au service de l'État ; le pouvoir impérial par une politique d'intervention et de patronage – faveurs d'ordre fiscal au corps enseignant, parfois prise en charge de leur traitement – développe le système scolaire et l'ouvre ainsi à un plus grand nombre. En 425, Théodore II organise à Constantinople une université d'État jouissant dans la capitale d'un véritable monopole de l'enseignement supérieur.

Sur le plan pédagogique, si les Romains s'annexent les méthodes disciplinaires et pédagogiques hellénistiques, ils apportent néanmoins quelques nouveautés :

– un matériel didactique avec la carte de géographie et le tableau mural exigé sans doute par les effectifs élevés ;

– le voyage en Grèce pour suivre les études supérieures ;

– le bilinguisme. Le latin s'impose comme langue nationale dans l'administration et dans l'armée, mais le système éducatif, au moins jusqu'au IIIe siècle de notre ère, choisit la langue grecque comme instrument de culture.

L'adoption à Rome de l'organisation et des méthodes de l'éducation hellénistique s'accompagne d'un infléchissement de la culture dans un sens utilitaire. Celui-ci éclate dans le refus de l'éducation grecque du corps, entendue comme façonnement esthétique et plaisir gratuit. Rien n'est plus symbolique de ce nouvel esprit que le discrédit dont souffrent, dans l'Empire romain, les trois hauts lieux de la culture grecque du corps : le gymnase, la palestre, le stade. Le jardin de plaisance se substitue au gymnase, les thermes à la palestre, le cirque au stade et à l'amphithéâtre.

BIBLIOGRAPHIE

W. Jaeger, *Paideia : la formation de l'homme grec*, Gallimard, 1964.

H.I. Marrou, *Histoire de l'éducation dans l'Antiquité*, Seuil, 1960.

J. Assa, « L'Antiquité » in M. Debesse et G. Mialaret, *Traité des sciences pédagogiques*, PUF, 1971 et 1975.

M. Bernard, *Critique des fondements de l'éducation*, Chiron, 1989.

➤ Voir aussi Éducation, Jésuites (pédagogie).

ÉDUCATION FONCTIONNELLE

Expression utilisée en 1911 par Édouard Claparède. Comme Rousseau, et aussi comme Locke et Herbart, envers lesquels il reconnaît sa dette, Claparède fonde l'éducation sur la psychologie. Cette dernière est une psychologie biologique – Claparède est docteur en médecine – traitant l'activité mentale comme un instrument de la vie de l'organisme. Celui-ci est un système qui tend à conserver son équilibre. Toute rupture de cet équilibre se manifeste par un besoin qui déclenche une réaction appropriée. Tous les processus de la vie de l'individu visent l'adaptation au milieu physique et social. Claparède substitue à la psychologie des facultés de l'âme une psychologie fonctionnelle dans laquelle la raison, la mémoire, l'imagination sont des outils d'adaptation au monde. « L'intelligence est un instrument d'adaptation qui entre en jeu lorsque font défaut les autres instruments d'adaptation que sont l'instinct et l'habitude. » À partir de ce concept fondamental, Claparède développe une série de lois qui théorisent les données de la psychologie fonctionnelle. Une de ces lois – la loi de l'intérêt – revêt une importance particulière : la conduite ne cherche pas à supprimer le besoin, mais à trouver l'objet qui le satisfait. On appelle intérêt la raison de cette conduite. « Toute conduite est dictée par un intérêt. » Celui-ci est l'intercesseur psychologique entre l'être et son milieu.

À partir de cette psychologie fonctionnelle, marquée par le pragmatisme américain – celui de William James, celui de Dewey avec l'importance qu'il donne à l'effort et à l'intérêt – et par les études de l'Allemand Karl Groos sur le jeu des animaux (1896) et le jeu des hommes (1899) – Claparède déduit une nouvelle forme d'éducation qu'il appelle éducation fonctionnelle. Il désigne par ce terme « l'éducation qui se propose de développer les processus mentaux en les considérant, non pas en eux-mêmes, mais quant à leur signification biologique, à leur rôle, à leur utilité pour l'action présente et future pour la vie. L'éducation fonctionnelle, c'est celle qui prend le besoin de l'enfant, son intérêt à atteindre un but, comme levier de l'activité qu'on désire éveiller chez lui ». En conséquence, l'éducation fonctionnelle obéit à plusieurs principes.

On ne sépare pas l'instruction de l'action. On n'enseigne pas à rédiger un texte après un apprentissage préalable de la grammaire et de l'orthographe. Le langage est une fonction : le texte libre est adapté à la fonction expressive du langage.

On substitue aux ressorts traditionnels – crainte, punition, récompense – l'intérêt de l'enfant pour l'activité proposée. Il faut « faire naître dans son esprit un problème qu'il aura envie de résoudre ». On créera l'intérêt chez l'enfant en identifiant et en exploitant les préoccupations de son âge, en particulier son besoin de jouer : « l'enfant est avant tout un être fait pour jouer ».

On ne coupe pas le travail à l'école de son contexte naturel, afin de faire aimer le travail, puisque ce dernier constitue un élément capital de l'existence future de l'élève. Mais Claparède, en posant l'alternative, « une vie ou une préparation à la vie », précise que l'école ne peut être une préparation à la vie d'adulte, car les structures mentales et les motivations de ce dernier sont différentes de celles de l'enfant. L'éducation doit être une vie au sens de « processus d'interdépendance réciproque entre l'individu et le milieu physique et social, ayant pour fonction d'ajuster le mieux possible l'individu à ce milieu, grâce à un enracinement progressif de son expérience ».

Cette expérience de vie préparera l'enfant à devenir un citoyen démocrate si elle cesse d'être imprégnée par le principe d'autorité. L'abandon du style autoritaire, qui habitue l'enfant à se soumettre à une autorité extérieure, et le développement de la coopération en classe favoriseront l'épanouissement de l'individualité et du sens social, deux facteurs essentiels à la formation d'un civisme démocratique.

BIBLIOGRAPHIE

É. Claparède, *L'Éducation fonctionnelle*, Delachaux et Niestlé, 7e éd., 1964.

➤ Voir aussi Apprentissage, Centres d'intérêt, Claparède, Decroly, Dewey, Jeu, Méthodes pédagogiques, Rousseau.

ÉDUCATION NATIONALE ET INSTRUCTION PUBLIQUE (concepts)

Le concept d'éducation nationale et celui d'instruction publique ne se recouvrent pas, en grande partie en raison de leur histoire.

L'éducation nationale

La formule « éducation nationale » est employée pour la première fois par La Chalotais en 1765. Elle répond à deux préoccupations énoncées en 1783 par le président du Parlement de Paris, Chrétien-François de Lamoignon. « L'éducation doit être sous l'inspection de la puissance publique parce qu'elle doit être toute dirigée par l'utilité générale et pour le bien de l'État. »

Ces exigences se trouvent dans le projet du conventionnel Rabaut Saint-Étienne qui estime que l'éducation « consiste à s'emparer de l'homme dès le berceau, et même avant sa naissance, car l'enfant qui n'est pas né appartient déjà à la patrie... L'éducation nationale n'est pas une institution pour l'enfant, mais pour la vie tout entière ». Cette conception, subordonnant la fin de l'éducation à l'intérêt de la nation, est portée au summum de sa logique par Michel Le Peletier de Saint-Fargeau. Tous les enfants de 5 à 12 ans fréquenteront l'école publique. Cette première éducation commune à tous et égale pour tous, réduisant la part du savoir et de l'activité intellectuelle, tend à donner des habitudes de discipline et de travail essentiellement manuel. D'une manière générale, les partisans d'une telle éducation posent le problème en termes d'utilité sociale et d'intérêt national. Ils se méfient de l'intelligence spéculative – « les sciences de pure spéculation détachent de la société les individus qui les cultivent », écrit Gabriel Bouquier dans son projet –, prônent une culture physique orientée vers l'entraînement militaire et professionnel, craignent la création d'un corps enseignant qui deviendrait une « corporation formidable de la République » (Durand de Maillane, Daunou), veulent mettre l'école sous la surveillance des responsables du peuple ou des familles et privilégient une pédagogie qui s'adresse davantage à l'affectivité qu'à la raison par l'exploitation du vécu et la création d'une sociabilité communautaire : les fêtes et les spectacles jouent un grand rôle éducatif.

Aujourd'hui, les adversaires d'une réduction des finalités éducatives à une fonction socio-économique craignent que cette focalisation ne fasse oublier l'épanouissement libérateur de l'individu par une culture générale désintéressée.

L'instruction publique

Contrairement aux conventionnels, partisans d'une éducation nationale qui subordonne le système scolaire à un concept politique, les tenants de l'instruction publique le fondent sur des concepts philosophiques, ceux de la raison et du progrès.

Comme l'écrit Condorcet, « l'éducation publique doit se borner à l'instruction ». Il s'insurge contre ceux des peuples anciens qui élevaient les enfants non pour eux-mêmes, mais pour la République. En mettant les concepts de raison et de progrès au centre de la réflexion sur l'enseignement, Condorcet s'oriente vers une formule plus libérale et plus individualiste que celle des théoriciens d'une éducation nationale soumise aux intérêts étroits d'une société. Les principes définis dans son premier *Mémoire sur l'instruction publique* – la société doit au peuple une instruction publique, la société doit également une instruction publique relative aux diverses professions, la société doit encore l'instruction publique comme moyen de perfectionner l'espèce humaine –, concourent à la formation d'un citoyen libre, utile à son pays et instrument du progrès de l'humanité. Instruction et éducation ne sont pas séparées dans le projet de Condorcet, mais cette dernière se débarrasse de toute finalité uniquement et immédiatement utilitaire. Ainsi, l'éducation physique est culture du corps et non préparation aux gestes militaires ou professionnels ; l'enseignement technique est un enseignement général et non l'apprentissage d'un métier précis.

Sur le plan pédagogique, le rationalisme de Condorcet se traduit par une méfiance vis-à-vis de tout ce qui relève de l'imagination et de la passion. D'où une primauté donnée aux disciplines scientifiques, une certaine suspicion à l'égard de l'enseignement des lettres, avec ses risques d'envoûtement, et envers les spectacles et les fêtes, reconnus pourtant comme « moyens indirects d'instruction », mais susceptibles de créer une ferveur communautaire qui fait obstacle à l'exercice de la raison. Condorcet préfère l'écrit à l'oral, considéré comme trop spontané pour être réfléchi.

L'instruction, d'abord reconnue comme agent de libération, apparaît aujourd'hui restrictive du point de vue de l'épanouissement de la personnalité. La notion d'éducation est plus appropriée à l'idée d'une formation de l'être dans sa totalité.

BIBLIOGRAPHIE

D. Julia, *Les Trois Couleurs du tableau noir: la révolution*, Belin, 1981.

J. Muglioni, *L'École et le loisir de penser*, CNDP, 1993.

Condorcet, *Cinq Mémoires sur l'instruction publique*, présentation, notes, bibliographie et chronologie par C. Coutel et C. Kintzler, GF-Flammarion, 1994.

Condorcet, *Écrits sur l'instruction publique*, t. 2: *Rapport sur l'instruction publique*. Texte présenté, annoté et commenté par Charles Coutel, Les classiques de la République, Édilig, 1989.

➤ Voir aussi Comité d'instruction publique, Condorcet, Éducation, Éducation physique et sportive, Kant, La Chalotais, Pédagogie, Rousseau.

ÉDUCATION NÉGATIVE

Concept rousseauiste fréquemment repris par les mouvements pédagogiques des XIXe et XXe siècles.

« J'appelle éducation négative celle qui tend à perfectionner les organes, instruments de nos connaissances, avant de nous donner ces connaissances et qui prépare la raison par l'exercice des sens. » Inversement, « j'appelle éducation positive celle qui tend à former l'esprit avant l'âge et à donner à l'enfant la connaissance des devoirs de l'homme » (*Lettre à C. de Beaumont*). L'éducation négative repose sur la reconnaissance d'une nature enfantine ayant une valeur et une signification propres – « la nature veut que les enfants soient enfants avant d'être hommes » – et sur l'idée d'un développement naturel et progressif de ses facultés. D'où la consigne donnée au maître: « Laissez longtemps agir la nature avant de vous mêler d'agir à sa place, de peur de contrarier ses opérations ». Contrairement à ce que proclame plus tard Condorcet – « il faut hâter la marche de l'instruction » – Rousseau pense que l'important « ce n'est pas de gagner du temps, c'est d'en perdre ». Il y a un temps pour chaque faculté – « l'enfance est le sommeil de la raison », pour chaque problème – celui de la cité, de Dieu –, pour chaque étude – celle des sciences, des fables. Afin d'éviter tout enseignement prématuré, on laisse l'enfant se développer au contact des choses de la nature le plus souvent sans jouets coûteux ou matériel scientifique compliqué, en favorisant sa liberté physique – critique de l'emmaillotement – et sa spontanéité à travers des jeux et des activités naturelles, en exploitant ses intérêts; ainsi le besoin de s'orienter l'amènera à inventer la boussole. Un seul livre sera recommandé jusqu'à 15 ans, celui de *Robinson Crusoé*, symbole d'une activité construite sur l'intérêt et l'utilité.

L'éducation négative consiste donc à contrôler les conditions d'exercice du développement de l'enfant et de ses relations aux choses. « En commençant par ne rien faire, vous auriez fait un prodige d'éducation. » C'est donc une pédagogie de la liberté reposant sur le postulat de la bonté de la nature originelle. Pour « garantir le cœur du vice et l'esprit de l'erreur », il faut éviter le contact précoce avec le monde social où règne l'opinion corruptrice. L'éducation négative crée un milieu préservé où la nature d'une part, les choses d'autre part, apprennent à l'enfant les rapports de nécessité et lui font découvrir la véritable nature de la liberté: obéissance à la loi. Il n'y a pas de prescriptions autoritaires, pas de punitions, pas d'autres châtiments que de laisser l'enfant subir les conséquences de sa mauvaise action, par exemple, le laisser dormir dans une chambre froide s'il en a brisé la vitre. Plus Rousseau définit sa « méthode inactive », plus il montre l'art de créer un milieu où l'instituteur « doit tout faire en ne faisant rien ».

Kant a repris l'idée d'une éducation négative ayant pour but d'écarter tout ce qui peut dénaturer les dispositions de l'enfant. Des mouvements pédagogiques privilégient tel ou tel aspect du concept d'éducation négative, par exemple le respect du développement enfantin dans la pédagogie fonctionnelle ou le respect extrême porté à la liberté de l'enfant dans les expériences libertaires des communautés scolaires de Hambourg ou de l'école de Summerhill. Aujourd'hui, le concept a perdu de sa précision rousseauiste pour signifier que l'éducation ne consiste pas à inculquer des connaissances toutes constituées, mais à façonner un milieu qui favorise le développement par l'élève de toutes ses potentialités.

BIBLIOGRAPHIE

J.-J. Rousseau, *Émile* (1762), in *Œuvres complètes*, t. IV, La Pléiade, Gallimard, 1969.

➤ Voir aussi Claparède, Jeu, Kant, Libertaire (pédagogie), Mouvements pédagogiques, Neill (A.S.), Éducation fonctionnelle, Rousseau.

ÉDUCATION PERMANENTE

Le terme d'« éducation permanente » (ou formation permanente) tend à disparaître du vocabulaire actuel dans son acception première. La plupart du temps, on l'emploie abusivement comme synonyme de « formation d'adultes » voire de « formation continue », ces termes n'étant pas toujours eux-mêmes utilisés d'une façon très rigoureuse.

L'éducation permanente est un concept développé dans les années 70 pour tenter de répondre à la crise de la société et de l'éducation que les « événements » de 1968 avaient fait apparaître au grand jour dans l'ensemble du monde industrialisé occidental. La démocratisation de l'enseignement, les exigences nouvelles du monde du travail requises par l'automatisation, la naissance de l'ère dite « postindustrielle », la surinformation croissante ont généré une culture « en mosaïque » et alimenté une réflexion qui a donné naissance à ce concept. Le Conseil de l'Europe a d'ailleurs axé ses travaux sur ce domaine durant les années 70.

Afin d'aider le citoyen à assumer ce changement profond, l'éducation doit se transformer radicalement et, en conséquence, c'est l'ensemble du système de formation (de la maternelle à la formation d'adultes) qui doit être transformé.

L'éducation doit préserver les facultés créatrices de l'individu et, de façon plus large, « s'intéresser au complet épanouissement de l'individu en tant qu'être humain libre, en aidant l'étudiant à devenir un travailleur, une personne et un membre de la société remplissant plus efficacement son rôle », car ni la technologie ni la croissance économique ne sont des fins en soi ; elles ne sont que des moyens.

Pour préparer les jeunes à vouloir et à pouvoir poursuivre leur formation, il faut veiller à l'unité du processus éducatif, qui englobe la formation des jeunes aussi bien que celle des adultes ; il faut organiser une intégration que l'on peut dire « verticale » des divers moments de la formation du citoyen, visant « des objectifs cohérents et utilisant des moyens cohérents ». L'éducation permanente, c'est la recherche permanente de la continuité. Le système éducatif devra comporter des niveaux d'étude indépendants de l'âge. L'école devra donc se modifier profondément et changer sous l'impulsion de l'extérieur. L'école ouverte se situe dans la logique de cette évolution. Il en va de même pour la formation professionnelle en alternance. Enfin, l'accent est fortement porté sur l'activité et la responsabilité des étudiants (les « apprenants »). Il s'agit ainsi et d'abord d'apprendre à apprendre. Si l'accent est mis sur la méthodologie, il faut rappeler que, contrairement à la caricature qui a pu être faite par la suite (notamment avec le développement parfois anarchique des pédagogies non directives), les savoirs ne sont pas éliminés : on apprend à apprendre en apprenant quelque chose, ainsi que le rappelait souvent B. Schwartz.

Par ailleurs, « l'intégration verticale » doit être complétée d'une « intégration horizontale », c'est-à-dire que toutes les activités culturelles ou professionnelles, leurs personnels et les lieux eux-mêmes devront être mis à la disposition de cette éducation globale qui ne doit pas se limiter au seul établissement scolaire. On se souvient que c'est à cette époque également qu'ont été mis en place, dans des établissements neufs ou dans les villes nouvelles, des Centres éducatifs et culturels, des centres dits « intégrés » où l'on essayait d'établir des liaisons structurelles et concrètes entre les écoles maternelles, les écoles élémentaires, le collège en particulier, avec la maison de l'enfance, ou la maison de la culture, etc. (cf. L'Isle d'Abeau, le Centre éducatif et culturel d'Yerres, la Villeneuve de Grenoble, etc.). En outre, les instances de formation d'adultes étaient également conçues comme des leviers pour un développement communautaire.

De grands espoirs étaient fondés sur le développement des techniques éducatives, de l'audiovisuel, des multimédias et de l'enseignement programmé qui apparaissaient comme des moyens propres à répondre aux besoins d'une formation centrée sur l'individu et qui doit donc pouvoir faire preuve d'une grande souplesse. « Spécificité dans la continuité, tel est le principe de l'éducation permanente. »

L'éducation permanente a été à la fois l'expression et la base de nombreuses innovations qui se sont développées depuis vingt ans (école ouverte, éducation récurrente, entre autres). Entre 1970 et 1975, il y avait d'ailleurs directement auprès du ministre de l'Éducation nationale un conseiller pour l'éducation permanente qui était B. Schwartz.

BIBLIOGRAPHIE

E. Faure et alii, *Apprendre à être*, UNESCO, Fayard, 1972.

Éducation permanente : principes de base, Conseil de l'Europe, 1973. *Contribution au développement d'une nouvelle politique éducative*, Conseil de l'Europe, 1982.

B. Schwartz, *L'Éducation demain*, Aubier-Montaigne, 1973.

➤ Voir aussi École ouverte, Formation continue, Formation d'adultes, Formation en alternance.

ÉDUCATION PHYSIQUE ET SPORTIVE

L'EPS, comme elle est désignée familièrement, constitue une discipline fortement structurée dans les établissements comme dans les écoles, dans les départements, et sur le plan national. Elle appartient au domaine scolaire, mais elle est largement ouverte sur les secteurs dits civils, par le biais des associations sportives, qui organisent des ouvertures sur l'extérieur, rencontres sportives et compétitions. C'est une discipline qui exige également des aménagements matériels – gymnases, terrains de sports, matériel varié – et une organisation stricte pour la rotation de ces équipements et la préparation des calendriers sportifs. Rattachée à l'Éducation nationale, elle dépend aussi du service de la Jeunesse et des Sports, qui a pu constituer parfois, au fil des configurations du gouvernement, un ministère ou un secrétariat d'État indépendant de l'Éducation nationale. Dans les cas où il n'y a pas de séparation, le secteur Jeunesse et Sports forme toujours un sous-ensemble spécialisé, puisqu'il gère des activités extra-scolaires.

L'éducation physique et sportive a changé de nom au cours de son histoire : gymnastique, éducation physique, puis sports et plein air, sa finalité était claire : former des corps convenablement entretenus, en ajoutant progressivement à la gymnastique proprement dite une initiation aux sports collectifs (tels que hand-ball, volley-ball), puis à la danse, notamment à la « danse rythmique » pour les jeunes filles, dans les années précédant la Seconde Guerre mondiale. Les disciplines olympiques classiques avaient une image dans l'enseignement ; la gymnastique au sol ou aux agrès s'accompagnait d'éléments empruntés à l'athlétisme, comme la course, le saut, le lancer. L'école primaire a connu également la gymnastique (et les exercices de préparation militaire pour les garçons, programmes de 1887) puis l'éducation physique et plein air (programmes de 1945), à raison de 2 h 30 hebdomadaires, puis, l'éducation physique et sportive, à raison de 3 heures hebdomadaires. La natation est entrée lentement dans les objectifs de l'enseignement ; la pénurie d'installations peut expliquer un passage des instructions de 1923 qui rappelle l'inscription de la natation dans les programmes, et ajoute : « Si l'eau manque, on fera exécuter à sec les mouvements du nageur ».

Pendant longtemps, la qualification des maîtres manque, et la considération portée à la discipline reste souvent faible, en dépit des instructions accompagnant les programmes, qui donnent à cet enseignement sa place légitime et ordonnent un ensemble de remarques judicieuses.

La vraie gymnastique, au début du siècle, le vrai sport, se trouvent à l'extérieur de l'école. C'est en effet sous la pression des sociétés de gymnastique que se créent les diplômes, titres et formation des professeurs ; en 1903, création d'un cours supérieur d'éducation physique, en 1907, création d'un diplôme de professeur, mais en dépit de ces mesures, et pour longtemps encore, l'EPS n'est pas ressentie comme une discipline à part entière.

En 1933 est créée l'École normale d'EPS ; à cette époque, le regard de la société sur le corps, la culture physique, la culture des stades, commence à changer fondamentalement. L'EPS apparaît comme école d'endurance, de formation du caractère, autant que du physique, capable de développer le sens des solidarités. Dans les années de la Seconde Guerre mondiale, le culte du corps et de la force, qui règne dans les pays où progresse le nazisme, confondu avec la mystique du chef, freine, dans la conscience collective, la reconnaissance du rôle réel de l'EPS dans la formation des enfants et des jeunes. Cependant, dès l'après-guerre, l'École normale d'EPS ainsi que les unités d'enseignement et de recherche des universités – UER – effectuent un travail considérable, qui fera bientôt de la discipline un modèle de réflexion pédagogique.

Dans les années 60, la discipline se charge d'autres finalités : le foisonnement qui marque l'époque transforme l'EPS en activités multiples ; toutes les initiations sont possibles, tous les sports, toutes les activités d'expression corporelle. Des activités sportives complémentaires de l'enseignement – APS – sont organisées avec la participation des services de la Jeunesse et des Sports, dans les lycées et collèges. C'est le moment du tiers temps à l'école primaire, un tiers pour les disciplines dites fondamentales, un tiers pour l'éveil, un tiers pour l'EPS. Ce tiers temps sera rarement appliqué, mais néanmoins l'impulsion est considérable pour l'éducation physique et sportive, qui bénéficie d'ailleurs au même moment de la création d'un corps de conseillers pédagogiques départementaux et de circonscription.

Aujourd'hui, l'EPS synthétise un peu toutes ces facettes du passé et se veut une discipline servant d'interface entre l'individu, son propre développement et la société, qui offre à la fois des possibilités de découvertes nouvelles dans la pratique des entraînements et des loisirs, comme des occasions d'exprimer un type particulier de sociabilité.

L'EPS constitue à l'école, quel que soit le niveau, un enseignement obligatoire. Les maîtres de l'enseignement primaire peuvent être aidés dans leur pratique par des professeurs spécialisés – ce qui est le cas dans la ville de Paris et dans quelques autres – ; ils peuvent être aidés par des intervenants dans le cadre de l'Aménagement du temps scolaire (ATS), et guidés par les conseillers pédagogiques spécialisés. Les professeurs du second degré travaillent en équipe, coordonnés par un professeur responsable de la discipline, et en relation avec les techniciens et les installations de la Jeunesse et des Sports.

Comme n'importe quelle autre discipline, l'EPS peut faire l'objet d'un PAE – et on la retrouve en place éminente dans la plupart des classes de découverte : classes de mer pour les sports de l'eau, classes de neige, ou, dans le second degré, au sein des clubs (randonnées, sports rares, etc.).

Les associations sportives jouent enfin un grand rôle dans la vie sportive des établissements et écoles : l'USEP (Union sportive de l'enseignement primaire), l'USSEN (Union des sociétés sportives de l'Éducation nationale), l'UFOLEP (Union des œuvres laïques en éducation physique), l'UNSS (Union nationale du sport scolaire) qui les fédèrent et leur fournissent de nombreux services, contribuent à la diffusion du sport.

BIBLIOGRAPHIE

Cl. Pineau, Introduction à une didactique de l'Éducation physique, Dossier EPS, n° 8, 1990.
EPS, articulation des savoirs, compétences, projet. CRDP des Pays de Loire, Nantes, 1994.

➤ Voir aussi Aménagement du temps scolaire, Classe de découverte, Conseillers pédagogiques, Équipe pédagogique, Mouvements pédagogiques, Périscolaire, Rythmes.

ÉDUCATION POPULAIRE

Désigne historiquement une activité formatrice consacrée au grand public ayant reçu ou non une simple instruction élémentaire.

L'action incitatrice des pouvoirs publics

L'incitation des pouvoirs publics fut limitée et tardive ; Condorcet, le premier, pense que l'instituteur pourrait « donner chaque dimanche une leçon où seraient admis les enfants sortis des écoles, les jeunes des deux sexes, les pères et les mères de famille » (troisième *Mémoire sur l'instruction publique*). En 1833, Guizot souhaite l'existence, au-delà de l'école primaire, d'établissements spéciaux « où la génération laborieuse, déjà engagée dans la vie active, puisse recevoir l'instruction qui a manqué à son enfance ». Le Second Empire avec Victor Duruy donne une impulsion sérieuse en reconnaissant le principe d'une indemnité pour les instituteurs qui se chargeraient de cours d'adultes. Le XXe siècle voit une implication décisive à deux moments : le Front populaire (1936, apparition d'un sous-secrétariat des Loisirs et des Sports, confié à Léo Lagrange) et la Libération (1945, création au ministère de l'Éducation nationale d'une Direction de l'éducation populaire). Sous la direction de Jean Guéhenno, cette direction met en place des « Centres d'éducation populaire » ainsi que des instructeurs et des inspecteurs d'éducation populaire.

En 1947, la « Direction de l'éducation populaire » et celle de « l'éducation physique et des sports » fusionnent dans la Direction de la jeunesse et des sports. Par-delà les dénominations successives (Haut Commissariat à la jeunesse et aux sports, direction ou ministère de la Jeunesse et des Sports), les pouvoirs publics ne se désintéressent plus des infrastructures indispensables au développement de l'éducation populaire.

L'importance des initiatives privées

Le développement de l'éducation populaire fut essentiellement l'œuvre d'initiatives privées. Reprenant la tradition des cours publics instaurée à la fin de l'Ancien Régime (Condorcet donne des leçons au musée de Monsieur fondé en 1781 par Pilâtre des Rosiers), l'Association polytechnique pour le développement de l'instruction populaire ouvre en 1830 des cours de français, de mathématiques, etc. Auguste Comte fut un des professeurs. L'éducation populaire s'enracine dans la vie ouvrière où le rôle du compagnonnage ne se limite pas à la formation professionnelle. Le renforcement du mouvement ouvrier et la prise de conscience des problèmes sociaux favorisent la naissance de nombreux mouvements d'éducation populaire. Trois mouvances peuvent être distinguées.

La mouvance chrétienne qui comprend :
– les Unions chrétiennes de jeunes gens (UCJG, protestantes) créées en 1850, qui rejoignent en 1905 les mouvements laïques ;
– l'Action catholique de la jeunesse française, créée en 1886 (ACJF) – ses instruments d'action se spécialisent selon les milieux : Jeunesse ouvrière chrétienne (JOC) et Mouvement rural de jeunesse chrétienne ;
– le Sillon, le mouvement de Marc Sangnier, qui milite pour un christianisme social ; condamné par le pape, il se dissout en 1910 ;
– les équipes sociales, de 1920 à 1936, composées de catholiques avec des animateurs des écoles Polytechnique et Centrale ; – le mouvement « La vie nouvelle » apparaît après la Seconde Guerre mondiale.

Les mouvements laïques

La Ligue de l'enseignement, créée par Jean Macé en 1866, forme le cadre d'une action ultérieure facilitée par la laïcisation de la société et le recrutement populaire des écoles normales. Mais c'est au moment de l'affaire Dreyfus, sous l'impulsion de la Ligue des droits de l'homme formée à cette époque que l'intelligentsia républicaine anime les universités populaires (cours et conférences).

L'activité syndicale

La Confédération générale du travail (CGT) ouvre en 1931 le Centre confédéral de l'éducation ouvrière (CCEO) avec des cours oraux, des cours par correspondance et, à partir de 1936, des émissions radiophoniques. Les Collèges de travail, en liaison avec le CCEO, démultiplient cette action. Peuple et culture est né à la Libération en liaison avec l'activité du Centre d'éducation ouvrière de Grenoble.

L'actualité de l'éducation populaire

Aujourd'hui, une structuration sociale plus complexe et l'élévation du niveau scolaire font apparaître l'inégalité culturelle comme une distance interculturelle et interethnique. Pour rester fidèle à son refus originel d'une telle inégalité, l'éducation populaire a inventé d'autres stratégies que la compensation à l'insuffisance scolaire. Elle cherche la démocratisation du savoir, c'est-à-dire le partage du savoir et du « savoir-apprendre ». Les rencontres intellectuels-ouvriers du début du siècle révélaient l'obstacle du langage. Cet obstacle se maintient sous une autre forme : malgré l'accroissement du bagage scolaire, la fracture entre savoir technocratique, « savant », et savoir populaire est toujours sensible. Pour aider les apprenants, l'éducation populaire cherche à les impliquer, intellectuellement et affectivement, implication à partir de laquelle Peuple et culture a développé sa pédagogie de « l'entraînement mental ». Un deuxième axe d'action réside dans l'effort de démocratisation culturelle. Cet effort porte surtout sur les jeunes, par l'incitation aux activités communautaires, – c'était le sens des Auberges de la jeunesse et de bon nombre d'initiatives de 1936 –, mais aussi sur le grand public, selon deux modalités.

La première consiste à offrir l'accès à des biens culturels de valeur universelle. L'offre de voyages ou de spectacles, particulièrement de théâtre – on retrouve les ambitions qui motivèrent la création par la CGT du Théâtre du peuple avant la Seconde Guerre mondiale et celle du Théâtre national populaire après la Libération – se fait au niveau des comités d'entreprise, agissant eux-mêmes par l'intermédiaire d'organismes comme Tourisme et travail et Travail et culture. Le développement des ciné-clubs et des bibliothèques départementales de prêt cherchent également à conquérir le grand public.

La deuxième modalité substitue à l'offre d'une culture posée a priori une attitude d'attention aux besoins et aux potentialités du public. Après 1945, grâce en partie à l'expérience de la résistance et des camps de prisonniers, on découvre qu'au-delà de l'inégalité des savoirs, tous les individus possèdent une expérience et qu'on peut les aider à la faire fructifier. Cette valorisation des richesses intérieures et de la créativité supposées de chacun se traduit par un encouragement à diverses activités expressives – théâtre, danse, peinture, etc. – et exige une démarche nouvelle de formation et d'information : l'animation, particulièrement privilégiée dans les maisons des jeunes et de la culture. La professionnalisation du personnel de ces dernières – dont témoignent de nombreux textes sur la fonction d'assistant départemental d'éducation populaire (circulaire du 16 janvier 1964), sur le Brevet d'État d'animateur technicien de l'éducation populaire et de la jeunesse (décret du 14 mars 1986), sur le statut des chargés d'éducation populaire et de la jeunesse (décret du 10 juillet 1985) – fait de la Fédération française des maisons de jeunes et de la culture une grande fédération d'éducation populaire. Centrée sur la relation et la demande sociales, l'animation socioculturelle a été critiquée pour avoir négligé la référence à la qualité des œuvres et à la nature des savoirs, ou méconnu l'exigence artistique des créateurs.

L'éducation populaire est voisine mais distincte de l'éducation permanente, de la formation continue, de la formation des adultes, de l'alphabétisation, de la lutte contre l'illettrisme. Les outils multimédias – CD-ROM, radio, télévision, particulièrement la Cinquième, chaîne du savoir – fournissent des moyens nouveaux aux mouvements d'éducation populaire, mais leur activité s'en distingue. Malgré l'intrusion du professionnalisme, l'éducation populaire reste imprégnée du militantisme de ses débuts et, comme toute éducation, elle est de nature politique par son ambition de donner à chacun le pouvoir et la liberté de faire les choix qui construisent sa culture.

BIBLIOGRAPHIE

B. Cacérès, *Histoire de l'éducation populaire*, Seuil, 1964.

G. Poujol, *L'Éducation populaire : Histoires et pouvoirs*, Éd. Ouvrières, 1981.

J. Dumazedier, *Révolution culturelle du temps libre, 1968-1988*, Méridiens Klincksieck, 1988.

➤ **Voir aussi** Bibliothèque, Éducation permanente, Formation continue, Formation des adultes, Illettrisme, Télévision.

ENSEIGNEMENT PROGRAMMÉ

L'enseignement programmé a connu une brève carrière dans les décennies 50 et 60. L'apparition des ordinateurs, la contestation des principes sur lesquels il était fondé, le surgissement de la pédagogie par objectifs, ont rapidement effacé cette tentative pédagogique.

Le modèle auquel la rattacher est issu des travaux de psychologues behavioristes américains, dont Skinner est le plus connu. Le comportement observable de l'individu définit la réussite, dans une tâche donnée, s'il accomplit cette tâche selon les critères qui ont été eux-mêmes érigés comme étant ceux de la réussite. Cette objectivité ne s'interdit pas d'inférer, à partir des comportements observés, certaines hypothèses sur les cheminements cognitifs du sujet. Le comportement – verbal ou en action – reste cependant le seul terrain indiscutable. Dans l'hypothèse d'un savoir à acquérir, seules les réponses comportementales seront donc prises en compte. La complexité de l'apprentissage se prêtant mal à une réponse unique, il y a lieu de morceler la tâche en autant d'items que nécessaire, pour que les étapes de l'apprentissage soient parcourues, et chacune sanctionnée comme réussite ; la non-réussite à un item suppose que l'on revienne en arrière, afin de rétablir la continuité et d'aboutir au succès.

La tâche de l'enseignement programmé est donc de décomposer tout apprentissage en un algorithme rigoureux, et de faire franchir les étapes à l'élève, qui peut d'ailleurs se corriger lui-même et revenir à l'étape précédente.

Les difficultés auxquelles se sont heurtées ces théories sont de deux ordres. D'une part, le critère comportemental a paru trop rigide et éloigné de la complexité des réactions authentiques d'un sujet, seules réelles et intéressantes. D'autre part, la possibilité d'analyser en items successifs les savoirs à enseigner est loin d'être avérée pour toutes les formes d'acquisitions. Si la robotique industrielle a pu, en effet, décomposer des mouvements humains complexes pour établir et informatiser des modèles, cette décomposition paraît arbitraire, à tout le moins, ou impossible, s'il y a lieu de décomposer, par exemple la phrase de Tacite qu'un élève a à traduire. Car l'addition des difficultés morphologiques ou syntaxiques ne résout pas le « tour » de l'écrivain, les sous-entendus du langage, les systèmes de références qui s'y déploient et autres difficultés. En outre, cet algorithme risque d'être demesuré.

Par la définition d'un « observable » incontestable, par l'idée d'une programmation rigoureuse, et même par celle d'autocorrection, l'enseignement programmé a préparé la voie à l'enseignement par objectif, à la définition des objectifs en général qui fait partie de l'évaluation, comme à des formes accrues d'autonomie à l'école, à tous niveaux.

BIBLIOGRAPHIE

B.S. Bloom, *Taxonomie des objectifs pédagogiques*, Les presses de l'université de Québec, 1969.

J. Poczstar, *La Définition des objectifs pédagogiques*, ESF, 1969.

B.F. Skinner, *La Révolution scientifique de l'enseignement*, P. Mardaga, 1968.

➤ Voir aussi Apprentissage, Cognitivisme, Évaluation, Neurosciences, Objectifs (pédagogie par), Programmation.

ÉQUIPE PÉDAGOGIQUE

Le mot équipe, réservé pendant longtemps aux sports, ou aux groupes d'ouvriers se remplaçant les uns les autres dans certains ateliers, a pris une extension considérable depuis une vingtaine d'années. Le travail, en des domaines extrêmement variés, est conçu comme le fait d'une équipe, et non d'un groupe d'individus. Les interactions y sont un principe même de fonctionnement, dans la mesure où les tâches, complexes, sont nécessairement pluridisciplinaires, appelant le concours concerté de plusieurs spécialistes.

Mais sans doute, en dehors de cette nécessité d'associer des compétences multiples, s'agit-il aussi d' une conception différente du travail et des relations qui doivent exister dans le travail. Les coopérations techniques se doublent de coopérations humaines. La qualité des relations humaines dans l'entreprise est aujourd'hui reconnue comme un des facteurs de progrès ou d'échec dans cette entreprise. Le mot équipe a, en effet, revêtu selon les contextes où il apparaissait une signification plus fonctionnelle ou une signification plus psychologique et affective.

Étaient essentiellement fonctionnelles les équipes associées dans une même responsabilité : les pilotes d'un avion, les médecins et l'ensemble du personnel hospitalier d'un même service, les collaborateurs d'un chef de projet technique ou scientifique, ou autres exemples analogues. Sont idéologiques et affectives les équipes de volontaires qui s'associent pour réaliser une tâche dont tous les membres partagent la visée, qui ont les mêmes idéaux, ou une même foi, et engagent leur effort vers les mêmes résultats. Sont également idéologiques et affectives – dans un registre plus modeste – les coopérations de bonne volonté, où s'effectue une addition de forces ou de ressources, pour aider, partager des contraintes, se remplacer, toute action de camaraderie. Mais ces distinctions, tout en demeurant réelles, sont allées en s'amenuisant dans la mesure où les notions de tâche commune, de projet commun, de co-responsabilité, définissent de plus en plus le travail contemporain. Elles apparaissent même dans des domaines où, traditionnellement, étaient plus évidents des rapports de force que des rapports de coopération, par exemple dans les entreprises industrielles ou commerciales.

Les équipes éducatives et enseignantes

L'école et l'établissement tendent à être compris aujourd'hui comme animés par une équipe éducative, regroupant les fonctions et les rôles assumés par des administratifs, des gestionnaires, des enseignants, des personnels d'éducation, des techniciens. Cette équipe éducative peut s'ouvrir encore à des personnes qui ne font pas partie de façon organique d'un établissement en particulier, mais qui sont intéressées à son devenir et à sa réussite : des élus locaux, les membres du conseil d'administration ou du conseil d'école, des administrateurs de tutelle comme les inspecteurs de l'Éducation nationale, les médecins de l'Éducation nationale, des psychologues ou des conseillers d'orientation, des assistantes sociales de quartier, les parents d'élèves. La responsabilité commune des uns et des autres se concrétise, pour un établissement donné, essentiellement, quoique non exclusivement, dans le projet d'école ou le projet d'établissement.

Des équipes spécifiquement enseignantes – c'est-à-dire moins larges que les équipes éducatives – peuvent s'agréger dans certaines structures internes à l'établissement. Le professeur principal d'une classe, par exemple – fonction créée en 1963 et redéfinie en 1993 (circulaire du 21 janvier) – a la responsabilité de coordonner tous les professeurs exerçant dans cette même classe ; en ce sens, une équipe se forme autour de lui, pour le suivi de chaque élève de la classe. Dans certaines disciplines, un professeur coordonnateur est désigné, qui rassemble autour de lui les professeurs de même discipline en une équipe compétente pour les diverses tâches qu'implique cet enseignement : c'est le cas de l'éducation physique et sportive. Les professeurs appartenant à la même discipline peuvent créer un « département » qui s'intéresse aux questions pédagogiques relatives à cette discipline, à la recherche qui lui est propre, aux évaluations à mettre en place ou autres tâches transversales. Enfin, il existe des équipes plus temporaires. Ce sont surtout les projets qui ont nécessité la création de telles équipes : projets d'action éducative, projets pédagogiques propres à une classe ou à plusieurs classes, à l'intérieur du projet d'établissement, projet de la zone d'éducation prioritaire éventuellement, projet d'intégration d'un élève handicapé, projet d'aménagement du temps scolaire, pour ne citer que les plus importants.

Des incitations multiples ont été adressées aux instituteurs et professeurs des écoles, notamment après la loi d'orientation de 1989 et aux professeurs, pour qu'ils acceptent ce travail en équipe. Des réticences se sont fait jour, dans la mesure où les habitudes portaient plutôt vers un travail individualisé, et parce que l'incitation n'était pas toujours mesurée : l'équipe, en effet, ne résout pas tous les problèmes, toutes les tâches ne sont pas partageables, le fonctionnement exclusif en équipes peut dissoudre les responsabilités au lieu de les fortifier, et il exige parfois beaucoup de temps. Le travail de l'enseignant ne se partage guère si l'on ne considère que celui qu'il assure face à une classe ; en revanche, toutes les configurations pédagogiques qui supposent l'éclatement de la classe – travail par atelier, responsabilité partagée dans un projet, compétences complémentaires dans l'animation d'un club – ou responsabilité vis-à-vis du suivi ou de l'orientation d'un élève, expérimentation de méthode, recherche pédagogique ou travaux d'évaluation, ne se conçoivent qu'en équipe.

Le métier d'instituteur ou de professeur a subi et subit encore de profondes évolutions : ces formes renouvelées de travail en sont une preuve.

BIBLIOGRAPHIE

R. Mucchielli, *Communication et réseaux de communications*, ESF, 1991.

Ohno Taiichi, *L'Esprit Toyota*, Masson, 1989.

➤ Voir aussi Chef d'établissement, Directeur d'école, Discipline, Éducation physique et sportive, Évaluation, Projet, Projet d'action éducative (PAE).

ÉRASME Desiderius Erasmus (1469-1536)

Né à Rotterdam (vers 1469), mort à Bâle en 1536. Il étudie dans une école des Frères de la vie commune près de Gouda, puis au collège Montaigu à Paris. Le traducteur en latin du *Nouveau Testament*, l'auteur de l'*Éloge de la folie*, l'éditeur d'œuvres patristiques et de nombreux classiques latins et grecs est la figure marquante de l'humanisme érudit du XVIe siècle. Il influence toute la pensée européenne, y compris dans le domaine pédagogique.

Il a pourtant peu enseigné. Il a donné des cours de grec à Cambridge de 1509 à 1513 et, dans son errance à travers l'Europe, assumé parfois des charges de précepteur. Néanmoins, ses traités spécifiquement pédagogiques, *De ratione studii* (1511) pour les enfants de 12 à 15 ans, *De pueris instruendis* (1529) pour ceux de 3 ans, *Les Colloques* (1516), *De civilitate morum puerilium* (1530), manuel de civilité pour les enfants, font d'Érasme « un théoricien de la pédagogie pratique ». Ses idées inspirent le théologien anglais John Colet qui fonde la *Saint Paul's school*, décrite par Érasme dans une lettre où le mot classe est employé pour la première fois. Le développement des *grammar schools* au XVIe siècle s'est accompli par référence principale aux ouvrages d'Érasme.

Pour Érasme, « les hommes ne naissent point hommes, ils le deviennent ». L'éducation se charge de les amener à être les artisans de leur destin d'hommes. Trois conceptions dominent la pédagogie érasmienne.

– **Le naturalisme,** c'est-à-dire une éducation conforme à la nature. Il faut prendre en compte la plasticité de l'enfant – d'où un cursus adapté au développement de l'être en croissance –, l'importance de l'habitude, le besoin de toute activité en rapport avec la spontanéité enfantine – d'où le rôle du jeu comme exercice de détente.

– **Le rationalisme** ou reconnaissance de l'individu et de son pouvoir de disposer librement de sa raison. L'usage de l'esprit critique, l'entraînement naturel de la mémoire – Érasme condamne les expédients mnémotechniques chers à la scolastique –, l'étude de la littérature antique (on doit à Érasme notre prononciation du grec ancien, dite prononciation érasmienne), la préparation morale et religieuse, l'acquisition de l'expression élégante doivent restituer à l'individu son libre pouvoir de juger. Durkheim voit dans cette éducation une préparation à la vie dans un milieu privilégié. L'éducation érasmienne vise la totalité de la personne. L'éducation du corps est prise en considération, non pour développer celui-ci dans une perspective sportive d'athlétisme (« Nous ne voulons pas faire de notre élève un Milon »), mais comme moyen de policer le comportement enfantin. La *Civilité puérile* apprend à se moucher, à saluer, à se tenir devant l'adulte, à lui répondre.

– **L'empirisme méthodologique.** Rien ne remplace la pratique. *De ratione studii* préconise une méthode concrète pour assimiler la grammaire (l'enseignement est en latin). Au lieu d'étudier ses règles dans l'abstrait, l'élève les découvre à partir des textes. D'où l'importance de l'explication préalable (*praelectio*) donnée par le maître : éloge de l'auteur et de son œuvre, caractérisation du genre littéraire auquel appartient le texte, ligne directrice de la pensée, examen de l'ordre des phrases et de la signification des termes, repérage des archaïsmes, des néologismes, des tournures élégantes, conclusions philosophiques ou morales et profit que l'on peut tirer du texte. Des citations latines ou grecques, illustrant ces règles et apprises par cœur, facilitent la mémorisation.

BIBLIOGRAPHIE

J.-Cl. Margolin, *Érasme, précepteur de l'Europe*, Julliard, 1995.

E. Le Roy Ladurie, *Le Siècle des Platter, 1499-1628*, t. 1, « Le mendiant et le professeur », Fayard, 1995.

A. Berchtold, *Bâle et l'Europe, une histoire culturelle*, Payot, 1990.

➤ **Voir aussi** Classe, Durkheim, Éducation, Éducation civique, Jésuites, Jeu.

ERREUR

D'une manière générale, nous pouvons appeler « erreur » une réponse non conforme à ce qui est attendu et donné comme vrai. La représentation de l'erreur relève d'abord d'une évaluation de son adéquation à la vérité. Cette appréciation qui s'inscrit dans la tradition d'une pensée philosophique, traduit une conception neutre de l'erreur. Dans les tests de niveau scolaire ou d'intelligence, l'erreur se conçoit pareillement comme l'indicateur pertinent qui permet de constater objectivement si l'élève a acquis telle notion ou atteint telle compétence ou encore tel niveau de développement cognitif.

L'erreur vue négativement

Il existe aussi une conception négative de l'erreur qui traduit l'interprétation donnée au niveau soit de ses causes présumées, soit de ses conséquences qui sont alors jugées négativement. Ainsi, la cause de l'erreur peut être attribuée à une défaillance de son auteur dans le domaine du comportement (attention) ou des capacités (savoirs, raisonnement). Cette acception, usuelle dans le domaine scolaire, tend à mettre l'accent par exemple sur le mauvais travail de l'élève qui « n'apprend pas ses leçons » ou « ne fait pas attention ». On comprend que, dans ce cadre, l'erreur prenne une connotation morale en devenant une « faute ». Cette attitude a souvent pour effet d'occulter la valeur fonctionnelle de l'erreur.

Une autre raison d'échapper à l'interrogation sur le rôle positif de l'erreur semble liée à des normes institutionnelles d'évaluation du travail de l'élève d'une part, de conduite de l'action du maître d'autre part. Ainsi, la valorisation excessive qui peut être accordée à l'évaluation sommative se nourrit de la fréquence des erreurs comme indicateur principal et descripteur patenté : la mauvaise note devient la sanction légitime de l'élève qui a produit... trop de fautes. La réussite scolaire jugée à l'aune des bonnes notes implique le marquage de l'échec par les mauvaises notes. Cette problématique participe de la logique de l'examen dont la finalité distributive soulignée par tous les psychologues de l'éducation – il s'agit de faire la distinction entre les élèves jugés dignes d'être admis et les autres –, influence en amont la conception de la notation et le statut de l'erreur.

Que l'erreur apparaisse comme incongrue tient aussi aux représentations que l'élève et le maître partagent à propos des caractéristiques formelles du travail scolaire « bien fait ». Comme un artisan, l'écolier doit graver par ses écrits la quintessence de son œuvre qui ne doit supporter ni rature, ni rectification. De la période tâtonnante où les erreurs pouvaient rendre compte des essais infructueux effectués par l'élève, il ne reste qu'un brouillon qui, comme son nom l'indique, révèle une sorte de chaos initial dont l'aspect négatif doit disparaître et être rapidement oublié. Bien des pratiques pédagogiques n'accordent pas, entre le temps de la leçon et celui du corrigé-type de l'exercice d'application, la place centrale qui revient au temps « pour l'erreur ».

L'erreur dans une conception positive

Dans une conception positive, l'erreur traduit les incertitudes du cheminement de l'élève vers l'appropriation de connaissances. Cet itinéraire est semé d'embûches quand les acquis de base sont insuffisamment consolidés et dans ce cadre, l'erreur constitue, pour le maître, un indice important du savoir initial de l'élève ; elle traduit les manifestations des obstacles qu'il rencontre et invite alors le maître à procéder à des adaptations de sa pédagogie ; l'erreur prend ainsi une place déterminante dans la mise en œuvre du contrat didactique.

Jusqu'à une époque récente, les travaux effectués sur le thème de l'erreur aboutissaient à des analyses faites en termes sociologiques, psychologiques ou disciplinaires, mais les interprétations des erreurs situaient celles-ci hors des processus d'apprentissage. Depuis les années 80, d'autres recherches se sont développées, notamment en mathématiques, et ont conduit à considérer l'erreur comme un élément du processus didactique, c'est-à-dire comme une information dont il faut élucider les composantes pour construire, à partir de cette clarification, une connaissance correcte.

Cette conception positive de l'erreur avait été pourtant développée, depuis longtemps, dans les travaux d'épistémologie des sciences de G. Bachelard mais aussi dans les recherches plus cliniques de J. Piaget. Si le premier a dégagé la notion d'obstacle épistémologique en démontrant que le traitement de l'erreur est le passage obligé pour accéder à la connaissance, le second a montré que le sujet en situation d'apprentissage passe par des phases d'équilibre et de déséquilibre pour atteindre une solution optimale compte tenu des moyens dont il dispose.

Dans le prolongement de ces travaux, on peut dire que l'accès à la connaissance passe par l'identification des conceptions erronées et leur remplacement par des conceptions correctes. L'erreur occupe donc une place essentielle dans le processus d'appropriation de la connaissance et son rôle, dépouillé de l'empreinte morale qui l'accompagnait trop souvent, se trouve valorisé.

BIBLIOGRAPHIE

G. Bachelard, *La Formation de l'esprit scientifique*, Vrin, 1967.

J. Piaget, *La Psychologie de l'intelligence*, Armand Colin, 1973.

J. Piaget, *Psychologie et pédagogie*, Gallimard, 1988.

➤ Voir aussi Cognitivisme, Constructivisme, Contrat didactique, Résultats scolaires.

ÉTABLISSEMENT SPÉCIALISÉ

Les établissements spécialisés sont des structures d'éducation, de rééducation et parfois de soins, qui accueillent des enfants et adolescents ne pouvant fréquenter, pour des raisons diverses – existence d'un handicap, de troubles importants de la personnalité ou du comportement, situation familiale perturbée – les établissements ordinaires d'enseignement.

Les établissements spécialisés, même s'ils concernent une faible partie de la population scolaire, recouvrent une grande diversité de types de structures et de modes de fonctionnement. Pour la clarté de la présentation, il convient de faire la distinction entre les établissements qui relèvent directement de l'Éducation nationale et ceux qui sont placés sous la tutelle du ministère de la Santé publique et de l'Assurance maladie.

Les établissements spécialisés de l'Éducation nationale

Les écoles régionales du premier degré (ERPD)

À l'origine, écoles nationales du premier degré, elles accueillent en internat ou semi-internat et scolarisent des enfants séparés de leurs parents pour des causes diverses : enfants de militaires, de forains, de mariniers ou enfants de foyers désunis. Créées en 1954, ces écoles étaient entretenues par l'État. L'application de la loi de décentralisation de janvier 1985 a entraîné leur transformation en écoles régionales du premier degré (ERPD), ayant le statut juridique d'établissement public local d'enseignement (EPLE) dépendant de l'unité territoriale : la région. Ces écoles régionales sont peu nombreuses et ne se sont pas développées, on en compte neuf en 1995 accueillant moins de mille enfants. La politique d'intégration scolaire qui prévaut depuis la décennie 1970-1980 tend à faire scolariser les élèves dans les écoles primaires les plus proches, certains demeurent scolarisés dans l'établissement.

Les établissements régionaux d'enseignement adapté (EREA)

À l'origine, écoles nationales de perfectionnement, ces établissements reçoivent des élèves dont le handicap, associé souvent à une situation familiale difficile, ne leur permet pas d'être admis dans des classes spécialisées des écoles ordinaires et des collèges.

Ils accueillent des élèves de plus de 12 ans (quelques établissements ont des sections d'enseignement élémentaire). Leur recrutement est en principe national ; en fait, priorité est donnée aux élèves de la région. L'accueil se fait en internat ou semi-internat.

En 1995, on compte 82 EREA. Chacun d'eux est spécialisé dans la prise en charge d'un type de handicap. Il existe des établissements pour l'accueil des handicapés mentaux, d'autres pour les déficients sensoriels (sourds ou aveugles), d'autres encore pour handicapés moteurs, enfin quelques établissements sont destinés aux adolescents atteints de troubles du comportement. Au total, environ 12 000 élèves sont pris en charge dans les EREA.

Comme pour les écoles régionales du premier degré, l'application de la politique de décentralisation de 1985 a fait des anciennes écoles nationales de perfectionnement des établissements publics locaux d'enseignement disposant, à l'instar des collèges et des lycées, d'une autonomie pédagogique et éducative et d'un budget spécifique.

Ces établissements assurent la scolarisation des adolescents qu'ils reçoivent sur décision des commissions d'éducation spéciale et dispensent une formation professionnelle adaptée, tenant compte de la nature et de l'importance du handicap des élèves. Le chef d'établissement, titulaire du diplôme de directeur d'établissement d'éducation spécialisée et adaptée, est secondé dans ses tâches pédagogiques par un éducateur principal et un chef de travaux. Les enseignants sont des instituteurs ou professeurs des écoles spécialisés et des professeurs de lycée professionnel de spécialité. L'action éducative est assurée par des instituteurs-éducateurs ayant eu une formation spécifique. Dans le domaine médicosocial, les adolescents bénéficient de la présence d'une équipe médicale (médecin d'internat, médecin de santé scolaire, médecin psychiatre, infirmière, assistante sociale). Lorsque le handicap sollicite des interventions plus techniques (notamment le handicap sensoriel ou moteur), des spécialistes dispensent les actions d'apprentissage et de soins nécessaires, en coordination avec les membres des équipes éducative et pédagogique.

Par des dispositions réglementaires prises en 1995, les établissements régionaux d'enseignement adapté ont vocation à devenir des lycées d'enseignement adapté (LEA). Ils seront donc amenés progressivement à être reconnus comme des lycées à part entière.

Mais l'Éducation nationale n'a pas toujours été en mesure de faire face à l'accueil de tous les enfants et adolescents handicapés d'autant que, pour certains d'entre eux, les aspects médicaux, thérapeutiques, éducatifs et rééducatifs des prises en charge s'avéraient massifs et prioritaires. Aussi de nombreux établissements spécialisés ont été créés et sont placés sous la tutelle du ministère de la Santé publique et de l'Assurance maladie, l'Éducation nationale étant présente pour assurer la scolarisation des enfants et adolescents accueillis.

Les établissements spécialisés du ministère de la Santé publique et de l'Assurance maladie

Les établissements médico-éducatifs

Créés à l'initiative d'associations régies par la loi de 1901 (associations à but non lucratif), ces établissements sont de statut privé mais, agréés par la Sécurité sociale, ils sont placés sous le régime des établissements de soins et fonctionnent avec un budget subventionné et contrôlé par le ministère de la Santé publique et de l'Assurance maladie.

On distingue les instituts médico-pédagogiques (IMP) qui accueillent les enfants handicapés jusqu'à l'âge de 12 ans et les instituts médico-professionnels qui prennent le relais et reçoivent les adolescents handicapés jusqu'à l'âge de 18 ans, parfois même jusqu'à 20 ans. Placés sous la responsabilité d'un directeur qui possède un diplôme spécifique, ils assurent des soins grâce à l'intervention d'un personnel médical et paramédical et une action éducative par des éducateurs spécialisés. Les enfants et adolescents handicapés étant soumis à l'obligation scolaire, l'enseignement est confié à des instituteurs publics spécialisés dans le cas où l'association gestionnaire a sollicité l'ouverture de classes publiques au sein des établissements dont elle a la charge. Une formation professionnelle adaptée est assurée par des éducateurs techniques spécialisés.

L'admission dans ces établissements, préparée en étroite relation avec les parents, est effectuée par les commissions d'éducation spéciale.

Les établissements socio-éducatifs

Ils recouvrent les foyers d'aide sociale à l'enfance et les maisons d'enfants à caractère social. Dépendant, soit directement des institutions sociales, soit d'associations fondatrices, ils accueillent des enfants et adolescents en grande difficulté sociale orientés par les services sociaux ou les juges pour enfants.

Les établissements sanitaires

Ils comprennent les maisons à caractère sanitaire et de réadaptation fonctionnelle, les établissements de cure et de postcure ; ils reçoivent, sur prescription médicale, des enfants et adolescents présentant des déficiences somatiques. Dans ce registre, on peut également inclure les classes implantées dans certains hôpitaux publics pour assurer le suivi scolaire des enfants et des adolescents hospitalisés pour une longue maladie ou pour des traitements répétés.

Dans tous ces établissements sous contrôle de la Santé publique et de l'Assurance maladie, les interventions de soins sont étroitement associées aux actions éducatives et aux activités plus proprement scolaires. Leur mise en œuvre est caractérisée par un travail de partenariat entre personnels spécialisés de statuts divers mais qui agissent en faveur d'une évolution de l'enfant handicapé ou de l'enfant malade pris dans leur globalité.

En 1995, ces établissements accueillent dans leur ensemble une population d'environ 130 000 enfants et adolescents.

À ces établissements spécialisés, il faut ajouter des structures relevant du ministère de la Justice et qui reçoivent des adolescents placés par mesure éducative ou judiciaire à l'initiative des juges ou des tribunaux pour enfants. Enfin, dans certaines centrales pénitentiaires, des actions d'enseignement et de formation sont conduites en faveur de certains détenus. Sur l'ensemble de ces postes spécifiques sont nommés des enseignants spécialisés de l'Éducation nationale, titulaires du CAPSAIS.

➤ **Voir aussi** Classes spécialisées, Commission d'éducation spéciale, Intégration, Section d'éducation spécialisée.

ÉTUDE

Par opposition au cours professé par le maître, l'étude désigne le temps durant lequel l'élève, dans un lieu scolaire, fait ses devoirs et apprend ses leçons. Antoine Prost, opposant problématique de l'enseignement (la présentation du savoir) et problématique des études (travail des élèves), note que le rapport cours-étude qui était de 1 à 2 au XIXe siècle (en 1878, un lycéen interne passe chaque jour 7 heures 30 en étude) s'est aujourd'hui inversé de 2 à 1.

Malgré la diminution du temps consacré aux études, l'opportunité de ces dernières a toujours été reconnue par les établissements scolaires, soit pour combler un vide dans l'emploi du temps (les permanences), soit à l'école primaire après la classe du soir. Ces études surveillées, organisées par les municipalités ou les associations de parents d'élèves à l'école primaire, par les établissements ou les collectivités territoriales dans les collèges et les lycées, jouent un rôle d'accueil ; l'étude surveillée est un espace de discipline contrôlé par les responsables de surveillance. La nécessité d'apporter une aide au travail personnel des élèves conduit à l'idée d'études dirigées.

Dans les écoles primaires, à la suppression des devoirs hors du temps scolaire répond l'instauration d'études dirigées d'une durée quotidienne de trente minutes, obligatoirement mises en place pendant le temps scolaire. Conduites par le maître et s'adressant à tous les élèves – elles sont distinctes des activités de soutien en faveur des élèves en difficulté – elles ne doivent négliger ni privilégier aucune matière. Le maître aide l'élève à repérer les erreurs et à les rectifier, à bien présenter son travail, à apprendre une leçon. À travers les devoirs effectués, il s'assure de l'assimilation par l'élève de ses connaissances. Dans le cycle 3, en particulier au CM2, des séances peuvent être consacrées à une initiation aux méthodes de travail propres au collège. En aucun cas, les études dirigées « ne doivent constituer ni un apprentissage initial, ni une séquence d'évaluation systématique, ni une étude surveillée ».

Dans les collèges et lycées, les études dirigées sont, soit à l'initiative de l'établissement avec les professeurs, les documentalistes, les maîtres d'internat et surveillants d'externat, soit à l'initiative des collectivités territoriales avec des professeurs ou des intervenants extérieurs dont le niveau de formation est au moins équivalent au premier cycle universitaire. Le programme d'études dirigées (contenu, taille des groupes, durée, périodicité) défini par l'établissement est soumis au Conseil d'administration. Les études dirigées prolongent les activités d'enseignement par « un soutien didactique (remise à niveau disciplinaire), une aide méthodologique (exercices d'entraînement, organisation du travail, acquisition de méthodes, utilisation d'outils documentaires) et une stimulation psychologique (goût du travail autonome) ». Les cahiers de texte de classe et individuel permettent d'assurer la liaison avec les activités d'enseignement.

Au lycée, organisées autour d'une ou deux disciplines, bénéficiant surtout aux élèves proposés par les conseils de classe, effectuées en groupe d'une dizaine d'élèves, les études dirigées parachèvent l'action de celles des collèges pour aider les élèves à perfectionner leurs méthodes de travail.

L'étude au sens général du terme prend tout son rôle de réduction des inégalités sociales si des études dirigées accomplies préparent l'élève à travailler lors des études surveillées.

BIBLIOGRAPHIE

A. Prost, *Éloge des pédagogues*, Seuil, 1990.

Circulaire n° 94-226 du 6 septembre 1994 et circulaire n° 86-083 du 25 février 1986.

➤ Voir aussi Cahier de texte, Devoirs, Pédagogie, Soutien, Travail autonome, Travail personnel.

ÉVALUATION

Dispositif qui a pris naissance vers le milieu du XXe siècle dans les pays anglo-saxons et qui résulte de la transposition, dans le domaine de l'enseignement, de concepts et de modèles appliqués dès le XIXe siècle dans le monde de l'économie et en particulier dans l'industrie. En éducation, ce dispositif se situe dans le cadre de la mise en œuvre de la pédagogie par objectifs. L'évaluation vise, par des moyens scientifiques, à apprécier avec objectivité les effets d'une action pédagogique. Elle se distingue du contrôle en ce qu'elle ne juge pas des résultats par rapport à une norme définie en amont, de manière conventionnelle ; elle mesure une moyenne statistique et des écarts en fonction d'objectifs assignés.

Évaluation formative et évaluation sommative

En France, l'évaluation s'est développée vers les années 70 avec l'expression des courants de pensée qui ont promu la pédagogie d'éveil, notamment dans les enseignements maternel et primaire. Dès lors qu'il ne s'agissait plus uniquement d'apprécier des connaissances mais aussi des savoir-faire et des comportements, s'imposait la nécessité de modes d'évaluation aux objectifs nouveaux. Progressivement, une distinction s'est dégagée entre une évaluation dite « sommative » qui porte sur des résultats de groupes d'élèves et qui concerne la réalisation de programmes, et une évaluation dite « formative » qui analyse des situations complexes, des démarches d'études et des processus d'apprentissage variés. Cette forme d'évaluation met en évidence autant la performance réalisée que la méthode qui a été utilisée pour l'atteindre ; elle a un caractère permanent et fait partie intégrante des pratiques pédagogiques.

L'évaluation dans la classe

L'évaluation doit ainsi faciliter l'adéquation des enseignements aux possibilités des élèves, elle favorise la progression des enfants par une adaptation de l'action éducative.

Faisant usage d'outils appropriés, le maître analyse la progression des résultats d'un ensemble d'élèves puis de chaque élève, il peut ainsi situer l'individu par rapport à lui-même, dans un processus d'évolution personnelle. Par l'évaluation, il est en mesure de détecter les élèves qui se trouvent en difficulté et de concevoir en conséquence des actions individualisées. Il peut encore procéder à une analyse des erreurs relevées le plus fréquemment et travailler sur l'aspect didactique de certains apprentissages. Il est en position, enfin, d'effectuer une observation plus globale des points forts et des points faibles des résultats de sa classe et de modifier ses pratiques pédagogiques. L'évaluation constitue alors pour les maîtres un instrument indispensable au pilotage de leur propre enseignement.

L'évaluation du système éducatif

Progressivement le dispositif s'est élargi au recueil d'informations sur les différents aspects du système éducatif. De plus en plus, l'évaluation vise à décrire le fonctionnement des composantes du système, analyse le déroulement des actions entreprises pour observer leur efficacité, apprécier le degré de réalisation des objectifs et détecter les effets prévus et non prévus.

Les champs de l'évaluation sont vastes et multiples, ils peuvent cependant être regroupés en quelques grands domaines : outre les acquis des élèves, les politiques éducatives, les pratiques pédagogiques des enseignants, ils s'étendent aussi au fonctionnement des établissements scolaires, aux coûts de l'éducation... Si l'évaluation de certains domaines spécifiques relève de la compétence des corps d'inspection, celle d'autres secteurs appelle la participation conjointe des corps d'inspection et des services spécialisés du ministère de l'Éducation nationale, notamment la Direction de l'évaluation et de la prospective.

Les méthodes de l'évaluation

Les méthodes varient selon l'objet d'étude : quantitatives et s'appuyant sur des traitements statistiques lorsqu'il s'agit d'évaluer les niveaux de connaissances et de compétences des élèves ou les dépenses engagées par l'État en matière d'éducation, elles deviennent qualitatives et nécessitent une démarche d'expertise lorsque se trouvent évaluées les pratiques pédagogiques des enseignants ou les actions innovantes de politique éducative. Quelle que soit la méthode adoptée, l'évaluation tente de prendre en compte tous les éléments, notamment les données de l'environnement, qui influent sur l'objet à évaluer afin de l'appréhender dans sa complexité ; pour posséder le maximum de fiabilité, elle nécessite la définition de concepts pertinents, l'élaboration d'outils adaptés, l'utilisation de modèles d'exploitation performants.

L'utilisation de l'évaluation

L'évaluation ne se réduit pas à la présentation d'un constat. En relevant les dysfonctionnements, les insuffisances, les écarts mais aussi les pratiques fécondes et les innovations réussies, elle facilite les analyses comparées, permet de comprendre la diversité des situations et prodigue aux acteurs des données génératrices de modifications dans leur action. Ainsi l'évaluation contribue-t-elle à nourrir la réflexion sur l'amélioration du système éducatif et constitue un instrument d'aide à la décision.

Un tel dispositif ne se limite pas à l'éducation, il s'inscrit dans une préoccupation générale concernant le fonctionnement des institutions. Depuis les années 80, chaque ministère est engagé dans une démarche d'observation de l'efficacité de ses services et participe à des opérations périodiques de régulation dans le cadre de l'évaluation des politiques publiques.

BIBLIOGRAPHIE

C. Thélot, *L'Évaluation du système éducatif*, Nathan, 1993.

➤ Voir aussi Concours, Docimologie, Erreur, Examens, Résultats scolaires, Tests.

ÉVEIL

Le mot « éveil » apparaît en pédagogie à la fin des années 60, et il concerne l'enseignement élémentaire. Il se modifiera en 1977 en « activités d'éveil ». L'usage le circonscrira à des procédures et des champs d'application qui l'éloigneront de sa signification générale. Si, en effet, l'éveil est le passage d'un état atone à un état de vigilance, il devrait y avoir éveil dans de multiples domaines et sans doute dans tous. Éveil sensoriel, éveil artistique, éveil intellectuel au sens large.

L'usage, donc, a restreint l'éveil aux disciplines telles que l'histoire, la géographie, les sciences et sans doute les arts. Il n'y a pas d'éveil en mathématiques, ni en français (à l'exception de l'éveil poétique).

L'origine de cette notion doit sans doute être recherchée à la fois dans la psychologie des apprentissages de l'enfant, dans la critique des disciplines telles qu'elles sont conçues dès l'école élémentaire, enfin dans l'esprit qui a soustendu pendant des décennies le courant pédagogique des méthodes actives.

En effet, les notions et les concepts fondamentaux qui sous-tendent l'histoire, la géographie et les sciences paraissent peu accessibles aux enfants jeunes, qu'il s'agisse du temps, de la durée, des successions temporelles, de l'espace, ou de la causalité. Les vocabulaires des mêmes disciplines sont également difficiles et ne paraissent à peu près maîtrisés que vers douze ou treize ans. Il ne convient donc pas d'enseigner trop tôt, mais de faire observer, expérimenter à partir du réel et d'apprendre à utiliser une documentation. Le travail qui s'opère pendant les premières années n'est pas inexistant, au contraire, il est fondamental : l'apprentissage devrait tenir compte de l'activité personnelle du sujet, des tâtonnements successifs qui lui sont nécessaires, des réorganisations de ses représentations au fur et à mesure d'acquisitions nouvelles. Ces démarches de la pensée, postulées par Piaget et par l'école constructiviste, excluent un apprentissage linéaire, allant du simple au complexe, l'inculcation de définitions abstraites, qui courent toujours le risque de déréaliser le savoir et de ne fournir à l'apprenant qu'un semblant de connaissance, répété plus qu'acquis.

L'éveil, en tant que démarche pédagogique, se proposa donc de susciter la curiosité de l'enfant, de l'amener à regarder, à interroger ce qui lui est proposé et à construire, avec son maître, de modestes synthèses qui s'enrichiraient au fil des années. On parlait beaucoup à ce moment de « spirale » de la connaissance, laquelle s'élèverait en reprenant les mêmes sujets, approfondis à chaque spire. Cette image représente assez bien le type d'apprentissage envisagé. Un champ de fouilles, un objet, comme une antique lampe à huile, une ampoule électrique, une vue aérienne de paysage, et mieux encore un baptême de l'air, l'examen du cadastre de la commune au XIXe siècle, une usine désaffectée ou en exercice, la flore du fossé derrière l'école, ou la faune d'une haie, seraient des exemples de travaux historiques, géographiques, biologiques concrets, attrayants, dans lesquels ancrer les concepts fondamentaux des principales disciplines.

Cette éducation à la Rousseau – revue à la lumière des psychologues contemporains – a sûrement de quoi séduire et est certainement porteuse d'une très intéressante démarche d'apprentissage. Elle s'est heurtée cependant à d'énormes difficultés dont les principales paraissent être :

– la dispersion des sujets – ils sont en nombre infini et ne fournissent pas les concepts et notions qui assurent la cohérence d'une discipline ; ils n'assurent pas non plus, d'une école à l'autre, un corpus de connaissances partagées par une même classe d'âge, ce qui rend difficile les changements d'école ;

– les tentations d'élargissements possibles, et incontrôlés, de ces sujets – par exemple, la culture équatoriale du cacao peut mener à de la géographie physique ou économique, à la technologie de transformation, à l'histoire du chocolat, à la diététique... au risque d'aboutir au chaos ;

– l'illusion que les choses, pour être concrètes, sont plus simples – une usine est un système très complexe et même en bornant l'ambition à un « éveil », les problèmes techniques, économiques et humains qui y sont rassemblés sont trop difficiles pour être seulement perçus par des enfants ;

– la qualification des maîtres : explorer une haie suppose un savoir maîtrisé et un savoir-faire que l'on ne peut retrouver, pour tous les sujets, dans toutes les disciplines, chez chaque instituteur ou professeur des écoles ;

– l'illusion que la documentation peut tenir lieu de savoir – une page d'encyclopédie informe, elle ne fournit pas la maîtrise des notions fondamentales ; au contraire, elle les suppose ;

– l'appréhension très vive des enseignants devant ces nouvelles tendances, le fait qu'aucune formation suivie n'ait été envisagée pour le personnel enseignant, contrairement à ce qui s'était passé pour les mathématiques dites nouvelles, ou la rénovation du français, dans les mêmes années.

La dérive de certaines expériences a abouti à deux résultats contradictoires : l'abandon par de nombreux maîtres de disciplines qu'ils n'osaient plus enseigner comme ils en avaient l'habitude et qu'ils ne savaient pas enseigner autrement – et le déchaînement d'une polémique acerbe contre un enseignement qui pratiquement n'existait pas. En histoire, l'opinion publique s'alarma de la disparition ou de l'affaiblissement de la discipline, suscitant l'arbitrage du président de la République qui commanda une mission et une étude particulière sur le sujet (Rapport Giraud).

L'éveil fut donc remplacé par un retour aux disciplines traditionnelles, mais le détour, pour chaotique qu'il fût, avait néanmoins été salutaire. Les acquis de cette expérience peuvent être résumés par quelques remarques :

– l'apprentissage trop livresque était dénoncé une fois de plus ;

– le rôle de l'étonnement, de la curiosité, de l'expérimentation se trouvait souligné comme moteur des apprentissages ;

– le rôle irremplaçable du sujet dans sa propre formation était réaffirmé ;

– la croyance en un résultat de l'enseignement, acquis, quasi définitif, et susceptible seulement de révisions, se voyait ébranlée par la notion de représentation et de ses transformations progressives ;

– la mise en évidence de la fécondité d'une certaine interdisciplinarité était réalisée. Des perspectives systémiques sur les connaissances se font jour, d'ailleurs, à cette même époque, dans l'enseignement.

Le retour à des pratiques éprouvées ne pouvait se faire sans une transformation importante. Les programmes et instructions de 1985, en effet, introduisent le retour à la distinction des disciplines ; ils laissent cependant une place non négligeable à des « sujets d'études » qui reprennent les principes de l'éveil. Ces principes ne sont pas effacés des programmes de 1995, qui en retiennent les démarches. Les acquisitions au cycle 3 en histoire et géographie se font, disent ces programmes, « grâce à des démarches où se croisent des activités simples, mais réelles, de recherche et grâce à l'acquisition plus systématique de connaissances organisées ».

BIBLIOGRAPHIE

F. Best, *Pour une pédagogie de l'éveil,* Armand Colin, 1982.

➤ Voir aussi Constructivisme, Discipline, Interdisciplinarité, Méthodes pédagogiques.

EXAMENS

Épreuves écrites ou/et orales portant sur des programmes d'enseignement, destinées à mesurer, selon des normes préalablement établies, les connaissances et compétences acquises par celui qui les subit. Les candidats sans notes éliminatoires et obtenant la moyenne sont déclarés admis. L'examen peut avoir plusieurs finalités.

L'admission dans une classe supérieure ou dans un autre ordre d'enseignement

Utilisé dès le XIVe siècle par les Frères de la vie commune qui furent imités au XVIe siècle par Jean Sturm à Strasbourg, puis par les Jésuites, l'examen commandait l'accès à la classe supérieure. Aujourd'hui, l'examen de passage est interdit dans l'enseignement primaire. Il réglemente le passage des élèves des établissements privés dans les établissements publics.

L'accès à l'enseignement supérieur, en France, est conditionné par l'obtention du baccalauréat. Celui-ci a été créé par le décret impérial du 17 mars 1808 organisant l'université. L'article 16 stipule : « Les grades dans chaque faculté seront au nombre de trois, le baccalauréat, la licence, le doctorat. » Il est donc le premier grade universitaire. Actuellement, quelle que soit la nature du baccalauréat, général, spécifique à certains établissements (baccalauréat franco-allemand, baccalauréat européen) ou technologique, tous permettent l'accès à l'enseignement supérieur (circulaire n° 93-154 du 2 mars 1993). Pour les non-bacheliers, un examen spécial, le Diplôme d'accès à l'enseignement supérieur (DAES) joue le même rôle.

La qualification professionnelle

Elle s'exprime dans les titres des diplômes qu'assure le succès à ces examens.

– Examen d'aptitude : examen d'aptitude pédagogique à l'enseignement des cultures et langues étrangères.

– Certificats d'aptitude : certificat d'aptitude pédagogique, certificat d'aptitude professionnelle (CAP).

– Brevets : Brevet d'études professionnelles (BEP), Brevet de technicien supérieur (BTS), Brevet d'état d'animateur technicien de l'éducation populaire et de la jeunesse, etc.

L'attestation de fin d'études

Tout examen en lui-même sanctionne un cursus. Le baccalauréat atteste l'achèvement du cycle d'études secondaires. Deux examens n'ouvrant aucun droit à un passage dans une classe supérieure ou à l'attribution d'une qualification ont eu ou ont cette seule signification :

– l'ancien Certificat d'études primaires prévu en 1834, expérimenté en 1836 dans le département de Seine-et-Oise, préconisé par une circulaire de Victor Duruy, uniformisé dans son organisation en 1880, rendu obligatoire en 1882 et qui disparaît en 1989 ;

– l'actuel Brevet des collèges, successeur direct du Brevet d'études du premier cycle (BEPC). Sa signification n'a plus aucun rapport avec son origine lointaine, l'ordonnance de 1816 faisait obligation à tout maître de posséder un brevet de capacité. L'ordonnance distinguait le Brevet de troisième degré (savoir lire, écrire et compter), le Brevet du deuxième degré (savoir l'orthographe et le calcul) et le Brevet du premier degré (avoir des notions d'arpentage, d'arithmétique et de grammaire). La loi Guizot de 1833 distingue seulement deux degrés : le Brevet élémentaire et le Brevet supérieur.

À l'exception des examens de passage organisés par les établissements, tous les examens ont une valeur nationale et une réglementation nationale (détermination du programme, de la composition, de la durée, des cœfficients des épreuves, etc.), afin d'assurer des conditions identiques à tous les candidats, des établissements publics ou privés.

Dans le vocabulaire scolaire, on peut noter l'expression « examen blanc » pour désigner un entraînement à un examen ou à un concours par la reproduction exacte des conditions auxquelles sera soumis le candidat.

L'examen est une des formes les plus anciennes d'évaluation scolaire. Il est à distinguer du test, ensemble d'épreuves constitué par des questionnaires, des exercices psychotechniques, etc.

➤ **Voir aussi** Classe, Collège, Compétence, Concours, Évaluation, Jésuites, Test.

F

FEUERSTEIN Reuven (1921-)

Psychologue et pédagogue israélien, Feuerstein appartient à la lignée des éducateurs qui se sont formés au contact des enfants en difficulté – enfants déficients intellectuels, enfants en difficulté d'intégration linguistique et culturelle, enfants traumatisés, comme les rescapés des rafles nazies dont il a eu à s'occuper.

Son propre destin de réfugié l'aide dans son itinéraire professionnel. Né en Roumanie en 1921, il y fait ses premières études, pour devenir enseignant. Dès cette époque il s'occupe d'enfants déficients. Juif, il doit fuir la Roumanie en 1944 lors de l'invasion allemande et il gagne la Palestine, où il poursuit des études. Instituteur, puis professeur à l'université, en Israël ou à l'étranger, il s'occupe en même temps de l'Aliah, organisme par lequel transitent les enfants immigrés juifs, qui facilite leur entrée et leur insertion en Israël. Nommé responsable pour l'Europe de l'Aliah, il a de nombreux contacts avec la France et la Suisse. Il deviendra l'élève de Piaget à Genève, et soutiendra, en 1970 à Paris, un doctorat en psychologie. La pratique des tests et des entretiens, son travail sur des populations très diversifiées d'enfants, l'amènent à penser que les niveaux de performance ne sont pas à confondre avec la capacité réelle des sujets, puis, allant plus loin encore, il estime que l'éducabilité d'un élève est elle-même éducable : on peut améliorer le potentiel intellectuel, avant de l'exercer sur un domaine determiné, d'où sortiront les performances dans ce domaine. Avec André Rey, de Genève, il met au point un instrument d'évaluation, *Learning Potential Assessment Device* – puis un programme d'entraînement, le Programme d'enrichissement instrumental (PEI). Il s'agit dans cet entraînement, de développer des capacités générales, transversales, véritables cadres de pensée, ou « contenants » aptes à recevoir des contenus, puis à intégrer ultérieurement des connaissances.

Ce plan d'enrichissement a connu des applications importantes dans certains pays. Dans d'autres, notamment en France, il est resté très localisé et expérimental. Les évaluations dont on dispose grâce au rapport final de recherche pour le ministère de la Recherche (*Rapport Loarer*, Libert, Chartier, 1992, publié par P. Lang, collection Exploration) ne permettent pas de conclure de façon nette sur son efficacité, bien que des améliorations aient été reconnues dans les performances de beaucoup de sujets.

BIBLIOGRAPHIE

R. Debray, *Apprendre à penser : le programme d'enrichissement instrumental de R. Feuerstein : une issue à l'échec scolaire et professionnel*, ESHEL, 1989.

FORMATION CONTINUE

Souvent aussi appelée formation continuée, cette formation s'inscrit clairement dans la suite d'une première formation professionnelle, ou formation initiale, dispensée dans le cadre d'un établissement scolaire, professionnel, universitaire ou autre. Organisée dans le contexte défini par les textes de 1971, elle est financée par un pourcentage sur la masse salariale versée par les entreprises privées et par l'État.

En ce qui concerne les personnels enseignants, on distingue deux cas : les personnels du premier degré et ceux du second degré.

Les personnels du premier degré

C'est par la circulaire du 20 juin 1972 qu'un cadre précis a été défini pour l'organisation de leur formation continue.

Les instituteurs ont droit à 36 semaines de formation, réparties sur l'ensemble de leur carrière. Cette formation n'est pas obligatoire. On estime en effet qu'une formation ne peut être efficace que si la personne a souhaité cette formation ; la motivation apparaît comme un facteur essentiel. Il s'ensuit qu'il n'y a pas forcément adéquation entre les besoins analysés par l'institution et la demande de l'enseignant, mais il appartient à l'inspecteur de négocier éventuellement une telle demande. Actuellement, d'ailleurs, on s'oriente parfois vers des stages « à public désigné », c'est-à-dire qui concernent un type tout particulier d'enseignants : maîtres de CP, de maternelle, de cycle 3, etc., ou encore des personnels qui changent de fonction, c'est particulièrement le cas des nouveaux directeurs.

Lorsqu'ils partent en stage, les instituteurs sont remplacés dans leur classe par un collègue qui fait partie d'un corps particulier, celui des remplaçants (les titulaires mobiles ou brigade des remplaçants). Le nombre de personnes inscrites dans chaque groupe de stage est fonction du nombre de remplaçants dont peut disposer l'inspecteur d'académie.

Il existe également des stages organisés hors temps scolaire, en particulier dans le cadre d'universités d'été.

Les stages sont proposés dans un plan départemental de formation (PDF) établi en concertation avec les personnels et les formateurs, d'après une analyse des besoins largement conduite par les inspecteurs de l'Éducation nationale. Ce plan prend également en compte les priorités définies chaque année par le ministre.

Au départ, les enseignants qui sortaient de formation initiale n'avaient pas le droit de demander à partir en stage avant 5 ans d'exercice du métier ; de même, ils ne le pouvaient pas non plus 5 ans avant leur départ à la retraite. Depuis quelque temps, ces conditions se sont bien assouplies, en particulier en ce qui concerne les débutants, car on a constaté qu'au sortir de formation, la prise de fonctions n'était pas sans poser problème. En outre, les jeunes enseignants, plus conscients de leurs besoins à mesure qu'ils sont confrontés à la réalité de la classe, souhaitent pouvoir continuer leur formation dans les domaines qui leur sont les moins familiers. Les plans départementaux de formation (PDF) qui, chaque année, proposent la liste des stages ouverts aux enseignants du premier degré, prennent cette situation en compte et désormais tout enseignant, même nouveau dans la profession, peut y avoir acccès.

Les stagiaires sont indemnisés de leurs déplacements, ainsi que de leurs frais d'hébergement si besoin est. Ces remboursements sont soumis à une réglementation détaillée.

Les personnels du second degré

Leur formation a été définie un peu plus tardivement et progressivement, à la fin des années 70 et elle a été recadrée par la circulaire du 6 février 1987. La spécialisation des enseignants par discipline rendait l'ensemble plus difficile à organiser ; même s'il existe un corps de remplaçants du second degré, il paraît difficile d'assurer ces remplacements pour des périodes courtes. On s'est donc orienté vers un système plus souple où le remplacement des stagiaires n'est pas organisé systématiquement, et qui est géré au niveau de l'établissement, soit par des compensations avant ou après le départ en stage, soit par un remplacement par un collègue du même établissement, soit encore par un complet réaménagement de l'horaire des élèves.

Le programme de formation est mis au point au niveau académique par la Mission académique à la formation des personnels de l'Éducation nationale (MAFPEN), selon des modalités semblables à celles qui valent pour le plan de formation du premier degré. Il s'agit ici du Plan académique de formation (PAF) qui est accessible à tous les enseignants, dans lequel ceux-ci choisissent le stage qui les intéresse et pour lequel ils postulent. Il existe également des universités d'été pour les personnels du second degré.

Les remboursements des déplacements et de l'hébergement sont également prévus.

La formation continue au niveau national

Pour tous les personnels, les directions pédagogiques du ministère organisent au niveau national des stages qui figurent dans un Plan national de formation (PNF), publié au Bulletin officiel de l'Éducation nationale dans un numéro spécial. Ils peuvent répondre soit à des priorités particulièrement fortes du ministère, soit à des besoins dans des domaines très pointus. C'est aussi un outil de formation de formateurs.

BIBLIOGRAPHIE

Loi 71-576 du 16 juillet 1971 relative à l'apprentissage.
Loi 71-577 du 16 juillet 1971 relative à l'enseignement technologique.
Loi 71-578 du 16 juillet 1971 relative à la participation des employeurs au financement des premières formations technologiques et professionnelles.
Circulaire 72-240 du 20 juin 1972.
Circulaire 87-052 du 6 février 1987.

➤ **Voir aussi** Éducation permanente, Formation d'adultes, Institut universitaire de formation des maîtres, Universités d'été.

FORMATION D'ADULTES

Un concept large, une réalité déjà ancienne

La formation d'adultes est un concept très large. Il concerne les formations qui, quels que soient leurs contenus, s'adressent à des personnes qui ont quitté le système scolaire.

C'est essentiellement l'industrialisation qui a donné naissance à la formation d'adultes. Celle-ci a aussi été marquée par la nouvelle répartition du temps entre travail et loisirs.

Dès le XIXe siècle, on avait instauré des cours du soir qui permettaient à des ouvriers ou des employés d'acquérir ou de développer des connaissances de base : lecture, écriture, calcul, dessin, etc. C'était également un moyen, pour ceux qui n'avaient pas pu bénéficier dans leur jeunesse de la culture apportée par l'enseignement secondaire, de participer ainsi quelque peu à une culture d'élite. D'après une étude du Conseil de l'Europe, rarement et seulement dans les pays scandinaves, « plus de 5 % de la population a recouru à l'éducation des adultes au cours d'une année donnée ». Cette formation était dispensée soit au sein d'associations religieuses ou laïques, soit encore par les instituteurs dans le cadre de l'école primaire, sous forme de cours du soir.

Au début des années 70, un peu partout en Europe de l'Ouest, on considère qu'aucun individu ne doit se trouver handicapé dans la vie par suite de sa naissance dans un groupe social plus ou moins favorisé. Un idéal d'égalité sociale préside au nouveau développement de ce concept de formation d'adultes. Il prend la place ou plutôt englobe des formations relativement pointues conduisant à des diplômes (Centre national des arts et métiers : CNAM) ou ce que l'on a appelé plus largement la promotion supérieure du travail (PST), permettant à des agents de maîtrise d'obtenir des emplois supérieurs. La formation d'adultes concerne aussi bien l'évolution personnelle que le projet professionnel.

Formation continue et formation initiale

L'évolution des structures du travail ainsi que la diversification des besoins, l'évolution des professions ont posé le problème en d'autres termes et ont conduit l'institution à donner plus d'importance à cette formation qui restait marginale. L'exemple britannique de l'université ouverte (*open university*) se révéla particulièrement porteur mais tous les efforts accomplis pour valoriser ces types de formation n'ont pas pu leur donner, du moins en France, un statut équivalent à celui de la formation acquise pendant les années scolaires, ce que l'on appelle la formation initiale.

On s'est efforcé d'établir des liens entre ces deux types de formation soit par l'utilisation de locaux communs, soit, surtout, en confiant l'enseignement à des professeurs qui exerçaient dans les lycées ou les écoles, en espérant à la fois sortir la formation d'adultes d'un certain ghetto et faire profiter la formation initiale d'une nouvelle approche pédagogique où l'on tenait davantage compte de la personne, de son expérience et de ses représentations. Si on ne peut nier un certain impact, il resta cependant bien en deçà des espoirs qui avaient pu être suscités.

Les lois de 1971 et leurs conséquences

Le droit à une formation, reconnu aux salariés par les lois de juillet 1971, et les nouvelles modalités de financement qu'elles définissaient pour ces actions, ont apporté également un changement notable. Désormais, les entreprises devaient verser un certain pourcentage de leur masse salariale (0,2 % à l'époque, 1,5 % actuellement) pour permettre le financement de ces formations. Les organismes privés et publics se sont alors multipliés, et les établissements scolaires du second degré (en particulier dans le cadre des Groupements d'établissements : GRETA), les Instituts universitaires de technologie, les universités se sont fortement intéressés à ce domaine. Tout un réseau s'est alors mis en place, chargé d'organiser et de gérer les actions de formation pour les divers publics. On compte ainsi actuellement 329 GRETA.

Les formations organisées à la demande des entreprises sont extrêmement variées et peuvent concerner des reconversions professionnelles, des domaines nouveaux dans des techniques diverses ou des formations plus personnelles, comme la conduite de réunion ou des formations orientées vers la relation ou le développement de la personne. Les organismes de formation privés avaient la possibilité de faire appel à des personnels très divers, recrutés pour des vacations ou des périodes définies, souplesse parfois plus difficile à trouver dans le domaine de l'Éducation nationale ; mais parmi les personnels enseignants, on pouvait faire appel à des enseignants de qualité dans des domaines relativement pointus. Au sein des GRETA, ce sont des enseignants, les conseillers en formation continue (CFC) qui assurent la mise en place de ces actions. L'activité de formation d'adultes, pilotée par l'Éducation nationale, est gérée au niveau de l'académie, par le Délégué académique à la formation continue (DAFCO) sous l'autorité du recteur.

Au niveau national, les autres activités dépendent du ministère du Travail, de l'Emploi et de la Formation professionnelle et au niveau régional du délégué régional.

L'État et les entreprises assurent l'essentiel du financement qui, dans les années 90, représente 1,7 % du PIB. Les fonds d'État proviennent du Fonds de la formation professionnelle et de la promotion sociale, auquel contribuent le Fonds national pour l'emploi, l'Agence nationale pour l'emploi et le Fonds social européen.

Ces dépenses concernent les formations organisées en direction des jeunes de moins de 25 ans, des chômeurs et des salariés de l'État et des entreprises. Les collectivités territoriales participent également à ces financements mais à des taux variés. Au niveau national, 30 % des dépenses concernent les demandeurs d'emploi.

Actuellement, dans les établissements du second degré les heures stagiaires des actions financées par les entreprises ont diminué alors que celles financées par l'État ont augmenté. Mais dans l'enseignement supérieur, les actions financées par le 1,5 % prédominent.

La réponse aux besoins économiques et sociaux apparaît comme une priorité, en particulier depuis la mise en place, en 1989, du Crédit de formation individualisé et la promulgation de la loi du 4 juillet 1990 qui reconnaît à chacun le droit à une qualification.

Dans le contexte économique actuel, les entreprises attendent des solutions de mieux en mieux adaptées à leurs besoins à la fois pour mieux assurer la qualification de leurs personnels et pour assurer une rentabilité optimale des moyens qu'elles utilisent à cette fin. On a donc une demande insistante de qualité. Celle-ci est diverse, mais une certaine régulation s'établit d'elle-même par la satisfaction affichée ou non par les organismes demandeurs et par la façon dont les organismes de formation répondent au cahier des charges. Elle n'en reste pas moins délicate à évaluer lorsque les formations ne sont pas diplômantes.

BIBLIOGRAPHIE

Lois de juillet 1971.

Géographie de l'école, ministère de l'Éducation nationale, février 1995.

J. A. Simpson, *L'Éducation des adultes en Europe et ses perspectives,* Conseil de l'Europe, Strasbourg, 1972.

« La Formation professionnelle en 1993 », *Dossiers statistiques du travail et de l'emploi*, n°11, mars 1995, ministère du Travail, de l'Emploi et de la Formation professionnelle.

➤ Voir aussi Éducation permanente, Éducation populaire, Formation continue.

FORMATION EN ALTERNANCE

On entend par ce terme une formation qui est organisée à la fois dans l'entreprise et dans un organisme de formation, créant ainsi une alternance entre une formation aux dimensions pratiques et une formation plus théorique. Cette alternance peut être organisée par semaines, par journées, voire par demi-journées selon les exigences liées au type de formation, à son organisation, à la disponibilité des formateurs ou des personnes en formation.

C'est aussi, de façon plus précise, l'organisation de la formation des jeunes dans un souci d'aide à l'insertion professionnelle, telle que l'organisait déjà la loi sur la formation professionnelle de février 1984.

Dans le cadre de leur autonomie, les établissements du second degré sont chargés de mettre en place un suivi des jeunes et de préparer leur entrée dans la vie active. C'est une obligation forte particulièrement soulignée dans la loi d'orientation de 1989. Cette disposition est reprise dans la loi quinquennale de décembre 1993. C'est dans ce cadre que se situe la formation en alternance. Elle est organisée en liaison étroite avec les professions, en partenariat.

Objectifs de cette formation

On considère que la formation en situation professionnelle « favorise l'acquisition de savoirs pratiques et sociaux dans des situations en grandeur réelle, au sein de collectifs de travail. Elle permet au jeune d'ancrer progressivement dans le réel son savoir et son projet personnel et professionnel ».

On considère également qu'un tel mode de formation devrait conférer une nouvelle professionnalité, plus forte, aux diplômes ainsi obtenus.

Modalités

L'alternance peut être organisée sous différentes formes : voie professionnelle au lycée professionnel, alternance sous statut scolaire pour les jeunes en difficulté au collège (cycle d'insertion professionnelle par alternance, troisième d'insertion, section d'éducation spécialisée), ou encore alternance sous contrat d'apprentissage ou sous contrat de qualification.

Toute l'organisation de cette formation reste souple et varie selon les académies ou les régions et les partenaires concernés, puisque c'est largement en fonction des besoins analysés par les professions que sont élaborées ces formations. Souvent une concertation entre l'organisme scolaire et l'entreprise est organisée au sein de groupes de travail au niveau des bassins d'emplois. De tels comités locaux prennent toute leur importance lorsqu'ils servent de point d'appui aux établissements pour l'organisation de leur réseau de tuteurs et pour la mise en œuvre des périodes de formation en entreprise.

On trouve ces formations en alternance sous statut scolaire dans les préparations au baccalauréat professionnel, au brevet d'études professionnelles, au certificat d'aptitude professionnelle, etc. Les CIPPA qui accueillent, semble-t-il, des publics très difficiles constituent une structure également très intéressante car « l'alternance y est pratiquée soit dans une démarche d'éducation des choix, soit avec un objectif direct d'insertion » ; dans les deux cas les liens avec le monde du travail sont essentiels.

BIBLIOGRAPHIE

Loi d'orientation du 10 juillet 1989.
Lettre ministérielle de rentrée du 30 janvier 1992 (BOEN n° 6 6/2/92).
Circulaire du 31 mars 1992.
Loi n° 93-1313 du 20 décembre 1993, loi quinquennale relative au travail, à l'emploi et à la formation professionnelle.
Rapport de l'Inspection générale de l'Éducation nationale sur l'insertion professionnelle, mai 1995.

➤ **Voir aussi** Formation continue, Formation d'adultes, Section d'éducation spécialisée.

FORMATION PÉDAGOGIQUE

On appelle formation pédagogique la formation que reçoit quelqu'un qui se destine au métier d'enseignant, ou qui s'y perfectionne. Généralement, il s'agit de jeunes en cours d'études, mais le terme s'applique aussi à la formation continue, qui ne crée pas de distinction d'âge. Parce qu'il s'agit, donc, de façon préférentielle, de jeunes en cours d'études, on assimile souvent la formation pédagogique à celle qui est dispensée de façon institutionnelle par les organismes de formation. En fait, la notion est plus large que cela et la formation pédagogique s'entend aussi de celle qui est acquise par la pratique quotidienne, par l'expérience, ou l'influence de certains modèles.

La formation institutionnalisée

La formation pédagogique institutionnalisée – c'est-à-dire celle qui est dispensée par les Instituts universitaires de formation des maîtres (IUFM) – comprend plusieurs domaines qu'il n'est pas toujours aisé de distinguer, puisqu'elle est censée préparer à tous les aspects du métier d'enseignant. Bien que la séparation soit très artificielle et très critiquée, il semble qu'on ne puisse échapper à une trilogie qui s'intitulerait: formation théorique, formation pratique, formation professionnelle proprement dite. Leur simple juxtaposition rend le modèle inadéquat, leur interaction – voire les tensions qui existent entre elles – lui donne au contraire une dynamique réelle.

La formation théorique représenterait les savoirs académiques dont aucun enseignant ne peut se passer. Le professeur de géographie doit « savoir » de la géographie. Comme les titres universitaires de base sont acquis avant d'entrer dans un Institut universitaire de formation, l'enseignement théorique comprend des approfondissements dans la discipline, ou les disciplines multiples qui seront à enseigner dans certains cas (professeurs des écoles, par exemple, qui sont polyvalents et doivent donc avoir un champ large de compétences), des préparations spécifiques aux concours de recrutement, des enseignements de didactique. La formation théorique représente aussi les savoirs généraux qui concernent l'éducation, l'école, l'enfant ou l'adolescent et que regroupent les sciences de l'éducation. On inscrit parfois, enfin, dans cette formation théorique, des entraînements qui n'ont rien de théoriques : expérimenter des formes de travail, des travaux de recherche en groupes, des travaux de création ou d'improvisation, ou la manipulation des différents appareils des technologies éducatives, pour réaliser des productions qui seront ensuite transposables et réinvestissables devant les élèves. Ces entraînements font partie d'une formation théorique en ce sens qu'ils n'ont pas nécessairement les élèves comme cible immédiate.

La formation pratique, au contraire, c'est le contact avec la réalité des établissements et des classes. La forme de stages est la plus courante pour ce type d'expérience : stages de plus ou moins longue durée, avec une autonomie plus ou moins grande des stagiaires. Les stages peuvent être de simple contact, des stages d'observation, puis surviennent généralement des stages en responsabilité de classes, partielle ou totale. La période des stages est également celle où s'accumulent les observations que la formation théorique exploite.

La formation professionnelle – en admettant que ce qui précède ne soit pas également professionnel – va mettre les étudiants au contact des réalités qui codifient en quelque sorte le métier qu'ils vont exercer, et au courant des usages qui y sont pratiqués. C'est un lieu d'acquisitions très pratiques, et aussi un lieu de réflexion théorique. La réalité sociale de l'école ou de l'établissement, les relations entretenues avec le quartier, la ville et les partenaires sociaux en forment un premier volet. La prise de conscience de ces réalités va de pair avec leur mise en question pour l'étudiant. Les fonctionnements internes, les rôles des différents personnels, la nature des conseils qui règlent la vie de l'établissement ou de l'école, les obligations professionnelles incombant à chaque professeur, les responsabilités propres vis-à-vis des élèves forment un second volet. Ce sont ces apprentissages qui initient à ce que l'on appelle parfois la «culture» de l'enseignement et d'un ordre particulier d'enseignement ; cette culture est acquise par l'information, les visites, les enquêtes, l'exploitation des stages et les études théoriques de la psychologie et de la sociologie de l'éducation. La familiarisation avec l'environnement de l'école, enfin, ou l'environnement culturel de l'enfance ou de l'adolescence, font également partie de la formation professionnelle : connaître les crèches et les services de la protection maternelle et infantile, pour les enseignants de l'école maternelle, le réseau des aides spécialisées, internes à l'Éducation nationale ou externes, comme les centres médico-pédagogiques, par exemple, pour les autres enseignants – la presse pour les enfants ou les jeunes, la littérature de jeunesse, la télévision, scolaire ou non, les activités du secteur périscolaire, dessinent un panorama presque inépuisable.

Les exemples qui précèdent ne forment pas une liste exhaustive des enseignements proposés aux futurs enseignants. D'une part, les programmes de formation sont établis par les instituts de formation eux-mêmes, dans les cadres généraux fixés par le ministère de l'Éducation nationale, et ils diffèrent d'un institut à l'autre ; d'autre part, la liste en serait fastidieuse et inutile : il appartient en fait à chaque étudiant d'opérer les synthèses utiles.

Autres voies de formation

La formation institutionnelle n'exclut en rien la formation pédagogique qui s'acquiert par l'expérience personnelle, qu'elle soit professionnelle ou qu'elle soit générale. Beaucoup d'instituts s'efforcent d'intégrer à leurs programmes des procédures d'autoformation. Au nombre de celles-ci on recensera la formation individualisée où l'apprenant (puisque le terme d'élève consacre l'usage d'un maître qui enseigne et se trouve donc inadéquat ici) travaille seul, contrôlé de loin en loin par un formateur ; l'apprentissage autodirigé, où l'apprenant définit pour lui-même le contrat de travail et son déroulement et n'est jugé en définitive que sur son résultat ; la formation métacognitive, qui tend à entraîner à apprendre, en dehors de ce qui est à apprendre, et qui éclaire l'enseignant futur sur les difficultés du cheminement de l'apprenant, et sur ses stratégies personnelles.

L'autoformation se réalise aussi par la pratique réfléchie, par l'utilisation des formations continues offertes et par les lectures : il y a une presse professionnelle, entre autres lectures possibles, qui représente pour la plupart des disciplines et les différents niveaux scolaires, des sources remarquables d'information. Des associations professionnelles offrent des ressources de même nature.

Du plus institutionnel au plus personnel et individuel, la formation pédagogique, comme toute formation, est peut-être, ainsi que le pense G. Pineau, l'histoire de toute la vie.

BIBLIOGRAPHIE

B. Honoré, *Pour une théorie de la formation, dynamique de la formativité,* Payot, 1992.

B. Honoré, *Vers l'œuvre de formation, l'ouverture à l'existence*, Harmattan, 1992.

G. Pineau, « Pour une théorie tripolaire des formations vitales : par soi, les autres et les choses », *Cahiers de la section des Sciences de l'éducation,* n° 44, 1986.

➤ Voir aussi Didactique, Écoles normales, Formation continue, IUFM, Psychopédagogie.

FOYERS SOCIO-ÉDUCATIFS

Les foyers socio-éducatifs constituent un élément important de la vie scolaire d'un établissement du second degré.

Créés en 1964, mais développés à partir de 1969, ce sont des associations déclarées conformément à la loi de 1901 ; ils sont donc théoriquement indépendants de l'établissement dans lequel ils se trouvent. Ils doivent établir un budget et fonctionner sur leurs propres ressources mais ils sont habilités à recevoir des subventions de l'établissement d'enseignement, (collège, lycée, lycée professionnel ou autre) ainsi que des collectivités locales. Le conseil d'administration peut décider d'une subvention à imputer sur le budget propre de l'établissement. Celui-ci met généralement à la disposition du foyer socio-éducatif des locaux et du matériel. En fait, on peut dire que le foyer offre à l'établissement un cadre juridique qui lui permet une liberté d'action indispensable à la mise en œuvre d'une véritable politique éducative.

Un foyer socio-éducatif pour quoi faire ?

Le foyer socio-éducatif décide d'activités diverses et, en particulier, il fédère des clubs créés à la demande des enseignants ou des élèves. Ces clubs permettent d'élargir le champ éducatif de l'établissement. C'est dans le cadre du foyer socio-éducatif qu'ont été établis les clubs-santé mais aussi des clubs d'échecs, de théâtre, de philatélie, voire des clubs de langue, car les activités des clubs ne sont pas forcément déconnectées de ce qui est fait en classe. Ils peuvent être le lieu où sont mises en œuvre de façon tout à fait différente des notions acquises en classe. Le programme d'activité est soumis au conseil des délégués des élèves et au conseil d'administration. On admet que le foyer puisse être le lieu de toutes sortes d'informations, dans la mesure où elles sont présentées avec un souci d'équité et de pluralisme.

Mais le foyer socio-éducatif est d'abord le lieu où les jeunes font l'apprentissage de la démocratie et de la responsabilité. Ce sont eux qui assurent la gestion du foyer, en collaboration avec au moins trois adultes, dont le chef d'établissement et un représentant des parents d'élèves. Les adultes ont un rôle d'incitation, de soutien technique et de conseil. C'est une institution qui devrait favoriser l'éducation civique des jeunes.

Toutefois, la participation des élèves à cette vie associative est restée trop souvent en deçà des espoirs, souvent parce que le temps dont ils disposent et les locaux que les établissements peuvent mettre à leur disposition restent insuffisants. C'est en partie pour essayer de remédier d'une certaine façon à cet état de fait, tout particulièrement dans les lycées, que le décret du 18 février 1991 conseille de modifier ces associations, d'y renforcer les responsabilités des élèves, majeurs bien souvent, et de nommer ces nouvelles structures « Maisons des lycéens ».

➤ **Voir aussi** Chef d'établissement, Club, Conseil(s) du second degré, Éducation civique.

FREINET Célestin (1896-1966)

Élève de l'école primaire supérieure de Grasse, puis de l'école normale d'instituteurs de Nice, il est mobilisé en 1915, blessé en 1917 (voir son livre *Touché, souvenirs d'un blessé de guerre*). Nommé instituteur en 1920, il s'intéresse tout de suite au renouveau pédagogique : visite des écoles de Hambourg, voyage en URSS en 1923, participation au congrès de la Ligue internationale pour l'éducation nouvelle où il rencontre Ferrière, Claparède et Bovet. Il diffuse sa première innovation, le texte libre imprimé par les enfants eux-mêmes, grâce à des conférences, à des articles publiés dans l'*École émancipée* (organe de la Fédération de l'enseignement), dans *Clarté* (le journal d'Henri Barbusse), dans l'*Imprimerie à l'école*, bulletin mensuel de la coopérative d'entraide du même nom, créé en 1926, devenu en 1932 *L'Éducateur prolétarien*, puis, en 1939, *L'Éducateur* dont la publication est interrompue de 1940 à 1945. Après son mariage en 1926, aidé par sa femme Élise qui avait entrepris une carrière d'illustratrice et de graveur (elle obtint le prix Gustave Doré en 1927), Freinet fait entrer les activités d'art et de dessin libre à l'école. En 1933, les notables de Saint-Paul-de-Vence, où exerce Freinet, obtiennent son déplacement d'office. Freinet démissionne, ouvre en 1935 une école à Vence, crée la Ligue des parents, première étape d'un mouvement sans lendemain, le Front de l'enfance, dont Romain Rolland devient le président. Les premières *Brochures d'éducation nouvelle populaire* (BENP) paraissent. Pendant la guerre d'Espagne, l'école de Vence accueille des enfants espagnols jusqu'à sa fermeture en 1941, après l'arrestation de Freinet comme militant communiste. Soumis à résidence surveillée, Freinet écrit, prend part à la Résistance, anime à Gap le Comité départemental de libération. Il rouvre ensuite l'école de Vence, réactive la Coopérative de l'enseignement laïc (CEL) créée en 1928 et qui avait apporté des outils de travail à l'Institut coopératif de l'école moderne (ICEM), institut qui regroupait les maîtres séduits par les méthodes Freinet. Celui-ci s'installe à Cannes et se développe (30 000 adhérents) avant de disparaître en 1986. En 1961, la Fédération internationale des mouvements de l'école moderne (FIMEM) rassemble les groupes qui pratiquent la pédagogie Freinet. Vence devient un centre de colloques et de rencontres (les Journées de Vence) et un pôle de création et de diffusion de revues : *Art enfantin* (1950), *L'Éducateur culturel*, (1953), *Technique de vie* (1959), *L'Éducateur du second degré* (1963), *L'Éducateur technologique* (1964). Cette même année, l'école devient « école expérimentale » et les enseignants sont pris en charge par le ministère de l'Éducation nationale. Après la mort de Freinet (1966) et d'Élise Freinet (1981), l'école Freinet devient par décision de Lionel Jospin, ministre de l'Éducation nationale, école publique d'État (1991).

BIBLIOGRAPHIE

C.Freinet, *Œuvres pédagogiques*. T.1 et T.2, Seuil, 1994.

➤ Voir aussi Claparède, Correspondance scolaire, Freinet (techniques), Libertaire (pédagogie).

FREINET (techniques)

La conception éducative de Freinet se présente comme un pragmatisme pédagogique au service d'une visée idéaliste et politique de l'éducation. Il y a un fossé entre l'école publique, celle de 1890 à 1914, adaptée à la démocratie capitaliste, et les besoins d'une classe sociale qui pressent son rôle futur dans un monde qui sera sans doute « celui du socialisme triomphant ». Pour Freinet, « le peuple accédant au pouvoir aura son école et sa pédagogie ».

Néanmoins, sur le plan de la réforme pédagogique, aucune des innovations de Freinet n'a son origine dans une idée a priori. Toutes les réalisations sont le fruit d'un tâtonnement pratiqué, à même le travail scolaire, avec les enfants dans le milieu normal de l'école. Cette attitude se retrouve dans l'idée d'expérience tâtonnée ou de tâtonnement expérimental qui commande la psychopédagogie de Freinet. « Quelle que soit l'étape de la vie que l'on considère, l'éducation véritable se poursuit selon un principe général d'expérience tâtonnée qui prime toutes autres méthodes plus ou moins scientifiques. » Un exemple d'expérience tâtonnée est la découverte de l'écriture et de la lecture à l'école maternelle. À partir du dessin libre, un texte élaboré est écrit au tableau ; par des essais successifs, l'enfant le reproduit sans le déchiffrer, puis s'intéresse aux mots, ensuite aux lettres pour reconnaître – sans lire – le texte, puis des phrases, puis des mots. Il faut donc constituer un « milieu aidant d'expériences tâtonnées d'une variété et d'une richesse à la mesure de la vie ». Pour Freinet, le caractère systématique des méthodes de Mme Montessori limitent le tâtonnement à des activités définies à l'avance par l'éducateur.

Le rôle attribué à l'expérience tâtonnée qui découle de la prise en considération de l'enfant dans sa totalité concrète, avec ses besoins et intérêts (goût du travail dans « la ligne de la vie », Freinet ne valorise pas le jeu) et son enracinement dans le milieu naturel et social (traditions, mentalités, exigences sociales y compris celles de l'institution scolaire avec ses programmes) détermine le trait essentiel de l'école moderne selon Freinet : atelier de travail intégré à la vie du milieu, école tout à la fois communautaire et spécialisée. D'où l'importance d'une situation spécifique de l'école (proche de la nature, avec potager, fruitier, espace d'élevage) et d'un aménagement intérieur (salle commune pour travaux collectifs, ateliers spécialisés de travail manuel : menuiserie, filature, mécanique, etc., ateliers spécialisés en documentation, expression, expérimentation).

L'aspect communautaire prend la forme d'une communauté coopérative active incarnée par la coopérative scolaire gérée par les élèves : achat de disques, location de films, distribution des tâches, etc. Les élèves confectionnent un journal scolaire, affiché chaque semaine avec trois colonnes (critiques, félicitations, demandes), élaborent avec le maître un plan général de travail pour la semaine, ainsi qu'un plan de travail individuel où l'élève inscrit les tâches qu'il veut accomplir. Le travail libre de l'élève est rendu possible par la production d'une bibliothèque de travail, constituée de brochures documentaires, et par celle de fichiers scolaires coopératifs (FSC avec fiches de grammaire, de calcul, etc.), par les visites, les enquêtes, la correspondance scolaire. Le contrôle est assuré par la comparaison du plan individuel de travail avec le plan exécuté, par l'autocontrôle (fiches autocorrectives qui sont une préfiguration de l'enseignement programmé), par l'attribution d'une note appréciative de la discipline, de la propreté et de la vie communautaire, enfin par la délivrance de « brevets » concernant les travaux pratiques réalisés par l'élève.

Cette pédagogie de l'expérience intégrée au complexe social trouve son illustration la plus connue dans la technique du texte libre associé à l'imprimerie. Un texte librement rédigé, à la maison ou à l'école, individuellement ou collectivement, est choisi par la classe pour être imprimé. Il est exploité grammaticalement et analysé du point de vue des intérêts des élèves qu'il révèle. Les questions et les problèmes dégagés, d'ordre historique, géographique, technique, etc. donnent l'occasion d'expériences physiques, de travaux d'atelier, de recherches documentaires. La classe se répartit les tâches ainsi induites. Dans un agenda sont inscrits les travaux à faire ultérieurement, les suggestions de visite, les questions pouvant faire l'objet de la correspondance scolaire. Texte libre et imprimerie sont étroitement liés. La rédaction libre et spontanée est grandement motivée par « sa transcription majestueuse en caractère imprimé, son illustration et sa diffusion ».

L'école moderne de Freinet, comme tous les autres courants de l'école nouvelle, promeut la spontanéité et l'autonomie de l'enfant par l'emploi de méthodes actives. Elle diffère des autres mouvements par l'importance donnée au travail comme motivation essentielle de l'activité scolaire. L'éducation du travail par le travail repose sur un postulat de la psychologie de Freinet : « Il n'y a pas chez l'enfant de besoin naturel du jeu ; il n'y a que le besoin de travail, c'est-à-dire la nécessité organique d'user le potentiel de vie à une activité tout à la fois individuelle et sociale, qui ait un but parfaitement compris, à la mesure des possibilités enfantines, et présentant une grande amplitude de réactions ».

BIBLIOGRAPHIE

C. Freinet, *Œuvres pédagogiques*, T.1 et T.2, Seuil, 1994.

➤ Voir aussi Correspondance scolaire, Échanges scolaires, Éducation fonctionnelle, Freinet, Jeu, Journal scolaire, Montessori, Mouvements pédagogiques.

FREIRE Paulo (1921)

Paulo Freire est né au Brésil, dans une région particulièrement déshéritée : le Nordeste. Très sensible à la condition misérable des paysans, il s'emploie à leur apporter les moyens de vaincre leur analphabétisme.

Devenu professeur d'histoire et de philosophie à l'université de Recife, il est connu pour sa méthode d'alphabétisation (la « conscientisation ») à laquelle il travaille dès 1947.

La démarche pédagogique et politique de P. Freire ne peut se comprendre si elle n'est reliée au contexte historique brésilien et latino-américain. Ce travail d'alphabétisation s'inscrivait d'ailleurs dans le contexte d'un mouvement d'éducation de masse soutenu par l'épiscopat brésilien. Partant d'une situation, d'une image, d'un terme qui jouent un rôle central dans la vie de l'apprenant, l'apprentissage se construit à travers le langage qu'il utilise dans cette situation particulièrement motivante. C'est à partir de ces situations et de ce vocabulaire que l'on entreprend la décomposition syllabique, la reconstitution du mot, puis le passage à l'écriture qui prend alors tout son sens.

C'est en 1962 que sa méthode est mise en œuvre dans le Nordeste où plus de la moitié des habitants étaient analphabètes. La méthode est ensuite officialisée sous le gouvernement Goulart et, au ministère de l'Éducation et de la Culture, on confia à P. Freire la responsabilité de la formation des formateurs.

Après le coup d'État de 1964, il s'exila au Chili où il perfectionna sa méthode que le gouvernement d'E. Frey officialisa également.

Il put donner une dimension internationale à ses travaux dans le cadre de l'UNESCO, en particulier dans tout ce qui touche aux pays en voie de développement.

BIBLIOGRAPHIE

P. Freire, *L'Éducation : pratique de la liberté,* Maspéro, 1967.

P. Freire, *La Pédagogie des opprimés,* Petite collection Maspéro, 1974.

➤ Voir aussi Illettrisme.

FRÖBEL Friedrich (1782-1852)

Pédagogue allemand né à Oberweissbach en Thuringe ; il découvre sa vocation pédagogique après avoir été appelé en 1805, par un disciple de Pestalozzi, à un poste d'instituteur à Francfort. L'influence de Rousseau marque sa volonté de réaliser graduellement l'humanité de l'homme : « Regardons l'homme, cette figure de l'humanité comme un être progressif ». Il faut donc respecter l'éduqué : « la liberté et la spontanéité doivent être nécessairement assurées à l'enfant, à l'écolier ». L'action éducative commence dès la naissance, dans le milieu familial. En possession des premiers outils – sentiments, langage – qui relient le monde intérieur au monde extérieur, l'enfant peut fréquenter le jardin d'enfants (*Kindergarten*) où un matériel diversifié : balles de couleurs différentes, cubes, sphères, cylindres, etc., autorisant des exercices gradués allant de la simple manipulation d'objets à des travaux sur les figures géométriques, lui permet d'exercer son activité fondamentale, le jeu.

Fröbel fonde un premier jardin d'enfants à Blankenburg (Suisse) en 1840. Il meurt en 1852, au château de Marienthal, mis à sa disposition par le duc de Saxe pour créer et diriger un jardin d'enfants. Les idées de Fröbel suscitèrent quelque intérêt en France parmi les pédagogues des salles d'asile. Ainsi un rapport admiratif de Madame Pape-Carpentier, directrice de la maison créée en 1847 pour la formation des responsables des salles d'asile, est longuement cité (p. VIII à XIII) dans l'édition de 1861 de *L'Éducation de l'homme*, l'ouvrage principal de Fröbel publié en 1826.

BIBLIOGRAPHIE

M. Soëtard, *Friedrich Fröbel : pédagogie et vie,* Armand Colin, 1990.

➤ Voir aussi École maternelle, Pestalozzi, Rousseau.

G

GROUPE D'AIDE PSYCHOPÉDAGOGIQUE (GAPP)

Dispositif qui a vu sa création en 1970 et son terme en 1990, sans connaître une croissance suffisante pour mériter une place importante dans l'histoire du système éducatif. Le groupe d'aide psychopédagogique, conçu dans une perspective de prévention des inadaptations à l'école primaire, était constitué par une équipe composée d'un psychologue scolaire et d'un ou plusieurs rééducateurs. Il avait la charge d'un ou plusieurs groupes scolaires et veillait à l'adaptation des élèves à l'école. À la suite d'une observation continue, conduite le plus souvent dans la classe, des interventions étaient prodiguées aux enfants qui en avaient besoin, sous forme de rééducations psychopédagogiques ou psychomotrices, pratiquées individuellement ou en petits groupes.

Les enfants bénéficiant de ces interventions pouvaient continuer à fréquenter leur classe d'origine, l'aide spécialisée apportée devait leur permettre de suivre, avec plus de chance de réussite, l'enseignement dispensé par leur maître. Dans cette démarche de prévention et d'adaptation, le GAPP n'avait pas pour mission de prendre en charge tous les enfants en difficulté : certains d'entre eux présentant des troubles graves devaient relever d'autres services spécialisés extérieurs à l'école ; d'autres, révélant des difficultés plus persistantes, devaient être admis dans une classe d'adaptation.

La mission et le fonctionnement des groupes d'aide psychopédagogique ont été précisés par la circulaire du 25 mai 1976. La prévention des inadaptations était affirmée comme l'objectif prioritaire, mais les GAPP étaient investis d'une mission plus large de réduction des redoublements et des retards scolaires, et devaient avoir l'ambition de participer à la transformation de l'école dans son ensemble. Des conditions d'organisation et d'exercice étaient définies de manière rationnelle : composé d'un psychologue scolaire, d'un rééducateur en psychopédagogie, d'un rééducateur en psychomotricité, le GAPP devait intervenir sur une population scolaire d'environ 1000 élèves et œuvrer en étroite collaboration avec les maîtres. Rattaché administrativement à une des écoles dans lesquelles il était habilité à intervenir, il était placé sous l'autorité de l'inspecteur de l'Éducation nationale de la circonscription.

Les GAPP n'ont pas répondu aux espoirs qu'on avait fondés en eux. La rationalité du dispositif tel qu'il avait été conçu n'a jamais pu être concrétisée de manière complète ; lorsqu'elle l'était, les résultats ne semblaient pas être à la mesure des efforts engagés. Par ailleurs, certains GAPP ont vu leur structure se rigidifier ; implantés dans une école, ils tendaient à construire sur place leur économie de fonctionnement, alors que des écoles voisines se trouvaient démunies d'actions d'aides pourtant nécessaires et attendues. Une évaluation, conduite à l'initiative de l'Inspection générale de l'Éducation nationale en 1986, a abouti à la nécessité d'une réforme profonde de ce dispositif : les groupes d'aide psychopédagogique ont fait place aux réseaux d'aides spécialisées aux élèves en difficulté.

➤ **Voir aussi** Classe d'adaptation, Psychologie scolaire, Réseau d'aides spécialisées aux élèves en difficulté.

I

ILLETTRISME

Le terme n'existe pas dans le Littré (édition de 1876) où l'illettré est celui « qui n'est pas lettré, qui n'a point de connaissances en littérature ». Dans les dictionnaires actuels, l'idée d'inculture est supplantée par celle d'analphabétisme, incapacité de lire et d'écrire d'une personne qui n'a jamais appris ou qui a tout oublié. Le mot illettrisme, employé pour la première fois par l'association ATD-Quart Monde et officiellement utilisé depuis 1983, désigne l'état de la personne qui n'a pas un usage efficace de la lecture et de l'écriture dans sa vie quotidienne et dans son activité professionnelle. En France, dans les années 80, ce problème est devenu une préoccupation nationale, à tel point que le gouvernement de l'époque a créé le Groupement permanent de la lutte contre l'illettrisme (GPLI) dont la mission a été d'analyser les différentes composantes du phénomène et de promouvoir des actions appropriées pour le réduire.

Cette dimension sociale de l'illettrisme marque l'évolution de l'idée d'alphabétisation. Si lire et écrire suffisaient dans une société aux mécanismes de production relativement simples, la sophistication de ces derniers exige aujourd'hui une maîtrise plus importante de la lecture et de l'écriture. Ce supplément de compétence est exprimé par l'idée d'alphabétisation fonctionnelle. « Est fonctionnellement alphabétisée une personne capable d'exercer toutes les activités pour lesquelles l'alphabétisation est nécessaire dans l'intérêt du bon fonctionnement de son groupe et de sa communauté, et aussi pour permettre de continuer à lire, écrire et calculer en vue de son propre développement et de celui de la communauté » (déclaration du Comité international d'experts en matière d'alphabétisation. Paris, UNESCO, 1962). D'où ce paradoxe d'un accroissement de l'illettrisme alors qu'une scolarisation généralisée a élevé le niveau scolaire.

En conséquence sont transformés les systèmes d'évaluation des niveaux d'alphabétisation. On ne cherche plus à déterminer la distance qui sépare la compétence de lecture de sa norme académique comme dans l'étude conduite en France en mai 1990-avril 1991 ; elle consistait à tester une population de 104 325 jeunes appelés du contingent à l'aide d'épreuves dont les composantes étaient réparties en huit niveaux, allant de l'incapacité à déchiffrer des syllabes à la capacité de lire un texte à vitesse moyenne et en en comprenant le sens.

L'enquête internationale sur l'alphabétisation des adultes (EIAA), menée en 1994 dans sept pays – Allemagne, Canada, États-Unis, Pays-Bas, Pologne, Suède, Suisse – sur un échantillon représentatif de personnes âgées de 16 à 65 ans, est la première enquête mesurant les applications des capacités de lecture et d'écriture en milieu de travail et dans la collectivité. Conduite par l'Organisation de coopération et de développement économiques (OCDE) à l'aide de trois types de tests concernant des textes suivis (journaux, dépliants), des textes schématiques (offres d'emploi, formulaires de commande) et des textes à contenus quantitatifs (tableaux, cartes), l'enquête détermine trois registres de compréhension, divisés chacun selon une échelle de 0 à 500, où sont réparties des tâches de difficultés variées. La lisibilité des résultats est facilitée par la division de chaque échelle en cinq niveaux. Une telle enquête fournit des indications sur le rendement des capacités de lecture et d'écriture selon le niveau scolaire initial, l'âge, le sexe, la profession, le revenu, le statut d'immigrant, etc. Elle consacre le caractère relatif du concept d'alphabétisation auquel l'enquête substitue le terme de « littératie » – traduction de l'anglais *literacy*, degré d'aptitude à lire et à écrire – qu'elle définit comme le comportement adulte qui consiste à « utiliser des imprimés et des écrits nécessaires pour fonctionner dans la société, atteindre ses objectifs, parfaire ses connaissances et accroître son potentiel ».

BIBLIOGRAPHIE

F. Bayrou, *La Décennie des mal-appris*, Flammarion, 1990.

B. Gossot, « À propos de l'illettrisme », *Les Dossiers Éducation et formation*, n°17, octobre 1992, ministère de l'Éducation nationale et de la Culture. Direction de l'évaluation et de la prospective.

Littératie, Économie et Société, Résultats de la première enquête internationale sur l'alphabétisation des adultes. OCDE, Statistique Canada, 1995.

➤ **Voir aussi** Éducation permanente, Évaluation, Formation d'adultes.

ILLICH Ivan (1926)

En 1971, *Une société sans école* d'Ivan Illich eut un retentissement considérable.

Dans la remise en question de la société, sous presque tous ses aspects et fonctionnements, qui avait accompagné les événements de 1968, l'ouvrage d'Ivan Illich apparaissait comme la contestation la plus radicale, dans un contexte lui-même contestataire. Hardiesse, provocation ou désolante utopie, selon les points de vue, l'ouvrage ne passa pas inaperçu.

L'auteur était, lui-même, original dans son profil. Né à Vienne en 1926, prêtre et évêque, émigré aux USA, Ivan Illich poursuivait et son ministère et une carrière universitaire. Il s'intéressait notamment aux populations défavorisées. Recteur de l'université catholique de Porto Rico, il inaugure à New York un cours d'espagnol destiné aux Américains, assuré par des Portoricains, population pauvre et généralement dédaignée. C'était une illustration de ses principes : celui qui sait quelque chose l'enseigne à celui qui ne sait pas – sans nécessité d'institutionnalisation. C'était aussi montrer un renversement symbolique typique : le pauvre pouvait enseigner le moins pauvre que lui. C'est ce renversement qu'Illich préconise dans beaucoup de cas pour éviter les engorgements, les scléroses, les coûts excessifs de beaucoup d'institutions. Le savoir, l'expérience peuvent se transmettre par des coopérations directes et à moindres frais. Les titres suivants d'Illich sont significatifs : *La Convivialité* en 1973, *Nemesis médicale* en 1975.

Au Mexique, dans le cadre du Centre international de documentation (CIDOC), il anime de très nombreux séminaires ayant pour objectif de faire réfléchir sur les dysfonctionnements sociaux et d'esquisser une révolution des points de vue.

Une société sans école préconise une remise en cause de l'institution scolaire lourde, onéreuse, qui mobilise pendant trop longtemps des classes d'âge entières et qui ne prouve son efficacité ni sur le marché du travail ni sur le plan psychologique ou moral : l'indifférence scolaire, l'échec, la délinquance petite ou grande, les révoltes étudiantes servent de toile de fond aux argumentations.

Prise au pied de la lettre, la thèse d'Ivan Illich n'est pas défendable en ce sens que les sociétés historiques sans écoles n'ont guère fait progresser leurs populations, et n'ont pas davantage amélioré le sort des couches les plus pauvres. Mais une lecture radicale n'est pas fidèle à Illich lui-même, qui ne préconise pas la disparition de l'école mais son assouplissement et sa coexistence avec d'autres voies d'enseignement moins organisées. En cela il est le précurseur d'évolutions que l'on constate dans les sociétés avancées, telles que la restructuration de l'apprentissage, le travail en alternance, le rôle éducatif joué par les entreprises et les associations, et le développement à peine commencé, mais sans doute riche d'avenir, des relations avec des centres de données et un enseignement par ordinateurs en relation entre eux.

Parmi les voix de la critique, celle d'Illich a été sans doute l'une des plus constructives, car il ne se contentait pas de critiquer, mais il esquissait d'autres formes de relations sociales.

BIBLIOGRAPHIE

I. Illich, *Une société sans école*, Seuil, 1980.
I. Illich, *Libérer l'avenir*, Seuil, 1972.
I. Illich, *La Convivialité*, Seuil, 1973.

INFORMATIQUE

Le mot se rattache à « information ». On appelle « informatique », quand le mot est substantif, le traitement de l'information par des machines électroniques, *computers* en anglais, ordinateurs en français. Le mot « information » lui-même doit être défini : c'est l'ensemble des données qui sont à la base des connaissances. Sur cette information s'exerce un traitement, c'est-à-dire des transformations, en vue d'aboutir à la solution d'une question que l'on s'est posée. Les traitements s'opèrent grâce à des logiciels.

L'informatique peut traiter des données considérables, nécessitant un organe central, qui reçoit et traite à son tour les informations qui lui parviennent de terminaux éloignés : les services de police, de sécurité, les services de réservation des trains et avions, les services du personnel ou les services commerciaux de grandes firmes, la gestion de commandes ou de stocks à grande échelle, fonctionnent de la sorte ; les transmissions et les mises à jour sont quasi immédiates. La recherche scientifique, fondamentale ou appliquée, dans tous les domaines, se voit ouvrir des champs énormes de travail grâce à la quantité de données mobilisables, à la vitesse de traitement de ces données, à la possibilité de réaliser des simulations d'hypothèses. De nombreuses professions utilisent les simulations de projets, qui interviennent aussi dans certaines créations artistiques.

En dehors de cet emploi de machines puissantes, se sont développés dans les deux dernières décennies, avec une accélération considérable, des équipements plus restreints qui permettent l'informatisation de services de moindre importance, jusqu'à l'ordinateur personnel, le PC – *personal computer*. Aujourd'hui, l'équipement des ménages est important. Des générations de machines, de plus en plus performantes ou commodes, se sont succédé, alors que leur prix d'achat baissait sensiblement.

Informatique et société

Des conséquences multiples résultent de la révolution informatique.

Sur le marché du travail, des emplois se créent, d'autres sont supprimés, en plus grand nombre. Le travail à distance peut se développer, ce qui donne lieu déjà à des délocalisations de personnels ou à des sous-traitances lointaines. Toute une industrie se développe, autour des machines, des logiciels, des périphériques et de la maintenance. La façon de travailler n'est plus la même dans beaucoup de secteurs (administratifs ou commerciaux), la machine imposant la plupart du temps des rationalisations de procédures dans le travail, mais aussi ses rigidités.

Les répercussions sociales ne sont pas seulement techniques ; elles peuvent revêtir un caractère éthique. La gestion de toute une population – à des titres divers – par ordinateurs implique que chaque individu soit répertorié, fiché, et que sa situation soit constamment tenue à jour : la situation des comptes bancaires, de l'état civil, les casiers judiciaires ou autres renseignements sont disponibles, risquant d'être divulgués et donc de porter atteinte à la vie privée. La Commission nationale Informatique et Liberté (CNIL) a été créée pour sauvegarder l'indépendance des personnes.

La capacité donnée aux ordinateurs de communiquer entre eux ou de se connecter à des réseaux internationaux d'informations, enfin, ouvre des horizons infinis de communication. On estime déjà à 30 millions d'utilisateurs – nombre qui semble s'accroître de jour en jour – les clients du réseau Internet, né aux USA, qui permet l'accès à des données innombrables et l'accès à des échanges de tous ordres entre ordinateurs connectés. Les réseaux téléphoniques (que l'on utilise essentiellement à l'heure actuelle) véhiculent ces relations, comme ils véhiculent l'accès aux différents serveurs qui offrent aux usagers l'entrée dans de très nombreux services, sans passer par un ordinateur: le Minitel, le Minicom sont de ce type, et sont bien connus aujourd'hui du public. La masse énorme des informations qui circulent ainsi est en train de générer d'autres problèmes éthiques, dont la réglementation ne dépend plus d'un État en particulier mais de tous, bien qu'actuellement seuls les pays équipés soient en cause.

On peut parler de révolution informatique, car les bouleversements, dans les habitudes du public et dans les structures du travail sont considérables mais probablement au commencement seulement de leur évolution.

L'informatique à l'école

L'école, à tous ses niveaux, s'est efforcée d'intégrer l'informatique dans ses programmes, avec des hésitations d'orientation qui illustrent de façon intéressante la croissance vertigineuse du phénomène informatique. Les premières expériences remontent à 1966, dans l'enseignement technologique, puis à 1970 dans un nombre limité de lycées, à titre expérimental. Ce fut une période féconde pour définir l'enseignement assisté par ordinateur(EAO) et l'étude des premiers logiciels ou didacticiels. Un effort de formation a été fait à cette époque, sous forme de formations lourdes, d'un an, pour du personnel volontaire. Les écoles primaires et les collèges ont été concernés quelques années plus tard.

Le plan Informatique pour tous (IPT), 1985

Une initiation à l'ordinateur, à son fonctionnement, à sa programmation a d'abord été envisagée. Cela supposait des appareils, une formation du personnel, une initiation à un langage de programmation. Un effort considérable a été réalisé en 1985, avec la dotation des écoles en ordinateurs, en réseaux d'ordinateurs (les nano-réseaux), en instructeurs. Des « sites informatiques » ont été implantés dans les CRDP ou dans des Écoles normales, dans divers organismes (la Fédération des œuvres laïques locale a souvent été un partenaire) pour favoriser les essais, informer, former le personnel, assurer des maintenances.

Cet effort considérable sur le plan financier et sur le plan des formations n'a pu se maintenir. L'évolution rapide des machines, la complexité des langages et leur évolution non moins rapide, en ont été une cause certaine, mais insuffisante à expliquer le changement d'orientation qui est rapidement apparu: la réflexion sur l'utilité réelle de l'informatique changeait. Familiariser les élèves avec l'existence des machines, faire fonctionner celles-ci, démythifier leurs possibilités, les montrer dans leur environnement social, tirer parti des logiciels, sans essayer d'initier à une ébauche de programmation, parut bientôt la bonne orientation. Commencées à l'école maternelle, ces utilisations raisonnées suivent les différents niveaux de la scolarité. L'enseignement assisté par ordinateur (EAO) s'est transformé au fur et à mesure de l'amélioration pédagogique des didacticiels jusqu'à devenir secondaire par rapport à ce qui peut être fait directement avec des logiciels permettant des créations.

Les réalisations possibles avec les élèves sont considérables, notamment au sein de l'option « Informatique », créée et disparue, ou au sein de clubs informatiques, ou d'ateliers de pratique – ces dénominations diverses ayant désigné des expériences successives, remplacées aujourd'hui dans le Nouveau contrat pour l'école par divers dispositifs (enseignement de l'informatique, à titre facultatif, et pour 50 heures annuelles dans les classes de Seconde à partir de la rentrée de 1995). Quel que soit le nom, ce sont des lieux d'expérimentation, d'entraînement et de réalisation.

Les programmes de 1995 pour les écoles maternelles et élémentaires sont discrets sur l'utilisation des micro-ordinateurs. Pourtant, les bilans qui ont pu être effectués de l'utilisation de jouets informatisés à l'école maternelle, par exemple le robot tortue, et de logiciels d'entraînement à l'école élémentaire, notamment dans les exercices réalisables avec LOGO et avec les traitements de textes, est largement positif quand les enseignants sont formés.

Les avantages de l'utilisation dépassent de beaucoup ceux qui sont habituellement avancés (qui n'en perdent pas pour autant leurs mérites) : machine patiente, rythme individuel respecté, coopération entre deux élèves adonnés à la même tâche. Il faut voir au-delà ; des avantages proprement cognitifs peuvent être repérés : initiative et autonomie dans la recherche de solution, essais illimités, adaptabilité à des logiciels nouveaux, habitudes de structuration spatiale due à l'écran, de sériation, d'archivage, de mise en relation de données disponibles, qui relèvent toutes d'une méthodologie de travail intellectuel. L'outil modifie aussi la relation que l'élève entretient avec son propre travail, il s'y sent plus impliqué, plus autonome. Il aime que ce travail puisse être traité sur un mode ludique, attitude développée parallèlement par l'abondance et la diversité des jeux électroniques.

Il faut enfin signaler l'utilisation intéressante de l'informatique dans l'enseignement d'élèves atteints de certains handicaps, moteurs, sensoriels ou mentaux.

Dans l'enseignement du second degré, il n'est pas de disciplines qui ne disposent de logiciels d'appui ; les logiciels, dont les premiers ont pu être critiqués parce qu'ils n'apportaient « pas grand chose de plus que le papier et le crayon », sont aujourd'hui performants, nombreux. Dans les établissements qui ont pu se doter et de matériel et d'équipes compétentes de professeurs, on peut rencontrer des réalisations importantes, qui utilisent l'informatique pour des créations à caractère socialement utile, par exemple la mise en place d'un serveur local (hébergé dans un serveur existant), ou la création d'une plaquette d'information, etc. Le rapporteur d'une expérience de cette nature, opérée au niveau « débutant », peut écrire que ce projet a permis aux élèves « d'utiliser des logiciels de traitement de texte, de dessin, de numérisation et de traitement d'images ». Dans ces activités, l'informatique est un outil à multiples facettes.

L'informatique scolaire est trop souvent représentée dans l'esprit du public, et chez certains enseignants encore, comme une bibliothèque réduite de logiciels, alors que ses possibilités sont infiniment plus vastes et plus souples, notamment quand on la replace dans l'ensemble des objectifs de communication qu'elle sert ou qu'elle utilise.

BIBLIOGRAPHIE

G.L. Baron, *L'Informatique, discipline scolaire ? : le cas des lycées,* PUF, 1989.

J.M. Bérard, C. Richard et alii, *Utilisation de l'ordinateur dans l'enseignement secondaire,* Hachette, 1993.

Revue de l'association *Enseignement Public Informatique* (EPI), 13 rue du Jura 75013 Paris.

➤ Voir aussi Ateliers (pédagogie par), Autonomie, Nouvelles techniques d'information et de communication, Soutien.

INSPECTEURS DE L'ÉDUCATION NATIONALE

Les inspecteurs relevant de l'Éducation nationale sont divisés en trois catégories. La première est constituée par les **inspecteurs de l'Éducation nationale** ; ils sont compétents, dans des conditions à préciser, pour l'enseignement primaire, l'enseignement technique, l'apprentissage, l'information et l'orientation scolaire. La seconde est constituée par les **inspecteurs d'académie**, dont les responsabilités peuvent être territoriales (inspecteurs d'académie directeurs des services départementaux de l'Éducation nationale, DSDEN) ou pédagogiques (inspecteurs pédagogiques régionaux IPR-IA) ou spécialisées dans certains emplois : directeurs de centres régionaux de documentation pédagogique, délégués académiques des enseignements techniques (DAET) ou chef des services académiques de l'information et de l'orientation (CSAIO) ou délégué à la formation continue (DAFCO). La troisième catégorie est constituée par les **inspecteurs généraux de l'Éducation nationale** (IGEN ou IGAEN) qui ont des compétences nationales.

Cette organisation résulte de décisions relativement récentes (1989 et 1990) visant à homogénéiser les recrutements et les formations, pour les deux premières catégories, ou à réorganiser les recrutements et les missions du corps, pour la troisième. Mais l'existence de corps d'inspection est très ancienne.

Un peu d'histoire

Les inspecteurs de l'Éducation nationale les plus anciens sont les inspecteurs de l'enseignement primaire. Ils se rattachent à la loi Guizot et un inspecteur par département fut institué par l'ordonnance royale du 26 février 1835. Ils n'ont cessé depuis, avec des modalités de recrutement et des tâches évidemment différentes, d'être présents sur le terrain, et leur rôle, dès l'origine, devait croître rapidement, au fur et à mesure que se restreignait celui des comités locaux et des comités d'arrondissement de surveillance. Des femmes furent admises aux fonctions à partir de 1889. Les inspectrices des écoles maternelles – qui n'existent plus en tant que telles aujourd'hui – formèrent un corps distinct, qui remonte à la même date.

Les inspecteurs de l'enseignement technique, les inspecteurs de l'apprentissage, les inspecteurs de l'orientation n'apparaissent respectivement que lorsque les services correspondants furent créés (1921, 1956).

Les inspecteurs d'académie, directeurs des services départementaux de l'Éducation nationale se rattachent au décret organique de l'université du 17 mars 1808 – en ceci ils seraient les plus anciens – mais leur rôle au sein des départements s'affirma seulement à partir de la loi du 14 juin 1854. Les inspecteurs d'académie géraient un département, ils étaient les supérieurs hiérarchiques directs des inspecteurs de l'enseignement primaire, ils le sont toujours.

Les inspecteurs généraux qui porteront le titre d'inspecteurs généraux de l'université pendant quelque temps, avant d'être appelés inspecteurs généraux de l'Instruction publique, se rattachent au même décret réorganisant l'université, du 17 mars 1808. Ils furent répartis en groupes correspondant aux disciplines des facultés. Des inspecteurs généraux de l'enseignement primaire existèrent à partir de 1846 – deux emplois seulement furent créés à cette date – et subsistèrent jusqu'après la Seconde Guerre mondiale. Après cette date, ils furent intégrés au corps unique des inspecteurs généraux de l'Instruction publique. En 1979 leur titre à tous devint: inspecteurs généraux de l'Éducation nationale.

Une branche de l'Inspection générale est constituée par les inspecteurs généraux de l'administration de l'Éducation nationale, essentiellement affectés aux contrôles administratifs et financiers des établissements de second degré et de l'enseignement supérieur.

Recrutement et formation

La visée de la réforme des corps d'inspection était, en ce qui concerne les inspecteurs de l'enseignement primaire, de l'enseignement technique, de l'apprentissage et de l'orientation, de former un corps homogène, avec la possibilité pour chaque catégorie d'exercer dans l'autre, alors qu'auparavant aucun lien n'existait entre ces fonctionnaires. Les modalités de recrutement sont semblables – recrutement interne parmi le personnel enseignant, par concours, et, dans certaines conditions, par liste d'aptitude. Le concours proprement dit intervient après une première sélection sur dossier. Les formations sont en partie communes. En fait, les tâches concrètes étant de natures assez différentes, les inspecteurs de l'Éducation nationale forment un corps qui comporte des sous-ensembles bien distincts, quoique le passage de l'un à l'autre soit possible. La formation dure deux ans, comprenant une alternance entre regroupements en centre de formation et présence sur le terrain.

Les inspecteurs destinés à l'enseignement primaire sont des fonctionnaires territoriaux qui occupent une circonscription, délimitée au sein d'un département; les autres inspecteurs ne sont pas territoriaux, mais sont rattachés administrativement à un ou plusieurs départements.

Le recrutement des inspecteurs d'académie obéit à la même volonté de rapprocher des fonctions, et se heurte aux mêmes limites pratiques: ce sont des métiers différents que de gérer un département ou de contrôler une discipline sur l'étendue d'une académie, ou d'être délégué académique à la formation continue. Néanmoins, ayant les mêmes titres et les mêmes formations, la mutation d'une fonction à une autre au sein du même corps demeure possible, instaurant une mobilité appréciable. Le recrutement se fait sur concours, et sur liste d'aptitude pour un certain pourcentage de postes, parmi les membres du personnel enseignant (universitaires, professeurs du second degré, personnel de direction, inspecteurs de l'Éducation nationale ; depuis quelques années des administrateurs civils peuvent concourir également) ; le choix se fait après examen des dossiers, épreuves et entretien avec un jury. La formation des inspecteurs d'académie dure deux ans et obéit à peu près aux mêmes schémas d'alternance que celles relatives au corps des IEN.

Les inspecteurs généraux sont recrutés sur candidature et après entretien avec une commission spécialisée, qui entend les candidats et propose ses choix au président de la République.

Attributions

Les inspecteurs de l'Éducation nationale ont essentiellement des fonctions de contrôle des personnels, de notation, et de formation pédagogique. Pour ceux qui sont territoriaux, s'ajoutent des tâches de gestion administrative des personnels, de relations publiques avec différents services (mairies, services préfectoraux ou du conseil général, santé, famille, justice, transports, équipement...) ou avec les tribunaux, ou la gendarmerie. Les inspecteurs participent tous aux recrutements et certifications professionnelles des maîtres ou professeurs de leur ressort ou de leur discipline. Les inspecteurs de l'orientation ont des missions spécifiques dépendant des centres d'orientation.

Les inspecteurs d'académie directeurs des services départementaux de l'Éducation nationale assurent la gestion de l'enseignement dans leur département, à l'exception de l'enseignement supérieur.

Les inspecteurs pédagogiques régionaux rattachés à une (ou parfois plusieurs) académie veillent, sous l'autorité du recteur, à la mise en œuvre du programme académique de travail, arrêté conjointement par le recteur et l'inspecteur général correspondant académique. Ils ont, par spécialité, des tâches d'inspection, pour les personnels des collèges et lycées, des tâches administratives, notamment dans la gestion académique d'une discipline, ils participent à l'élaboration des sujets et au déroulement des épreuves d'examens et de concours de recrutements. Ils sont, par discipline, en relation avec les inspecteurs généraux des groupes correspondants.

Les inspecteurs d'académie inspecteurs pédagogiques régionaux peuvent être affectés à des emplois spécialisés : directeur de centres régionaux de documentation pédagogique, chef des services académiques de l'information et de l'orientation, directeur académique de l'enseignement technique, délégué académique à la formation continue.

Les inspecteurs généraux de l'Éducation nationale sont regroupés en spécialités, avec un doyen pour chaque spécialité, et un doyen pour l'ensemble du corps. Placés auprès du ministre, ils se voient confier chaque année des programmes d'étude et d'évaluation. Ils participent à l'élaboration des textes réglementaires, siègent dans de nombreux organismes ou commissions de travail, assurent avec les recteurs, en tant que correspondants académiques de l'inspection générale, l'élaboration et le suivi des plans académiques de travail ; ils ont gardé quelques tâches d'inspection proprement dites, soit qu'elles soient requises par leurs missions générales, soit que certaines catégories de personnel demeurent sous leur contrôle spécifique. L'Inspection générale de l'administration de l'Éducation nationale (IGAEN) assume des tâches d'évaluation et de contrôle, en rapport avec les missions administratives et financières qui la distinguent de l'autre Inspection générale. À sa tête se trouve un chef de service de l'IGAEN.

INSPECTION

L'inspection est une fonction de contrôle. Habituellement, une inspection est créée par un organisme, particulièrement quand celui-ci est démultiplié dans ses lieux d'exercice, pour qu'un contrôle soit opéré et que le compte rendu de ce contrôle lui soit fait : l'application correcte des orientations, la qualité du travail ou des produits, le relevé des difficultés constatées, la suggestion de moyens pour remédier aux dysfonctionnements, telles sont les tâches de contrôle dévolues à une inspection. La plupart des organismes en disposent. L'Éducation nationale, pour sa part, a un réseau très serré et très diversifié de fonctionnaires pour assurer l'inspection. La première ébauche en avait été dessinée au lendemain de la Révolution de 1789 par le plan Talleyrand et le plan Condorcet.

L'inspection à l'intérieur de l'Éducation nationale

L'inspection comporte des tâches diverses, en dehors des inspections proprement dites.

L'inspection des personnels

Elle consiste à vérifier le travail des enseignants. Cette vérification s'établit sur le plan de la conformité par rapport aux programmes et instructions en vigueur, sur le plan de la régularité et de la qualité des exercices qui en sont l'application. Elle porte sur l'efficacité de l'enseignement par le contrôle des documents de la classe et des résultats des élèves. Elle comporte en général l'écoute de séquences de classes, qui donnent lieu à un commentaire en privé avec le fonctionnaire inspecté. Là s'articulent la fonction de contrôle et celle de formation, le commentaire comprenant des avis, des recommandations, des conseils.

L'inspection peut aussi consister à contrôler le fonctionnement pédagogique global de l'établissement (c'est alors une inspection d'école ou d'établissement), les bâtiments, les services, la vie scolaire. Ce type d'inspection est restreint en général à une unité d'enseignement, une école, un collège, etc. Les réunions de synthèse qui suivent ce type d'inspection sont des amorces pour l'auto-évaluation qu'une unité d'enseignement peut pratiquer, et pour orienter des actions dont le projet d'école ou d'établissement se fera l'instrument.

Les contrôles à grande échelle – notamment nationale – sont assurés par les services de statistiques du ministère, devenus en 1987 la Direction de l'évaluation et de la prospective (DEP) et par les évaluations de l'Inspection générale. Ces dernières incluent fortement dans leur méthodologie l'auto-évaluation des établissements.

La notation

Elle fait partie de l'inspection ; inscrite dans le statut de la fonction publique, elle est obligatoire et elle influe sur le déroulement des carrières.

La formation du personnel

Les formations continues incombent à l'Inspection dans le cas particulier de l'Éducation nationale, en relation avec les organismes de formation initiale ou les organismes de documentation. Cette imbrication de rôles a été fortement critiquée en certaines périodes ; elle est, en revanche, fortement revendiquée, et par les inspecteurs qui se veulent formateurs au moins autant et plus que contrôleurs, et par les personnels, qui tendraient à ne vouloir que des conseillers pédagogiques et non des contrôleurs.

Autres tâches

La présentation et l'explicitation des programmes, l'information sur les dispositions réglementaires incombent aussi à l'Inspection.

La participation aux examens – l'élaboration des sujets, le déroulement des épreuves, la participation aux jurys ou la présidence de ces jurys – fait également partie de ses tâches.

La décentralisation opérée en France à partir de la loi de décentralisation de 1983 n'a pas affecté l'Éducation nationale dans ses principales lignes de fonctionnement, encore que l'autonomie, même partielle, donnée aux établissements en particulier au travers des projets d'établissement et projets d'école – ainsi que les répartitions de compétences entre l'État et les régions – aient renouvelé certains fonctionnements. Cette décentralisation modifie les inspections individuelles, les rapports qu'un inspecteur peut avoir à entretenir avec les pouvoirs publics, et les contenus de la formation pédagogique, qui doit prendre en compte désormais le travail collectif des écoles et des établissements. Cependant, elle ne paraît pas devoir supprimer, au contraire, l'inspection, dont il se trouve ainsi démontré qu'elle n'est pas liée à la centralisation des décisions. Plus la diversité s'installe sur les terrains, plus le travail d'observation, de coordination et de régulation à opérer est vaste.

L'Inspection en France est une institution forte et originale par rapport aux fonctionnements qui existent dans les pays européens voisins. Si son rôle premier est parfois ressenti comme contraignant, l'appui apporté par les inspecteurs aux enseignants, qui trouvent en eux, et notamment chez ceux qui sont territoriaux, des interlocuteurs compétents pour toutes les questions administratives ou pédagogiques qui peuvent se poser, est aussi très généralement reconnu.

BIBLIOGRAPHIE

R. Bollen, D. Hopkins, *La Pratique de l'auto-analyse de l'établissement scolaire*, OCDE/ISIP/Economica, 1988.

Décret n° 90-675 du 18 juillet 1990.

➤ Voir aussi Inspecteurs de l'Éducation nationale.

INSTITUTIONNELLE (pédagogie)

Outre le rejet des pédagogies traditionnelles et l'approbation critique des méthodes nouvelles, les pratiques de la dynamique des groupes et la psychanalyse inspirent les pédagogies institutionnelles. Dans une première étape, elles font bénéficier l'école des acquis de la psychothérapie institutionnelle : l'effet de tout traitement psychothérapique est déterminé par les modalités d'organisation de l'établissement où il est opéré et, par conséquent, dépend de « l'institution » d'un milieu approprié.

Les premières tentatives – Aïda Vasquez et F. Oury – pensent instituer un milieu favorable au développement de l'enfant en prônant une culture psychanalytique pour déchiffrer l'inconscient présent dans le groupe-classe (actes manqués, paroles, silence). À partir de 1967, les approches psychosociologiques l'emportent sur les références psychanalytiques. La pédagogie institutionnelle chez Lobrot s'appuie sur une critique de l'institution en général, de l'institution scolaire en particulier ; dans cette dernière, les exigences administratives, la pression des parents et le désintérêt des élèves pour leur travail sécrètent une « triple angoisse – à l'égard des parents, de l'administration, des enfants ». Le véritable obstacle à l'exercice éducatif vient du rapport autoritaire qui enlève à l'élève l'envie d'apprendre. Pour éliminer cet obstacle, présent dans le vécu de l'élève et visible dans le rôle du maître, Lobrot introduit le principe de l'autogestion. Celui-ci comprend deux notions empruntées et modifiées : l'idée rogérienne de non-directivité (conçue comme attitude plus que comme technique) et celle de coopération (mais en dépassant le modèle de la relation entre deux ou plusieurs personnes). Mises en pratique, elles aboutissent à « l'émergence de nouvelles institutions que nous appellerons "institution classe" ».

L'autogestion amène le groupe à se structurer sans intervention d'un pouvoir externe – celui du maître – sur une tâche, un travail, un objectif. Il s'agit de trouver une formule de fonctionnement qui soit valable pour tous, continuellement réévaluée (pour répondre aux nouvelles motivations) et viable, c'est-à-dire correspondant aux impératifs de la société totale.

L'essentiel de l'autogestion pédagogique réside moins dans la création de l'institution-classe que dans la signification qu'elle prend aux yeux de l'individu ; celui-ci doit y voir « le projet de se diriger lui-même ». Le profit essentiel de l'autogestion tient au fait que chacun des participants est sans cesse concerné et que s'appuyant sur l'autre il est sans cesse aidé. « En réalité, la dynamique du groupe autogéré, comme de tout groupe dans lequel les individus peuvent exprimer leurs besoins essentiels, engendre non seulement une satisfaction de ces besoins mais surtout une modification dans le monde des besoins et des intérêts, une restructuration de l'affectivité de base. La personnalité se modifie, évolue et devient autre. Il se produit un phénomène essentiel, qu'on appelle vulgairement l'Éducation. »

La pédagogie institutionnelle a une double signification. Elle conteste l'institution imposée de l'extérieur et démontre la possibilité d'un pouvoir instituant. Elle amène les individus « à mettre en question la société totale à travers un fonctionnement qui aurait fait sourire des observateurs extérieurs ». Elle crée une psychologie à la fois autonome et révolutionnaire. De là une tendance à faire de l'autogestion pédagogique un instrument politique, tendance qui alimente, d'une part, la problématique de l'institution (analyse institutionnelle) et, d'autre part, l'application de l'autogestion à d'autres domaines que l'école (associations, entreprises, établissements de soins, animation culturelle, etc.). Au lieu de créer des syndicats ou des partis nouveaux, il suffirait « d'introduire partout où on le peut l'autogestion pédagogique afin d'éduquer l'ensemble de la population et de faire des individus autonomes, afin d'inventer de nouveaux modèles de fonctionnement des groupes, adéquats à l'être humain, afin de susciter une opinion en faveur d'un nouvel humanisme ». Ce rôle de transformation sociale est surtout retenu par G. Lapassade et R. Lourau.

Les pédagogies institutionnelles ont eu le mérite de mettre en évidence les rapports du politique, du social et du pédagogique, mais elles n'ont pas, surtout après 1968 et peut-être en raison des analyses divergentes de ses théoriciens, suscité, sur le plan strictement scolaire, un modèle pédagogique généralisable.

BIBLIOGRAPHIE

M. Lobrot, *La Pédagogie institutionnelle,* Gauthier-Villars, 1966.

A. Vasquez et F.Oury, *Vers une pédagogie institutionnelle*? Matrice, 1967.

R. Lourau, *L'Analyse institutionnelle*, Minuit, 1970.

G. Lapassade, *L'Entrée dans la vie*, Minuit, 1963.

➤ Voir aussi Libertaire (pédagogie).

INSTITUT NATIONAL DE RECHERCHE PÉDAGOGIQUE (INRP)

Établissement public national à caractère administratif doté de la personnalité morale et de l'autonomie financière, l'INRP est placé sous la tutelle du ministre de l'Éducation nationale.

Son fonctionnement

Il est dirigé par un directeur choisi par le ministre parmi les personnes compétentes dans le domaine de la formation et de la recherche. Il est assisté d'un conseil d'administration et d'un conseil scientifique, celui-ci étant d'ailleurs présidé par le président du conseil d'administration, lui-même élu parmi les personnalités compétentes. Le conseil scientifique joue un rôle essentiel dans l'orientation de la politique de recherche. Il a notamment en charge le suivi des programmes de recherche de l'Institut.

L'Institut est réparti en plusieurs départements qui sont créés, sur proposition du directeur, par le conseil d'administration, après avis du conseil scientifique. On distingue actuellement : le département *Mémoire de l'éducation*, celui des *Ressources et communication*, celui des *Didactiques des disciplines*, celui des *Technologies nouvelles et éducation*, enfin celui des *Politiques, pratiques et acteurs de l'éducation*.

Ses missions

Ses missions concernent tous les niveaux d'enseignement.

Il assure ou soutient les travaux de recherche dans le domaine de l'éducation soit directement soit en partenariat avec d'autres organismes. Il a un rôle de formation doctorale ainsi qu'un rôle dans la formation des enseignants, en liaison avec les Instituts universitaires de formation des maîtres.

C'est également une instance d'expertise.

Il a un rôle de diffusion des résultats des recherches en liaison avec le Centre national de documentation pédagogique.

Il publie un certain nombre de revues, dont la *Revue française de pédagogie*, *Recherche et formation*, et certaines publications plus spécialisées sur le français (*Repères*), les sciences expérimentales (*Aster*) ou les techniques (*Didaskalia*).

C'est aussi un centre de ressources important puisqu'il ouvre au public des enseignants et des chercheurs une bibliothèque de 500 000 volumes, dont 100 000 manuels.

« Musée pédagogique » depuis 1879, il assure la mémoire de l'institution, relayé en cela par un important département d'histoire de l'éducation. Ce musée est actuellement implanté à Rouen.

Lieu de recherche et de mémoire, l'Institut est un lieu de rencontres et de formation où colloques et ateliers de travail sont souvent organisés ; ils sont recherchés par les spécialistes de l'éducation, universitaires et formateurs, français et étrangers. En particulier, l'Institut s'investit dans le domaine des pratiques éducatives et sociales en milieu difficile.

Le ministre peut lui confier directement des missions spécifiques.

BIBLIOGRAPHIE

Décret n° 93-288 du 5 mars 1993.

➤ Voir aussi Centre national de documentation pédagogique (CNDP), Centre international d'études pédagogiques (CIEP).

INSTITUT UNIVERSITAIRE DE FORMATION DES MAÎTRES (IUFM)

L'acte de naissance des instituts universitaires de formation des maîtres est écrit dans la loi d'orientation sur l'Éducation du 10 juillet 1989. C'est le fruit d'une réforme du système de formation des enseignants dont la nécessité, ressentie depuis deux décennies, était régulièrement annoncée mais rarement abordée en profondeur. Les instituts universitaires de formation des maîtres (IUFM) se substituent aux écoles normales chargées de former les instituteurs, aux centres pédagogiques régionaux destinés à assurer une formation professionnelle aux professeurs du second degré et aux écoles normales nationales d'apprentissage consacrées à la formation des professeurs de lycée professionnel (PLP).

La création des IUFM répond à trois objectifs :
– donner une solide formation professionnelle à tous les enseignants en partant du principe qu'enseigner est un véritable métier qui demande, comme tous les métiers, un apprentissage à la fois théorique et technique ;
– situer la formation des maîtres dans les enseignements supérieurs afin de la mettre au même niveau que celle qui est dispensée dans la plupart des pays occidentaux, notamment en Europe ;
– faire face aux besoins importants d'enseignants que connaît la France en cette fin de XXe siècle.

Ainsi, au sein des IUFM, tous les maîtres, de l'école maternelle aux classes terminales du second degré, sont recrutés au même niveau : la licence ou un équivalent (Bac + 3) et formés pendant deux ans dans la même institution.

Mis en place sur les bases d'un rapport élaboré par une commission d'experts que présidait le recteur Bancel, les IUFM ont été créés à raison d'un par académie. Trois IUFM ont été ouverts à titre expérimental à la rentrée scolaire et universitaire de 1990, dans les académies de Lille, Reims et Grenoble. Tirant rapidement les enseignements de ces expériences, le ministère de l'Éducation nationale a créé dès la rentrée 1991 un IUFM dans 25 académies, celui des territoires du Pacifique sera ouvert en 1992.

Institutionnellement, les IUFM sont des établissements publics à caractère administratif. Relevant de l'enseignement supérieur, ils sont rattachés par convention à une ou plusieurs universités et disposent d'un budget propre. Ils sont placés sous la responsabilité d'un directeur nommé pour cinq ans par le ministre de l'Éducation nationale, de l'Enseignement supérieur et de la Recherche. Le directeur, choisi parmi les professeurs d'université, est secondé par des directeurs adjoints, nommés également par le ministre et appartenant, soit au corps des universitaires, soit au corps des inspecteurs pédagogiques régionaux-inspecteurs d'académie.

Chaque IUFM est administré par un conseil d'administration dont la présidence est assurée par le recteur d'académie, chancelier des universités; il est doté également d'un conseil scientifique pour traiter les problèmes d'organisation des enseignements et des formations.

Si l'IUFM est rattaché à une université, il fonctionne cependant dans les lieux de formation libérés par les institutions auxquelles il s'est substitué (EN, ENNA, CPR). De ce fait, il ne se présente pas comme un établissement de conception classique et voit ses activités réparties entre plusieurs pôles de formation dans les départements d'une académie. Cette situation peut se traduire par des difficultés de fonctionnement mais à l'opposé, par un enrichissement de la formation, grâce à l'exploitation des situations locales.

Le personnel enseignant et de formation est d'origines et de statuts très divers. La dimension universitaire est affirmée par la participation d'enseignants chercheurs. De nombreux professeurs exerçant dans les ex-structures de formation ont été maintenus (professeurs agrégés et certifiés), à temps complet ou partiel. Les membres des corps d'inspection sont également associés aux diverses formations et il faut noter en outre la contribution substantielle apportée par d'autres professionnels de l'enseignement : conseillers pédagogiques, instituteurs ou professeurs des écoles-maîtres formateurs. Enfin, en fonction des projets et des contenus de formation, l'IUFM peut faire appel si nécessaire à tout spécialiste pouvant témoigner de son expertise sur un point particulier en éducation (médecin, psychologue...).

Le recrutement et l'organisation de la scolarité

Les candidats à l'entrée à l'IUFM sont recrutés sur dossier et éventuellement sur entretien. La première année est consacrée à une formation à la fois universitaire et professionnelle. L'étudiant doit d'une part, acquérir un niveau suffisant pour se présenter au concours à l'issue de cette première année et, d'autre part, avoir eu un contact suffisant avec les structures d'enseignement pour avoir une première expérience lui permettant de confirmer son choix professionnel. Les concours proposés sont soit académiques (concours de professeurs des écoles), soit nationaux (concours de professeurs de lycées et collèges ou professeurs de lycées professionnels : CAPES, CAPET, CAPEPS, CAPLP, concours de conseillers principaux d'éducation).

Pour accomplir cette première année de formation, les étudiants peuvent bénéficier d'une allocation d'étude attribuée en fonction de certains critères, le nombre d'allocataires variant selon les besoins des régions en enseignants.

La deuxième année de formation est ouverte aux étudiants admis aux différents concours y compris à l'agrégation. Ces étudiants, qui ont bénéficé de la première année à l'IUFM ou qui peuvent avoir préparé le concours par une autre voie, sont professeurs stagiaires. Ils participent à un complément de formation théorique, notamment dans le domaine didactique, et d'une formation professionnelle, grâce à des stages dans les structures d'enseignement correspondant au professorat pour lequel il ont été recrutés.

Cette deuxième année se termine par une certification incluant la validation des études théoriques et la présentation d'un mémoire professionnel. Elle aboutit à la titularisation.

Ce dispositif, prévu pour la formation des professeurs des établissements publics, a été complété par des modalités permettant aux professeurs de l'enseignement privé de bénéficier d'une formation identique. Un protocole d'accord a été signé en 1992 entre le ministre de l'Éducation nationale et les représentants de l'enseignement catholique pour que la préparation aux concours soit assurée en partenariat par les IUFM et les centres d'enseignement privé sous contrat.

Les grands axes de la formation

« L'objectif d'une véritable formation doit être de faire acquérir aux futurs enseignants un solide savoir universitaire au contact des lieux où s'élabore ce savoir et des compétences correspondant véritablement aux activités concrètes qu'ils devront assumer dans les divers établissements où ils seront affectés », tel est le principe fondamental énoncé d'emblée en introduction du rapport Bancel et à partir duquel est bâtie toute l'architecture de la formation des IUFM. La professionnalité de l'enseignant est basée sur trois pôles de connaissances : les connaissances disciplinaires (savoirs à enseigner, histoire, épistémologie des différentes disciplines), les connaissances relatives à la gestion des apprentissages (didactiques et pédagogiques), les connaissances relatives au système éducatif (politique éducative nationale, structures et fonctionnement de l'institution...).

Les IUFM ont construit leurs plans de formation en se référant à ces orientations fondamentales. Ils ont tenu compte également de la nécessité de créer une culture commune à tous les enseignants en prévoyant certains enseignements ayant des contenus identiques quelle que soit la spécialité préparée. Enfin, pour tenir compte des acquis disciplinaires et professionnels ainsi que de certains besoins repérés, la formation est conçue en fonction de projets individualisés.

Le plan de formation de chaque IUFM est soumis pour approbation au ministère de l'Éducation nationale, de l'Enseignement supérieur et de la Recherche. Une grande diversité existe, conséquence du mode de fonctionnement des établissements universitaires basé sur l'autonomie mais aussi de la prise en compte légitime des particularités locales : les enseignements sont souvent organisés en modules, complétés par des activités optionnelles et articulés à des stages pratiques. La double ambition des IUFM se réalise progressivement : la dimension universitaire permet aux futurs professeurs d'acquérir une formation scientifique de haut niveau, la dimension professionnelle les prépare concrètement aux conditions d'exercice du métier d'enseignant.

Une autre mission a été confiée aux IUFM : la participation à la formation continue des enseignants. Cette mission, réalisée initialement par les instances de formation auxquelles ils se sont substitués, mais aussi par les missions académiques à la formation des personnels de l'Éducation nationale (MAFPEN), reste un secteur d'activité important mais qui varie selon les académies, voire les départements, en fonction des politiques locales en matière de formation continue.

Deux rapports d'évaluation de la mise en place des IUFM produits, l'un en 1992 par l'Inspection générale de l'Éducation nationale, l'autre en 1993 sous la responsabilité d'un professeur d'université, ont apporté des éléments de régulation permettant d'éviter certaines dérives qui s'amorçaient et suggérant des améliorations qui sont progressivement prises en compte par les directeurs d'IUFM et leurs équipes de formateurs, mais aussi par les responsables de l'institution scolaire.

BIBLIOGRAPHIE

Loi d'orientation sur l'Éducation du 10 juillet 1989.
Décret du 28 septembre 1990.
Arrêté du 2 juillet 1991.
Circulaire du 2 juillet 1991.

➤ **Voir aussi** Centre pédagogique régional, École normale, Formation continue, Formation pédagogique, Loi d'orientation, Modules, Option.

INSTRUCTIONS OFFICIELLES

Textes élaborés sous l'autorité du ministre et sur les recommandations du Conseil national des programmes, par les directions pédagogiques du ministère et en collaboration avec l'Inspection générale. Ces textes sont destinés à diffuser les principes et les méthodes d'une pédagogie que l'enseignant est invité à mettre en application.

Comprises comme recommandations formelles de l'action pédagogique, les instructions officielles se placent dans une tradition historique. Chaque nouvelle construction éducative s'accompagne de la publication de réflexions et de consignes. Le traité écrit par Jean Sturm en 1565, le *Ratio studiorum* dans son édition définitive de 1599, transforment en directives organisationnelles et pédagogiques les leçons tirées, pour le premier de l'expérience du gymnase de Strasbourg créé en 1538, pour le second de l'expérience des collèges jésuites. Ces dernières directives seront reprises en 1703 par le Père Jouvency dans son traité sur la manière d'enseigner et d'apprendre. Au XVIIIe siècle, les quatre tomes du *Traité des études* (1726-1728) de Rollin portent comme sous-titre « De la manière d'enseigner et d'étudier les belles-lettres » ; dans son livre II – « De la méthode qu'il faut suivre pour enseigner la langue grecque » –, Rollin montre pourquoi et comment il faut apprendre le grec.

Les instructions officielles ont été un instrument important de la politique scolaire de la IIIe République pour construire ou rénover la pédagogie. Dans l'enseignement primaire, elles interviennent lors d'un changement de programme ou de structure scolaire. Celles de 1923 substituent une méthode progressive (« Nous voudrions même que, dans les écoles où chaque classe comprend deux cours, l'écolier fît un progrès en passant de la première à la deuxième division. ») à la méthode concentrique des instructions de 1887 (chaque niveau approfondit les contenus du niveau précédent, l'école comprenant trois niveaux avec les mêmes programmes). Les instructions de Jean Zay en 1938 prennent en compte la prolongation de la scolarité jusqu'à 14 ans (création des classes de fin d'études).

Dans l'enseignement secondaire, les instructions officielles visent à privilégier une démarche empirique par des changements de programme. Une circulaire de Jules Simon aux proviseurs, en 1872, accroît les horaires d'histoire et de géographie et réduit ceux de latin. En 1880, une note pédagogique recommande une méthode qui va de l'exemple à la règle, de la langue à la grammaire, et non l'inverse. En 1890, une lettre de Léon Bourgeois, ministre de l'Instruction publique, accompagne les instructions, programmes et horaires de l'enseignement classique transmis au personnel administratif et enseignant ; l'explication de textes est considérée comme le « fond et la vie même de l'enseignement classique » ; la version doit contribuer à la formation générale et non à faire un latiniste ou un helléniste. Les instructions de 1902 condamnent les cours dogmatiques et insistent sur l'importance de l'observation (rôle des sciences naturelles dans les petites classes) et de l'expérience en physique ou en géométrie.

Après la Seconde Guerre mondiale, les instructions officielles, d'une manière générale, concernent moins l'enseignement primaire ou l'enseignement secondaire dans leur ensemble qu'une discipline, parfois nouvelle, ou une activité nouvelle. Citons entre autres les instructions relatives à l'enseignement du français à l'école primaire (1972), celles sur le soutien, l'approfondissement et la pédagogie différenciée dans les collèges (1979), sur l'enseignement précoce des langues étrangères à l'école primaire (1987) ou sur l'utilisation des équipements informatiques des écoles élémentaires (1987). Chaque discipline enseignée dans les lycées et collèges donne lieu à des instructions particulières, en grande partie rassemblées dans un volume du *Recueil des lois et règlements* (vol.V).

Depuis quelques années, l'évolution de l'environnement culturel suscite des instructions d'un nouveau type, attirant l'attention sur les grands problèmes contemporains : sensibilisation aux problèmes de l'environnement (1972), aux problèmes du tiers monde (1983), éducation contre les préjugés sexistes (1982), commémoration de l'abolition de l'esclavage (1984), enseignement et apprentissage des droits de l'homme (1985), enseignement de la sécurité routière (1987), éducation au développement (1989), à la consommation (1990).

Tous les textes qui constituent les instructions officielles sont propres aux enseignements élémentaire et secondaire seulement. Ils définissent la philosophie d'une discipline et indiquent souvent la progression, les types d'activités, les familles d'exercices ; par exemple, la circulaire du 14 juin 1977 sur l'enseignement de l'orthographe dans les écoles et collèges distingue les divers types de dictées au collège. Jusqu'à la Seconde Guerre mondiale, les instructions officielles avaient pour finalité de diffuser une doctrine pédagogique formellement recommandée aux enseignants et que le corps d'inspection faisait respecter. Par la suite, avec la reconnaissance d'une autonomie plus grande des établissements, les instructions officielles perdirent leur caractère impératif : ainsi, dans la circulaire du 2 septembre 1969 sur l'aménagement de la semaine scolaire, il est écrit que ce texte « vaut surtout par l'ouverture qu'il offre à l'imagination créatrice des maîtres et à la recherche pédagogique ». Ce même texte recommandait même de « dépasser la notion contraignante de programme ». Depuis lors, on a redonné aux instructions officielles un caractère prescriptif qui leur permet d'être un facteur important de cohérence pédagogique au niveau national.

➤ **Voir aussi** Buisson, Classe, Conseil national des programmes, Inspection, Programme, Recueil des lois et règlements.

INTÉGRATION

Principe sous-tendant la philosophie qui a présidé à l'élaboration de la loi d'orientation en faveur des personnes handicapées du 30 juin 1975. Par cette loi, le législateur a prévu que toutes les instances concernées par la prise en charge de ces personnes (familles, État, collectivités locales, établissements publics et privés, organismes de sécurité sociale, associations...) devaient conjuguer leurs efforts et articuler leurs interventions pour permettre l'accès du mineur et de l'adulte handicapés aux institutions ouvertes à l'ensemble de la population et favoriser leur maintien dans le cadre ordinaire de travail et de vie.

Un changement d'attitude à l'égard de la personne handicapée

La démarche d'intégration vise ainsi à faire reconnaître la place de la personne handicapée au sein de la société. La loi d'orientation fait de l'éducation, de la formation et de l'orientation professionnelle des handicapés, une obligation nationale qui vise à leur assurer toute l'autonomie dont ils sont capables.

Cette conception correspond à un changement progressif d'attitude à l'égard des personnes handicapées, changement qui s'est dessiné dans la seconde partie du XXe siècle. Jusqu'à cette période, le handicap était inscrit peu ou prou dans le champ de la maladie avec, pour conséquence, une priorité donnée aux actions de soins dispensés dans des établissements spécialisés. L'évolution des conceptions relatives au handicap porte la marque des transformations de l'éducation, de la santé et de l'action sociale, mais aussi l'effet des apports des sciences humaines.

Les handicapés sont membres à part entière du corps social et, lorsqu'ils sont susceptibles de bénéficier de soins, ceux-ci doivent être dispensés le plus souvent possible en milieu ordinaire, là où la personne handicapée peut développer sa personnalité et faire accepter sa différence tout en participant à la vie de la cité. Les structures et établissements spécialisés sont perçus comme étant des lieux de ségrégation et sont invités à s'ouvrir vers des formes de fonctionnement diversifiées, favorisant les contacts des handicapés avec le monde extérieur.

L'intégration scolaire

L'intégration sociale passe d'abord par l'intégration scolaire. Les enfants handicapés étant soumis à l'obligation éducative au même titre que tous les autres enfants, leur scolarisation se fait en priorité dans les classes ordinaires avec, si nécessaire, des aides appropriées. Ces interventions spécialisées, qui peuvent être à caractère médical, éducatif, rééducatif ou thérapeutique, sont conçues en liaison étroite avec les acteurs du système scolaire et font l'objet d'une procédure conventionnelle entre les parties prenantes, aboutissant à l'élaboration d'un projet d'intégration.

Cette démarche, assez nouvelle au sein de l'institution scolaire, est précisée par plusieurs circulaires d'application ; elle peut prendre des formes diverses : individuelle lorsque la situation de l'élève handicapé ne nécessite pas l'intervention permanente de personnels spécialisés, elle devient collective lorsque plusieurs élèves handicapés intégrés dans un établissement ordinaire sollicitent la présence de moyens permanents assurant le soutien médical, paramédical, éducatif et social nécessaire.

Elle peut être enfin partielle, et organisée dans le cadre d'un projet éducatif, à partir d'un établissement ou service spécialisé dont relève l'enfant ou l'adolescent, si l'importance du handicap contraint l'élève à ne pouvoir participer qu'à une partie seulement des activités scolaires.

Les différentes actions d'intégration sont suivies par les services départementaux de l'Éducation nationale et des Affaires sociales, elles sont suscitées et coordonnées par les commissions d'éducation spéciale.

Des intentions aux réalités

Les réalités sont très diverses et dépendent des possibilités d'accueil existantes mais aussi du dynamisme des différents acteurs. Si, vingt ans après le vote de la loi, le mouvement d'intégration est en marche, on observe encore un écart important entre les objectifs affichés et la concrétisation effective de la politique d'intégration. Les établissements spécialisés jouent encore pleinement leur rôle de structures d'accueil des personnes handicapées, même si un grand nombre d'entre eux ont ouvert des services d'éducation spécialisée et de soins à domicile (SESSAD) pour participer aux diverses actions d'intégration.

Les structures de l'Éducation nationale évoluent progressivement dans le sens de l'application de cette politique. Si les intégrations individuelles sont réalisées assez convenablement à l'école maternelle et à l'école élémentaire, sauf lorsque sont rencontrés des obstacles objectifs d'ordre matériel ou des insuffisances d'aides prévues par les textes, la scolarisation des élèves handicapés dans les établissements d'enseignement du second degré rencontre plus de difficultés ; chaque situation est traitée véritablement au cas par cas.

Pour ce qui concerne l'intégration collective, à l'école élémentaire les classes d'intégration scolaire (CLIS) se substituent progressivement aux classes de perfectionnement et aux classes spécialisées ; au niveau du second degré est prévue l'ouverture d'unités pédagogiques d'intégration (UPI) pour l'accueil et la scolarisation des adolescents handicapés au collège et au lycée.

Une utilisation élargie du concept

Mais, dans une problématique d'obligation scolaire pour tous et d'ouverture de l'école à tous, l'idée d'intégration est avancée également dans les actions conduites en faveur des publics différents. Si elle s'opposait à la ségrégation qui qualifiait le mode de prise en charge des personnes handicapées, par extension elle s'oppose aussi à l'exclusion lorsqu'il s'agit de faciliter l'accueil, dans les structures du système éducatif, de populations difficiles dont le vécu n'est pas orienté, a priori, vers une adaptation à l'enseignement tel qu'il est dispensé au plus grand nombre ; il s'agit des enfants d'origine étrangère ou du monde du voyage, ou d'enfants vivant des situations familiales et sociales très perturbées, ou encore d'enfants présentant des troubles graves du comportement sans pour autant relever du domaine du handicap. L'Éducation nationale met en place divers dispositifs afin de favoriser cette intégration dans les structures ordinaires d'enseignement ; la mise en œuvre de la politique des zones d'éducation prioritaire en constitue une illustration éloquente.

Dans l'une ou l'autre des acceptions, la démarche d'intégration vise à permettre à chaque individu, quelle que soit sa différence, de trouver légitimement sa place, grâce à une scolarité adaptée, dans une société qui se veut toujours plus tolérante.

BIBLIOGRAPHIE

Loi d'orientation en faveur des personnes handicapées du 30 juin 1975.

Circulaires du 29 janvier 1982, du 29 janvier 1983, du 30 octobre 1989, et du 18 novembre 1991.

Les Cahiers de l'intégration, n° 1, 2, 3, ministère de l'Éducation nationale, Paris, CNDP 1986.

A. Labrégère, *L'Insertion des personnes handicapées*, La Documentation française, 1990.

➤ Voir aussi Classe d'intégration scolaire, Classes spécialisées, Commission d'éducation spéciale, Établissement spécialisé, Zone d'éducation prioritaire.

INTERDISCIPLINARITÉ

L'interdisciplinarité est un terme dont l'emploi manque souvent de rigueur. Ce qui est plus parlant, c'est l'emploi du terme comme adjectif : une question peut être interdisciplinaire, c'est-à-dire touchant à plusieurs disciplines.

Peut également être interdisciplinaire la recherche de ce qui est commun entre plusieurs disciplines ou de ce que leur rapprochement peut faire surgir. Tout problème complexe, en effet, ne peut généralement être résolu ou même décrit sans le secours de disciplines différentes, qui se révèlent complémentaires. On devrait dans ce cas utiliser de préférence le mot « pluridisciplinaire », qui serait plus juste.

Si la comparaison de méthodologies, et la mise en évidence de rapprochements possibles, ou d'incompatibilités définissant les frontières d'une discipline par rapport à une autre, sont l'objet essentiel d'un travail dit interdisciplinaire, alors le mot « interdisciplinarité » est tout à fait convenable.

On rencontre parfois le terme « transdisciplinaire ». Il devrait avoir une signification claire et dénommer des domaines généraux, étrangers aux disciplines. Les problèmes éducatifs posés par exemple par le développement des élèves, leurs comportements ou leurs résultats, sont par nature « transdisciplinaires ».

Ces approches lexicographiques sont encore bien vagues et varient selon les auteurs. Le terme le plus couramment employé dans le langage de la pédagogie courante est celui d'interdisciplinarité.

La revendication d'une certaine interdisciplinarité est née du désir de traiter des ensembles complexes et non d'étudier les disciplines dans la logique que la réflexion et la tradition leur ont construites.

La demande en a coïncidé avec une remise en question de l'école, avec une remise en question des modes d'apprentissage, et la prescience d'une nouvelle épistémologie. L'école, dans les années qui ont précédé de peu et ont suivi 1968, est apparue comme découpant les savoirs en domaines étanches les uns par rapport aux autres, créant une nouvelle scolastique au détriment d'un savoir dominé, parce que relié dans ses différentes faces. La structure de l'enseignement par disciplines, renforcée par la structure en classes d'âge et en programmes étagés, fut accusée d'émietter le savoir. L'étude des systèmes, voire l'étude systémique, traduite en termes simplifiés, comme l'étude des interdépendances à l'intérieur d'un tout, renforcèrent cette impression. L'étude du milieu, dès les années 70, l'interdépendance des phénomènes de la vie dans l'approche écologiste, ont contribué à concrétiser le désir d'un mode différent d'enseignement.

Parallèlement, l'idée de l'apprentissage que donnaient les psychologues cognitivistes, ne décrivait pas le passage bien pondéré du simple au complexe, mais plutôt l'activité d'un sujet réinvestissant tous ses savoirs antérieurs dans la tâche, chaque réussite entraînant et le renforcement des savoirs antérieurs et leur réorganisation. Enfin, l'idée de « point de vue », si productive en littérature, ou dans la lecture d'images, détournait l'intérêt des disciplines, qui n'ont pas a priori de « points de vue », hormis le leur.

Si ces vues sont intéressantes, elles n'ont pas réalisé en elles-mêmes de grands changements en pédagogie. L'interdisciplinarité s'est traduite plutôt par des expériences ponctuelles d'échanges entre professeurs, sur une question donnée. En revanche, elle a pris son sens lorsqu'un projet d'envergure – projet d'action éducative ou projet extrait du projet d'établissement – requerait les concours de différentes disciplines pour être mené à bien.

Quel que soit l'intérêt du concept, il semble bien que l'interdisciplinarité soit moins une voie d'apprentissage qu'une voie de travail, une fois que les concepts et méthodes de chaque discipline sont acquis. La pédagogie du projet fera sans doute avancer la question de l' apprentissage par l'approche interdisciplinaire.

BIBLIOGRAPHIE

G. Audisio, *Interdisciplinarité, une expérience*, Cedic, 1980.

➤ Voir aussi Projet, Travail autonome.

INTERVENANTS EXTÉRIEURS

Une école qui s'ouvre

Cette expression, « intervenants extérieurs », s'est répandue dans le monde éducatif à mesure que l'école s'ouvrait et que se développaient diverses actions, organisées par les enseignants mais dont les acteurs n'étaient plus les seuls enseignants. Les intervenants extérieurs sont des personnes qui ne font pas partie du personnel enseignant proprement dit. C'est dans l'enseignement primaire qu'on les trouve en plus grand nombre.

Les intervenants extérieurs sont des personnes compétentes dans des domaines connexes des disciplines enseignées à l'école mais dans des spécialités trop pointues pour faire l'objet d'un enseignement continu à tous les élèves (le judo, la vannerie, l'astronomie, la sculpture...). Les enseignants ne peuvent avoir la maîtrise de techniques aussi variées, mais il peut leur paraître intéressant d'y initier les élèves pour leur donner d'autres exemples ou pour leur faire découvrir de nouvelles activités dans une perspective d'éducation élargie et donner envie aux enfants d'enrichir leurs loisirs.

Les intervenants extérieurs peuvent également participer à l'enseignement pour apporter aux élèves une nouvelle approche de contenus pédagogiques enseignés en classe : des conteurs, des marionnettistes, des peintres, des spécialistes du code de la route, etc.

De toute façon, « ces activités ne se substituent pas aux activités d'enseignement et de formation fixées par l'État. » Il s'agit d'une diversification et d'un complément temporaires.

Les intervenants extérieurs

Ces personnes sont des professionnels reconnus dans leur domaine de compétence au niveau local ou régional. Ils sont recrutés sur la base d'un projet qui a reçu l'aval du conseil d'école ou d'établissement. Ils sont agréés par l'inspecteur d'académie parmi des personnes désignées par les clubs sportifs, le directeur départemental de la jeunesse et des sports, le directeur régional des affaires culturelles ou la municipalité. Ils sont rémunérés soit par la collectivité locale, soit sur des crédits octroyés au titre d'un PAE (projet d'action éducative) ou d'un projet ZEP (zone d'éducation prioritaire), par exemple.

Ces intervenants extérieurs sont à différencier des parents ou des membres d'associations habilitées par le recteur, qui peuvent encadrer bénévolement certaines activités sur proposition du directeur ou du chef d'établissement (activités de bibliothèque, sorties, ateliers divers...). Ce sont là ce que l'on appelle les « collaborateurs bénévoles et occasionnels du service public ».

Le nombre des intervenants extérieurs dans le système éducatif a connu une croissance importante, à la mesure de l'ouverture du système éducatif, du développement des projets et donc du développement du partenariat. La loi d'orientation de 1989 dispose notamment que « l'aménagement des rythmes de vie, à l'intérieur comme à l'extérieur des établissements, est organisé selon le principe du partenariat. Il associe, par contrat, l'école, les groupements sportifs, les associations agréées à caractère scientifique, artistique et culturel et les collectivités locales ».

Intervenants et enseignants

Tous ces intervenants ne doivent pas remplacer l'enseignant qui, en tout état de cause, continue d'avoir la pleine responsabilité de sa classe, de ses élèves et en particulier de leur sécurité. L'intervenant extérieur agit dans le cadre d'un projet dont l'enseignant est à l'origine. D'ailleurs, il doit être présent ou, à tout le moins, il doit avoir organisé précisément ces interventions, connaître les objectifs poursuivis et les modalités de travail de l'intervenant. Il doit savoir expressément ce qui a été fait par les élèves durant cette période, de façon à pouvoir utiliser ces apports dans le reste de sa classe. En fait, il est préférable qu'il soit effectivement dans la classe afin d'agir de concert avec l'intervenant. C'est d'ailleurs ce que prévoient les textes.

Dans certains cas, très particuliers, les intervenants extérieurs ont au long de l'année un rôle permanent d'enseignants à part entière, même si les textes maintiennent toujours l'exigence pour le maître d'être présent et de participer aux activités que conduisent ces intervenants. Il s'agit, dans les écoles de certaines villes par exemple, d'enseignants de musique ou d'arts plastique ou d'éducation physique et sportive ou encore de spécialistes en langue vivante. Ces derniers font le plus souvent l'objet d'une habilitation par une commission désignée par le recteur. Les autres constituent parfois une sorte de corps enseignant parallèle. Ils sont tous rémunérés par la collectivité locale.

L'intégration de ces spécialistes dans la vie pédagogique n'a pas été sans créer des dysfonctionnements et en particulier sembler remettre en cause la compétence de l'enseignant et la spécificité de son métier ; de même, l'intervention de personnes, compétentes mais issues d'autres milieux professionnels, aux méthodes et aux objectifs très divers, malgré l'enrichissement que cela a pu apporter à l'école, n'a pas été parfois sans menacer la nécessaire cohérence de l'enseignement des enfants. La multiplicité des intervenants au sein d'une même classe a pu faire problème et remet en cause la polyvalence du maître et tout ce qu'elle apporte, en particulier aux enfants les plus jeunes. Enfin, on peut également s'interroger sur ces interventions qui conduisent à avoir deux enseignants en parallèle pour un même groupe d'élèves sans que le rôle du maître de la classe soit toujours bien clair.

➤ **Voir aussi** École ouverte, Partenariat, Polyvalence, Projet, Projet d'action éducative (PAE), Rythmes, Zone d'éducation prioritaire (ZEP).

J

JÉSUITES (pédagogie des)

La pédagogie et l'organisation des collèges jésuites ne diffèrent pas de celles des autres collèges de l'époque ; tous se sont inspirés des écoles des Frères de la vie commune. Au XVIe siècle, les collèges jésuites adoptent les mêmes caractéristiques : division en classes (en général six classes), six heures de cours par jour, enseignement en latin, formation à l'éloquence, méthode d'enseignement s'appuyant sur la *praelectio* (explication préalable) plus ou moins complexe selon le niveau de la classe : simple présentation d'un texte dans la classe de grammaire pour la découverte et le rappel des règles, elle s'articule en cinq stades au niveau de la classe de rhétorique : l'*argumentum* (situation du texte), l'*explanatio* (explication des termes et expressions), la *rhetorica* (analyse poétique et grammaticale), l'*eruditio* (évocation historique, géographique, scientifique des faits rapportés), la *latinitas* (comparaison du texte avec ceux du même auteur, appréciation littéraire et morale).

Le succès des jésuites jusqu'au XVIIIe siècle tient au caractère pédagogique qu'ils ont donné à trois pratiques : celle des exercices, celle du contrôle, celle de l'émulation. Les devoirs écrits jouent un rôle essentiel par leur fréquence (quotidiennement, deux devoirs de latin dans les classes de grammaire, une composition en classe de rhétorique) et leur variété (version, thème, dissertation, production d'épigrammes, d'épitaphes, parallèle, lettres, description, imitation de texte, mise en prose de vers latins, déclamation, etc.). Une grande importance est accordée au jeu théâtral. Le contrôle du travail est permanent ; par une organisation minutieuse du temps, l'élève n'est jamais abandonné à lui-même. Une grande place est faite à la récitation (les élèves récitent chaque jour une dizaine de vers de Virgile ou Homère et chaque demi-journée de classe commence par une récitation), à la répétition (révision de l'enseignement du jour lors de la dernière heure de classe, révision hebdomadaire le samedi) et à l'interrogation menée par le maître ou l'élève. Quant à l'émulation, elle se fait à travers les divers exercices et est maintenue en permanence par l'organisation de la classe. Celle-ci, qui peut atteindre un effectif de 200 élèves, est divisée en deux camps (avec leurs dignitaires : consul, prêteur, tribun, sénateur), eux-mêmes divisés en dizaines ou décuries très hiérarchisées (élèves forts, élèves faibles) ; chaque individu de l'une a son émule dans la décurie correspondante. Cette organisation responsabilise l'élève (le décurion constate les absences, fait réciter, contrôle les devoirs pour à son tour être contrôlé par le consul) et transforme la classe en un champ de confrontation continuelle, de camp à camp, de décurie à décurie, d'émule à émule.

Même si depuis 1880 des réformes successives ont réduit, dans les lycées, la domination de la mémoire, du latin et de la rhétorique, l'enseignement secondaire français garde encore l'empreinte de la pédagogie des jésuites dans son ambition d'une formation générale de l'esprit.

BIBLIOGRAPHIE

F. de Dainville, *L'Éducation des jésuites : XVIe-XVIIe siècle*, Minuit, 1978.

E. Durkheim, *L'Évolution pédagogique en France*, PUF, 1969.

L. Giard (sous la direction de), *Les Jésuites à la Renaissance. Système éducatif et production du savoir*, PUF, 1995.

➤ Voir aussi Classe, Collège, Devoirs, Éducation, Éducation dans l'antiquité gréco-romaine, Érasme, Loyola.

JEU

Il est difficile de définir le jeu ; les dictionnaires en donnent parfois des définitions circulaires : le jeu, c'est le fait de jouer, et jouer, c'est avoir une activité de jeu ! On appellera donc jeu ce qui est l'activité gratuite la plus courante chez l'enfant lorsqu'il est seul, ou avec d'autres enfants de son âge, avec ou sans jouets. On appellera jeu la même activité, quand elle est codifiée par des règles sociales, comme on en trouve dans les jeux de société, qui ne s'adressent pas seulement aux enfants, et jeux encore ceux qui se transmettent de générations en générations dans les cours de récréation et qui semblent leur être spécifiques – comme les jeux de cordes, de ficelles, les billes ou les marelles – enfin les jeux sportifs, quel que soit l'âge des joueurs.

La polysémie du mot est grande et admet des significations parfois éloignées du sens le plus courant : on parle de « double jeu », s'il y a duplicité dans les rapports d'interlocuteurs, de « jeu » dans le fonctionnement d'un mécanisme s'il devient relâché, du « jeu » d'un acteur, de « jeu dangereux » dans certaines conduites, de « jeu pervers », de « jeu politique » ou « jeu économique » pour faire allusions aux stratégies déployées, pour n'en citer que quelques-unes. Ceci est peut-être le signe de la complexité d'une activité polymorphe, difficile à enserrer dans une définition.

Si le jeu, dans son acception première, est attaché à l'idée d'enfance, il est plus encore lié à l'idée de gratuité, excluant donc l'utilité sociale, et essentiellement à l'idée de détente, de distraction. C'est pourquoi le jeu et l'école peuvent paraître opposés.

En fait, les interprétations psychologiques du jeu sont multiples : apprentissages sociaux pour les enfants, imitations des adultes dans des conduites qui leur assurent une appropriation des objets et des gestes qu'ils observent autour d'eux, et, sans doute, compensations psychologiques par renversement des rôles entre adultes et enfants ; familiarisation avec les matériaux et les objets, manipulés, démontés,voire détruits, besoin d'extérioriser une vitalité puissante, plaisir de la répétition, de l'étourdissement dans les jeux d'extérieur, apprentissage de conduites sociales où la vivacité, la présence d'esprit, l'astuce sont utiles et prisées. Cette liste n'est pas limitative mais elle a permis parfois de dessiner un classement des jeux. Ce qui est un fait d'expérience, c'est que les enfants et les adolescents ont besoin de jouer, et qu'une énergie se développe ou se renouvelle grâce aux jeux. La récréation est bien nommée.

On a rapproché parfois le jeu des enfants et celui des jeunes animaux, du moins les jeunes mammifères. Si ces rapprochements ne sont pas la simple projection d'un anthropomorphisme, on pourrait s'accorder à dire que dans les deux cas, une sorte d'apprentissage complexe est en train de se développer.

Le jeu et l'école

Ils ont paru longtemps s'exclure l'un l'autre, sauf à l'école maternelle, où il fallait bien quelque tolérance, en raison de l'âge des enfants. Ailleurs, un lieu était réservé, à l'intérieur des bâtiments, aux jeux : c'était la cour de récréation ou son annexe, le préau. Beaucoup plus tard, les foyers socio-éducatifs ont constitué un autre lieu où les jeux, certains d'entre eux du moins, pouvaient s'exercer. Quant aux jeux sportifs, ils n'ont pas toujours bénéficié de terrains de sports, de gymnases ou de cours aménagées. La discipline traditionnelle excluait le jeu, en dehors des horaires et des lieux qui lui étaient affectés. Aujourd'hui, l'importance du jeu est mieux reconnue, notamment dans les jeux sportifs.

À l'école maternelle, toutes les formes de jeu sont présentes et recommandées : jeux libres dans des coins spécialement disposés à cette fin, jeux de cours, la plupart des cours ayant été dans les deux dernières décennies aménagées en espaces de jeux et dotées de matériels spécifiques, permettant une grande gamme d'expériences motrices ; jeux plus pédagogiques favorisant la socialisation, le langage, l'observation, le comptage ou la mesure. Les jeux les plus traditionnels – poupées, peluches ou figurines – qui paraissent indispensables à l'affectivité des enfants, sont représentés dans les coins de jeu, et sont particulièrement abondants dans la section des petits. La plupart des activités de travail, enfin, sont abordées de manière ludique, y compris les jeux en piscine, ce qui ne signifie pas qu'elles soient puériles.

À proximité de l'école, ou dans l'école même, on a vu de la même manière se développer des ludothèques, qui mettent à la disposition des enfants des jouets nombreux, qui offrent des incitations à expérimenter, à coopérer et dépasser les performances permises par le corps seul.

Les robots électroniques ou l'ordinateur sont utilisés sous une forme très efficace de jeu.

Cette place reconnue au jeu à l'école maternelle n'est pourtant pas nécessairement une reconnaissance pleine de la valeur heuristique du jeu.

L'école élémentaire ne fait pas au jeu la place que l'âge des enfants justifierait encore pleinement. L'intérêt pourtant se porte plus fréquemment maintenant sur les jeux de société complexes – comme le jeu d'échecs – ou les jeux d'expression, relevant du théâtre, ou de la théâtralisation de certains textes. L'éducation physique et sportive, qui dispose d'un horaire hebdomadaire encore important, a introduit, en un effort de près de trente ans, des initiations à la plupart des jeux sportifs. Les contrats d'aménagement du temps scolaire, là où ils existent, offrent aussi des jeux sportifs variés. Les jeux électroniques ne sont pas introduits par l'école, ils viennent de l'extérieur, et sont présents dans les poches et les cartables ; les logiciels de jeux ne sont pas très employés non plus à l'école. C'est un mode d'apprentissage – rapidité de perception, rapidité de réaction, intelligence de stratégies variées – et un mode de défoulement de l'énergie qui devraient pourtant intéresser l'école.

Le collège et le lycée font passer les élèves du jeu proprement dit aux activités de loisirs, notamment par l'intermédiaire des clubs et des associations sportives. Toutefois, la pédagogie ne paraît pas jusqu'à maintenant ouverte au jeu, de même que l'âge des élèves les conduit plus naturellement à se créer eux-mêmes, de façon indépendante du regard et de l'intervention des adultes, leurs propres activités. Une culture « jeune », qui n'est pas homogène d'ailleurs, inclut l'aboutissement de ce qui était jeu chez les plus jeunes.

Jeu et société

Si l'école s'ouvre lentement aux jeux, si les adolescents, en tant que groupe, ont leurs jeux à eux, et à part, c'est peut-être dans le monde du public adulte que le jeu a pris l'ampleur la plus considérable. Non seulement les formes habituelles du jeu sont florissantes, jeux de hasard, paris sous toutes les formes, concours et compétitions avec lots et prix, soutenus par la télévision et l'interaction qu'elle peut offrir et par des mécénats ou sponsorisations de plus en plus inventifs, mais le jeu est devenu un mode d'apprentissage, depuis l'initiation jusqu'aux entraînements les plus exigeants, et parfois un mode de thérapie. L'antique (et toujours actuel) Monopoly a eu une descendance inattendue ! La modélisation de nombreux problèmes, sous forme de jeux, initie à de complexes mécanismes économiques ou financiers et est utilisé en formation professionnelle et à l'université. Les jeux de rôles, en dehors de thérapies proprement dites, entraînent à des prises de conscience des réalités sociales, ou préparent à des actes de la vie professionnelle comme l'entretien d'embauche, la conduite de réunion, la gestion financière ou la prise de décision. Les simulateurs de conduite, pour les voitures ou les avions, utilisent ce que le jeu de l'enfant implique : un modèle de la réalité, une appropriation des gestes à faire, un « faire semblant » hautement technologique mais à l'abri, comme le jeu de l'enfant, de l'impact du réel. À tout le moins d'un certain réel : le simulateur n'entraîne pas de catastrophe aérienne, il est là pour contribuer à les éviter, mais il ne met pas le « joùeur » à l'abri d'une sanction en cas d'échec répété à la simulation !

La recherche assistée par ordinateur, qui introduit dans un projet donné des coefficients de variation et propose des choix visualisés – en architecture, en design – s'apparente aussi aux jeux en raison de la gratuité de l'essai. Ce ne sont là que quelques exemples.

Ces évolutions, rendues possibles par les outils mis au point, mais aussi par une conception nouvelle de la façon dont on peut apprendre quelque chose, ne devraient pas laisser la pédagogie scolaire indifférente. Il est permis de penser que les situations-problèmes, déjà, ne sont pas sans parenté avec ces modes nouveaux d'appropriation de la connaissance et que la recherche en ce sens se développera.

BIBLIOGRAPHIE

A. Cotta, *La Société ludique*, Grasset, 1980.

J. Duvignaud, *Le Jeu du jeu*, Balland, 1980.

J. Henriot, *Le Jeu*, PUF, 1983.

J. Henriot, « Psychologie du jeu », in *Univers de la psychologie*, t. 4, Lidis, 1978.

J. Henriot, « Adolescents et jeu » *Janus Bifrons*, Revue universitaire de l'adolescence, n° spécial 12/13.

J. Henriot, *Sous couleur de jouer*, J. Corti, 1989.

J. Huizinga, *Homo ludens*, 1938, traduction Gallimard 1951, réédition 1988.

➤ **Voir aussi** Apprentissage, École maternelle, Informatique.

JOURNAL SCOLAIRE

L'unicité du terme couvre une grande variété de documents. Leur point commun n'est pas tant leur relation avec la vie de l'école que leur lieu d'élaboration (l'établissement scolaire) et la nature de leur rédacteur (maître, élèves).

À l'origine, sous le nom de journal de classe, le journal scolaire est un document, encore usuel vers 1960, où le maître consigne ses activités scolaires de la journée. À l'étranger, un procédé analogue permet à A. S. Neill d'écrire *Le Journal d'un instituteur de campagne* à partir du journal de classe qu'il tenait lorsqu'il était instituteur rural en Écosse.

Le renouveau pédagogique du début du siècle provoque l'apparition de formes de journal scolaire à la manière des journaux de la presse écrite. Après la Première Guerre mondiale, à l'école Decroly, paraissait six fois par an le *Courrier de l'école*, édité par un groupe d'élèves et relatant les faits intéressant la vie de l'établissement. En Pologne, Janusz Korczak (le prêtre qui choisit d'accompagner les enfants de son orphelinat jusque dans la chambre à gaz de Treblinka) parle en 1921 de la *Gazette scolaire*, un journal calligraphié publié à un seul exemplaire qui jouait un grand rôle dans son établissement. En France, Freinet, associant la méthode du texte libre et l'utilisation de l'imprimerie, définit le journal scolaire comme un recueil de textes libres réalisés et imprimés au jour le jour, groupés en fin de mois sous une couverture spéciale à l'intention des abonnés et des correspondants. Le contenu est en relation avec la vie de la classe et avec les demandes des correspondants. Il doit être bien imprimé, sans faute, bien mis en page et illustré.

Il existe aujourd'hui un regain d'intérêt pour le journal scolaire sous la forme de compte rendu d'expérience personnelle. On en trouve un exemple dans l'ouvrage de C. Pochet et F. Oury *Qui c'est l'Conseil* (éd. Maspéro) où l'institutrice coauteur du livre relate la mise en route d'une classe associant les méthodes de Freinet et celles de la pédagogie institutionnelle. Enfin, dans les centres de formation des maîtres, en France et à l'étranger, une réflexion est menée pour faire du journal scolaire de l'élève-maître un outil de formation. Deux sortes d'utilisation peuvent être distinguées selon que l'on se place du point de vue du formateur ou de l'élève-maître :

- par la vertu de la distanciation de l'écriture, le journal scolaire permet à son rédacteur de dialoguer avec lui-même, d'analyser sa pratique. La discussion publique des journaux scolaires individuels ou leur confrontation peut enrichir les enseignements ;

- l'étude systématique des journaux scolaires permet au professeur de connaître les difficultés éprouvées par les élèves-maîtres et de les prendre en compte pour améliorer le fonctionnement des centres de formation. Visant le même objectif, mais dans l'esprit des pédagogies institutionnelles, se situe le journal institutionnel, description au jour le jour, individuelle ou collective « des faits organisés autour d'un vécu dans une institution ». Entre les années 60 et 70, et avec une accélération entre 1968 et 1973 lors de l'émergence du mouvement lycéen, les journaux scolaires se sont multipliés dans les établissements du second degré. Le décret n° 85-924 du 30 août 1985 (établissements publics locaux d'enseignement) charge le chef d'établissement et le conseil d'administration de veiller « à ce que la liberté d'expression dont les élèves disposent individuellement et collectivement s'exerce dans les conditions définies » par la loi n° 89-486 du 10 juillet 1989. « Les publications rédigées par des lycéens peuvent être diffusées dans l'établissement » (art. 3-4). Le chef d'établissement peut suspendre ou interdire la publication d'un écrit dans l'établissement s'il le juge injurieux ou diffamatoire.

Cette presse lycéenne diffusée à l'intérieur ou à l'extérieur de l'établissement s'ouvre assez largement sur l'actualité. Il s'agit le plus souvent de périodiques, parfois éphémères, recherchant le titre choc, maniant la dérision et l'humour, abordant des thèmes d'actualité, exprimant souvent une réaction aux conformismes ambiants. Depuis 1951, le journal scolaire est soumis aux lois qui régissent le statut de la presse.

BIBLIOGRAPHIE

« Recherche et formation » – *Le journal scolaire* n° 9, 1991, INRP.

J. Gonnet, *Journaux scolaires et lycéens*, Retz, 1988.

A. S. Neill, *Journal d'un instituteur de campagne*, Petite bibliothèque Payot, 1975.

J. Ladsous, *Janusz Korczak*, coll. « Pédagogues et pédagogie », PUF, 1995.

➤ Voir aussi Correspondance scolaire, Freinet, Institutionnelle (pédagogie).

K

KANT Emmanuel (1724-1804)

Philosophe allemand né et mort à Königsberg. Il enseigne toute sa vie dans sa ville natale. Ses principaux ouvrages – *Critique de la raison pure, Critique de la raison pratique, Critique du jugement, La Religion dans les limites de la simple raison, Métaphysique des mœurs* – répondent aux trois questions essentielles de la philosophie de Kant (le criticisme) : que puis-je savoir ? que puis-je faire ? que puis-je espérer ?

Le *Traité de pédagogie* contient les cours, rassemblés par un disciple, que Kant avait dispensés en 1776 et dans les années 1780. Il est dans le droit fil de la philosophie kantienne. Une des idées fondamentales du criticisme est l'opposition nature/liberté. La nature est ce qui est soumis à une causalité comprise comme la liaison d'un état avec l'état précédent selon une règle de succession ; la liberté est « la faculté de commencer soi-même un état dont la causalité n'est pas subordonnée... à une autre cause ». L'homme est à la fois nature et liberté astreinte à la seule loi du devoir (l'impératif catégorique) que la raison pratique lui prescrit absolument. La destination de l'humanité – celle de l'individu comme celle du genre humain – consiste à instaurer le règne de la raison pratique, c'est-à-dire d'une raison dont la finalité est essentiellement morale. Il n'y a que l'espèce, qui est immortelle, qui puisse avoir cette espérance ; « c'est l'espèce seule et non les individus qui peut y parvenir », mais le postulat de la raison pratique de l'immortalité de l'âme autorise cependant un espoir en offrant à l'individu la supposition d'un temps infini et donc d'un progrès infini.

En conséquence, « chaque génération, instruite des connaissances des précédentes, est toujours plus à même d'établir une éducation qui développe d'une manière finale et proportionnée toutes les dispositions naturelles de l'homme et qui ainsi conduise l'espèce humaine tout entière à sa destination ». La considération des progrès pédagogiques du passé enrichit l'éducation du présent. Mais cette dernière doit viser l'avenir. « On ne doit pas seulement éduquer des enfants d'après l'état présent de l'espèce humaine, mais d'après son état futur, possible et meilleur, c'est-à-dire, conformément à l'Idée de l'humanité et à sa destination totale. » La finalité de l'enseignement, par conséquent, reste étrangère aux attentes utilitaires, celles des parents qui souhaitent que leurs enfants « réussissent bien dans le monde » et celles des princes « qui ne songent qu'à l'État ». Une éducation publique et « cosmopolitique » libère l'éducation des intérêts à court terme, familiaux ou étatiques.

« Puisque l'homme ne peut devenir homme que par l'éducation », le *Traité de pédagogie* expose comment on peut conduire l'enfant de la nature à la liberté. L'itinéraire comprend trois étapes : les soins, la culture, la moralisation.

« La première éducation doit être seulement négative. » La formule et les conseils qui l'illustrent – ne pas emmailloter ni bercer les nourrissons, ne pas satisfaire les moindres désirs, ne pas apprendre à marcher mais laisser faire la nature – rappellent Rousseau avec une différence notable : pour Kant l'éducation négative couvre seulement les premières années ; pour Rousseau, elle s'étend jusqu'à 12 ans.

« La culture comprend la discipline et l'instruction.» La discipline est « l'acte par lequel on dépouille l'homme de son animalité ». Son absence est plus grave que le défaut de culture. « Celui qui n'est pas cultivé est brut, celui qui n'est pas discipliné est sauvage » et cette « sauvagerie » est irrémédiable. L'obéissance est absolument nécessaire « puisqu'elle prépare l'enfant à l'accomplissement des lois auxquelles il devra obéir plus tard comme citoyen, même si elles ne lui plaisent pas ».

Si la discipline est le moment négatif de l'éducation, la culture en est le moment positif. Cette culture de l'esprit, Kant l'appelle culture « physique » car elle s'adresse à une réalité qui est de l'ordre de la nature. Contrairement aux pédagogues qui font appel à l'inclination naturelle ou au jeu, Kant fait du travail l'instrument nécessaire de l'instruction ; il est un apprentissage de l'humanité puisque « l'homme est le seul animal qui doit travailler ». Siège d'une activité sérieuse – les romans sont interdits car ils provoquent rêverie et distraction – « l'école est une culture par contrainte ». Toutes les facultés sont concernées à condition que leur développement soit soumis à un principe de subordination. L'exercice de l'une contribue aux progrès des autres. Toute la culture intellectuelle vise en dernier ressort l'entendement, la faculté de juger et la raison. Deux matières d'enseignement jouent un rôle important : les mathématiques et la géographie. Kant accorde une importance extrême à cette dernière ; la géographie physique doit être complétée par une géographie mathématique (cosmologie), morale (mœurs et coutumes), politique (relations entre institutions politiques et conditions géographiques), théologique (relations entre les institutions religieuses et les conditions géographiques) ; l'histoire elle-même est une sorte de géographie continue. Le premier enseignement scientifique doit se rapporter surtout à la géographie aussi bien mathématique que physique. Des récits de voyages expliqués par des planches et des cartes conduisent ensuite à la géographie politique. De l'état actuel de la surface terrestre on remontera à son état antérieur et on parviendra ainsi à la géographie et à l'histoire ancienne. Quant aux mathématiques, elles équilibrent les contenus de l'enseignement et les adaptent aux capacités de l'esprit. « On doit dans l'enseignement de l'enfant chercher à lier peu à peu le savoir et les capacités. Entre toutes les sciences il semble que la mathématique constitue la seule voie pour atteindre pleinement ce but. »

La culture morale, contrairement à la culture intellectuelle, se rapporte seulement à la liberté. Dernière étape, elle aboutit à la mise en pratique de l'impératif catégorique, selon les trois maximes : de l'universalité (« Agis comme si la maxime de ton action devait être érigée en loi universelle de la nature. »), du respect de la personne humaine (« Agis de telle sorte que tu traites l'humanité en ta personne ainsi qu'en celle des autres, comme une fin et jamais comme un simple moyen. ») et de l'autonomie (le devoir est une loi que le sujet s'impose en tant qu'être raisonnable). La culture morale consiste dans la formation du caractère, celui-ci étant compris comme intériorisation de l'obéissance, respect de sa propre dignité, prise en considération des droits d'autrui.

Le *Traité de pédagogie* se préoccupe peu de l'affectivité. Le progrès, idée chère aux Lumières, n'est plus fatal ; il doit être voulu. En ce sens, Kant fait de l'homme, par la médiation de l'éducation, le responsable de son destin. Les penseurs de la Troisième République furent influencés par le kantisme, par sa foi dans l'éducation et son éthique de la raison.

BIBLIOGRAPHIE

E. Kant, *Réflexions sur l'éducation*, Traduction, introduction et notes par A. Philonenko, Vrin, 1987.

➤ Voir aussi Autonomie, Basedow, La Chalotais, Rousseau.

KERGOMARD Pauline (1838-1925)

Les jeunes enfants ont sans doute changé de statut après le XVIIIe siècle : l'influence de Jean-Jacques Rousseau, d'une part, la sensibilité générale qui évolue, d'autre part, donnent à l'enfant une place dans la société où il est reconnu comme enfant. Cependant, il faudra encore un siècle, pour que l'éducation des enfants jeunes, notamment ceux des familles pauvres, soit constituée conformément à leurs besoins. Une pionnière, sinon la fondatrice de l'éducation maternelle, est Mme Kergomard.

Née en 1838, orpheline de mère de bonne heure, elle fut élevée par un père, inspecteur de l'enseignement, et un oncle, pasteur. Entrée dans un cours privé, dit cours normal, qui prépare des institutrices, elle devient effectivement institutrice. Après son mariage, elle exerce à Paris, et ouvre à son tour un cours normal. En 1879, elle présente le concours des inspectrices des salles d'asiles. Comme le sera Maria Montessori quelques années plus tard en Italie, Pauline Kergomard est effrayée de ce qu'elle découvre : des classes tristes, des gradins, des enfants entassés, des occupations répétitives, des éléments d'instruction inadaptés à l'âge des enfants, un personnel qui manque de savoir-faire. Nommée très rapidement déléguée à l'inspection générale des salles d'asile, elle entreprend une action vigoureuse pour faire évoluer la situation.

L'école maternelle, cent ans après Pauline Kergomard, ne tient pas un autre discours que le sien : les écoles maternelles ne sont pas des garderies, pour éviter seulement que les enfants soient à la rue pendant que leurs mères travaillent ; les écoles maternelles ne sont pas non plus des écoles élémentaires où les enfants ont à apprendre quelque chose dans les formes où les enfants plus âgés ont à le faire. La discipline ne peut être la même, ni le rythme de vie. Les salles d'asile deviennent « écoles maternelles » en 1881, Pauline Kergomard montre que c'est en effet une institution qui prolonge la famille, sans la remplacer et souhaite que l'école accueille et fasse vivre les enfants sous une vigilance maternelle. C'est à cette condition que ce qui doit être appris le sera.

Le texte d'orientation de 1887 lui doit beaucoup. En dehors de l'adaptation du mobilier à la taille d'enfants jeunes, de l'attention apportée aux menus de cantines, comme aux horaires – où la souplesse est recommandée – toutes instructions qui figuraient déjà dans les textes antérieurs et qui sont rappelées, Pauline Kergomard trace un programme pédagogique : des jeux, des mouvements accompagnés de chants, des exercices manuels, les premiers principes d'éducation morale (sans leçon de morale, précise-t-elle !), les connaissances les plus usuelles, des exercices de langage, des récits, des contes, les premiers éléments de calcul, de dessin, de lecture et d'écriture, ces « premiers éléments » étant réservés aux enfants de plus de cinq ans, et à raison de deux heures par jour au plus, sans que la durée de chaque exercice puisse dépasser vingt minutes.

En 1905, ces programmes sont rappelés, car la réalité du terrain n'est pas encore conforme à ces instructions. Pauline Kergomard, sans incriminer personne, dresse un constat de carence, et demande instamment la création d'un cours spécial, dit « cours normal » pour les futures institutrices d'écoles maternelles, annexé aux Écoles normales, ainsi que la création d'une École normale supérieure pour les directrices d'écoles maternelles et professeurs des cours normaux. Elle écrit, à l'appui de sa thèse :

« Ce n'est pas la description des paysages qui intéresse les enfants, c'est tout ce qui vit dans le paysage, depuis le bœuf qui rumine dans le pré jusqu'à la fourmi qui va aux provisions et aide ses congénères à les entasser dans des galeries souterraines, dont le mystère excite l'imagination enfantine à l'égal d'un conte de fée. L'École normale primaire n'a pas le temps non plus de faire acquérir le talent de raconter, de développer l'ingéniosité qui prépare les esprits à recevoir leur pâture... [elle] n'a pas le temps de donner aux futures maîtresses maternelles la dextérité des doigts et le don d'invention, pour les travaux manuels. »

Pauline Kergomard n'a guère écrit, elle a été cependant une théoricienne hardie et clairvoyante de l'Éducation maternelle, fondée sur l'observation, le bon sens et l'amour des enfants.

BIBLIOGRAPHIE

P. Kergomard, *L'Éducation maternelle dans l'école* (1886), Hachette 1974.

➤ Voir aussi École maternelle, Montessori.

L

LABORATOIRE DE LANGUES

Il existe plusieurs types de laboratoires : des laboratoires légers et des laboratoires lourds.

Le premier type d'équipement comporte uniquement un casque et un micro, en liaison avec une console où l'enseignant peut entendre les élèves, communiquer avec eux, répondre à leur appel, et apporter éventuellement des précisions de correction.

Le laboratoire « lourd » comporte des possibilités d'enregistrement, de télécommande, d'écoute, avec des magnétophones, une radio, etc., mais il est évidemment plus coûteux, en particulier parce qu'il demande des locaux spécialement insonorisés et qu'il faut prévoir des modalités d'entretien, éventuellement un technicien. Dans un établissement, son utilisation pose également des problèmes d'organisation du temps et des locaux, ne serait-ce que parce que la majorité des laboratoires de langues comprennent entre 15 et 24 cabines, ce qui ne correspond pas à une classe entière.

Les laboratoires de langues se sont développés en France à partir des années 60, sous l'influence des expériences américaines, en particulier dans la formation des personnels de l'armée. L'aspect scientifique et technique était particulièrement séduisant et faisait espérer une efficacité accrue par la confiance portée à tout ce qui était technique.

Les entreprises qui souhaitaient donner ou développer rapidement des compétences en langues chez leur personnel, à un moment où la formation continue prenait un essor particulier, se sont équipées de tels outils. Air France, IBM et d'autres grandes sociétés s'efforçaient ainsi de renouveler la formation tout en lui donnant plus d'efficacité et de séduction.

Les IUT (Instituts universitaires de technologie) furent parmi les premiers établissements de formation initiale à s'équiper systématiquement de tels laboratoires, suivis rapidement par les établissements secondaires organisés en GRETA (Groupements d'établissements) et par les universités, en particulier pour répondre à la demande en formation d'adultes des entreprises. Les Écoles normales d'instituteurs s'équipèrent également de la sorte. Les lycées furent beaucoup plus longs à en acquérir, du moins s'ils ne faisaient pas partie d'un GRETA.

L'utilisation du laboratoire de langues s'est développée en parallèle avec l'application de plus en plus répandue des théories de B. F. Skinner, en favorisant la mise en œuvre de la dialectique stimulus/réponse. L'essentiel de l'apprentissage repose sur l'écoute, la répétition, la mémorisation. Grâce à ces nouveaux moyens, on a pu développer des entraînements et des tests de compréhension orale et d'expression orale, soit par mémorisation de modèles donnés soit par rebrassage de modèles vus précédemment. Cela a permis également d'améliorer l'entraînement à la traduction et plus spécialement à l'interprétation.

On a critiqué l'approximation avec laquelle l'élève, lorsqu'il travaillait en autonomie, risquait de corriger ses productions en se basant sur sa seule écoute du modèle proposé, mais, par ailleurs, on appréciait les possibilités de souplesse et d'individualisation que ces équipements procurent. Les risques d'enregistrement mécanique des réponses, la répétition des exercices structuraux, exercices qui étaient un élément central des méthodes utilisées, ont également été souvent dénoncés.

Actuellement, les laboratoires de langues servent tout particulièrement dans la formation intensive des personnes qui ont besoin d'utiliser la langue étudiée dans un avenir proche. Au lycée, ils sont plus spécialement utilisés dans les classes supérieures, (classes préparatoires ou sections de techniciens supérieurs), pour affiner les performances auditives et orales des élèves, pas toujours motivés pour un travail oral trop répétitif, et pour faciliter leur prise de parole. Tous les lycées sont loin d'en être pourvus actuellement et il semble bien que l'élan d'équipement en ce domaine, s'il se maintient, soit cependant quelque peu ralenti, au bénéfice des espaces multimédias, plus variés dans leur équipement et plus riches de possibilités.

➤ **Voir aussi** Audiovisuel (enseignement).

LA CHALOTAIS Louis-René de Caradeuc de (1701-1785)

Procureur général du parlement de Bretagne, dénonçant les jésuites comme mauvais enseignants et citoyens dangereux (*Examen impartial et approfondi de l'institution des Jésuites*, 1761), il rédige en 1763 son *Essai d'éducation nationale*. Ce livre contribue au renouveau de l'éducation suscité par la pensée des Lumières et par le vide pédagogique laissé par l'expulsion des jésuites en 1762. Le vice d'un système « confié à des personnes qui ont renoncé au monde » est le désintérêt pour tout « ce qui fait l'entretien de la vie, le fondement de la société civile ». La préférence donnée aux séculiers sur les membres des congrégations découle d'une volonté de placer le système éducatif sous le contrôle de l'État. « C'est l'État, c'est la majeure partie de la nation qu'il faut principalement avoir en vue dans l'éducation... et les paysans ne doivent pas être négligés dans une institution. »

Le plan d'études de La Chalotais prévoit de scolariser les enfants de 6 à 17 ans en deux paliers : de 6 à 10 ans avec lecture, écriture, dessin, danse, musique, géographie, histoire, mathématiques, sciences, et de 10 à 17 ans où les programmes prendront le contre-pied des anciens collèges dont les élèves ne connaissaient « ni ce monde où ils habitent, ni la terre qui les nourrit, ni les hommes qui fournissent à leurs besoins ». La pédagogie de La Chalotais subit l'influence de la théorie empiriste de la connaissance. « Toute méthode qui commence par des idées abstraites n'est pas faite pour les enfants, elle est contraire à la nature de l'esprit humain. » Il faut bannir l'abstraction des livres élémentaires. « Que les enfants voient beaucoup d'objets, qu'on les varie, qu'on les montre sous plusieurs faces à diverses reprises. » De la primauté accordée au réel découle un anti-intellectualisme marqué :

– par la prédilection pour la géométrie, l'histoire naturelle, les exercices de français à base de descriptions d'objets précis ;

– par la pratique des activités manuelles comme l'arpentage, les dessins et constructions de maquettes correspondantes en carton ;

– par un certain utilitarisme. Ce dernier apparaît dans une instruction morale et civique qui inculque les exigences de la société ainsi que dans le choix des langues à apprendre ; si le latin concerne très peu d'élèves, en revanche « il faut donner le pas à la langue maternelle : elle est la plus nécessaire dans tout le cours de la vie ». La recherche de l'utilité est présente lorsque La Chalotais réclame une politique du livre scolaire en formulant le vœu que le roi fasse « composer des livres classiques élémentaires où l'instruction fût toute faite relativement à l'âge et à la portée des enfants depuis 6 ou 7 ans jusqu'à 17 ou 18 ans. Ces livres seraient la meilleure instruction que les maîtres puissent donner et tiendraient lieu de toute autre méthode ». Cette volonté de transférer à l'État non seulement un devoir d'organisation mais encore un rôle pédagogique révèle la vraie finalité de l'éducation selon La

Chalotais. Loin de prôner une instruction universelle, le magistrat breton incrimine les Frères des écoles chrétiennes qui « apprennent à lire et à écrire à des gens qui n'eussent dû apprendre qu'à dessiner et à manier le rabot et la lime ». En réalité, « le bien de la société demande que les connaissances du peuple ne s'étendent pas plus loin que ses occupations. Tout homme qui vit au-delà de son triste métier ne s'en acquittera jamais avec courage et avec patience ». Cette finalité d'adaptation pédagogique va de pair avec un profond conservatisme.

BIBLIOGRAPHIE

La Chalotais, *Essai d'éducation nationale*, 1763.
D. Julia, *Les Trois Couleurs du tableau noir. La Révolution*, Belin, 1981.

➤ Voir aussi Basedow, Condorcet, Éducation nationale et Instruction publique, Manuel scolaire.

LA SALLE Jean-Baptiste de (1651-1719)

J.-B. de La Salle est né à Reims, le 30 avril 1651, dans une famille de marchands et de notables. Il reçut une éducation classique comme externe au collège des Bons-Enfants. Il devint chanoine dès 1667 et poursuivit des études de philosophie et de théologie qui furent couronnées d'un titre de docteur en Sorbonne. Il se prépara à la prêtrise et fit des études au séminaire de Saint-Sulpice, particulièrement important à cette époque. Les maîtres de ce séminaire eurent une grande influence sur son évolution personnelle.

Devenu orphelin, J.-B. de La Salle eut à s'occuper de l'éducation de ses sept frères et sœurs. À la même époque, il s'associa à une œuvre qui s'était donné pour but de préparer des instituteurs chrétiens, le maître d'école étant alors considéré comme un auxiliaire du prêtre.

Plusieurs congrégations avaient développé des écoles florissantes et s'intéressaient à la pédagogie et à la formation des enseignants (notons pour mémoire les Bénédictins, les Dominicains et, bien sûr, les Jésuites), mais leur enseignement s'adressait à une élite sociale. Les diverses guerres avaient porté atteinte aux « petites écoles » qui, dans les abbayes ou les cathédrales, accueillaient les enfants de milieu modeste. Un certain nombre de communautés religieuses s'employèrent à les faire revivre et, en particulier, les congrégations féminines (les Ursulines, par exemple). Trop souvent, la qualité des personnels était douteuse. Pourtant, des expériences intéressantes avaient lieu ici ou là, en particulier à Rouen, et une riche bourgeoise rémoise, Mme Maillefer, mit sa fortune à contribution pour créer une œuvre du même type à Reims.

Cette institution connut un certain succès et, à la mort de son premier directeur, en 1678, J.-B. de La Salle en prit la direction. Très vite, il constata que pour véritablement former les maîtres aux principes qu'il désirait leur inculquer, il devait vivre avec eux ; c'est ainsi qu'il décida de constituer une communauté.

La congrégation fut fondée en 1681. Les frères des Écoles chrétiennes ne s'engagèrent d'abord que pour une seule année. Ils portaient un uniforme qui rappelait le costume des paysans champenois (le manteau aux manches vides qui les fera surnommer « les frères Quatre-Bras »). Dans cette communauté, on formait de futurs enseignants qui se préparaient à la vie religieuse, mais également d'autres qui demeureraient laïques. Plusieurs écoles furent établies en Champagne, d'autres établissements furent créés à Paris puis se disséminèrent dans de nombreuses régions de France. Tout cela ne se passa pas sans heurts avec diverses corporations et congrégations enseignantes qui n'appréciaient guère cette concurrence, et en particulier avec les jansénistes.

L'originalité de cet enseignement consiste en ce qu'on a appelé « l'enseignement simultané », c'est-à-dire que l'on rompt avec la méthode individuelle qui prévalait jusqu'alors ; en effet, habituellement, les élèves étaient regroupés en classes très nombreuses, où ils étaient d'âge et de niveau complètement disparates, où chacun était censé avoir sa tâche propre. Les conditions étaient telles que le maître avait un rôle essentiellement disciplinaire, souvent brutal et que les progrès scolaires des enfants étaient problématiques. Dans les écoles des frères des Écoles chrétiennes, les enfants étaient à peu près regroupés en fonction de leur niveau et un même groupe était occupé à une même tâche. Les plus âgés ou les plus avancés avaient des responsabilités d'encadrement envers les plus jeunes et les aidaient dans leur travail. On trouvait déjà là les prémices de l'enseignement mutuel. De telles méthodes permettaient de garder des classes particulièrement nombreuses certes (jusqu'à cent élèves) mais dans une ambiance améliorée, avec des résultats scolaires visiblement plus satisfaisants.

Une telle approche avait également l'avantage de permettre l'utilisation d'un matériel pédagogique unifié : utilisation du tableau noir, de cartes murales, etc., mais aussi, puisque tous les élèves d'un même groupe étudiaient la même chose, ils pouvaient utiliser les mêmes livres et manuels. À l'époque, cela constituait une grande innovation pédagogique.

Ces nouvelles méthodes permettaient une meilleure attention et une plus grande motivation des enfants ; elles contribuèrent aussi à changer les relations entre le maître et les élèves, à améliorer la discipline et par là, l'efficacité de l'enseignement.

Au départ, ces écoles étaient des écoles populaires et gratuites. Les contenus enseignés étaient résolument modernes et pratiques ; ils offraient même un aspect carrément révolutionnaire puisque l'apprentissage de la lecture se faisait à partir du français, langue maternelle, et non plus du latin ; à côté de la lecture, de l'écriture et du calcul, le programme comportait du chant et du dessin, mais aussi des éléments très pratiques comme la rédaction de quittances ou de contrats. Le catéchisme constituait également une matière importante. Par ailleurs, les diverses matières faisaient l'objet d'une progression très précise et très étudiée.

À mesure que le succès et l'efficacité de cette pédagogie se confirmaient, des commerçants et des familles aisées n'hésitèrent pas à confier leurs enfants à ces écoles et il fallut, dans certains cas, créer à côté (ou à la place) de ces écoles « paroissiales », locales, des pensionnats où les élèves riches payaient, eux, une pension qui servait à l'entretien des écoles gratuites.

Dans ces pensionnats pour élèves aisés, l'enseignement était complété de matières scientifiques, mais il restait résolument tourné vers les applications pratiques. Enfin, comme souvent lorsque des innovations importantes se développent dans le milieu scolaire, ces écoles furent aussi sollicitées par les familles dont les jeunes enfants ou adolescents posaient des problèmes de comportement et d'apprentissage.

J.-B. de La Salle mourut en 1719, laissant une œuvre considérable qui devait encore connaître un développement important jusqu'au XIXe siècle.

BIBLIOGRAPHIE

L.H. Parias (dir.), *Histoire générale de l'enseignement et de l'éducation*, Nouvelle librairie de France, 1981.

A. Prost, *L'Enseignement en France*, Armand Colin, 1968.

➤ **Voir aussi** Monitorat, Jésuites (pédagogie des).

LEÇON

Le mot leçon est présent dans l'enseignement depuis des siècles, et il est étroitement associé au mot lecture, dont il est né (*lectio*), mais la lecture du Moyen Âge ne représentait pas l'exercice scolaire tel que les temps modernes le connaissent – et encore moins la lecture individuelle au sens actuel du mot. Il s'agissait d'un exercice pédagogique pour des étudiants ayant franchi depuis longtemps le rudiment et consistant à lire à haute voix, publiquement, devant professeurs et condisciples, des textes d'auteurs, pour les comprendre et les discuter. La lecture à haute voix se trouvait finalisée par la *disputatio* qui devait suivre, éclaircir le texte, ou en argumenter une interprétation différente de celles habituellement reçues. On retrouve de cette solennité dans la « leçon » inaugurale qui ouvre les cours des professeurs, par exemple au Collège de France. On retrouve aussi sans doute une survivance de cet acte d'exposition et d'explicitation dans certaines épreuves d'agrégation qui n'ont pas grand chose à voir avec la classe telle qu'elle pourrait être faite dans un collège ou un lycée. On pourrait enfin retrouver les traces de l'étymologie du mot et de l'antique pratique de la *lectio* quand on parle – rarement il est vrai – des différentes « leçons » d'un texte, c'est-à-dire ses interprétations possibles, ou ses versions différentes.

Aujourd'hui dans le vocabulaire pédagogique, « leçon » revêt deux acceptions essentielles : d'une part, c'est le fragment horaire consacré dans l'emploi du temps à une discipline où le professeur explique un fait, une loi, ou un texte ; c'est lui qui a la parole et l'on parle alors d'une leçon d'histoire ou d'une leçon de grammaire. D'autre part, c'est la partie de texte emprunté à un manuel, à un cours, ou à un cahier, que l'élève doit apprendre, éventuellement par cœur, et réciter ultérieurement. Apprendre ses leçons est un devoir d'élève et quand un texte de 1956 (23 novembre) a supprimé pour l'école élémentaire les devoirs faits à la maison, il a préservé la possibilité, voire l'obligation, des leçons, c'est-à-dire ce que l'on apprend, sans que l'écriture intervienne mais par la lecture et la mémorisation.

La leçon magistrale

La pédagogie moderne n'a cessé de se méfier des leçons faites devant des enfants ou des adolescents, dites parfois « leçons magistrales ». « Je hais ces petites Sorbonnes », écrivait Alain. Tout le courant des méthodes actives, puis les suggestions nées de la pédagogie de groupe, ou du travail autonome, s'y opposent aussi. La leçon subsiste néanmoins, mais sous des formes qui l'éloignent de son origine. Le cours du professeur de collège ou de lycée est un ensemble de pratiques complexes où trouvent place l'exposition, le dialogue, l'appel à réflexion, la discussion, l'exercice, le corrigé mais aussi le travail de groupe, les exposés d'élèves, les visites extérieures à l'établissement, le travail sur projet. La leçon à l'école élémentaire est encore plus pragmatique et si elle comporte inévitablement des éléments d'explication en forme de brefs exposés du maître, elle est surtout constituée par le travail interactif de l'instituteur, ou professeur des écoles, avec sa classe. Si ces formes de leçon sont claires, il n'en va pas de même pour les leçons qui doivent être apprises par les élèves.

Apprendre les leçons

On peut penser qu'apprendre à apprendre une leçon est une tâche pédagogique jamais bien assumée par les professeurs ou les instituteurs, en dépit d'exhortations ou de dispositifs réglementaires pour situer parmi les heures d'enseignement des moments d'apprentissage méthodologique. Les maîtres de l'enseignement élémentaire assignent souvent du par cœur (tables d'addition, de multiplication, par exemple), ce qui est facile à exécuter pour l'élève. La situation devient déjà beaucoup plus complexe pour un enfant s'il s'agit d'un autre apprentissage, par exemple mémoriser l'orthographe d'une liste de mots d'usage. Comment doit-il faire ? Que signifie, au collège, apprendre une leçon d'anglais ? ou une leçon de géographie ? La leçon est ainsi un problème pédagogique théorique.

Le rapport aux manuels est également un aspect de la question qui ne peut être esquivé. La leçon du professeur n'est jamais, évidemment, celle du manuel, la leçon n'est pas nécessairement bien signalée dans le manuel, et cet éventuel résumé à apprendre que l'on trouve dans certains manuels ne se complète pas de façon évidente avec le cours. Comment l'élève est-il censé apprendre entre ces différents documents, du moins tant qu'il est jeune et pas encore autonome dans le travail intellectuel ? L'utilisation pratique d'un manuel par l'élève est un autre problème pédagogique, qui s'inclut dans la perspective générale de l'apprentissage des leçons.

Le contrôle des leçons apprises est, enfin, un acte pédagogique courant, qui semble perdre un peu d'importance dans les classes, tous niveaux confondus, bien qu'il demeure une obligation de l'enseignement. L'influence des méthodes contemporaines et les pratiques d'évaluation en sont peut-être des causes – qui inviteraient à réfléchir au rôle de la mémorisation et de la mémoire dans le cursus scolaire.

Appartenant à la pratique quotidienne du métier d'enseignement, la leçon et ses rapports avec les différents documents ou outils pédagogiques a été peu étudiée et elle est souvent renvoyée à l'apprentissage pratique, lors des stages professionnels.

➤ **Voir aussi** Manuel scolaire.

LIBERTAIRE (pédagogie)

Historiquement, elle a été mise en pratique dans l'école de Iasnaïa-Poliana créée par Tolstoï en 1859 et surtout dans les « communautés scolaires » de Hambourg (*Gemeinschaftsschule*) ouvertes après la Première Guerre mondiale. Elles se réclament de la suédoise Ellen Key (1849-1926) qui a écrit *Le Siècle de l'enfant* et se fondent sur les idées rousseauistes

– de bonté originelle de la nature humaine ;
– de dignité de l'enfance comme âge autonome ayant ses droits, sa valeur, sa signification propre ;
– d'éducation négative avec ses conséquences pratiques : la liberté de l'enfant et l'effacement de l'éducateur.

Deux traits essentiels caractérisent ces communautés scolaires :

– la négation systématique de l'organisation scolaire traditionnelle (absence de programmes, d'horaires, de classes, de règlements disciplinaires, de punitions, liberté de mouvement des élèves, contrôle lâche de la fréquentation, aucune contrainte d'apprendre) ;
– la transformation radicale des relations entre maîtres et élèves marquée par la liberté de l'élève et l'effacement du maître. L'élève choisit le « groupe » auquel il veut s'agréger, groupe librement composé par les élèves autour d'un maître, en change librement, peut interrompre un enseignement ; le maître s'abstient de toute intervention directe et coercitive (pas de réprimande, ni de rappel à l'ordre), discute avec les élèves d'égal à égal et s'interdit d'exciper de sa position en assemblée générale pour valoriser ses avis. Les rapports sont de camaraderie, éliminant les facteurs d'autorité et de supériorité intellectuelle. La relation affective réciproque est essentielle et constitutive de la communauté scolaire.

Ces expériences allemandes, inspirées par les tendances antiautoritaires de la période 1918-1933, voyaient cependant leurs présupposés se heurter aux réalités sociologiques ou psychologiques : d'une part la nécessité pour un groupe d'avoir une organisation minimale, d'autre part l'impossibilité pour les élèves de méconnaître la supériorité du maître en savoir et en expérience.

Ces expériences ont suscité l'intérêt des mouvements d'éducation nouvelle et tout particulièrement des pédagogies non directives.

BIBLIOGRAPHIE

J.R. Schmid, *Le Maître-camarade et la pédagogie libertaire*, Maspéro, 1971.

➤ **Voir aussi** Claparède, Éducation négative, Mouvements pédagogiques, Neill, Piaget, Rousseau.

LITTÉRATURE POUR LA JEUNESSE

La littérature pour la jeunesse est faite de livres spécialement écrits pour les enfants ou les adolescents, ou de livres écrits pour des adultes mais qui sont devenus, de par leur thème, traditionnellement, des lectures pour les jeunes. Certains de ces ouvrages pour adultes, enfin, ont été réécrits et adaptés à de jeunes lecteurs.

La littérature de jeunesse comporte aussi des albums, des bandes dessinées, des livres documentaires, et une presse enfantine, qui ne sera pas envisagée ici, car il s'agit d'un domaine à part. C'est dire qu'elle couvre tous les domaines de l'édition et représente un marché considérable. La production s'adresse aux deux sexes, dessert tous les âges, dès le plus jeune, et offre tous les genres. Toutes les maisons d'édition générale ont un secteur « Jeunesse », certaines sont spécialisées ; les bibliothèques publiques ont un département destiné aux lecteurs jeunes. Les auteurs sont généralement spécialisés eux aussi, mais on trouve des écrivains qui publient et pour des lecteurs adultes et pour des lecteurs jeunes.

Cette situation exceptionnellement favorable n'a évidemment pas toujours existé.

Un peu d'histoire

Aux origines : pour apprendre à lire

Les psautiers enluminés ont sans doute été les premiers appuis de la lecture (un répertoire catéchistique de la Contre-Réforme rassembla tous les passages des manuscrits attestés comme supports de lecture). Puis des abécédaires ont été réalisés. On attribue à Laurent Coster, vers 1420, un premier abécédaire illustré, qui aurait inauguré une longue série d'imagiers, puis d'histoires à vignettes, comme les images fabriquées à Épinal, dont la tradition ne se serait finalement pas interrompue, jusqu'à un passé très récent. Des manuels ont laissé des souvenirs, le plus illustre étant l'*Orbis pictus* de Comenius (1658), le *Quadrille des enfants*, de l'abbé Berthaud, 1743, puis un *Nouvel Orbis Pictus*, qui donnera le *Portefeuille des enfants*, publié à partir de 1783, ou encore le *Livre d'images*, de Nicolas Bohny, en 1860 : la constance des livres illustrés ancre l'image au cœur de la littérature enfantine, qui n'est encore constituée que par quelques ouvrages didactiques.

XVIIe, XVIIIe siècles : littérature pour lecteurs adultes et offres faites à un public jeune

La littérature pour la jeunesse ne commence guère qu'aux XVIIe et XVIIIe siècles avec des contes, des fables, des adaptations d'ouvrages d'aventures. Quelques grands noms parmi les auteurs, qu'il s'agisse de Fénelon, de Perrault, ou de Mme d'Aulnoye, de Defoe ou Swift. Leurs ouvrages ne s'adressent pas d'abord aux enfants, à l'exception du *Télémaque* de Fénelon et des contes de Mme d'Aulnoye, mais des adaptations, ou des imitations de ces adaptations, circulent rapidement : il y a eu, par exemple, de nombreux Robinson.

La Fontaine fait figure d'auteur pour la jeunesse, parce que les moralités des fables passèrent pour de la morale. À partir de la fin du XVIIIe siècle, en effet, la plupart des œuvres pour la jeunesse est empreinte du désir d'éduquer et d'inspirer de bons exemples moraux. La tendance se renforce au début du XIXe siècle. Le chevalier Lablée donne à son *Vieux Conteur* (Paris, Belin, 1833) un sous-titre significatif : « Historiettes morales et récréatives ». Il est vraisemblable que de telles historiettes s'adressaient d'ailleurs plus à des jeunes filles qu'à des enfants.

Les XIXe et XXe siècles : les siècles par excellence de la littérature pour la jeunesse

C'est le XIXe siècle, notamment dans sa seconde partie, qui pourra être appelé l'âge d'or de la littérature de jeunesse. La finalité morale est très présente : *Les Petites Filles modèles* de la comtesse de Ségur – comme leur nom l'indique ! – et l'ensemble des personnages de la comtesse de Ségur, ou de Zénaïde Fleuriot un peu plus tard, sont pleins de bons sentiments, certes, mais il y a chez la comtesse de Ségur, en particulier, une connaissance des enfants sur laquelle les jeunes lecteurs ne se trompent pas, et qui explique les millions d'exemplaires de ses tirages. Les récits de vie d'enfants malheureux – qui ne furent pas non plus écrits pour des enfants – par Dickens, Stevenson ou Hector Malot – deviennent des classiques de la jeunesse ; ils introduisent l'analyse psychologique, la peinture des milieux et des mœurs.

La fantaisie, le rêve, ou l'évocation historique, l'aventure extra-planétaire même, la science-fiction avant la lettre, conquièrent la littérature de jeunesse. Parmi les plus célèbres : *Ivanhoë* (1820), *Pinocchio* (1883), ou *Le Merveilleux*

Voyage de Nils Holgersson (1907), ou *Alice au pays des merveilles* (1865), et toute l'œuvre de Jules Verne (de 1860 au début du siècle suivant).

Stevenson, et déjà avant lui Fenimore Cooper, avaient ouvert l'horizon des grandes aventures. Le début du XXe siècle en exploita la veine ; l'exaltation des vertus de l'aventurier ou de l'explorateur, du marin ou du soldat, poursuit la tradition morale du roman pour enfants. Que ce soit l'aviation naissante, l'épopée coloniale, les récits de guerre, ou la découverte de pays lointains, le héros est un exemple. Un autre souci, qui n'exclut pas le précédent, est d'instruire. Le livre éduque, il est « instructif » et l'on trouve dans les collections des livres de prix du début du siècle, des récits qui font découvrir le monde (H. de Houssanne, *Les Grands Naufrages, drames de la mer*, ou *Les Merveilles de l'autre France*, 1924, préface par le maréchal Lyautey, pour citer quelques exemples). Jack London sera très lu, qui allie l'aventure, le roman psychologique et l'exotisme des terres lointaines (*Croc-Blanc*, *L'Appel de la forêt*).

Entre les deux guerres, de très nombreuses collections s'adressent aux enfants et aux adolescents : les bibliothèques « Verte » ou « Rose », ou « Rouge et Or » sont, entre autres, des collections spécialisées, et la plupart des maisons d'édition en proposent. Les plus jeunes enfants ont trouvé chez Flammarion, dès 1930, avec les Albums du Père Castor, une collection dont le succès ne s'est jamais démenti.

Aujourd'hui

À partir de 1960, les collections se multiplient, y compris les « Poche Jeunesse ». L'essor de la scolarisation, qui accroît le nombre des lecteurs potentiels, l'effort de diffusion du livre en général, expliquent cette explosion. Non seulement le nombre des ouvrages croît vertigineusement mais on assiste, en même temps, à un renouvellement des genres.

Si les aventures sont toujours présentes, et se pimentent d'un soupçon d'aventures policières – *Le Club des cinq*, d'Enid Blyton connaît un succès prodigieux – les collections documentaires présentent des encyclopédies en miniature, et dans les romans, d'autres formes de préoccupations apparaissent. Ce qui fait la toile de fond de la vie des adultes, dans la société contemporaine, sert souvent également de fond aux intrigues. La violence, le racisme, la morosité des banlieues, l'ennui, la drogue peuvent fournir les sujets des romans. Comme si les enfants étaient traités de façon plus directe, jugés capables de lire, au travers de héros de leur âge, la réalité de la vie, la réalité de leur vie. Avec d'autres termes, avec un autre style, il est possible que l'on retrouve dans ces ouvrages d'apparence si réaliste, le souci moralisateur qui s'exprimait avec une ostentation naïve dans les vieux ouvrages. Il y a aussi de l'humour, du suspense, du drôlatique, de l'éducatif. Tous les genres sont exploités, tous les styles. Parmi les derniers-nés, *Le Livre dont vous êtes le héros* qui associe une histoire et des histoires potentielles, en fonction des choix que le lecteur opère aux nœuds de l'action : plusieurs livres sont ainsi contenus en un seul, révélant les structures de textes et excitant l'imagination.

La bande dessinée (BD)

On ne peut pas parler de littérature pour les jeunes sans parler de la BD. Babar apparaît en France dès 1931, succédant aux histoires à vignettes de l'imagerie d'Épinal, aux aventures de *La Famille Fenouillard*, du *Sapeur Camember*, du *Savant Cosinus*, et autres héros, comme aux albums de Pinchon, mettant Bécassine en scène. La BD est certainement une des lectures favorites des jeunes. Les héros ont envahi les marchés les plus divers : depuis des personnages de Walt Disney comme Mickey, la célèbre souris, à Tintin, Lucky Luke, les Schtroumpfs, en passant par Batman. Astérix et ses compères sont sur les cartables, les trousses et les vêtements. Astérix encore, Duduche, Gaston Lagaffe s'adressent à un public plus âgé, qui recherche moins les héros que des collections ; *L'Écho des savanes*, *Fluide glacial*, *Métal hurlant* sont destinés à des publics adolescents et adultes.

La BD ne forme pas un genre unique et ne remplit pas de fonction uniforme : ou bien elle est pure fiction, ou bien elle présente, sous des formes qui lui sont propres, des connaissances, voire des textes didactiques. Elle distrait – son nom générique est *Comics* aux USA – elle instruit, la série des Astérix est remarquablement bien documentée et la Bible a une version en BD. Elle plaît par son graphisme, aussi varié qu'il y a d'auteurs ; elle véhicule des valeurs, voire des idéologies, et peut être classique ou conservatrice, autant que subversive, qualité dont on a tendance à la parer de façon systématique. Elle a ses niveaux en qualité, et ses publics d'âges divers. Elle a ses grands noms d'auteurs.

Les albums

Il faut faire, enfin, une place à part aux albums quand il s'agit de littérature pour la jeunesse. Les albums s'adressent aux jeunes enfants ; il existe des livres en tissu matelassé pour les plus petits, jouets autant que livres. Les albums sont de format généralement assez grand, ils sont abondamment et clairement illustrés. Des gadgets peuvent y être incorporés, qui ouvrent des fenêtres dans la page, peuvent faire agir des figurines. La plupart ont des trames narratives simples, parfois presque inexistantes, et l'album, dans ce cas, se contente d'offrir des images suivies, à regarder, autour desquelles peuvent être improvisées de courtes histoires. Une profusion d'albums est offerte aux premières années de l'enfant, bien avant qu'il sache lire. L'intérêt pour la lecture, pour les illustrations, l'intérêt pour l'enfant, le désir de l'initier précocement, peuvent expliquer le foisonnement des albums.

Littérature et pédagogie

La littérature de jeunesse entre dans les classes de deux façons : d'une part, elle peut servir de support à de nombreux exercices, d'autre part elle fournit aux enseignants, dans son abondance, une grande possibilité de choix et de graduation dans la difficulté de lire. La finalité de la lecture à l'école, quand elle apprend à lire aux élèves, est de les doter de la capacité à lire, en priorité, mais aussi et, dans toute la mesure du possible, de leur donner le goût de la lecture.

Les filles lisent plus que les garçons – statistiquement. On ne trouve pas, semble-t-il, de corrélation frappante entre le fait de dévorer des livres et celui d'obtenir de bons résultats scolaires. Les maîtres, cependant, attachent une grande importance à la lecture chez leurs jeunes élèves, et la lecture reste, pour les aînés, une voie essentielle, sinon unique, d'acquérir une culture. Mais au niveau des collèges et lycées, se pose la question du passage de la littérature dite de jeunesse à la littérature proprement dite.

Pour entraîner à la lecture, pour développer le désir de lire, tous les genres sont utiles. Les œuvres intégrales, qui offrent la cohérence des actions, une vraie narration de longue haleine et l'évolution de personnages, ont remplacé la plupart du temps les « morceaux choisis ». Ceux-ci, qui peuvent avoir d'autres qualités et d'autres fonctions, n'introduisent pas aussi bien à la narration et laissent mourir l'intérêt des lecteurs. C'est également au travers des œuvres intégrales que la spécificité des genres peut apparaître, et la notion d'œuvre singulière et de style.

La BD, dont l'école s'est longtemps méfiée, la considérant non seulement comme un genre mineur mais comme une anti-éducation littéraire, a conquis une place, modeste encore, à l'école : elle représente pourtant un exemple d'expression à supports multiples, dans une époque où les médias sont dits multimédias ; elle souligne, par son récit fragmenté en images, les séquences narratives, en les rendant plus visibles. Elle peut, chez des élèves jeunes, introduire aux descriptions, par le détail de ses graphismes. Chez les plus âgés, elle représente un genre, dont l'analyse comparée à d'autres genres est formatrice. Elle contribue à l'initiation à la lecture d'image et à la rhétorique du cinéma, sans s'y réduire.

L'album des tout-petits est également un instrument pédagogique remarquable ; premier livre, qui offre tout l'appareil éditorial des livres, il révèle grâce à la voix qui lit et au doigt qui montre texte et illustration, la fonction de l'écrit. Bien choisis et bien gradués selon les âges, les albums déposent dans l'esprit les premières trames de récits, les premiers caractères de personnages, et une langue, qui, déjà, dans sa syntaxe et son vocabulaire, est langue de l'écrit. Lus et relus, regardés et commentés, ils forment un soubassement irremplaçable pour la lecture qui interviendra ultérieurement.

Quel que soit l'intérêt pédagogique de la lecture, il est peut-être utile de rappeler qu'elle est avant tout un plaisir et une voie personnelle de culture. Les utilisations qui peuvent être faites en classe doivent respecter ce côté solitaire de la lecture, et si elles paraissent irremplaçables pour inciter les jeunes à lire, pour développer leur curiosité, les initier à de nouveaux genres, il serait dommage que la lecture en classe devienne un exercice scolaire comme un autre, qui lui enlèverait sa magie.

BIBLIOGRAPHIE

I. Jan, *La Littérature enfantine*, Atelier, 4e édition, 1984.

G. Patte, *Laissez-les lire ! les enfants et les bibliothèques*, Éditions ouvrières, 2e édition, 1987.

M. Soriano, *Guide de la littérature pour la jeunesse*, Flammarion, 1975.

C. Serrière, J.F. Douvry, *Les Pays imaginaires de la bande dessinée*, Dauphylactère, 1990.

P. Pascal, *BD passion*, Dossiers Aquitaine, 1993.

R. Stoecklé, *Des albums pour une situation*, Armand Colin, 1986.

C. Tisset, *Apprendre à lire au Cycle 2*, Hachette Éducation, 1994.

LIVRET SCOLAIRE

Le livret scolaire est le document qui rassemble les notes obtenues par les élèves ainsi que les appréciations portées par les maîtres, et qui est destiné à l'information des parents. Il se présente sous diverses formes selon les niveaux d'enseignement mais aussi selon les établissements ; dans le second degré on le rencontre la plupart du temps sous forme de bulletin de notes. Il a cependant toujours la même vocation : établir un lien entre l'école et la famille, renseigner les parents sur le travail fourni par l'élève dans la classe.

L'intérêt du livret scolaire a été relancé par la loi d'orientation sur l'Éducation du 10 juillet 1989 et par le décret du 6 septembre 1990 relatif au fonctionnement des écoles maternelles et élémentaires. La mise en place de l'organisation pédagogique de l'école primaire en cycles a rendu indispensable la création d'un instrument de liaison dont la fonction est de faciliter la gestion de la souplesse engendrée par les nouvelles dispositions retenues, en introduisant des repères clairs pour les enseignants et les parents.

Sous sa nouvelle forme, le livret scolaire comporte les résultats des évaluations périodiques établies par l'enseignant ou les enseignants du cycle réunis en conseil de cycle. Il présente des indications précises concernant l'acquisition des compétences dans le cycle considéré, la durée nécessaire à l'élève pour parcourir le cycle, les décisions de passage au cycle suivant. Il devient un véritable instrument pédagogique dans la mesure où son utilisation nécessite l'élaboration de progressions pour chaque cycle et la définition d'étapes intermédiaires pour l'acquisition des compétences.

L'importance du livret scolaire a justifié la création par le ministère de l'Éducation nationale, et la diffusion dans toutes les écoles, d'un exemplaire de livret pour chacun des trois cycles. Les équipes pédagogiques sont libres de choisir ce type de livret sous sa forme initiale ou de l'adapter, cependant elles ont obligation d'en constituer un pour chaque élève.

Le livret scolaire permet ainsi de suivre l'élève dans la construction progressive de ses compétences tout au long de son cursus scolaire, il sert de support de liaison entre les maîtres, ainsi qu'entre les maîtres et les parents. Il suit l'élève en cas de changement d'école et assure de ce fait la continuité véritable du service public.

Dans le second degré, il joue un rôle supplémentaire non négligeable puisqu'il est pris en compte par les jurys d'examen dans les opérations de repêchage pour l'admission de candidats qui seraient normalement éliminés.

La distinction entre livret scolaire et dossier scolaire

Le livret scolaire ne doit pas être confondu avec le dossier scolaire, document administratif qui a vécu après avoir été réglementé, notamment par un arrêté du 2 juin 1960 ; ce dossier avait pour but de suivre chaque élève tout au long de sa scolarité, en vue de contribuer à sa meilleure connaissance et de préparer son orientation. Le dossier scolaire comportait des renseignements sur la situation et le milieu familial, sur l'état de santé, le développement physique, le comportement de l'élève. Par une observation quotidienne discrète mais soutenue, l'enseignant devait prévoir les difficultés ou tenter de les réduire, et par là-même, encourager et accroître les progrès de l'élève.

Ce document était confidentiel et ne devait pas être transmis aux parents. En cas de changement d'école, le dossier devait suivre l'élève par un échange direct entre les directeurs d'école.

Ce dossier a été souvent l'objet de critiques en ce qu'il risquait de figer des représentations sur l'enfant et de l'enfermer dans une forme de classement prédestinant son avenir, alors même que chaque situation est évolutive. Prévu initialement pour l'ensemble de la scolarité, il n'a vraiment été utilisé qu'à l'école primaire. D'un usage assez lourd, il est tombé en désuétude et est remplacé par l'actuel livret scolaire, à vocation essentiellement pédagogique et utile aux parents.

➤ **Voir aussi** Carnet de correspondance, Compétence, Cycles, Orientation, Résultats scolaires.

LOCKE John (1632-1704)

Philosophe et médecin anglais – formé à Oxford et à Montpellier – empiriste (*Essai sur l'entendement humain*), champion de la tolérance (*Lettres sur la tolérance*) et théoricien du libéralisme politique (*Traité sur le gouvernement civil*), Locke, en soustrayant le destin de l'homme à toute décision transcendante puisque son protestantisme rejette la rigueur calviniste, a favorisé le renouvellement de la pensée pédagogique. Lui-même fut précepteur des sept enfants du comte de Shaftesbury et écrivit un traité *De l'éducation des enfants*, résultat d'un échange épistolaire avec un père sollicitant des conseils pour élever son fils.

La théorie de la « table rase », en excluant toute inégalité originelle, aurait dû conduire à ouvrir l'école à tous les enfants. Selon Locke, c'est en effet de l'éducation « que vient la grande différence des hommes ». Or le philosophe anglais ne s'intéresse qu'aux enfants de la noblesse et de la bourgeoisie. Les autres, à partir de trois ans, apprendront un métier dans des « écoles de travail » (*Working schools*). L'éducation, selon Locke, n'a rien de démocratique ; elle concerne ceux qui exerceront plus tard des charges publiques ou privées ; elle forme le gentilhomme, le gentleman, formation assurée en famille par un précepteur.

De cet objectif découle la nature de l'enseignement, plus pratique qu'humaniste, plus centré sur l'éducation que sur l'instruction. L'acquisition de la civilité, de la politesse, de la prudence, de l'expérience du monde est plus utile « que de parler grec et latin » ou de connaître les sciences. Reflétant ces finalités pratiques, la pédagogie élimine les connaissances jugées superflues. Elle bannit le grec, réduit le savoir à « la première teinture des sciences » et fait apprendre le latin à la manière de la langue vivante obligatoire, le français. Les méthodes recherchent un équilibre entre la formation du corps et celle de l'esprit, dans un esprit libéral de limitation des contraintes. « Il faut agir avec des enfants comme avec des créatures raisonnables » – ce que Rousseau reprochera à Locke –, ne pas utiliser les châtiments corporels et repousser toute sévérité excessive.

Locke conseille aux parents d'exclure de l'alimentation des enfants toute nourriture nuisible aux dents, de les faire vivre au grand air, de les habituer aux bains froids, de leur faire porter les mêmes vêtements été et hiver car la santé et l'endurcissement du corps préparent à la fermeté du caractère et consolident le sentiment de fierté personnelle. L'enseignement élémentaire, largement basé sur le jeu, comprend: l'apprentissage de la lecture (les fables d'Ésope abondamment illustrées sont recommandées) et de l'écriture, puis plus tard l'étude de l'arithmétique, de la géographie, de la géométrie et de l'histoire. Les exercices de mémoire sont limités au profit de l'observation. Locke encourage les arts manuels, le jardinage, la menuiserie, le travail du fer, etc., qui accroissent l'habileté et vont dans le sens d'une exploration de l'expérience comme source de la connaissance.

Les conseils pédagogiques de Locke sont moins importants que la philosophie sous-jacente : un rationalisme expérimental où la sensation est le point de départ de toute notion. L'empirisme devrait donc impliquer une attention à l'enfance comme lieu d'observation privilégié du montage des mécanismes intellectuels. En 1796, l'Écossais André Bell, qui introduisit l'enseignement mutuel en Europe, explique l'échec général des éducateurs car, écrit-il, « il n'est pas fait d'investigations bien écrites et élaborées ou de spéculations raffinées sur la nature des enfants et la philosophie de l'esprit ». On peut dire que les germes d'une psychologie et d'une épistémologie génétiques existaient dans l'empirisme anglais et écossais.

BIBLIOGRAPHIE

J. Chateau (dir.), *Les Grands Pédagogues*, PUF, 1972.

E. Garin, *L'Éducation de l'homme moderne, 1400-1600*, Pluriel, Fayard,1968.

➤ Voir aussi Érasme, Montaigne, Rabelais, Rousseau.

LOI D'ORIENTATION

Adapter les textes à la réalité

Depuis 1975, date à laquelle avait été publiée la loi relative à l'éducation dite « loi Haby », aucun texte de niveau législatif n'était venu cadrer le système éducatif. Bien sûr, depuis cette date, celui-ci avait évolué sous la pression, en particulier, d'une demande accrue de qualification et de qualité. La réflexion, la recherche et les pratiques des maîtres avaient fait progresser l'école, mais l'échec scolaire demeurait une préoccupation centrale. Il est donc apparu nécessaire d'établir un nouveau texte législatif qui prendrait en compte l'évolution déjà constatée et permettrait de mieux répondre aux besoins analysés.

La loi d'orientation sur l'éducation (loi n° 89-486) du 10 juillet 1989 comporte six titres touchant à la vie scolaire et universitaire, les personnels, les établissements d'enseignement, les organismes consultatifs, l'évaluation du système éducatif et des dispositions diverses. Elle est explicitée et complétée par un rapport annexé qui précise les missions et les objectifs fixés par la nation. Elle insiste sur la nécessité d'établir une dynamique nouvelle et de renforcer dans les établissements et les écoles la concertation et l'évaluation.

La loi souligne le droit de chacun à l'éducation et rappelle les objectifs de l'école : celle-ci doit permettre à chacun de « développer sa personnalité, d'élever son niveau de formation initiale et continue, de s'insérer dans la vie sociale et professionnelle, d'exercer sa citoyenneté ». « L'acquisition d'une culture générale et d'une qualification reconnue est assurée à tous les jeunes, quelle que soit leur origine sociale, culturelle ou géographique » y compris les jeunes handicapés (mais ce n'est là que rappeler des dispositions qui figuraient déjà dans la loi spécifique sur les handicapés de juin 1975).

L'élève au centre du système

Les principaux points de la loi concernent l'organisation de la scolarité en cycles, la modification des procédures d'orientation, la transformation des Centres pédagogiques régionaux et des Écoles normales en Instituts universitaires de formation des maîtres (IUFM).

Au niveau de la vie des établissements, la loi apporte des éléments particulièrement porteurs d'innovation comme la création des conseils de délégués-élèves ou l'obligation pour tous les établissements de mettre en place un projet qui permette de mieux répondre aux besoins des élèves en tenant compte du contexte dans lequel ils vivent. En mettant clairement l'élève au centre du système, « l'école étant au service des élèves et des étudiants », la loi incite à une modification pédagogique en profondeur.

Le rapport annexé détaille les modalités de mise en œuvre de ces dispositions et surtout il précise l'esprit dans lequel administration, enseignants et personnels d'éducation doivent travailler.

Au niveau national, sont créées des institutions nouvelles : le Conseil national des programmes et le Conseil supérieur de l'éducation. Ils ont à connaître de toute modification apportée au système éducatif et jouent un rôle majeur dans son évolution.

BIBLIOGRAPHIE

Loi relative à l'éducation, n° 75-620 du 11 juillet 1975.

Loi d'orientation, n° 89-486 du 10 juillet 1989.

➤ **Voir aussi** Conseil national des programmes, Conseil supérieur de l'éducation, Conseils du premier degré, Conseils du second degré, Cycles, Institut universitaire de formation des maîtres (IUFM), Projet.

LOIS FONDAMENTALES

On désigne par cette expression les lois qui, à la fin du XIXe siècle, ont posé les principes sur lesquels reposerait l'enseignement primaire et qui ont tracé les lignes essentielles de son organisation. Des lois importantes devaient ensuite s'y ajouter et s'y ajoutent encore, mais elles n'ont pas contredit les principes des lois fondamentales, qui s'échelonnent de 1881 à 1886. On les rencontre également sous le nom de lois organiques.

Les principes

Ils sont au nombre de trois : l'obligation scolaire pour tous les enfants, la gratuité de l'enseignement, la laïcité de l'école.

L'obligation

L'alphabétisation, puis la scolarisation de la population, étaient commencées depuis des siècles ; on estime qu'au moment de la Révolution de 1789, un Français sur deux, de sexe masculin, savait lire et écrire. La répartition de ce savoir variait en fonction non seulement des sexes – les femmes n'ayant accédé que beaucoup plus lentement à l'instruction – mais en fonction des milieux sociaux, des régions, et des zones, urbaines ou rurales. La scolarisation complète restait à faire.

Les assemblées révolutionnaires avaient posé les mêmes principes fondamentaux et le XIXe siècle – notamment grâce au travail tenace de Guizot, ministre de Louis-Philippe – avait commencé à construire l'édifice de l'enseignement primaire. Il ne devait se réaliser qu'à la fin du siècle avec Jules Ferry.

L'obligation – loi du 28 mars 1882 – sous peine de sanction pour le chef de famille, était la seule voie, même si de nos jours elle paraît brutale, pour égaliser les conditions. Le magistrat municipal qu'est le maire fut chargé, et l'est toujours, du contrôle de la fréquentation scolaire.

Les premières années d'obligation ont vu l'intervention des gendarmes dans plus d'un village ; et si ces temps sont révolus en France, mis à part quelques cas d'immigration clandestine ou de difficultés des « gens du voyage », il reste dans le monde de vastes zones où la scolarisation, généralement obligatoire, n'est effective que dans une certaine mesure, parfois bien faible.

La gratuité

Elle était le corollaire de l'obligation. Elle fut néanmoins promulguée antérieurement : loi du 16 juin 1881. Les charges de l'enseignement sont supportées par l'État et les collectivités locales, et non par les familles. Des œuvres ont contribué à aider les familles nécessiteuses, qui ne pouvaient pas scolariser leurs enfants, en dépit de la gratuité de l'école.

La laïcité

Elle relevait (loi du 28 mars 1882) d'un idéal philosophique et s'inscrivait dans la tradition révolutionnaire républicaine; l'enseignement ayant été pendant des siècles à peu près exclusivement aux mains des religieux et dispensé sous le contrôle de l'Église, la rupture avec la puissance religieuse était un préalable à l'établissement de l'école du peuple. La raison, qualité humaine universelle, ne dépendant pas de l'opinion, des croyances ou des traditions, la raison, valeur essentielle de la révolution, exigeait la laïcité de la doctrine, la laïcité des symboles, la laïcité des personnels. Ni enseignement religieux, ni prières ou emblèmes religieux dans l'enceinte des locaux, ni personnel dépendant d'un autre pouvoir que le pouvoir public, n'étaient désormais admis à l'école. La laïcité n'impliquait pas nécessairement l'athéisme philosophique – la Révolution avait plutôt rendu un culte à l'Être suprême – ni un anticléricalisme militant, mais elle était, et est en fait, beaucoup plus une neutralité destinée à respecter la diversité des opinions. Elle renvoie à la sphère privée les opinions, et elle éduque résolument dans et par la raison universelle.

Dans la pratique, la laïcité s'est, lors de l'installation des Lois fondamentales, heurtée parfois violemment à l'Église, aux congrégations qui enseignaient et, dans certaines régions particulières, aux populations. Il est à noter que le texte de la loi de 1882 ne s'étend pas sur une définition de la laïcité, et ne l'instaure que par défaut, en quelque sorte: les programmes excluent l'enseignement religieux; un jour en plus du dimanche est réservé pour cet enseignement si les familles le souhaitent, mais il ne peut se dérouler dans les locaux de l'école. L'article 3 retire aux ministres des cultes tout droit de surveillance ou de direction dans une école publique. L'autorisation d'enseigner est soumise à l'obtention d'un brevet de capacité; l'interdiction d'enseigner opposée à un congréganiste n'interviendra qu'ultérieurement.

Plus d'un siècle après leur promulgation, ces lois demeurent en vigueur pour l'essentiel de leur contenu et de leur esprit. La laïcité tend aujourd'hui à être sans doute davantage un principe de paix, de respect des consciences et d'indépendance par rapport à des ingérences extérieures, plutôt qu'un rationalisme militant. Pourtant, en cas d'incidents, la laïcité se manifeste, dans la vigueur de son ère fondatrice.

Les grandes lignes d'organisation

Elles se sont échelonnées essentiellement de 1882 à 1887.

Les communes forment le réseau des écoles: chaque commune est tenue de pourvoir à l'installation et à l'entretien d'une école (ou de plusieurs si le nombre d'enfants l'exige); plusieurs communes, de faible population, peuvent s'organiser pour créer une école intercommunale; les distances à parcourir à pied sont prises en compte et l'ouverture d'écoles de hameaux est prévue quand la distance est supérieure à 3 km; les écoles maternelles sont ouvertes à la demande des communes. Dans tous les cas, le personnel enseignant est nommé et rémunéré par l'État, dans le cadre d'un recrutement départemental sur concours. Les cantines, les études surveillées, seront progressivement organisées. Les instituteurs sont gérés par l'inspecteur d'académie, soumis au contrôle administratif et pédagogique des inspecteurs primaires, aujourd'hui inspecteurs de l'Éducation nationale; l'école dans chaque commune est en outre surveillée, mais aussi soutenue et aidée, par des délégués cantonaux (aujourd'hui, délégués départementaux). Un Conseil départemental de l'enseignement primaire (aujourd'hui Conseil départemental de l'Éducation nationale) a à connaître de la vie de l'école dans le département et il est régulièrement consulté. L'instituteur a la responsabilité morale et pédagogique de ses élèves: il les enseigne et les prépare au certificat d'études primaires, qui sanctionne la fin de l'école obligatoire, à l'âge de 12 ans. Les programmes sont définis par l'État; la formation des maîtres appartient aux Écoles normales pour la formation initiale, et aux inspecteurs ensuite, qui réunissent les conférences pédagogiques annuelles. Les grandes lignes de cette organisation sont restées semblables. Les communes restent chargées de l'entretien des écoles. Si les pouvoirs communaux se sont accrus après les lois de décentralisation de 1983 et de 1985, dans l'ordre des créations d'écoles et de classes, dans l'ordre de la réglementation quotidienne, les horaires par exemple, la répartition des compétences et des charges entre l'État et la collectivité locale reste très proche de la situation initiale.

L'obligation scolaire est passée de 12 à 14 ans en 1945, puis à 16 ans en 1959 ; cette dernière prolongation a transmis au collège une partie de la scolarité obligatoire, les écoles primaires ne gardant plus les enfants après 11 ans, âge normal de l'entrée en 6e.

Les programmes et instructions ont régulièrement évolué, les principales étapes étant 1923, 1938, 1945, 1977-79, 1985-86, 1995.

Aux « lois fondamentales » se sont ajoutées des lois importantes. Parmi elles, la création de l'enseignement pour les enfants en difficulté, 1909, la création de l'enseignement technique et la loi sur l'apprentissage – loi Astier 1919 –, la loi sur les handicaps et l'intégration, juin 1975, la loi d'orientation de juillet 1989, et sur le plan général, les lois de décentralisation de 1983 à 1985. Bien que fondatrices, ces lois ne portent pas le nom de lois fondamentales, expression réservée à l'organisation de l'enseignement primaire de la fin du XIXe siècle.

BIBLIOGRAPHIE

H. Parias (sous la direction de), *Histoire générale de l'éducation et de l'enseignement*, vol. III De « la Révolution à l'école républicaine », Nouvelle librairie de France, 1981.

A. Prost, *Éducation, société et politiques : une histoire de l'enseignement en France de 1945 à nos jours*, Seuil, 1992.

➤ **Voir aussi** Alain, Buisson, Conférence pédagogique, Loi d'orientation, Périscolaire.

LOYOLA Ignace de (1491-1556)

Gentilhomme espagnol, après sa conversion, il étudie à Paris de 1528 à 1534, au collège Montaigu (qu'avaient fréquenté Érasme et Rabelais), un collège où un membre des Frères de la vie commune, Jean Standonck, venait d'introduire quelques nouveautés pédagogiques caractéristiques des écoles de cette confrérie.

Auteur des *Exercices spirituels*, un livre-guide pour un parcours de retraite religieuse d'un mois environ, il crée la Compagnie de Jésus, officiellement reconnue par le pape en 1540. Élu général de la Compagnie, Ignace de Loyola importe dans toute l'Europe le modèle parisien (*modus parisiensis*) qu'il a connu comme étudiant aux collèges de Montaigu et de Sainte-Barbe.

Le premier collège jésuite à fonctionner sur le modèle parisien est celui de Messine, dirigé par le père Jéronimo Nadal (1548), suivi en 1551 par le collège romain, collège auquel Ignace de Loyola assigne un caractère exemplaire, car pour lui, « tout le bien de la chrétienté et de la société entière dépend d'une bonne éducation de la jeunesse ». Les collèges jésuites, instrument pédagogique de la Contre-Réforme se développent. Au milieu du XVIIIe siècle, ils comptaient 150 000 élèves dans le monde y compris en Asie et en Amérique. Lors de l'expulsion des Jésuites de France, la compagnie possédait en France 110 collèges avec plus de 100 000 élèves.

➤ **Voir aussi** Classe, Collège, Jésuites (pédagogie des).

M

MAINTENON Françoise d'Aubigné, marquise de (1635-1719)

La vie de Françoise d'Aubigné, petite-fille du poète Agrippa d'Aubigné, épouse et veuve de Scarron, gouvernante des enfants nés de Louis XIV et de Mme de Montespan, puis épouse morganatique du roi, est bien connue. Qu'elle ait été la fondatrice et l'âme d'une maison d'éducation – Saint-Louis de Saint-Cyr, près de Versailles – lui confère une place, moins connue, dans la pédagogie et l'éducation des filles. La fondation, qui dura 107 ans, jusqu'à la Révolution, est originale à plus d'un titre et a laissé des traces considérables en tant que modèle : les maisons d'éducation des Filles de la Légion d'honneur en portèrent la marque et l'on peut se demander si, en dépit des contextes et des idéologies radicalement différentes, les premières Écoles normales n'en subirent pas l'influence.

Mme de Maintenon a été entourée d'enfants tout au long de sa vie, moins par ses propres maternités que par l'éducation qu'elle a donnée à ses sœurs, à de petites protégées, aux enfants du roi, avant d'épanouir sa vocation dans la création de Saint-Cyr. Cette prédilection pour les enfants, doublée d'une grande intuition et d'un dévouement exemplaire, lui ont dicté des principes pédagogiques qui peuvent encore aujourd'hui faire utilement réfléchir.

Saint-Cyr, ouvert en 1686, fut destiné aux jeunes filles de la noblesse pauvre. Délaissées, inclassables, il fallait leur fournir, au moment où les difficultés financières sont grandes dans beaucoup de familles nobles provinciales, une éducation utile. À cette époque où les femmes ne travaillent pas, l'utilité, c'est de les émanciper le plus possible pour qu'elles se marient dans de bonnes conditions. Françoise d'Aubigné savait d'expérience ce qu'est l'aléatoire d'une vie où il faut lutter, alors que les femmes disposent de peu d'armes pour le faire.

Cette analyse, lucide, est sans doute le premier et plus grand principe pédagogique de Mme de Maintenon : adapter les formes de l'action pédagogique aux buts réalistes que l'on se propose. La seconde originalité est d'avoir voulu que l'établissement soit laïque. S'il devint une congrégation plus tard pour régler des difficultés d'ordre financier et juridique, ce fut sans conséquence sur les pensionnaires, qui demeurèrent dans la perspective d'origine. Les jeunes filles n'étaient pas élevées pour faire des nonnes, quelle qu'ait été la part, très grande, de leur éducation religieuse.

La vie à Saint-Cyr – qui compte 250 jeunes filles, élevées jusqu'à 20 ans dans l'institution – est une vie bien réglée, sans excès de rigueur. Les pensionnaires sont distribuées en quatre classes d'âge – distinguées par des couleurs – et appartenant à des « familles » qui assurent la cohésion de groupes restreints ; des « mères » s'occupent des plus jeunes, créant des liens affectifs entre les jeunes filles. À l'intérieur de la maison fonctionnent ainsi de plus petites maisons. Chaque pensionnaire a des tâches à accomplir, et des plus matérielles, pour l'entretien.

L'enseignement est gradué selon les quatre couleurs qui distinguent les pensionnaires, selon leur âge et donc leur niveau d'études. Lecture, écriture, calcul, occupent les plus jeunes ; l'histoire, la géographie, la pratique de la langue française, les arts, la danse, le théâtre – ce qui est une grande innovation – occupent les plus âgées. Les représentations d'*Athalie* ayant eu trop de succès, on joua *Esther* sans costumes, et dans la plus grande simplicité, afin que les jeunes actrices n'aient pas la tête tournée. Mais cette restriction n'empêche qu'il fut hardi de faire interpréter des pièces de Racine par les élèves. Les travaux ménagers, ou de couture, figurent aussi au programme ; on est étonné de voir à leur côté une économie familiale s'élaborer, sérieuse, et se substituer aux simples pratiques ménagères.

Mme de Maintenon développe, en outre, deux directions d'activités originales : d'une part, l'hygiène et la pratique de jeux de détente physique, qui lui paraissent indispensables à l'équilibre des élèves. D'autre part, elle instaure les « conversations », entretiens sur des sujets divers, habituant les jeunes filles à l'aisance de parole, à la réflexion, à l'expression d'une pensée personnelle, modestement cachée sous le charme d'entretiens sans pédantisme. Mme de Maintenon dirige souvent elle-même les conversations. Le développement de l'écrit, d'abord bien commencé à Saint-Cyr, est, par la suite, restreint : Mme de Maintenon se méfie de l'écrit... qui rend vaniteux !

Quels que soient les moments de la journée ou le genre de travail qu'effectuent les pensionnaires, Mme de Maintenon est extrêmement présente et si elle doit s'absenter, elle écrit de longues instructions précises aux enseignantes qui s'occupent de ses « filles ».

Sur le plan de la morale, Mme de Maintenon est stricte et ses conceptions ne sont aucunement en désaccord avec l'image de la femme telle que la société de l'époque la veut : douce, soumise, sachant se tenir à sa place de femme, mais forte intérieurement, et fiable. Si cet idéal n'est guère révolutionnaire, la méthode pour y parvenir est moins conformiste : c'est une éducation par la douceur, le raisonnement, n'incluant ni la crainte, ni le châtiment, ni la coercition morale.

On a pu dire que l'éducation conçue par Mme de Maintenon était une éducation par la raison. C'était certainement une éducation réaliste, pieuse sans excès, mondaine sans excès, remarquablement bien adaptée à l'éducation des filles nobles sans fortune, qui auraient à faire leur chemin en grande partie grâce à leurs qualités personnelles.

BIBLIOGRAPHIE

J. Prévot, *La Première Institutrice de France : Madame de Maintenon*, Belin, 1981.

MAKARENKO Anton Semionovitch (1888-1939)

L'œuvre de Makarenko se réalise dans un contexte particulièrement tragique : son pays, l'Union soviétique, connaît les drames de la révolution et est dévasté par la guerre d'intervention étrangère. Makarenko, éducateur, prend la charge de l'accueil, de l'encadrement et de l'éducation d'enfants et d'adolescents abandonnés, orphelins, déracinés, ayant perdu de ce fait de nombreux repères et manifestant des comportements souvent asociaux. Aussi sa pédagogie sera-t-elle marquée par la volonté de recréer chez l'individu des conduites sociales positives au sein d'un groupe considéré comme cadre structurant d'éducation.

Makarenko est avant tout un praticien et c'est sans théorisation excessive qu'il retrace dans *Poème pédagogique* la vie quotidienne de la colonie « Gorki » qu'il dirigea huit années. Cependant, c'est à travers l'analyse de ce qui se présente comme un journal de bord – *Le Chemin de la vie* en constitue une excellente illustration – qu'il est possible de dégager une doctrine pédagogique assez novatrice pour l'époque.

Les conceptions éducatives de Makarenko visent à faire de l'homme un membre à part entière de la collectivité dans laquelle il est appelé à vivre, et l'organisation globale de la vie est envisagée à partir d'une pédagogie du travail caractérisant l'éducation et visant l'émancipation de l'individu. En effet, le travail, au même titre que n'importe quel langage, construit les rapports humains et les consolide en établissant une véritable communication entre les membres de la communauté.

Makarenko considère alors que les buts de la collectivité d'enfants sont ceux de la communauté nationale. Aussi propose-t-il d'associer les élèves à des travaux réels, productifs, utiles au développement de la société. Sa démarche s'inscrit dans le mouvement d'éducation nouvelle favorable à la pratique de travaux manuels et à la liaison entre l'école et la vie ; elle inspirera différents courants de pensée pédagogique, notamment en France, le mouvement Freinet.

Dans cette perspective, le modèle pédagogique de Makarenko soutient un rapport direct avec le présent, ressenti comme source de valeurs et apparaissant comme lieu où les hommes, malgré les obstacles, accomplissent des progrès décisifs.

Le maître ne s'oppose pas au désir de l'élève et la joie est un thème essentiel dans la pensée de Makarenko. Il s'agit de la joie présente et partagée : « Notre collectivité enfantine refuse absolument de vivre d'une vie préparatoire et de je ne sais quelle vie dans l'avenir... elle veut être un phénomène actuel de la vie réelle ». L'intervention du maître est nécessaire pour partir de satisfactions parfois frustres et parvenir à une joie de toute la communauté qui trouve son expression dans un effort et un succès collectifs.

De même, le maître ne s'oppose pas à la liberté de l'élève, il organise la collectivité afin de renforcer la vie personnelle et l'autonomie des jeunes. Mais c'est le collectif qui commande, grâce à la maîtrise de soi à laquelle chaque membre est parvenu : « une exigence libre et comprise de chaque individu envers lui-même sur le fond des exigences de la collectivité ». L'intervention du maître prend appui sur le groupe et ne peut s'exercer que si elle est soutenue par le groupe. Aussi, la discipline, qui tient une large place dans l'action du maître – « Je suis partisan d'une exigence persévérante, extrême et déterminée », « Enseigner sans punition m'est impossible » – ne peut être appliquée que si elle est soutenue par la communauté – « Il ne faut recourir à la punition que lorsque la collectivité pense comme vous, condamne comme vous ».

Encouragé par le succès de la publication de son *Poème pédagogique* (1933), il publie en 1938 *Les Drapeaux sur les tours*. Il chante les vertus de la discipline collective, prône une certaine militarisation et n'hésite pas à conseiller l'adoption de signes et symboles distinctifs. Il proclame la nécessité du dévouement à la cause de la nation et illustre une éducation volontariste, résolument directive, fondée sur la vie en collectivité.

À partir du congrès des pédagogues d'URSS de 1941, Makarenko devient la référence obligatoire de toute pédagogie après avoir été longtemps victime de l'incompréhension des autorités soviétiques. Son œuvre inspirera les pédagogies pratiquées notamment dans les établissements accueillant des jeunes en internat (enfants et adolescents handicapés, ou cas sociaux ou encore présentant des troubles du comportement).

BIBLIOGRAPHIE

A. S. Makarenko, *Le Chemin de la vie*, Éditions du Pavillon, 1950.

A. S. Makarenko, *L'Éducation dans les collectivités d'enfants*, Scarabée, 1956.

A. S. Makarenko, *Œuvres choisies*, Éditions du Progrès, 1967.

G. Snyders, *Pédagogie progressiste : éducation traditionnelle et éducation nouvelle*, ch. III, « Vers une synthèse ? Makarenko », PUF, 1975.

➤ **Voir aussi** Mouvements pédagogiques.

MALTRAITANCE

Une définition

La maltraitance, notion qui ne figure pas dans les dictionnaires usuels, recouvre tous les faits qui surviennent dans la vie d'un enfant et le privent de son dû, ou l'agressent dans sa personne physique ou morale. Le manque de soins vitaux, l'abandon moral, les châtiments corporels excessifs, les brimades à caractère sadique, les coups, les blessures, les agressions sexuelles, le viol ou l'inceste, s'inscrivent sous le nom générique de maltraitance à enfants.

La maltraitance n'est pas toujours apparente, mais elle peut être soupçonnée devant un certain nombre de conduites chez l'enfant ou l'adolescent : apathie, repliement sur soi, tristesse, agressivité, provocations, ou hématomes et cicatrices inexpliquées.

Conjointement à la réaction humaine et morale que de tels faits suscitent, se pose la question du lien entre eux et les résultats scolaires. Le rapport de cause à effet est patent : la maltraitance est une cause d'échec scolaire.

La législation

Longtemps niée ou minimisée par une société où l'autorité parentale et essentiellement paternelle était toute-puissante, elle est maintenant reconnue et l'action des pouvoirs publics comme des associations s'est intensifiée depuis une dizaine d'années. Si le Code civil et le Code de la famille ont toujours pris en compte la protection des mineurs, le tournant décisif est pris en 1983 (circulaire interministérielle du 18 mars, suivie de textes en 1984 et 1986) ; en juillet 1989 (loi du 10 juillet), la question de la maltraitance est caractérisée comme relevant de la santé publique. Des actions de prévention sont mises en place, l'installation nationale d'un numéro d'appel téléphonique, l'obligation d'une formation pour tout personnel s'occupant de la protection des enfants, enseignants compris, l'amendement au devoir de réserve pour certaines catégories de professionnels, et obligation faite à toute personne de signaler les cas venus à sa connaissance.

Ce qu'il faut savoir

La maltraitance est un phénomène endémique qui a toujours existé, et qui n'apparaît pas spécifiquement dans certains milieux dits défavorisés mais dans tous les milieux. Les cas connus ne représentent pas toute la réalité, et cependant les statistiques sont alarmantes – mais non communicables dans la mesure où le spectre étendu des constats enregistrés, la gravité plus ou moins grande des cas s'opposent à laisser se propager des résultats bruts insuffisamment analysés.

Les enfants maltraités occasionnellement sont une minorité : celui qui a subi violences ou agressions sexuelles sera presque constamment victime d'autres mauvais traitements ou agressions. Les comportements dont ils sont victimes ont de grandes chances, enfin, d'être les leurs plus tard avec leurs propres enfants.

La prévention est une urgence : elle passe par le contact avec les familles, notamment avec les familles à risque qui sont dépistées dès la maternité, l'assistance, l'information des enfants sur leurs droits et les attitudes qu'ils peuvent et doivent avoir, l'éducation.

Comment agir

Les données de la maltraitance sont très complexes. Un enfant ou un adolescent maltraité est la plupart du temps un enfant honteux, solidaire très souvent des parents maltraitants, et soumis jusqu'à une acceptation qui peut durer des années. Il a besoin d'aide, d'écoute, de discrétion. La pluridisciplinarité des équipes qui prennent en charge les enfants signalés et leur famille garantit contre les erreurs que la seule bonne volonté pourrait faire commettre : indiscrétions aussi graves que le mal à soigner, viol moral, aggravation de tensions familiales, incitation à la dénonciation arbitraire, multiplication de fantasmes...

Tous les enseignants doivent donc savoir d'une part qu'il existe une documentation, et d'autre part qu'ils ont le devoir d'intervenir dans les cas prouvés, ou douteux. Il ne s'agit pas d'action personnelle directe, mais d'alerter aux fins d'enquête un responsable ou un service compétent : le chef d'établissement, l'inspecteur de circonscription, le procureur de la République, le juge des enfants, l'assistante sociale du quartier ou de l'établissement, l'infirmière de l'établissement peuvent recevoir le signalement de cas. Le numéro d'appel spécialisé est un autre recours. La mise à jour des textes réglementaires – une documentation importante, écrite ou audiovisuelle, sur le sujet, et sur les expériences réalisées – le numéro d'appel national, la liste des associations qualifiées sont disponibles au ministère des Affaires sociales et de la Famille et dans chaque département. Chaque département, d'autre part, entretient sous la responsabilité du Conseil général une cellule chargée de l'enfance maltraitée, qui peut répondre aux questions et aiguiller les enseignants sur les services et personnes compétents. Cette cellule départementale dispose aussi d'un numéro d'appel gratuit où les signalements peuvent être reçus. Un enseignant n'est donc pas seul devant la difficulté, et il ne lui est pas demandé d'agir sous sa propre responsablité ; il lui est demandé d'être vigilant et de signaler à qui de droit les cas patents ou suspects de maltraitance qu'il peut rencontrer.

Les élèves, quel que soit leur âge, doivent être avertis, dans des formes à débattre au sein de chaque école ou établissement, de leur droit à se défendre, et de l'existence du numéro de téléphone qu'ils peuvent appeler eux-mêmes. Les appels des enfants sont nombreux, et fondés dans un important pourcentage de cas.

La gravité de la question la situe dans la perspective de l'éthique professionnelle des enseignants.

Téléphone vert national, 24h sur 24 : 08 05 05 41 41.

Ministère des Affaires sociales de la Santé et de la Ville, 1, place Fontenoy, Paris 7e, informations, documentations.

BIBLIOGRAPHIE

Collectif, *L'Enfant victime : les enfants maltraités par leurs parents. Leur approche par le médecin, le magistrat, l'avocat, le travailleur social et le criminologue*, Erès, 1982.

J.P. Deschamps, M. Manciaux, P. Strauss, *Les Jeunes Enfants victimes de mauvais traitements*, 1978, CTNERHI.

P. Strauss, M. Manciaux et alii, *L'Enfant maltraité*, Fleurus, dernière édition, 1993.

M. Lemay, *J'ai mal à ma mère*, Fleurus, 1993.

MANUEL SCOLAIRE

Le manuel est un livre d'un type un peu particulier. Il est destiné à être toujours « en main » comme son nom l'indique et il contient, sur une matière donnée, l'essentiel de ce qu'il faut savoir, présenté de façon aussi accessible que possible.

Le manuel n'est pas propre aux disciplines de l'enseignement, puisqu'on peut trouver des manuels pour la pêche, ou pour la cuisine, mais l'acception la plus courante le désigne comme livre de classe, où une discipline, axée sur un programme, est présentée en leçons, avec illustrations, croquis ou cartes, accompagnées de règles, d'exemples, d'exercices, et parfois, mais rarement, de corrigés.

Un peu d'histoire

C'est sans doute Comenius (1592-1670) qui fut le premier auteur d'un manuel destiné et aux maîtres et aux élèves. *La Porte ouverte des langues* (1633) ouvrait effectivement une « porte » pédagogique ; basé sur l'enseignement en langue maternelle, et disposé selon le principe d'un enseignement gradué, l'ouvrage fit date, comme la *Grande Didactique* (1633-38), à visée pédagogique mais aussi religieuse et philosophique. Dans *Le Monde sensible en images* (*Orbis pictus sensuali*), Comenius introduisait une nouveauté, l'image réaliste, et non plus emblématique, et inventait en quelque sorte le livre scolaire illustré.

En France, si l'Ancien Régime connaissait nombre de syllabaires, abrégés, rudiments ou florilèges et si l'on cite parfois la parution, dès 1470, d'un *Lettres de Gasparin de Pergame, modèle de style latin pour la jeunesse*, on ne peut, à proprement parler, dire qu'existent des manuels scolaires. Les premiers manuels, livres de classe de niveau élémentaire, prennent consistance avec les projets d'éducation pour le peuple, qui occupent les assemblées révolutionnaires. En effet, le plan que Talleyrand présente à la Constituante incluait le principe de « livres élémentaires, clairs, précis, méthodiques, répandus avec profusion » et la proposition d'ouvrir un concours pour les choisir et les habiliter. La proposition sera suivie pour les écoles élémentaires. « Quant à l'enseignement supérieur qui se donne dans les lycées [lire universités] il doit être affranchi de toute censure, ne relever d'aucune orthodoxie et n'être point enfermé par conséquent dans les limites que pourrait lui assigner un manuel rédigé d'avance » (rapport de Condorcet à la Législative). La Convention reprendra les mêmes idées et les mêmes démarches. Les livres élémentaires qui furent commandés concernaient la lecture et l'écriture, des notions sur la grammaire française, l'arithmétique et la géographie pratique, des notions de géographie, des « instructions élémentaires sur la morale républicaine ». Le manuel de grammaire qui fut retenu était déjà un classique puisqu'il avait été publié en 1780, c'était l'ouvrage de Lhomond. Les instructions sur la morale républicaine, dues à La Chabossière, se présentaient dans les premières éditions sous forme de questions et de réponses et s'intitulaient d'ailleurs *Catéchisme républicain, ou principes de philosophie, de morale et de politique républicaine.*

Les principales dates qui jalonnent l'histoire des manuels suivent la fluctuation des régimes. De grands noms sont parfois associés à leur réalisation comme ceux de Laplace ou Monge. La succession des manuels, au fil des années, offre une image intéressante des évolutions de la pédagogie, et plus encore des idéologies sous-jacentes à l'enseignement de l'époque.

L'autorisation pour les manuels, ou la liste officielle, fut un principe longtemps appliqué, avec des hésitations de plus en plus fréquentes avec le temps, et, constamment, avec des infractions au principe. En 1833, la loi Guizot pose le principe de la liberté pour les écoles publiques, à l'intérieur des ouvrages autorisés, mais instaure le veto pour l'enseignement privé. Les inspecteurs sont chargés de veiller à ce qu'il ne soit fait usage dans les écoles publiques que de livres autorisés par le conseil royal. La loi Falloux en 1850 étend le veto aux établissements du second degré. La liberté d'emploi des manuels, dont le nombre ne cesse de croître, ne devint effective qu'en 1876 avec Jules Ferry, encore qu'avec quelques précautions, puisque les inspecteurs primaires, les inspecteurs d'académie et les recteurs étaient chargés d'organiser des conférences avec les maîtres, pour éclairer leurs avis et arrêter leurs choix.

L'achat des manuels, à la charge des familles, entraîna longtemps une pénurie de fait, au point qu'en 1890 un décret détermina le nombre de manuels qui devaient être obligatoirement présents dans les classes.

Les manuels aujourd'hui

Ils n'ont cessé de s'améliorer dans leur présentation matérielle : qualité du papier, lisibilité, illustrations et documentations ; ils ont fait des progrès tout au long du siècle. L'abondance du choix, en toute discipline, est considérable et chaque année voit les offres augmenter. La limitation pratique est due à des considérations financières. À la charge des familles d'abord, puis progressivement à la charge de la collectivité locale pour l'enseignement primaire – qui achète et prête les manuels aux élèves pour la durée de l'année scolaire – le renouvellement des livres ne peut être trop fréquent. Ce système de gratuité et de prêt est en vigueur dans les collèges également, depuis 1977, les achats étant réalisés par l'établissement, donc par l'État. Les lycées n'en bénéficient pas et les manuels sont achetés par les élèves. La gratuité couvre la durée de la scolarité obligatoire.

Les manuels sont librement choisis par les utilisateurs, et aucune liste officielle, aucun agrément, aucun veto ne subsistent plus à leur endroit. La liberté commerciale est totale, la liberté des utilisateurs également. Ceci n'empêche pas que les conseils d'établissements ne soient informés des choix projetés et qu'ils émettent un avis, ou que des associations publient des analyses de manuels sous leur responsabilité, ou que l'étude des contenus ne soit effectuée par les instituts de formation ou les formateurs de formation continue : ces analyses ne peuvent aboutir ni à une recommandation officielle, ni à une interdiction.

Manuels et pédagogie

Les manuels entretiennent avec la pédagogie qu'ils servent des rapports parfois difficiles : on a pu considérer qu'ils modelaient à l'excès la forme de l'enseignement, qu'ils imposaient des contenus en deçà ou au-delà des programmes, qu'ils faisaient double emploi avec les cours des enseignants, enfin qu'ils servaient une idéologie qui ne s'avouait pas franchement.

Les manuels sont, en effet, des ouvrages plutôt adaptés à un enseignement collectif : il faut qu'une même classe dispose du même ouvrage pour l'efficacité des repères, en leçons et exercices. Il peut y avoir là un risque d'uniformisation. La variété des manuels en est l'antidote ; et les manuels peuvent être dans une BCD ou un CDI des documents entre autres, et n'imposer par eux-mêmes aucune forme de pédagogie.

On peut, aussi, concevoir une sorte d'individualisation des manuels, au prix de difficultés certaines d'ordre pratique, mais qui pourrait être satisfaisante sur le plan pédagogique. Beaucoup d'enseignants ont l'habitude de mettre à la disposition de leurs classes des manuels autres que celui qui est officiellement en usage, démultipliant ainsi les sources et variant les choix d'exercices. Cet emploi qui suppose la reproduction par photocopie, est soumis aux limitations légales de la reproduction.

La question a souvent été débattue de savoir s'ils faisaient double emploi avec les cours ; il semble que ce soit de la responsabilité du professeur de ne pas reproduire son manuel dans ses cours, et de savoir utiliser celui-ci comme un complément, un résumé, ou un recueil d'exercices, comme il est de sa responsabilité d'appliquer les programmes et non les choix du manuel, en cas de discordance.

Quant à l'idéologie rampante des contenus – par exemple le racisme, le sexisme, l'occultation de certains événements politiques ou sociaux, le chauvinisme – elle a été dénoncée dans certains ouvrages. Elle existe, mais c'est sans doute la rançon de la liberté d'édition et de la liberté d'utilisation que d'encourir des risques, en cas de mauvais choix.

Les périodes où les manuels ont été vivement critiqués, au point que les photocopies de cours et d'exercices les ont parfois remplacés presque intégralement, ce qui fut le cas dans les années 1968- 80, ont généralement été suivies d'un retour aux manuels : ils représentent, en dépit de toutes les critiques qu'on peut leur adresser, la cohérence d'un choix pédagogique, une référence disponible, une source de révisions, que leur solidité matérielle assure, une familiarité d'usage pour les élèves, qui facilite l'assimilation des contenus. Ils ont été parfois des compagnons qui suivaient les élèves au-delà de leurs études.

Le livre du maître

Il faut faire une place à part à ce type de manuel, destiné à accompagner un manuel fait pour les élèves. Le livre du maître contient des explications sur la manière d'appliquer la méthode préconisée par l'auteur du manuel : c'est un petit traité de pédagogie annexé à la version pour les élèves. La publication d'un livre du maître est fréquente dans les cas où les méthodes sont innovantes, ou bien dans le cas où le manuel est, en fait, un recueil de fiches de travail : le maître a besoin d'une sorte de tissu interstitiel pour relier les fiches entre elles et assurer l'enseignement. Ce guide pédagogique peut contenir parfois des solutions ou des réponses.

L'aide aux élèves

Se développent également à côté des manuels et des livres du maître, des ouvrages d'explicitation pédagogique, qui servent aux élèves, dès qu'ils sont capables de s'en servir, pour leur entraînement personnel ou pour leur préparation aux examens. Les productions dans ce domaine sont abondantes, depuis les annales de tous les examens existants, en passant par la présentation de tous les types de devoirs recensés dans la pratique pédagogique : problèmes, dissertations, commentaires de textes, etc.

Bien que les ressources en matériels pédagogiques soient considérables de nos jours, le manuel n'a pas perdu de son intérêt, même si certaines classes s'en privent.

Une nouvelle génération de manuels verra peut-être le jour sous la forme de CD-ROM, mais pour le moment il s'agit encore de perspectives lointaines qui laissent certainement aux manuels classiques une espérance de vie confortable.

BIBLIOGRAPHIE

A. Choppin, *Les Manuels scolaires: histoire et actualité*, Hachette, 1992.

L.H. Parias (sous la direction de), *Histoire générale de l'enseignement et de l'éducation*, Nouvelle Librairie de France, 1981.

P. Giolitto, *Histoire de l'enseignement primaire au XIXe siècle*, Nathan Université, 1983.

MÉTHODES DE LECTURE

On s'accorde à dire aujourd'hui que l'apprentissage de la lecture est commencé depuis les premiers mois de l'école maternelle, qu'il s'étend sur toute la scolarité primaire et au-delà. Tant que l'apprentissage de la lecture n'est pas systématique, il est difficile de parler de méthodes.

Elles ne sont utilisées, en effet, qu'aux temps forts de l'apprentissage, à la fin du Cycle I en dernière année d'école maternelle, et surtout lors de la première année de l'école élémentaire. Jusque là, l'approche de l'écrit sous toutes les formes que l'enfant rencontre dans sa vie quotidienne – livres, albums, journaux, affiches, étiquettes, écriture sur écran et autres formes – constitue un ensemble d'objets vus, touchés, utilisés en classe, lus par le maître ou donnant lieu à des essais d'écriture. Ils permettent un ensemble convergent d'activités qui révèlent aux enfants l'utilisation de l'écrit, ses formes, ses contenus divers, et lui fournissent un premier capital de mots ou de lettres connus. C'est à partir de cette imprégnation première que se fait l'apprentissage systématique de la lecture.

On distingue plusieurs familles de méthodes.

Les méthodes dites alphabétiques

Ce sont les plus anciennes, qui partent essentiellement de la lettre, du digramme, ou du trigramme (combinaison de deux ou plusieurs lettres pour représenter un son), les combinant entre eux pour former des syllabes et des mots. Les lettres et sons – en nombre limité en français – sont présentés à la suite les uns des autres, pour être étudiés, selon un ordre qui varie selon chaque auteur de manuel, ou selon chaque maître. Dans ces méthodes, les éléments qui appartiennent à la morphologie des mots français, en surnombre par rapport à ceux qui sont strictement utiles à la reproduction sonore du mot, sont appris de façon globale : (le lilas prend un s final, le chocolat un t final). Les éléments qui relèvent de la morphologie grammaticale s'acquièrent en même temps que les connaissances grammaticales (le s est la marque du pluriel, les désinences des conjugaisons sont régulières dans la marque de la personne, ons, ez, ent, etc.). Ce sont des méthodes logiques, basées sur la correspondance de la phonie et de la graphie, simples, relativement rapides. Elles se fondent sur les discriminations auditives et sur les discriminations visuelles ; elles associent l'écriture (graphique) à leur apprentissage, les lettres, sons ou mots se trouvant renforcés par l'écriture.

Elles se heurtent pourtant à des difficultés de deux ordres : des difficultés techniques et des difficultés psychologiques. Sur le plan technique, le décompte des syllabes orales et celui des syllabes écrites ne coïncident qu'approximativement ; une autre difficulté réside dans le fait que la discrimination auditive d'un même son correspond à des graphies différentes (en/an, au/o/eau, etc.). Sur le plan psychologique, on leur a reproché d'être ingrates. En fait, tout dépend de la motivation de l'enfant à apprendre à lire ; en dépit de ce qu'il peut y avoir de fastidieux à assembler des sons et des lettres, la rapidité de la méthode offre vite la satisfaction de pouvoir déchiffrer de l'écrit. On a reproché également à ces méthodes de favoriser une lecture hachée, dans les débuts de l'apprentissage, correspondant à la segmentation en syllabes, encourageant donc plus l'épellation que la lecture courante.

Les méthodes globales

Elles partent de la reconnaissance visuelle d'un mot, prononcé par le maître, puis écrit, mémorisé dans sa forme, reconnu. À partir du stock de mots obtenus de la sorte, liés entre eux pour créer une phrase ayant du sens, les ressemblances, les dissemblances, et toutes les particularités orthographiques apparaissent. Tel mot ressemble à tel autre, car ils ont en commun des éléments reconnaissables (apprendre, appeler). Ces ressemblances s'organisent par un travail d'observation et de sériation, et les codes de lecture s'en dégagent, au fil de l'apprentissage. Après ces étapes globales et d'observation, qui peuvent durer quelques semaines ou quelques mois, on en revient à une décomposition plus systématique, qui renvoie aux méthodes précédentes. L'intérêt des enfants est plus sollicité et soutenu dans ces procédures que dans les méthodes proprement alphabétiques. On a reproché aux méthodes globales de créer des désordres orthographiques, la « physionomie » des mots ne demandant pas à être absolument identifiée pour que le mot soit néanmoins reconnaissable. On leur a reproché également de décourager certains enfants par la longueur du temps réservé à la fixation en mémoire des formes globales : cet exercice est au moins aussi fastidieux que la décomposition exigée par les méthodes alphabétiques.

Ces deux familles apparemment inverses sont finalement assez proches puisqu'elles se rejoignent assez rapidement dans leur démarche. Elles ont donné naissance à un compromis, une méthode mixte, à point de départ global, arrivant très rapidement aux décompositions alphabétiques.

La méthode dite naturelle

Elle a pour originalité de prendre pour point de départ l'écriture, plutôt que la lecture. C'est en essayant d'écrire, et en écrivant, d'abord avec l'assistance du maître, puis avec le dossier de textes de référence que l'élève s'est constitué – ou que la classe s'est constitué – que les enfants apprennent les mots, et leur orthographe. L'écriture oblige à la fois à connaître les assemblages de sons ou phonèmes et de lettres pour les transcrire, comme dans les méthodes alphabétiques, et la forme orthographique des mots, comme dans la méthode globale.

Après la constitution d'un certain stock de textes créés, le travail de décomposition, incontournable, s'opère comme dans les méthodes précédentes. Le recours en premier lieu à l'écriture de textes variés n'empêche pas la lecture, puis la relecture des textes composés dans la classe – qui se crée ainsi son propre manuel – et de textes inconnus offerts aux enfants : ils les déchiffrent alors à l'aide de ce qu'ils connaissent déjà. Ces méthodes sont lentes, mais ce sont celles qui motivent le plus les enfants. La tendance à se confiner dans le thesaurus élaboré dans la classe a pu leur être reprochée.

Les méthodes idéo-visuelles

Ce sont les plus récentes. Elles se fondent sur la recherche du sens, à partir d'indices globaux donnés au départ par la forme particulière du texte (prose, poésie), par des indices typographiques (majuscules, signes du dialogue) ou des indices d'expérience (une étiquette, un prospectus, un dictionnaire, un journal ne se ressemblent pas). Le champ dans lequel se situe le texte est ainsi balisé. Le sens précis du texte proprement dit doit être trouvé grâce à une « hypothèse de sens » formulée à partir de ces indices externes puis à sa vérification grâce à la convergence de connaissances que l'apprentissage rend de plus en plus significative au fil des jours. La reconnaissance est exclusivement visuelle : la méthode veut aller des signes au sens sans passer par l'oral, l'audition, la reconnaissance d'une transcription du contenu sonore de la parole. L'écrit est considéré comme un monde à part, voire une langue à part. Pour avancer dans le déchiffrage des textes, l'anticipation mentale de ce qui va suivre un mot ou une expression est un autre appui – les suites de mots sont, en effet, en partie prévisibles dans leur contexte, pour un locuteur habitué à sa langue, et à l'intérieur de sujets qui lui sont accessibles. Au fur et à mesure des découvertes, cette méthode crée des références qui aident l'élève.

Les méthodes idéo-visuelles qui veulent ignorer, dans leur point de départ au moins, toute référence à l'oral, et qui prennent ainsi le contre-pied de l'écriture occidentale en grande partie basée sur une correspondance entre l'oral et la transcription de l'écrit, ont été accusées de confondre l'apprentissage de la lecture avec la pratique du lecteur habitué et entraîné. Pour celui-ci la lecture est rapide, elle s'effectue avec les yeux sans subvocalisation, c'est-à-dire sans recours au moins silencieux ou mental à la prononciation des mots. Mais ce n'est pas le cas du débutant.

Toutes les méthodes ont été critiquées en fonction des limites de chacune d'elles. Les instructions officielles de l'Éducation nationale ont toujours laissé le choix des méthodes à la responsabilité des maîtres. Les querelles, parfois vives, élevées au sujet des méfaits des unes ou des autres s'estompent aujourd'hui, dans la mesure où l'apprentissage de la lecture apparaît beaucoup plus lié à un ensemble complexe de compétences et de connaissances chez l'élève, acquis au fil des années de la scolarité, que comme le résultat d'une méthode qui ne s'applique que pendant quelques mois. Cette prise en compte du temps, et de la multiplicité des facteurs en jeu, minimise du même coup l'impact de la méthode ; elle est certes importante mais éphémère, dans la courbe d'évolution d'un apprentissage. Un pragmatisme réaliste semble être la voie ; les maîtres se créent la plupart du temps leur propre méthode, qui emprunte souvent aux unes et aux autres, et cet éclectisme est une aide aux élèves, dont certains peuvent être mieux soutenus par une méthode que par une autre.

BIBLIOGRAPHIE

E. Ferreiro, M. Gomez-Palacio, *Lire, écrire à l'école, comment s'y apprennent-ils ?* CRDP de Lyon, 1988.

J. Fijalkow, *Lecture-écriture : les pratiques pédagogiques au CP*, ministère de l'Éducation nationale, rapport DEP, 1991.

J. Fijalkow, *Mauvais lecteur, pourquoi ?*, PUF, 1990.

A. Inizan, *Révolution dans l'apprentissage de la lecture : l'observation objective de l'apprenti-lecteur*, Armand Colin, 1978.

E. Malquist, *Les Difficultés d'apprendre à lire*, Colin.

L. Sprenger-Charolles, « Rôle du contexte linguistique, des informations visuelles et phonologiques dans la lecture et son apprentissage », *Pratiques*, n° 52, décembre 1986.

➤ Voir aussi Dyslexie.

MÉTHODES PÉDAGOGIQUES

La méthode, étymologiquement, est un chemin à suivre. Dans le cas d'une tâche pédagogique, c'est la démarche qui permet d'aboutir au but fixé.

Cette définition très générale amène une série de questions à propos des méthodes, par exemple :

– Y a-t-il une méthode unique pour enseigner quelque chose ?

– Y a-t-il, au contraire, dans le cas de pluralité de méthodes, une méthode qui l'emporte de façon évidente sur une autre ?

– Y a-t-il une méthode qui se sépare de son objet pour devenir une méthodologie générale applicable à toutes sortes de problèmes ?

– La méthode d'enseignement d'une discipline diffère-t-elle profondément de la méthode d'enseignement d'une autre discipline, ou peut-on trouver des parentés entre elles ?

– Dans l'ordre pratique, qui décrète, ou qui suggère, l'emploi de méthodes définies et qui suggère ou impose les changements que l'histoire de la pédagogie atteste ? Les méthodes sont-elles, à l'inverse, non les décisions d'une autorité mais une pratique issue de facteurs divers – voire d'effets de mode – et en ce cas, peut-on déceler de quelles influences elles sont la résultante ?

Des méthodes ou une méthode ?

Il est attesté que les méthodes sont multiples pour atteindre un même but : il suffit pour s'en rendre compte de consulter un manuel scolaire ou d'observer un cours réel, devant élèves. Cela dit, les variantes pour traiter une même question ne sont pas en nombre illimité et ce fut une observation intéressante de la recherche pédagogique, en mathématiques notamment, que de révéler la relative homogénéité des démarches d'une classe à l'autre, et d'en dénoncer l'insuffisante variété.

Aucune démarche ne peut, en revanche, s'arroger une suprématie d'efficacité, même si les didacticiens contemporains essaient d'ajuster le plus près possible les démarches qu'ils préconisent aux éléments de connaissance dont on dispose, tant du côté des possibilités cognitives de l'apprenant que du côté des disciplines elles-mêmes, ouvrant la perspective d'une didactique fondée. Il n'existe pas, à l'heure actuelle, d'évaluation de méthodes qui soit fiable ; en effet, les facteurs qui conditionnent la réussite de l'apprenant sont trop nombreux pour qu'il soit possible d'isoler ceux qui sont réellement imputables à une méthode donnée. Très souvent, au contraire, des approches multiples pour un même problème, ou une même question, constituent la meilleure stratégie pédagogique, car elle peut offrir des variantes de résolutions parmi lesquelles certaines sont plus, ou mieux, adaptées à des types d'esprits.

Quant à une méthodologie générale, qui transcenderait les méthodes appliquées à différents objets, elle a été recherchée, elle a été formulée et enseignée dans certaines chaires universitaires mais sans qu'elle parvienne à s'imposer, du moins jusqu'à maintenant. On s'oriente plutôt aujourd'hui sur l'idée de « modèle pédagogique », intégrant de nombreuses composantes, et pouvant avoir une aire d'application assez large, au-delà des limites imposées par une discipline donnée. Il serait possible de décrire un ensemble de pratiques, qui, sans former une méthodologie indépendante des contenus, grouperait pourtant des façons d'enseigner autour de certains pôles. C'est en ce sens que les expressions courantes de « méthodes traditionnelles », « méthodes nouvelles », « méthodes actives » dont il a été question tout au long du XXe siècle, représenteraient assez bien l'idée de cohérences méthodologiques, en dépit de la diversité des enseignements desservis et des moyens utilisés.

Qui décide des méthodes ?

Si les programmes sont fixés par le ministère de l'Éducation nationale, les méthodes ne sont jamais imposées mais appartiennent à la liberté pédagogique des enseignants.

On peut, peut-être, considérer que cette liberté, souvent rappelée, entre en contradiction avec le rôle formateur que l'institution se donne dans la formation initiale et dans la formation continue des enseignants. Il est certain que les formateurs contribuent fortement à faire évoluer les méthodes d'enseignement.

Celles-ci sont modelées par la tradition, un apprentissage par imitation, mais aussi par les renouvellements de programmes et d'instructions, qui eux-mêmes dépendent de facteurs divers : l'évolution des savoirs universitaires, l'apport des sciences de l'éducation, la recherche pédagogique, l'influence de penseurs particulièrement en vue, ou celles d'expériences venues de l'étranger, et l'action des formateurs.

Méthodes ou modèles pédagogiques ?

Le mot méthode est restrictif si l'on ne considère que la démarche proprement intellectuelle proposée pour résoudre une question. En fait, en pédagogie, s'amalgament les directives générales de l'institution, le savoir-faire de l'enseignant lui-même, les connaissances disponibles sur la manière dont s'effectuent les apprentissages, les outils et auxiliaires pédagogiques dont on dispose, le poids des cadres matériels et administratifs qui enserrent l'école, jusqu'aux mobiliers, aux locaux et aux modes de la vie scolaire. C'est pourquoi la notion de modèle pédagogique, plus englobant que celle de méthode, paraît mieux convenir qu'elle. On distingue, à grands traits, une famille de méthodes constituant un modèle traditionnel ; s'opposant à lui, la famille des méthodes actives, ou « nouvelles », enfin celui des méthodes actuelles, qui n'ont pas reçu de nom, mais qui s'apparentent toutes dans une certaine conception de la didactique, fondée sur une psychologie cognitive récente. Ces différents modèles ne sont pas purs, mais présentent de nombreuses variantes, ou contaminations ; de même, ils ne se succèdent pas chronologiquement sans de longs moments de coexistence. Certains ne s'amalgament jamais.

Les familles de méthodes

Les méthodes traditionnelles

Elles relèvent d'une philosophie de l'éducation fondée sur l'attention et l'application du sujet. Au désir d'apprendre et à la docilité (où l'étymologie est parlante !) de l'élève correspondent les capacités du maître à exposer et à expliquer, comme à vérifier les connaissances et les faire réviser. Des classes homogènes, une application studieuse de tout le groupe, une responsabilité technique appartenant au professeur et une responsabilité morale appartenant à l'élève caractérisent cette famille de méthodes.

Les pédagogues qui ont comme idéal implicite la clarté de l'esprit et la maîtrise des passions, pour employer un vocabulaire des XVIIe et XVIIIe siècles, sont en affinité avec elle, et beaucoup moins ceux pour qui la création, l'initiative et l'enthousiasme sont des valeurs à privilégier.

Dans l'imagerie professionnelle, les méthodes traditionnelles sont celles :

– de l'enseignement frontal c'est-à-dire un maître face à une classe en rangs alignés, l'estrade magistrale a pu en être le symbole, et longtemps après qu'elle a été d'ailleurs supprimée ;
– de l'enseignement collectif, développant l'attention, la mémoire, le raisonnement ;
– du dialogue – sous forme d'interrogations-réponses – entre le maître et les élèves et exceptionnellement des élèves entre eux ;

– du silence, de l'obéissance, de l'autorité magistrale, renforcée par les récompenses, les classements par mérite, ou les sanctions.

Les exercices les plus représentatifs sont la dictée, le problème, le calcul mental, la récitation, les leçons avec résumés, pour ce qui concerne l'école élémentaire ; la dictée-question, la leçon magistrale et l'exercice, la composition française, au collège. Le lycée, la plupart du temps, a échappé à cette image du « traditionnel » pour figurer l'émancipation intellectuelle, tout en présentant les mêmes caractéristiques de fond que les autres niveaux d'enseignement.

Le matériel pédagogique emblématique de ces méthodes est représenté par la craie et le tableau noir, même si, au fil des temps, l'audiovisuel, la télévision en particulier, et l'informatique sont entrés dans le quotidien des classes.

Les méthodes nouvelles, ou méthodes actives

Elles se sont formées en réaction contre les méthodes précédentes, et dans l'effort pour comprendre et aider les enfants en difficulté. Des noms de grands pédagogues restent attachés à leur mise en œuvre, comme ceux de Decroly, Claparède, Ferrière, Freinet, ou Dewey et Cousinet, et plus récemment Rogers. Bien qu'une étude minutieuse montrerait qu'il n'y a pas d'identité d'inspiration entre ces auteurs, et que les courants américains, notamment le plus récent avec Rogers, s'écartent sensiblement des plus anciens, une communauté d'inspiration se dégage pourtant de cette famille de méthodes.

Les valeurs essentielles y sont :

– l'intérêt spontané des enfants, qui génère la motivation à l'effort ;

– leur liberté d'invention, de création, d'initiative – ces libertés ne sont pas à confondre avec un laxisme du maître ou des élèves, car ces classes peuvent être aussi exigeantes que celles du modèle traditionnel ;
– la prise en compte des composantes affectives et sociales du développement des individus.

La composante sociale a été très présente dans la pédagogie de Freinet, notamment, qui a vu dans la portée sociale des recherches ou des productions des enfants un puissant motif d'apprentissage : la correspondance scolaire, l'imprimerie à l'école et les bibliothèques de travail correspondent à cette conviction.

Les travaux les plus représentatifs – popularisés surtout par Freinet et l'Institut coopératif de l'École moderne – sont le texte libre, le journal scolaire, les méthodes dites naturelles de lecture, l'enquête, le compte rendu, les petites fabrications, l'autonomie que confère au groupe la gestion de type coopératif de la classe, et l'habitude de l'autocorrection, grâce aux fiches autocorrectives.

Les classes sont plus bruyantes car il y règne l'activité d'ateliers, les tâches y sont plus individualisées, ou réparties entre des groupes, que collectivement assignées et individuellement réalisées, comme dans les méthodes précédentes.

Ces méthodes « nouvelles » ont intéressé davantage l'école élémentaire que l'enseignement du second degré.

Bien qu'il ne s'agisse pas de méthodes actives à proprement parler, il faut faire une place à part à des courants d'inspiration pédagogique libertaire, qui ont eu, en général, à la fois de l'impact et une vie éphémère. Parmi elles, les méthodes non directives, telles celles de Neill, ou la non-directivité de Carl Rogers, d'abord thérapeute mais dont les méthodes centrées sur la personne ont généré une pédagogie. On leur doit des concepts généraux, et non directement pédagogiques, sur la reconnaissance d'autrui, l'écoute, l'empathie.

Les méthodes ou orientations actuelles

Elles ont émergé lentement, sur une durée d'un demi-siècle, à partir des travaux des chercheurs en psychologie, notamment en psychologie cognitive, des travaux de l'Institut de recherche pédagogique, ou d'instituts spécialisés, comme en mathématiques, par exemple, des chaires des Sciences de l'éducation, sans oublier les contributions parfois de grande ampleur des associations de professeurs de certaines spécialités. Leur orientation scientifique est indéniable, et les notions clés qui les caractérisent s'opposent à la fois aux méthodes dites traditionnelles et aux méthodes dites nouvelles, bien qu'elles n'en renient ni l'idée d'effort, ni celle de motivation.

Parmi ces notions les plus caractéristiques, il faut noter :

– la notion de représentation qui prend en compte les imaginations et concepts embryonnaires, à partir desquels s'élabore la connaissance et qui imposent aux maîtres de partir de ce que sait, ou croit savoir, l'élève ;

– la notion d'*awareness* ou prise de conscience, traduction approximative du mot, qui crée chez le sujet apprenant une sorte de « clarté » cognitive qui l'aide dans son cheminement d'apprentissage ;

– la notion de contrat pédagogique qui finalise l'effort de l'élève par rapport à un but déterminé, et assigne un terme dans le temps à son effort ;

– la notion de contrat didactique, qui transcende le précédent, et décrit la situation pédagogique triangulaire dans laquelle se trouvent professeur, élève et savoir, ou professeur, classe et savoir. Les rôles de chacun, constitutifs de la relation pédagogique, sont à tenir inéluctablement, faute de quoi il n'y aura pas d'apprentissage ;

– le concept de conflits, qu'il s'agisse de conflits sociaux-cognitifs (celui qui oppose une conception à celle d'autrui et pose alors la question de la vérité, ou, plus modestement, de la solution juste) ou de conflit intellectuel, (celui qui laisse le sujet provisoirement démuni face à un problème à résoudre).

Ces notions sont très liées, elles analysent en fait la progression d'un apprentissage intellectuel.

Ces méthodes n'ont pas – ou n'ont pas encore – d'outils privilégiés. Le rôle magistral y est celui d'un tutorat vigilant, sans effacer pour autant l'enseignement proprement dit. Elles n'ont pas d'exercices réellement symboliques de ce qu'elles sont, sinon le tâtonnement de recherche, la transaction sociale à propos d'un problème, la recherche systématique du réinvestissement des acquis, l'écriture de textes, et leur réécriture comme apprentissage de la lecture et de l'expression écrite. Elles ne comportent pas de dispositions vraiment caractéristiques de classes, sinon ce qui est utile aux formes de travail. Les mêmes mots – efforts, attention, coopération entre élèves – pourraient servir comme dans les familles de méthodes précédemment évoquées, mais ils se trouveraient connotés de façon différente, le primat revenant à la compréhension des cheminements cognitifs des élèves et l'aide à leur apporter sans se substituer à eux.

Dans la réalité des classes, on se trouve plutôt en présence de maîtres ou de professeurs qui tendent vers un type de modèle pédagogique plutôt que vers un autre, sans que le modèle appliqué soit pur. L'expérience de l'enseignant, sa formation, ses goûts, la nécessité où il est de composer avec un environnement sur lequel il a peu de prise, ou la nécessité de coopérer avec des collègues qui n'ont pas exactement les mêmes positions que lui, déterminent un comportement pédagogique souvent très personnel. C'est la richesse de l'enseignement que ces infléchissements, ce qui lui donne sa dimension humaine.

BIBLIOGRAPHIE

J.P. Astolfi, *L'École pour apprendre*, ESF, 1992.
M. Develay, *De l'apprentissage à l'enseignement : pour une épistémologie scolaire*, ESF, 1993.

➤ Voir aussi Didactique, Écoles normales, IUFM, Méthodes pédagogiques, Neill, Pédagogie libertaire, Pédagogie non directive, Rogers.

MINISTÈRE DE L'ÉDUCATION NATIONALE (historique de la dénomination)

Sous l'Ancien Régime, il n'existe pas d'administration centralisée de l'instruction, écoles et collèges relevant de l'Église (évêque, congrégation). L'expulsion des Jésuites, par les édits de 1761 et 1762, fournit aux parlements l'occasion d'un droit de regard sur les établissements mis sous séquestre, première ébauche d'un contrôle public. Le principe d'une instruction publique commune à tous les enfants figure dans la Constitution de 1791. Le remplacement des ministères par douze commissions exécutives (décision du Comité de salut public en date du 1er avril 1794), dont l'une est chargée de la surveillance des écoles et de leur enseignement, est l'amorce d'un ministère de l'Éducation. L'université impériale jouissant du monopole d'enseignement, créée par la loi du 10 mai 1806, placée sous l'autorité d'un grand maître et incluse dans le ministère de l'Intérieur, consacre le statut de service public assuré par l'État. Après la création d'un ministère de l'Instruction publique et des Affaires ecclésiastiques en 1824, il est décidé de sa division en 1828, date à laquelle apparaît le ministère de l'Instruction publique, dénomination qui perdure jusqu'en 1932. À cette date, sous le gouvernement Herriot, il prend le nom de ministère de l'Éducation nationale (le titulaire était Anatole de Monzie) afin de souligner l'importance de ce département ministériel dans le développement du pays. En 1974, avec René Haby, la nouvelle dénomination de ministère de l'Éducation coïncide avec un rétrécissement de ses compétences limitées au domaine scolaire du premier et second degré. En 1981, dès le début du septennat de François Mitterrand, le ministère en englobant les enseignements primaire et secondaire, les universités et les sports retrouve son unité et son appellation de ministère de l'Éducation nationale. En fait, à chaque formation d'un nouveau gouvernement, le ministère voit ses compétences, soit réduites au domaine de l'enseignement primaire et secondaire, soit élargies aux domaines de l'enseignement supérieur, de la recherche, de la jeunesse et des sports, de l'enseignement technique, voire de la culture.

BIBLIOGRAPHIE

F. Ponteil, *Histoire de l'enseignement 1789-1965*, Sirey, 1965.

➤ Voir aussi Basedow, Comité d'instruction publique, Condorcet, Éducation nationale et instruction publique, La Chalotais.

MODULES

Les objectifs et les modalités de mise en œuvre des modules sont détaillés dans la note de service du 25 mai 1992. Ces modules font partie des innovations inscrites dans la nouvelle organisation des lycées.

L'organisation

Le module est une partie d'un ensemble plus vaste qui est, ici, la classe ou un ensemble de classes. C'est donc un groupe à effectifs réduits qui travaille avec des objectifs particuliers et selon des modalités qui lui sont propres.

L'arrêté du 17 janvier 1992 dispose que, en seconde de lycée général et technologique, dans quatre disciplines : français, mathématiques, langue vivante 1 et histoire-géographie, « les élèves suivent obligatoirement des modules d'un horaire hebdomadaire global de trois heures».

L'année suivante, les classes de première ont bénéficié de cette organisation mais il n'y a plus qu'une heure obligatoire; elle doit être organisée dans une discipline dominante dans la voie choisie par l'élève. La deuxième heure est organisée selon le projet de l'établissement dans une autre discipline ou pour répondre à d'autres besoins définis par l'équipe pédagogique.

Au lycée professionnel, en seconde, l'enseignement modulaire doit porter sur l'enseignement professionnel et en terminale BEP, les modules peuvent être organisés dans la discipline d'enseignement général choisie par l'équipe pédagogique.

Les moyens attribués aux établissements permettent la répartition des élèves en groupes inférieurs à la classe entière et leur organisation est laissée à l'appréciation des enseignants et des proviseurs.

Ces heures sont incluses dans les obligations de service des enseignants et, sauf projet pédagogique particulier et adopté en conseil d'administration, c'est le professeur de la classe qui doit assurer ces modules; les modules font partie des enseignements obligatoires.

Les objectifs

La constitution des modules doit répondre aux besoins répertoriés des élèves à un certain moment ou dans certains domaines.

En seconde, il était recommandé aux enseignants de prendre appui sur les tests nationaux, mais des difficultés diverses, liées notamment au logiciel utilisé, ne l'ont pas toujours permis.

Par ailleurs, des tests d'évaluation ont souvent été organisés par les enseignants dans les disciplines concernées et cela les a parfois conduits à considérer que ces modules avaient un objectif de remédiation, or là n'était pas leur objectif principal: on souhaitait évaluer les besoins essentiellement «en termes de compétences nécessaires pour profiter de l'enseignement du lycée» et il était bien spécifié que ces groupes n'étaient pas des groupes de niveau, que leur taille, leur composition et leur durée pouvaient varier au cours de l'année.

L'organisation des modules a notamment pour objet de pallier l'inégalité des niveaux constatée parmi les élèves à l'issue du collège. En particulier, il avait été remarqué que des manques importants en méthodologie nuisaient au progrès de beaucoup de jeunes.

Le module est ainsi proposé comme un «moyen complémentaire d'observation des élèves et de dialogue qui facilite les choix pédagogiques pour l'ensemble de leur enseignement». Il doit permettre à l'élève de mieux connaître ses points forts et ses points faibles, de prendre en charge, d'une certaine façon, sa propre progression et de développer son autonomie. C'est également le lieu où les élèves peuvent détecter pour eux-mêmes et pour l'enseignant les difficultés qu'ils ont pu rencontrer.

Pour l'enseignant, l'enseignement modulaire doit l'amener à mieux connaître les spécificités de chacun des élèves de la classe.

L'enseignement modulaire se veut donc à la fois une réponse à l'hétérogénéité des élèves et un moyen d'individualisation de l'enseignement.

Les contenus

Les contenus n'ont pas été véritablement définis dans la mesure où chaque discipline concernée n'affiche pas les mêmes exigences. Surtout, ils sont censés répondre à une analyse des besoins du groupe concerné et de chacun des élèves. Il ne peut donc y avoir de contenus définis a priori.

Le degré de liberté ainsi offert aux professeurs a été très apprécié; les élèves ont, semble-t-il, pu établir des relations nouvelles avec les enseignants. Du côté des enseignants, une nouvelle réflexion sur les méthodes de travail et sur le travail en commun, soit entre collègues d'une même discipline, soit en équipe pluridisciplinaire a pu commencer à se mettre en place.

BIBLIOGRAPHIE

Arrêté du 17 janvier 1992 (BOEN 23 janvier 1992).
Note de service du 25 mai 1992 (BOEN 4 juin 1992).
Rapport de l'Inspection générale de l'Éducation nationale 1994 (Documentation française).
Rapport de l'Inspection générale de l'Éducation nationale 1995 (Documentation française).

➤ **Voir aussi** Difficulté (enfants en), Échec scolaire, Pédagogie différenciée, Remédiation, Soutien.

MONITORAT

Désigne une fonction d'enseignement pratique et souvent la formation qui y aboutit : moniteur de ski, de sport, d'éducation physique, de colonie de vacances (cette formation est assurée par les Centres d'entraînement aux méthodes d'éducation active, CEMEA). Dans l'enseignement supérieur, le décret 89-794 du 30 octobre 1989 crée un monitorat d'initiation à l'enseignement supérieur. Ouvert aux bénéficiaires d'une allocation de recherche et aux anciens élèves des Écoles normales supérieures préparant une thèse, la formation est assurée par de courts stages dans des centres d'initiation à l'enseignement supérieur. Les moniteurs ainsi formés assurent un enseignement de travaux dirigés de deux heures par semaine.

Dans l'enseignement primaire et secondaire, le monitorat désigne une pratique sans formation spécifique : un élève est chargé de faire progresser un élève plus jeune. Il serait erroné d'y voir une résurgence de l'enseignement mutuel développé à la fin du XVIIIe siècle. L'enseignement mutuel, pratiqué dans l'école pour les orphelins de guerre créée à Paris par Fleurus Pawlet en 1773 et fermée en 1795, consistait à confier à un élève mieux formé un rôle d'instructeur pour un petit groupe de ses condisciples. L'Écossais André Bell introduit un système analogue en Angleterre où il connaît un grand succès. Le pédagogue anglais Joseph Lancaster le propage en Amérique. En France, Lazare Carnot et Degérando appuient le mouvement pour lequel la Restauration à ses débuts s'enthousiasme. La formule de l'enseignement mutuel permettait de pallier l'insuffisance des maîtres.

Au contraire, le monitorat se distingue par la forme duelle de la relation entre deux élèves d'âge et/ou de niveau différents. Le moniteur est proposé par les enseignants, aidés parfois par le psychologue scolaire, à des élèves de CP ou CE pour l'apprentissage de la lecture. Dans le second degré, afin d'obtenir la participation des professeurs, des parents et de l'administration, le monitorat peut s'inscrire dans le projet d'établissement et il concerne la lecture ou plus généralement le français, les mathématiques, l'anglais. Les élèves et les moniteurs sont volontaires. Ces derniers, selon les établissements, sont choisis par les élèves eux-mêmes ou par l'équipe pédagogique. Quel que soit le mode de désignation, on doit porter une attention particulière à l'appariement élève soutenu-moniteur, étant donné le rôle joué par leur relation. Les desiderata des élèves s'imposent. D'autre part, le monitorat ne doit pas gêner le travail scolaire du moniteur et exige un aménagement du temps – jours et heures fixes. Le dégagement d'un local en dehors de la classe autorise le dialogue, la liberté de mouvement et sécurise l'élève par l'absence de toute atmosphère compétitive.

Le monitorat constitue une approche de la lutte contre l'échec scolaire, évitant parfois le redoublement. Il induit un enseignement individualisé et une communication dans laquelle la teneur d'affectivité et la mimique gestuelle accentuent l'expressivité et l'efficacité du langage. L'élève assisté est momentanément, mais régulièrement, soustrait à la fatalité de l'échec qu'il vit en classe sous le regard du maître et de ses camarades. En valorisant les résultats des élèves assistés par rapport à eux-mêmes et non par rapport à la classe, le monitorat leur redonne confiance et motive leur effort. Le profit pour les moniteurs est très net sur le plan cognitif puisque ce système les force à des préparations et des révisions et leur fait prendre conscience des processus d'acquisition, mais plus mitigé sur le plan du comportement : le gain en maturité et assurance peut se doubler d'un sentiment excessif d'importance.

Très en usage à l'étranger, le monitorat est pratiqué avec plus de réticences en France.

BIBLIOGRAPHIE

D. Finkelztein, *Le Monitorat, s'entraider pour réussir*, Hachette Éducation, 1994.

➤ Voir aussi Centre national de documentation pédagogique (CNDP), Échec scolaire, Soutien, Tutorat.

MONTAIGNE Michel de (1533-1592)

Montaigne ne propose pas de théorie pédagogique. Mais sa démarche de réflexion subjective (« Je suis moy-mesmes la matière de mon livre ») rencontre nécessairement les problèmes de l'éducation, dans le chapitre « De l'institution des enfants », mais aussi dans ceux « Du pédantisme », « De l'affection des pères aux enfants », « Du repentir », « De l'art de conférer ».

Revenu en 1528 des guerres d'Italie, le père de Montaigne rapporte de ce pays quelques idées pédagogiques, en particulier celle de la valorisation du latin classique comme instrument de culture générale. Aussi engage-t-il, en qualité de gouverneur pour son fils, un médecin allemand ignorant le français, dont la mission est de parler uniquement latin au jeune Michel ; d'ailleurs, tout l'entourage reçoit l'ordre de ne dire à l'enfant que ce qui peut se « jargonner » en latin. À six ans, ce dernier ne sait parler que cette langue. Le second principe du père de Montaigne est celui d'une éducation dans un climat de douceur et de bienveillante liberté ; « je n'ay tasté des verges qu'à deux coups, et bien mollement ».

Les idées sur l'éducation de Montaigne concernent les enfants nobles, de sexe masculin, suffisamment doués – les âmes « bastardes et vulgaires sont indignes de la philosophie » – et assez riches pour avoir un précepteur. Mais cet enseignement élitiste se nourrit d'un esprit pédagogique nouveau qui récuse, comme celui de Rabelais, les idées de la scolastique. Celle-ci, dans sa version la plus rigide, est plus attentive aux mots qu'aux choses, indifférente aux processus de maturation psychologique et semble ramener l'exercice de la raison à la manipulation des dix-neuf formes de syllogisme. Montaigne redéfinit les buts, les programmes et les méthodes de l'éducation.

Il conseille de choisir comme précepteur quelqu'un « qui eust plutost la teste bien faicte que bien pleine ». Si Rabelais affirmait que « science sans conscience n'est que ruine de l'âme », son Gargantua souhaitait que rien ne soit inconnu à Pantagruel. Montaigne ne manifeste pas la même voracité encyclopédique. Il se méfie de l'étude des sciences qui « amollit et effémine les courages ». Les vrais savants sont rares et les prétendus doctes ne sont souvent que des pédants qui absorbent la connaissance « et ne la logent qu'au bout de leurs lèvres, pour la dégorger seulement et mettre au vent ». L'honnête homme ne se juge pas à la quantité de son savoir ; il faut « s'enquérir qui est mieux sçavant, non qui est plus sçavant ». À l'érudition, Montaigne préfère la formation du jugement ; « le gain de nostre étude, c'est en estre devenu meilleur et plus sage ».

Ce primat du jugement exige une adaptation des méthodes. Le maître ne peut plus agir comme ces pédants qui ne cessent de « criailler à nos oreilles, comme qui verserait dans un entonnoir ». Montaigne refuse une culture purement livresque appuyée sur le par cœur ; il n'accepte pas un cursus totalement voué aux langues anciennes « car c'est un bel agencement sans doute que le grec et le latin, mais on l'achète trop cher ». Il faut apprendre les langues, mais d'abord la langue maternelle par une méthode directe et active, celle de l'immersion dans l'expérience. La priorité accordée à cette dernière commande tous les principes d'une psychopédagogie renouvelée : l'observation directe des choses par l'enfant guidé par sa curiosité, l'usage du voyage comme instrument de la connaissance du monde et des hommes, l'attention à l'élève « pour juger de son train et juger jusques à quel point [le précepteur] se doit ravaler pour s'accommoder de sa force», l'instauration du dialogue par lequel le maître «escoute son disciple parler à son tour», la création d'un climat de liberté où l'on apprend «par une volonté non forcée... sans rigueur, ni contrainte». Montaigne réprouve toute violence: «Il y a je ne sçay quoy de servile en la rigueur et en la contraincte; et tiens que ce qui ne se peut faire par la raison et par prudence et adresse, ne se faict jamais par la force». L'exercice de la raison se traduit par la formation de l'esprit critique: que l'élève «fasse tout passer par l'étamine». On mesure le profit qu'il a tiré de son étude non par le témoignage de sa mémoire, mais de sa vie.

Montaigne, à partir d'une double expérience, celle de l'enfant éduqué par un père intelligent et tendre, celle de l'écrivain en quête de soi, a défini de nouvelles approches éducatives dont les procédures apparaissent dans l'histoire de l'éducation comme l'annonce des pédagogies dites «modernes».

BIBLIOGRAPHIE

M. de Montaigne, *Essais*, Quadrige, PUF, 1988.
H. Friedrich, *Montaigne*, NRF, Gallimard, 1968.
E. Garin, *L'Éducation de l'homme moderne, la pédagogie de la Renaissance, 1400-1600*, Pluriel, Fayard, 1968.

➤ Voir aussi Alain, Érasme, Rabelais.

MONTESSORI Maria (1870-1952)

Maria Montessori est née à Chiaravalle, près d'Ancone, Italie, en 1870, dans une famille très aisée. Bravant tous les interdits de l'époque, et l'hostilité de son propre père, elle entreprend des études de sciences – qui la conduisent à fréquenter une école de garçons – puis déclare vouloir faire sa médecine. Elle y parviendra et sera, à force de ténacité et de courage, la première femme médecin d'Italie, en 1896. Sa qualité de médecin-femme lui vaut d'être reléguée dans un service hospitalier psychiatrique, en qualité d'assistante. À ce titre, elle doit visiter les maisons où sont hospitalisés ou internés des enfants, ainsi que des adultes. Maria Montessori est scandalisée par ce qu'elle découvre – des enfants déficients mentaux traités comme des aliénés et quasiment abandonnés. Afin de chercher un remède à cette situation, elle entreprend l'étude des œuvres des médecins français Itard et Seguin qui se sont occupés d'enfants dits arriérés. Elle adapte une partie de ces méthodes aux enfants qu'elle rencontre et obtient des résultats spectaculaires. En dehors de ce travail en établissements, elle déploie une activité intense, multipliant les conférences sur les enfants dont elle s'occupe. Elle travaille également en clientèle privée puisqu'elle a ouvert un cabinet, et elle milite dans les organisations féministes.

Devant le succès de ses méthodes, et sa renommée grandissante, le ministre de l'Éducation lui confie la direction de l'école d'orthophrénie (de *orthos*, droite et *phrên*, pensée ou crâne, comme dans «phrénologie») de Rome. La première école Montessori en sortira, avec ses principes propres. En 1904, elle est chargée, à l'université, du cours d'anthropologie pédagogique, où elle développe ses idées: l'aliénation, l'oppression de l'enfant par l'autorité abusive de l'éducation, et la nécessité pour l'enfant de se faire lui-même. En 1907, elle est appelée en consultante, dans un quartier difficile où toute une population d'enfants est livrée à elle-même. C'est le quartier San Lorenzo où il y a dégradations, vols, délinquance. Maria Montessori obtient des locaux, elle regroupe les enfants et, avec des éducatrices qu'elle forme, elle entreprend l'application de ses méthodes. Le mobilier est adapté, la décoration soignée; la pédagogie des petits passe par l'éducation sensorielle, l'éducation des gestes et de l'attention; l'enseignement dispensé est à la portée des enfants, la vie scolaire se déroule dans l'ordre et le calme. Le respect absolu de l'enfant est le principe majeur de cette pédagogie. Non qu'il puisse faire tout ce qu'il veut, car Maria Montessori n'est en rien libertaire, mais tout acte demandé l'est avec respect, et tout travail fourni est reçu avec considération. Le succès de la *Casa dei bambini* est retentissant. Maria Montessori voyage alors dans le monde entier, ouvre des centaines d'écoles, forme du personnel et ne s'arrêtera pratiquement qu'à la fin de sa vie, après une relative interruption due à son exil, loin de l'Italie fasciste.

Les intuitions les plus remarquables de Maria Montessori sont dues à la qualité de son observation. C'est elle qui décrit dans l'évolution des enfants des stades de développement successifs, qui décèle ce qu'elle appellera « les périodes sensibles » – c'est-à-dire des moments d'intense intérêt et de travail inconscient, qui tendent à un but, et qui s'éteindront plus ou moins une fois le but atteint, période pour parler, pour écrire, pour lire, pour ranger et sérier ; c'est elle qui sépare le jeu du travail, non pour nier le premier, mais pour montrer que les enfants s'adonnent avec le plus grand sérieux à leurs travaux, s'y absorbent et en retirent un équilibre et une satisfaction profonde. Elle pressent la nécessité de proposer à l'enfant des tâches un peu difficiles, sans qu'elles excèdent trop ses possibilités. Elle a compris le rôle de la main, et ce qui peut être retiré des jeux moteurs comme les jeux d'encastrement, et l'importance du développement des capacités sensorielles ; au fur et à mesure de ses découvertes, elle conçoit un matériel adapté. Par-dessus tout, Maria Montessori a reconnu que le regard de l'adulte sur l'enfant devait s'inverser : l'enfant peut beaucoup apprendre à l'adulte sur lui-même, et n'est pas seulement un être à élever, et encore moins à dresser.

La pédagogie de Maria Montessori, sa réflexion constante, sa foi dans l'enfant et dans l'homme la font dériver, dans la dernière partie de sa vie, vers une sorte de mystique de la destinée humaine, de la naissance et de la renaissance, qui peut déconcerter, mais l'œuvre pédagogique est immense, et bien plus encore si on la situe dans son époque, qui ne savait que faire des enfants déficients ni même des tout-petits. Son œuvre peut encore être tout à fait éclairante. L'école maternelle française doit beaucoup à cette pédagogue.

BIBLIOGRAPHIE

M. Montessori, *De l'enfant à l'adolescent*, Desclée De Brouwer, 1992.

M. Montessori, *L'Enfant*, Desclée De Brouwer, 1992.

M. Montessori, *L'Esprit absorbant de l'enfant*, Desclée De Brouwer, 1992.

M. Montessori, *Pédagogie scientifique*, Desclée De Brouwer, 1992.

A. Sizaire, *Maria Montessori*, Desclée de Brouwer, 1994.

E.M. Standing, *Maria Montessori, sa vie, son œuvre*, Desclée de Brouwer, dernière édition, 1995.

➤ **Voir aussi** École maternelle.

MOUVEMENTS PÉDAGOGIQUES

On a pu recenser une vingtaine de mouvements pédagogiques dont l'objectif général est l'ouverture de l'école mais aussi la sauvegarde des principes fondamentaux de l'école laïque et républicaine. Ces associations ont leurs fonds propres mais elles peuvent également recevoir des subventions du ministère de l'Éducation nationale.

Certains d'entre ces mouvements s'intéressent directement à ce qui se passe dans la classe et aux méthodes d'enseignement proprement dites. Parmi eux, nous en citons deux plus particulièrement.

– L'Institut coopératif pour l'école moderne (ICEM), créé en 1948, est connu pour le rayonnement de ses méthodes inspirées de l'action de C. Freinet ; c'est en fait la continuation de la Coopérative de l'enseignement laïc qui avait permis de diffuser des matériaux et des outils propres à la pédagogie prônée par C. Freinet.

L'évolution de ce mouvement est exposée dans un certain nombre de documents dont la « Charte de l'école moderne » adoptée en 1968 ou « Perspectives de l'éducation populaire » en 1978. C'est une association de recherche pédagogique qui est essentiellement orientée sur l'action, la responsabilité et l'autonomie de l'élève. Ce mouvement pédagogique, même s'il s'intéresse à tous les niveaux du système éducatif, est plus particulièrement présent dans le premier degré.

Il est à l'origine de ce qu'on a appelé l'équipe pédagogique, c'est-à-dire le travail en équipe des enseignants sans lequel ce type de pédagogie ne peut être mis en œuvre ; il a également innové en incluant aux côtés des enseignants les parents, reconnus comme des partenaires indispensables et des collaborateurs naturels. Cette équipe élargie devient alors « l'équipe éducative ».

– Le Groupe français d'éducation nouvelle (GFEN) a été créé en 1921 et a eu comme présidents P. Langevin et H. Wallon. C'est un mouvement très fortement marqué par un souci de justice sociale et de lutte contre l'échec scolaire. Il préconise une construction des apprentissages qui passe par le groupe : c'est le va-et-vient entre le sujet, le groupe et le savoir qui permet une réelle appropriation du savoir.

D'autres mouvements, s'ils sont très présents dans les écoles, ont une conception particulièrement large de leur rôle et agissent dans tout le domaine du périscolaire.

– Depuis 1937, les Centres d'entraînement aux méthodes d'éducation active (CEMEA) ont mis en pratique le principe fondamental de « l'éducation nouvelle » : « une éducation qui crée des situations où chacun peut être plus conscient du monde qui l'entoure » avec le souci de participer au progrès individuel et social.

Ils sont particulièrement connus pour toutes les actions de formation de personnels d'encadrement des centres de vacances, du tourisme social et de tout ce qui concerne le hors-temps scolaire. C'est à travers cette autre expérience de la vie avec les jeunes que les enseignants peuvent avoir une autre perception de leur rôle et de leur action. L'action éducative doit se concevoir comme un tout.

– L'Office central de la coopération à l'école (OCCE) a été créé en 1928. Cette association existe au niveau local, départemental et national. Son objectif est de « faire des hommes responsables et solidaires pour que chacun s'élève à une pleine vie personnelle et, tous ensemble, à une pleine vie sociale ».

L'unité de base est la coopérative scolaire ; elle peut exister dans chaque école ; « c'est une société d'élèves gérée par eux avec le concours d'un ou plusieurs maîtres en vue d'activités communes » sur la base d'un projet élaboré par les élèves.

Les voyages ou la correspondance scolaires, l'embellissement de l'école sont autant d'éléments de la vie des élèves qui ont été et sont très souvent conduits sous l'égide de l'OCCE. Cela permet de déborder du cadre strict de la classe et contribue à changer le mode de relation entre enseignants et élèves. L'accent est mis tout particulièrement sur l'éducation sociale et civique, mais aussi économique.

– La Fédération des francs et franches camarades, dite des « Francas », a été créée en 1945 pour éduquer, par le truchement de centres de vacances et de loisirs, une jeunesse active et responsabilisée, considérée comme la force d'innovation d'une nation. Elle forme des animateurs et intervient, grâce à eux, dans de nombreux moments de la vie scolaire : garderie, contrat d'aménagement du temps scolaire, aide aux devoirs, restauration scolaire, classes de découverte, etc.

On voit que ces mouvements ont en commun le souci de valoriser la personne de l'élève, de favoriser son sens des responsabilités et son autonomie. Ils sont présents dans la formation des enseignants, en particulier dans la formation continue ; ils sont également partie prenante dans la formation des cadres des actions d'animation pour la jeunesse, car leur philosophie dominante est de considérer l'enfant comme un tout et de faire en sorte qu'il n'y ait pas discordance entre ce qui se passe dans la classe et les activités que les jeunes peuvent pratiquer pendant leurs loisirs. Ce sont des associations souvent dites « amies de l'école », c'est-à-dire qui veulent participer à l'éducation de l'enfant en dehors et en complément de ce qui est fait dans la classe.

➤ **Voir aussi** Autonomie, Échec scolaire, Freinet, Périscolaire, Projet.

N

NEILL Alexander Sutherland (1883-1973)

A.S. Neill, né en Écosse, a reçu une éducation très sévère dans un milieu religieux et puritain. Il a fait des études qui devaient le conduire à devenir enseignant et c'est ainsi qu'il fut amené à participer à la création d'une école en Autriche. C'est sur la base de cette expérience qu'il a fondé l'école de Summerhill en 1924 dans le sud de l'Angleterre.

Il a connu une vogue particulière en France au moment de la parution de son livre *Libres Enfants de Summerhill* qui relatait justement l'expérience pédagogique qu'il avait vécue dans cette école où enfants et adultes vivaient dans une égalité de rôles et de responsabilités, dans un système d'autogestion.

De façon générale, il considère que « le rôle de l'enfant c'est de vivre sa propre vie ». Très influencé par W. Reich, il accordait également du prix à une liberté sexuelle certaine des jeunes enfants. On a pu dire qu'il avait une position très négative par rapport à la culture ; pour lui, elle n'est rien ; l'accomplissement naturel de la vie et l'épanouissement personnel sont essentiels.

Il refuse tout apprentissage systématique pour les enfants et il se montre résolument opposé à l'école et à ses contraintes. Les enfants n'acquièrent véritablement que les connaissances dont ils ressentent le besoin et au moment où ils le désirent. Leur imposer un schéma préétabli par un adulte est donc vain et inutile.

G. Snyders en particulier se montra fort critique à son égard et l'accusa même de conformisme : « puisqu'il n'y a plus de grandes œuvres ni de grandes réalisations, l'enfant ne peut se régler que sur l'ambiance moyenne de ses proches... il n'a donc pas besoin d'un maître. Mais la définition de cet objectif est justement celui du conformisme ». Il considère que « Summerhill est un lieu où ceux qui ont des capacités naturelles et la volonté nécessaire pour devenir savants le deviendront, alors que ceux qui n'ont de capacité que pour balayer les rues les balaieront ».

Il n'empêche, à une époque où les écoles expérimentales, les « *free schools* », les écoles ouvertes ou alternatives de tout genre foisonnaient, Summerhill apparut comme un modèle intéressant où la liberté de l'enfant, le développement de sa créativité, de son autonomie et de son sens de la responsabilité devenaient le fondement d'une culture et d'un savoir.

BIBLIOGRAPHIE

A.S. Neill, *Libres Enfants de Summerhill*, La Découverte, 1970.

➤ Voir aussi Autonomie, École ouverte, Libertaire (pédagogie), Pédagogies non directives.

NEUROSCIENCES

On désigne par le terme de neurosciences les études qui mettent en jeu le système nerveux dans son fonctionnement interne (cellulaire, moléculaire, biochimique) et ses « produits » sur l'activité humaine (perception, langage, motricité, raisonnement...). Si l'apparition de ce terme date des années 60, il faut reconnaître que sa problématique est plus ancienne. Ainsi, dans le domaine de la psychologie, les analyses de H. Wallon concernant « l'enfant turbulent » s'y rattachent et l'enseignement de la neuropsychologie du développement de Ajuriaguerra a contribué à rapprocher les données neurobiologiques de la genèse des fonctions adaptatives de l'homme. Il a fallu la rencontre entre les résultats féconds de l'analyse du système nerveux et les fruits des recherches multiples et très élaborées sur le comportement pour dépasser le dualisme corps/esprit.

Ainsi, les découvertes de la transmission synaptique, des neuromédiateurs et des neurones détecteurs de traits, par exemple perceptifs, sont aujourd'hui compatibles avec l'hypothèse cognitiviste du traitement de l'information qui rend compte des comportements les plus variés de l'homme. En particulier, les récentes études de neuropsycholinguistique se réfèrent à ce modèle théorique d'analyse pour aborder la compréhension des pathologies du langage et définir des modalités de dépistage ainsi que des actions d'intervention précoce.

Les neurosciences inspirent les recherches conduites dans différents champs scientifiques : sciences cognitives, sciences du langage, psychologie, neuropsychiatrie... Elles proposent un modèle épistémologique qui s'appuie sur la conception d'un cerveau fonctionnant comme une machine « neuronale » et sur un traitement de l'information effectué selon la démarche appliquée à l'ordinateur. Elles font parfois l'objet de critiques dans la mesure où elles tendent à réduire les comportements humains à des phénomènes physiques et à faire fi des influences affectives ou culturelles. Pourtant elles donnent une assise scientifique solide à des travaux qui, jusqu'à présent, étaient marqués par l'empirisme ou le spéculatif ; ainsi un domaine aussi complexe que la psychanalyse s'ouvre à une approche qui utilise des repères dont les bases sont neurologiques. Les années à venir s'annoncent prometteuses pour la recherche du support neuronal des activités humaines et de leur construction.

BIBLIOGRAPHIE

J. Hochmann, *Esprit où es-tu ? : psychanalyse et neurosciences*, Odile Jacob, 1991.

D. Andler, *Introduction aux sciences cognitives*, Gallimard, 1992.

J. N. Missa, *L'Esprit cerveau : la philosophie de l'esprit à la lumière des neurosciences*, Vrin, 1993.

X. Séron, *La Neuropsychologie cognitive*, PUF, 1993.

J.L. Nespoulus, *Tendances actuelles en linguistique générale*, Delachaux & Niestlé, 1993.

J. Friedler, *Psychanalyse et neurosciences*, PUF, 1995.

➤ **Voir aussi** Cognitivisme, Dépistage, Dyslexie, Wallon.

NOUVELLES TECHNIQUES D'INFORMATION ET DE COMMUNICATION

L'ampleur des transformations technologiques en matière de communication, la mise à disposition d'un public très large de l'accès à ces moyens nouveaux dits multimédias, renouvellent, pour l'enseignement, des interrogations qui surgissent à chaque avancée technologique. Ces interrogations sont de différents ordres et portent sur :

– la nécessité d'être au courant – une terminologie apparaît qui n'est pas maîtrisée, des machines ou des outils auxquels il faut s'initier ;

– la question de savoir si l'enseignement est concerné, si l'équipement des établissements est réalisable et quelle approche l'enseignant doit avoir des NTIC ;

– le devenir de l'enseignement et donc de la profession enseignante, face aux bouleversements des modes de communication.

Ces questions sont légitimes.

Une terminologie de base

Elle est nécessaire pour clarifier l'objet dont on parle.

Télématique est un terme en quelque sorte générique : transmission de données centralisées par un serveur, acheminées par téléphone ou une autre voie de communication, jusqu'à un récepteur : un écran comme dans le minitel, ou la télévision ou l'ordinateur.

CD-I: disque compact qui peut être lu sur un téléviseur spécialement équipé.

CD-ROM: disque compact, comprenant du son, de l'image et du texte, qui peut être lu sur un ordinateur équipé pour cette lecture. C'est une compilation d'informations extrêmement dense, permettant de voir, de lire, d'entendre et d'organiser des itinéraires à l'intérieur de la documentation fournie.

Images de synthèse et virtuelles: la traduction numérisée du son et de l'image, mais aussi de certaines sensations (mouvement, notamment), permet de mettre en action des images existantes. La numérisation peut aussi créer des images sans support réel de départ; dans ce cas, l'image est virtuelle et propose une réalité fictive.

Modem: interfaces entre ordinateurs permettant qu'ils communiquent entre eux.

Réseau: tout système qui relie des pôles, un serveur et un ordinateur par exemple. Le téléphone représente depuis longtemps un réseau. Il y a des réseaux locaux – à l'intérieur d'un établissement qui a créé sa messagerie, exemple de réseau local. Il y a des réseaux mondiaux, comme Internet.

Serveur: banque de données qui peut mettre ses données à la disposition des demandeurs. La voie de transmission la plus ancienne est le téléphone : le récepteur peut être un minitel, un téléviseur, un ordinateur. L'acheminement est désormais envisagé par satellite ou par câbles de fibres optiques, moins chères d'utilisation et plus performantes. L'équipement en fibres optiques dites aussi « autoroutes de l'information » n'est que partiellement réalisé, par les pays les plus avancés. La métaphore « autoroutes de l'information » désigne tout moyen accéléré de transmission, en quantité d'informations et en temps de transmission.

Télévision interactive: elle permet l'intervention en cours d'émission du téléspectateur par téléphone ou par minitel, ou de recevoir, grâce à un équipement spécial, des programmes commandés à l'avance, aux jours et heures choisis par le téléspectateur. Elle n'est plus entièrement dépendante des émissions de la chaîne ou des chaînes aux heures de diffusion.

« Off line » ou ***« on line »*:** ce sont des expressions relatives au mode de rattachement d'un consommateur d'informations avec la source de ces informations. Sont *« off line »* les informations reçues sur un lecteur chargé comme dans le cas des CD-ROM ou des logiciels d'ordinateurs. Sont *« on line »* les informations véhiculées par un réseau sur lequel le demandeur se branche.

L'enseignement est-il concerné par ces révolutions technologiques ?

La réponse est évidemment positive : dans une société qui utilise ces moyens de communication, l'école ne peut rester à l'écart, ne serait-ce que parce que les élèves doivent connaître leur propre société, au-delà de ce que la vie courante peut leur apprendre. Déja les centres de documentation et d'information (CDI) s'équipent et des installations de grande envergure comme le Centre national d'enseignement à distance (CNED) sont des utilisateurs et des relais.

Quelle approche en faire ? Des craintes se manifestent déjà, elles ont surgi à chaque avancée technologique : crainte de voir disparaître l'école, l'enseignement, la profession. D'autres craintes se font jour, plus larges que strictement professionnelles : la crainte de voir s'installer une communication finalement très solitaire, d'écran à écran, sans la convivialité affective qui devrait accompagner la communication humaine ; un dialogue, même à plusieurs interlocuteurs, poursuivi par l'exclusif truchement d'un clavier et d'un écran, ne risque-t-il pas de porter atteinte à la vie sociale ? Le « virtuel » fait encore plus peur : crainte de voir la réalité physique – et sensorielle ? – disparaître... L'influence des « grands » – et notamment des puissances économiques qui risquent d'inonder de leurs informations et de leur culture tous les réseaux –, constitue aussi un objet de crainte, la crainte de la colonisation intellectuelle qui s'est déjà manifestée, par exemple dans la diffusion de créations audiovisuelles.

Toute innovation a provoqué des peurs, et les appréhensions sont à la mesure des révolutions qui surviennent.

La raison commande de n'avoir ni crainte excessive, ni engouement prématuré.

Les équipements sont-ils possibles ? Ceci est l'affaire des États (ou des régions, selon les organisations administratives et politiques des pays). Les sommes à investir ne sont, pour le moment, guère imaginables.

Quant à savoir si la physionomie de l'enseignement sera profondément changée, il suffit sans doute de rappeler que les changements dans l'éducation sont constants, bien que progressifs, et qu'en dépit de l'apparence d'une profonde ressemblance, l'école du début du siècle et celle des dernières années sont bien différentes.

Les NTIC, qui ne sont de toute façon pas à la portée de tous les États actuellement, seront à intégrer progressivement, comme tout autre changement. Comme elles représentent une véritable mondialisation de l'information, il y a donc un risque parallèle de désinformation et de pressions en tous genres. Ceci est une raison fondamentale pour que l'éducation, partout, s'intéresse à ces techniques : il faut apprendre à s'en servir, à exploiter leurs ressources immenses et à les analyser. La presse, vieille de plusieurs siècles, la radio, la télévision, et, pourquoi pas, le livre, encore plus ancien, ont offert à l'école les mêmes champs d'utilisation et de réflexion, comme les mêmes risques et les mêmes obligations.

BIBLIOGRAPHIE

« Un multimédia pour l'enseignement ? », *Les Dossiers de l'ingénierie éducative*, n° 17, juin 1994.

P. Lévy, *Les Technologies de l'intelligence : l'avenir de la pensée à l'ère informatique*, La Découverte, 1990.

P. Quéau, *Le Virtuel : vertus et vertiges*, Champ Vallon INA, 1993.

➤ Voir aussi Audiovisuel (enseignement), Télévision.

O

OBJECTIFS (pédagogie par)

La pédagogie par objectifs correspond à un courant qui s'est exprimé vers les années 70, en réaction à l'empirisme qui régnait dans la quasi-totalité des pratiques pédagogiques, quel que soit leur champ théorique de référence. Trouvant les racines de sa démarche dans l'enseignement programmé, elle recherche une certaine forme de rationalisme et traduit une volonté d'efficacité.

La réflexion sur la pédagogie par objectifs s'est imposée à partir du constat de l'existence d'un phénomène préoccupant et qui concernait un nombre croissant d'élèves : l'échec scolaire. Cette prise de conscience, associée à un mouvement des idées qui plaidait pour un enseignement de plus en plus démocratisé, a suscité une recherche de procédures favorisant la réussite scolaire de tous les élèves. L'enseignement programmé, application des travaux de psychologie expérimentale de B.F. Skinner, proposait alors un modèle qui consistait à définir un objectif final, et à décomposer la démarche nécessaire pour l'atteindre en tâches successives et en comportements intermédiaires garantissant la réussite la plus directe et la plus efficace. Dans cette conception, l'échec, lorsqu'il existe, n'est pas à situer du côté de l'élève mais du côté de la démarche qui se révèle inadéquate, c'est donc celle-ci qu'il faut améliorer.

La pédagogie par objectifs se présente ainsi comme un ensemble de techniques et de méthodes qui reconstruit l'action pédagogique en remontant des objectifs aux procédures, et qui en apprécie la pertinence à partir d'une démarche d'évaluation rigoureuse. Elle s'oppose à une pédagogie basée sur des programmes, lesquels sont considérés comme une juxtaposition hétérogène de divers contenus disciplinaires que les élèves doivent simultanément et obligatoirement absorber pendant une période déterminée qui est la même pour tous.

La pédagogie par objectifs est une pédagogie des résultats, elle ne part ni des programmes, ni des méthodes mais de ce à quoi le système éducatif veut aboutir. Les programmes s'effacent devant les listes d'objectifs et chaque discipline va retenir ce que, dans son contenu et dans ses méthodes, elle peut apporter. Se trouve ainsi posé le problème de la définition des objectifs.

Les objectifs en pédagogie

Un objectif se définit comme étant un comportement (ou performance) dont l'élève doit se montrer capable pour être reconnu compétent. Cette définition, empruntée à R. F. Mager, décrit le résultat que veut atteindre un acte pédagogique plutôt que le processus d'enseignement ou les moyens mis en œuvre pour l'obtenir. Un objectif est pertinent s'il répond à trois conditions : il doit être explicité en terme de comportement précis et directement observable, il est défini indépendamment de la démarche empruntée pour l'atteindre, enfin il doit pouvoir être soumis à évaluation.

Les objectifs ne sont pas déterminés de manière anarchique, ils sont au contraire organisés de manière fonctionnelle, tenant compte de lois et de principes. Ainsi font-ils l'objet d'une « taxonomie », c'est-à-dire d'une classification selon des principes explicites. Plusieurs taxonomies ont été produites ; la plus connue est celle de Bloom (1969) qui fait la distinction entre les objectifs cognitifs, affectifs et psychomoteurs, mais aussi celle de Guilford (1967), de De Lansheere (1970), de Pocztar (1987). Toutes ont en commun la recherche d'une clarification des objectifs et d'une classification rationnelle, utilisable au plan pédagogique.

La pédagogie par objectifs

Si elle répond aux caractéristiques définies ci-dessus, la pédagogie par objectifs sollicite une démarche expérimentale qui se réalise en tenant compte de quelques contraintes fondamentales :

– la construction et l'utilisation de grilles d'objectifs ;

– la planification de ces objectifs dans une progression adaptable à la diversité des élèves ;

– la définition et la mise en œuvre de stratégies d'enseignement permettant la réalisation d'objectifs intermédiaires ;

– la construction et l'utilisation d'instruments pour le travail indépendant ;

– la distribution des activités en enseignement interdisciplinaire pour construire des objectifs transversaux, et en enseignement longitudinal pour atteindre des objectifs de connaissance ;

– l'élaboration d'une démarche d'évaluation rigoureuse qui permet un va-et-vient régulier entre les objectifs et les procédures.

Pendant une décennie, la pédagogie par objectifs a été au cœur du débat pédagogique. Si elle reste une bonne référence, notamment dans le cadre des évaluations nationales CE2, 6e et 2de, elle n'est plus un sujet d'actualité dans la mesure où elle a montré ses limites : trop étroitement liée au modèle behavioriste qui inspirait les travaux de Skinner, elle s'est traduite par un morcellement de l'enseignement et, dans la pratique, elle a privilégié de manière excessive les résultats au détriment des procédures. Les travaux récents dans les différents domaines didactiques affinent les démarches pédagogiques, les rendent plus cohérentes et visent l'acquisition de compétences bien déterminées et plus opérationnelles, les objectifs étant relégués dans une position intermédiaire de moyens nécessaires à la construction de ces compétences.

BIBLIOGRAPHIE

B. F. Skinner, *La Révolution scientifique de l'enseignement*, P. Mardaga, 1968.

B. S. Bloom, *Taxonomie des objectifs pédagogiques*, Les Presses de l'Université du Québec, 1975.

R. F. Mager, *Comment définir des objectifs pédagogiques*, Bordas, 1977.

G. et V. De Landsheere, *Définir les objectifs de l'éducation*, PUF, 1980.

➤ **Voir aussi** Behaviorisme, Compétence, Échec scolaire, Évaluation, Pédagogie différenciée.

OPTION

Une option est une possibilité de choix offerte aux élèves soit dans les contenus étudiés, soit dans le diplôme qu'ils cherchent à obtenir, les deux pouvant d'ailleurs être parfois liés.

Ainsi, dans les lycées d'enseignement général et technologique, les élèves de seconde suivent les enseignements de matières qu'ils choisissent parmi celles offertes dans leur établissement. Certaines peuvent être obligatoires : l'élève doit alors choisir entre un enseignement de technologie, une troisième langue vivante, le grec, etc., selon son projet personnel et professionnel ; d'autres peuvent être facultatives, c'est-à-dire qu'elles rentrent en ligne de compte pour la formation personnelle de l'élève sans pour autant faire partie d'un schéma d'orientation prévu par l'institution. Ce peut être le cas par exemple du choix d'une discipline artistique ou d'une autre langue morte ou vivante qui vient s'ajouter au cursus obligatoire.

Pour un concours d'entrée dans une grande école (l'ENS par exemple), les élèves doivent choisir, en plus du tronc commun de formation, une option qui les conduira vers une spécialisation : ils peuvent choisir l'option lettres modernes par exemple ou histoire ou encore anglais, etc. Ils auront alors une épreuve spéciale à passer en ce domaine avec une notation à coefficient particulier. Il en va de même dans le domaine de la formation professionnelle où une formation plus générale peut ouvrir sur des domaines de spécialisation plus pointus.

ORIENTATION

L'orientation, c'est-à-dire les choix opérés pour suivre un itinéraire scolaire ou professionnel, s'est longtemps faite de façon pratique, selon les habitudes ou vœux des familles. Une sorte de déterminisme social orientait les enfants vers les métiers de leurs pères, ou de leurs proches, et les choix scolaires étaient faits dans de très nombreux cas à l'aune des ambitions sociales des familles et de leurs moyens financiers.

L'école primaire d'autrefois a pourtant souvent joué le rôle d'un orienteur, en découvrant les élèves méritants intellectuellement, puis en les poussant, et en conseillant les familles pour qu'elles obtiennent des bourses. Les enfants ainsi sélectionnés étaient destinés à poursuivre des études et à devenir des enseignants dans la majorité des cas : il s'agissait encore d'une orientation reproduisant un modèle connu.

Le développement industriel, dans les années précédant la Première Guerre mondiale, suscita une première forme d'orientation professionnelle : en effet, la demande des employeurs ne rencontrait pas la main-d'œuvre qualifiée recherchée. L'enseignement technique n'existait pas (fondation par la loi Astier en 1919) et l'apprentissage se cantonnait souvent aux métiers de l'artisanat ou du petit commerce. Quelques grandes entreprises – comme Schneider, au Creusot, pour prendre un exemple – développaient bien des classes internes d'apprentissage, associées au travail, mais l'orientation des autres mains-d'œuvre potentielles n'était pas organisée. Ce qui était visé à l'époque, c'était une sélection selon les aptitudes décelables. La méthode de sélection, grandement influencée par la division du travail et par des postes de travail nécessitant des aptitudes précises, s'inspirait d'une psychotechnique d'épreuves.

Des offices d'orientation furent créés dans les départements dans les années 20. Un décret de 1922 rendit obligatoire le passage par l'orientation professionnelle avant l'embauche en apprentissage.

L'orientation s'appliqua, une décennie plus tard, à l'enseignement pour établir un pont entre lui et le travail : les Bureaux universitaires de statistiques – BUS – apparurent à cette époque, pour informer les jeunes en cours d'études sur les débouchés professionnels. Il s'agissait d'une aide à l'orientation, par la connaissance des débouchés, des exigences de chaque profession, du profil – bien que le mot soit sans doute anachronique appliqué à ces années – requis pour tenir les emplois désirés.

Parallèlement, l'école orientait, sans le savoir et sans le vouloir : les voies possibles d'enseignement étaient distribuées sur le vu des résultats scolaires. Aux bons élèves les filières longues, aux autres les filières courtes ; on a appelé cette sélection « orientation par l'échec ». En 1947 furent créés des professionnels, conseillers d'orientation-psychologues aujourd'hui, qui allaient travailler dans les établissements pour dépister les handicaps et faciliter les études. Toute une politique d'orientation se développa d'autre part, à partir de 1963 (Réforme Fouchet) dans les établissements : elle aggravait, en instituant des filières, les orientations par les résultats, en dépit des conseils d'orientation également mis en place. L'orientation demeurait négative, encore fondée sur les échecs des élèves, et non sur leurs réussites. Le collège unique devait abolir les filières sans résoudre le problème de l'orientation.

Depuis, le besoin d'orientation s'est fait de plus en plus fortement sentir, en raison des réformes successives qui ont accompagné la montée des effectifs scolaires dans le second degré, et des turbulences économiques marquées jusqu'à aujourd'hui par de brutales évolutions dans les emplois, nécessitant des reconversions. De nouveaux organismes, de nouvelles fonctions furent créés : l'Office national d'information sur les enseignements et les professions – ONISEP – créé en 1970 – qui centralise les informations, et des centres d'information et d'orientation, qui fonctionnent dans tous les départements.

La responsabilité des établissements, des professeurs principaux et de chaque éducateur ou enseignant est grande au regard de l'orientation des élèves. Celle des professionnels également. On ne peut s'empêcher de penser que l'âge des élèves, même au niveau des classes Terminales, voire de l'université, et la mobilité des carrières sont deux éléments qui rendent l'orientation fragile, ou injuste, si on la considère comme définitive ; l'orientation doit pouvoir s'articuler avec des formations continues, et des formations qualifiantes, à tout moment de la vie active. C'est une des missions actuelles des centres d'information et d'orientation que de travailler aussi dans ces perspectives. Les ministres de l'Éducation de l'Organisation de coopération et de développement économiques (OCDE) se sont réunis pour leur part en janvier 1996 pour étudier les modalités d'un « apprentissage à vie » qui répond aux mêmes objectifs.

BIBLIOGRAPHIE

A. Caroff, *L'Orientation des élèves, rôle des structures et des acteurs de l'orientation*, La Documentation française, 1988.

B. Schwartz, *L'Insertion professionnelle et sociale des jeunes*, La Documentation Française, 1981.

➤ Voir aussi Centre d'information et d'orientation (CIO).

P

PARTENARIAT

Ce terme n'a été introduit que tout récemment dans la sphère éducative. Il appartient d'abord au monde économique et social où il a été particulièrement utilisé dès les années 70. C'est un dérivé du mot « partenaire », venu de l'anglais, *partner*, et remontant au latin, *partitio*, avec un sens ambigu : travailler en partenariat, c'est travailler avec d'autres, mais pas forcément avec exactement les mêmes objectifs, même si on concourt à une même fin. Le partenariat est souvent considéré comme « une association d'acteurs qui par leur synergie peuvent viser des objectifs que seuls ils ne pourraient se donner » (R. Rémond).

Au début des années 80 encore, l'idée de travailler avec d'autres instances que l'Éducation nationale apparaissait presque sacrilège à beaucoup, surtout si le « partenaire » devait apporter sa contribution sous une forme financière. Pourtant le concept d'école ouverte avait déjà fait son chemin et la présence, sinon la participation pleine et entière des parents, allait entamer l'enfermement de l'école. Par ailleurs, les enseignants étaient de plus en plus sensibilisés aux problèmes de liaison avec l'entreprise et conduits à modifier ainsi les modalités de formation professionnelle, technique et même générale des jeunes (séquences éducatives, stages des élèves de troisième, mise en place du contrôle continu, etc.).

C'est donc pour répondre de façon neuve et, espérait-on, plus efficace à une crise de l'école et aux besoins des jeunes et de la société que cette notion de partenariat s'est implantée et développée dans le monde éducatif. C'est une révolution car c'est la reconnaissance d'une réalité qui n'était pas tellement prise en compte dans l'organisation des apprentissages : le fait que tout savoir ne vient pas uniquement de l'école. La difficulté pour l'école, c'est de s'enrichir de ces apports, sans dévier de ses objectifs. Le partenariat est aussi une occasion pour les enseignants de mener une réflexion sur la spécificité de leur rôle.

Les projets de toute nature et de toute envergure ont fleuri, encouragés par des circulaires et recommandations émises au niveau national, faisant appel aux divers partenaires locaux, en fonction des intérêts et des objectifs poursuivis. La loi de décentralisation, en affirmant et développant le rôle des collectivités locales, a également contribué au développement des projets élaborés et mis en œuvre en partenariat. C'est le cas en particulier des diverses actions de liaison entre école et quartier ou des projets des zones d'éducation prioritaires (ZEP). Les partenaires peuvent être aussi bien des banques que des collectivités locales, des associations périscolaires, d'autres ministères, etc.

On a pu dresser des typologies du partenariat (colloque de l'INRP, janvier 1993) :

– selon le domaine concerné,

– selon les formes de relation qui unissent les partenaires, intra ou inter systèmes,

– selon leur mode de fonctionnement.

Cette notion de partenariat est à distinguer de la sponsorisation qui consiste en un apport financier d'un organisme extérieur, sans que celui-ci participe à l'élaboration du contenu de l'opération dont il tire cependant un certain bénéfice publicitaire. Le mécénat, lui, consiste en un apport financier qui ne demande aucune contrepartie, qui est désintéressé.

BIBLIOGRAPHIE

Éduquer pour demain – acteurs et partenaires, Secrétariat d'État au Plan, La Découverte et la Documentation française, 1991.

Actes du 66e congrès AGIEM, « De l'ouverture au partenariat », juillet 1993.

D. Zay (sous la direction), *La Formation des enseignants au partenariat*, INRP, PUF, mai 1994.

D. Zay, *Enseignants et partenaires de l'école, démarches et instruments pour travailler ensemble*, Éditions De Boeck et INRP, 1994.

➤ **Voir aussi** École ouverte, Intervenants extérieurs, Projet, Zone d'éducation prioritaire.

PÉDAGOGIE

Le « pédagogue » désignait en Grèce l'esclave chargé d'accompagner l'enfant dans ses déplacements, de le conduire à l'école et de lui apprendre ses leçons à la maison. Le pédagogue finit par désigner le maître, et la pédagogie, l'activité que celui-ci déploie pour enseigner. De là découlent :

– une définition de la pédagogie comme l'ensemble des pratiques réfléchies pour assurer une fonction éducative ;

– une diversité des pédagogies selon l'objectif et le milieu éducatif : pédagogie militaire, pédagogie professionnelle, pédagogie des adultes, etc. ;

– une solidarité de la pédagogie et de l'histoire des sociétés.

De tout temps « l'institution des enfants » donne lieu à de multiples observations et conseils. Un *Répertoire des ouvrages pédagogiques du XVIe siècle* publié en 1886 à l'instigation de Ferdinand Buisson, directeur de l'enseignement primaire au ministère de l'Instruction publique, très incomplet, cite cependant plusieurs centaines d'ouvrages. Depuis cette époque, l'évolution de la pédagogie va de l'empirisme tâtonnant à la systématisation scientifique. Ce sont des considérations sur les buts de l'éducation, sur l'enfance – ainsi à l'enfant image du péché, succède au XVIIe siècle l'idée d'une pureté originelle de l'enfance – sur les ressorts psychologiques – crainte, émulation, fierté –, sur les difficultés de la matière à enseigner. Une distinction s'amorce entre une pédagogie générale et une pédagogie spéciale. La première s'intéresse à la relation du maître et de l'élève dans l'acte d'enseigner et d'apprendre. Elle définit très tôt des principes généraux. « Toutes les connaissances doivent être graduées selon les âges et il faut enseigner ce que les élèves sont en mesure de comprendre », écrit Comenius qui recommande aussi que « murs et livres présentent des images de toutes sortes ». La seconde particularise l'acte d'apprendre en fonction de la matière enseignée. La prise en compte de la spécificité de chaque discipline s'est traduite par l'importance attribuée au manuel scolaire ; ainsi Condorcet conditionne la bonne méthode par l'existence d'un livre de l'élève et d'un livre du maître ; ces livres élémentaires doivent être clairs et ne pas déformer le savoir à transmettre ; il rédige lui-même *Moyens d'apprendre à compter sûrement et avec facilité.* Au XVIIIe siècle, Beckmann qui enseigne la technologie en Allemagne amène l'école dans les ateliers pour suivre l'enchaînement d'une fabrication donnée. L'effort de cette pédagogie spéciale a surtout porté sur l'enseignement de la lecture : Locke imagine un polyèdre d'ivoire à 35 faces sur lesquelles on inscrirait les lettres ; les apprentissages de la lecture et de l'écriture dissociés en raison du maniement difficile de la plume taillée sont associés à la fin du XVIIIe siècle lorsque François de Neufchâteau contourne l'obstacle par l'emploi de l'ardoise et du crayon de craie. Au début de la monarchie de Juillet, la méthode syllabique remplace, dans l'apprentissage de la lecture, la méthode d'épellation alors en vigueur.

La multiplication des disciplines scolaires offre l'occasion de développer les pédagogies spéciales au point d'éclipser la pédagogie générale que l'on juge même impossible. Il n'y a pas de lois universelles de la transmission des connaissances « pas plus qu'il n'y a de médecine générale pour tous les malades et toutes les maladies » (Prost). L'imagination pédagogique centrée sur une discipline particulière se contente d'inventer des moyens, des « recettes » facilitant le transfert de connaissances ; elle ne se préoccupe pas de savoir comment l'enfant de 8 ans effectue une division, comment il se représente le temps historique, comment il construit lui-même les connaissances qu'on lui présente. Désormais, l'analyse de la matière enseignée et de sa structure s'adjoint l'analyse des mécanismes cognitifs de l'enseigné, c'est-à-dire la façon de construire pour son propre compte le savoir. Le terme de didactique qui embrasse l'ancien domaine de la pédagogie spéciale – Condorcet n'a jamais employé le mot de pédagogie, mais toujours celui de didactique – contient une reconversion d'attitude et d'intérêt. S'appuyant sur les diverses sciences – biologie, psychologie, sociologie, cybernétique, épistémologie, sciences cognitives, etc. – les didactiques – il y en aura autant que de matières à enseigner – prétendent donner une crédibilité scientifique à leur contenu.

Antoine Prost distingue la problématique de l'enseignement qui fait de la présentation du savoir l'essentiel de l'action éducative et la problématique des études qui s'intéresse aux élèves, mais plus « dans leur cheminement cognitif, dans le travail par lequel ils maîtrisent peu à peu et s'approprient leur savoir, que dans leur affectivité ». Puisque seules comptent les connaissances transmises, « la pédagogie n'a pas sa place » dans la problématique de l'enseignement. Seule la problématique des études fonde « la possibilité d'un savoir pédagogique positif ». On peut alors définir la pédagogie comme l'ensemble des didactiques, discipline qui cherche à répondre à la question : comment l'enseigné s'approprie-t-il le savoir ? En ce sens elle constitue un ensemble de connaissances rigoureuses, apte à déterminer le comportement quotidien de l'enseignant.

BIBLIOGRAPHIE

A. Prost, *Éloge des pédagogues*, Seuil, 1990.

➤ Voir aussi Didactique, Buisson (Ferdinand).

PÉDAGOGIE DE GROUPE

On appelle pédagogie de groupe celle qui s'exerce avec des groupes d'élèves ne formant pas une classe, au sens habituel du mot. Les groupes résultent, soit de la partition d'une classe en plusieurs sous-ensembles, soit de l'association d'élèves qui n'appartiennent pas habituellement à la même classe. On peut également concevoir des groupes constitués sans référence aucune à des classes, qui n'auraient, dans ce cas, jamais été constituées.

Ces formations – et la pédagogie qui les motive – ont des origines diverses et multiples, de même qu'elles sont sous-tendues par des finalités différentes. Des essais de pédagogie de groupe ont été réalisés tout au long du siècle, avec des moments culminants – le premier daté par l'école dite nouvelle, le second en 1968 et le début de la décennie 70, le dernier en 1977-80, lors de la mise en place (second essai) des collèges expérimentaux de L. Legrand. Le travail de groupe subsiste aujourd'hui comme l'une des formes de l'enseignement.

Le groupe, différent des individus

En bousculant un peu les chronologies et les genres, il semble qu'on ne puisse se dispenser de s'arrêter d'abord sur les travaux de l'américain Lewin (1890-1947) dans les années de l'avant-Deuxième Guerre mondiale, travaux commencés en Allemagne d'où Lewin était originaire, puis poursuivis aux USA. C'est Lewin qui s'intéressa, avec ses collaborateurs, aux phénomènes qui traversent les groupes – notamment à partir de la propagande et des manipulations de foules qui marquèrent en Europe la montée des totalitarismes. Il s'intéressa à la persuasion – dont la publicité devait tirer grand profit – aux dominations et soumissions au sein d'un groupe, aux phénomènes de contagions mentales, de sympathie ou d'antipathie, à l'apparition des leaders, aux violences exprimées ou latentes contre le leader ou entre des membres du groupe, de même qu'aux capacités d'un groupe de s'autogérer autour d'un but ou d'une tâche. Les interactions multiples, et le sentiment d'appartenance au groupe, développent aussi des comportements dont ne peut rendre compte la somme des individualités : le groupe est autre chose qu'une juxtaposition de membres. Il est une force, il peut remodeler des relations, et, à plus vaste échelle, reconstruire un champ social tout entier.

Cette psychologie des groupes a été continuée aux USA comme en Europe, et a connu en France un développement sensible, notamment dans les années 68 et suivantes. Des croisements avec la théorie psychanalytique ont enrichi ses analyses et on l'a connue, dès lors, comme dynamique de groupe. Des techniques en sont nées, qui ont intéressé tous les spécialistes des relations humaines au sein des entreprises.

L'Éducation nationale a organisé à la même époque des stages pour des personnels volontaires. L'intérêt était suscité, dans la mesure où une classe est un groupe, de même que l'établissement, dit d'ailleurs « groupe scolaire », et que des phénomènes identiques s'y déroulent, qu'ils soient perçus ou non, certains violents, réprimés avant leur éclosion, ou déferlant par moments de façon irrépressible.

La dynamique de groupe a été rapidement suspectée de mettre en branle des forces qu'elle contrôlait mal, de créer plus de problèmes qu'elle n'en résolvait, notamment d'ordre affectif ; il n'empêche que des éclairages importants avaient été projetés sur les relations au sein d'un groupe, classe, établissement, ou autre structure, et que des techniques plus douces, et plus utilitaires que la dynamique de groupe, devaient en découler : la constitution des groupes selon les finalités souhaitées, la motivation à la tâche, la régulation du travail, la conduite de réunion, l'utilisation des documentations et des « notes d'information », l'importance des synthèses partielles et finales dans un débat, l'importance des rôles de chacun au sein du groupe. Aucun professeur, aujourd'hui, ne peut ignorer ces réalités.

La tradition pédagogique des groupes

On peut la faire remonter à Dewey (1859-1952), et à son disciple en France, R. Cousinet (1881-1973). Mais dans les mêmes années, Claparède (1873-1940), Ferrière (1879-1960), puis Freinet (1896-1966) préconisent aussi et pratiquent la pédagogie de groupe.

Lewin n'est pas de la même génération et s'est adonné à d'autres champs d'études, il n'y a donc pas de filiation directe à rechercher. Pour les uns, il s'agit d'intuitions pédagogiques, pour Lewin et ses successeurs, de recherches générales et théoriques, mais des parentés sont évidentes au moins dans l'ordre pratique. Il s'agissait, pour Dewey et les autres, de considérations pédagogiques, voire civiques. En effet, « casser » un peu la classe, c'est donner ou rendre aux élèves de l'initiative, de la liberté dans leur travail, leur apprendre la coopération, l'entraide, les conflits et leur résolution, c'est-à-dire une vie de groupe, et finalement un comportement démocratique ; c'est ne plus les couper du monde social mais ouvrir l'école, déposséder le maître d'une autorité parfois trop pesante et aliénante. Toutes ces motivations se croisent au sein des méthodes dites actives de l'école nouvelle, fondée sur l'intérêt des élèves et le travail productif de la communauté scolaire.

Ces formes de travail subsistent aujourd'hui, entre autres dans toutes les classes qui se réclament de l'Institut coopératif de l'école moderne (ICEM), et elles ont de plus donné lieu à toutes sortes de pratiques qui marquent l'enseignement actuel, mais non sans être passées par des phases qui ont scandé de façon importante son évolution.

L'une des plus importantes est celle des collèges expérimentaux, base de la réforme dite « réforme Legrand ». Cet essai ne renie rien des lignes de force des pédagogies actives, mais se veut de plus, par la différenciation que les groupes autorisent, l'instrument d'une adaptation de l'école aux besoins des élèves les plus démunis. En deux vagues, d'abord de 1967 à 1975 puis de 1977 à 1980, l'expérience, limitée à un certain nombre d'établissements, va consister à essayer de faire vivre le collège non en filières et, à l'intérieur des filières, en classes – mais en groupes de besoins, ou groupes temporaires de niveaux. Quant aux programmes d'enseignement, ils ne sont pas abolis, mais ils se développent essentiellement en projets. Le projet pédagogique est une conception et une réalisation de groupe.

Les difficultés de mise en œuvre ont été considérables; mais le principe a fait son chemin et étaie de plus en plus l'idée de la pédagogie différenciée.

La rencontre de la psychologie de groupe et de la pédagogie de groupe

Dans la décennie 1970, les méthodes actives de Dewey ou de Claparède sont un peu oubliées, mais la critique sociale, et la critique de l'école en particulier, est virulente. Le rôle de l'enseignant est dénoncé comme autoritaire, le rôle de l'enseignement comme celui d'un apprentissage égoïste, ne connaissant que la compétition féroce; la sélection est dénoncée, qui apparaît comme le but inavoué de la compétition scolaire, reproduisant les strates sociales. « L'ère du soupçon », pour parodier un titre célèbre, récuse les discours normatifs et apaisants. Le groupe, et le groupe autogéré, apparaît comme l'antidote par excellence. La théorie trouve dans Lewin et son école des descriptions de techniques de manipulation qu'il faut déjouer, mais aussi les capacités du groupe qu'il faut encourager. Une autre institution paraît possible, grâce à cette réflexion : le courant sera représenté par la « pédagogie institutionnelle » (préconisée et théorisée par M. Lobrot, G. Lapassade, R. Lourau).

Une influence psychanalytique, déjà mentionnée dans les développements des travaux de Lewin et de ses successeurs (le groupe Balint en est un des exemples les mieux connus) confère, enfin, au groupe une aura affective : le groupe est un lieu de convivialité, certes, mais plus encore, un lieu de reconnaissance mutuelle et de bonheur, ainsi qu'un lieu de libre parole, au sens psychanalytique du terme. Le bonheur des enfants était aussi au cœur des efforts d'un Claparède ou d'un Freinet, mais le bonheur par le groupe et dans le groupe a une autre tonalité, où il y a risque, d'ailleurs, de voir exclu de l'intérêt ou de la bienveillance du groupe tout ce qui lui est étranger, germe indésirable d'une antisociabilité.

Les groupes aujourd'hui

Comme organisation pédagogique, ils sont partout attestés, mais ils ont en grande partie perdu la pureté ou la véhémence de leurs définitions originales; en revanche, ils se sont enrichis de tous les travaux mettant en évidence le rôle de la transaction sociale dans les cheminements de l'apprentissage. Ils sont aujourd'hui l'un des moyens d'individualiser un enseignement qui doit se différencier pour être efficace, et un moyen de dynamiser les efforts. Les décloisonnements de l'enseignement primaire et le fonctionnement en ateliers, notamment à l'école maternelle, les groupes de soutien, les groupes de tâches dans la réalisation de projets, les groupes d'affinités dans les clubs, les groupes temporaires au sein d'une classe pour traiter un problème, un sujet, prévoir un exposé collectif, assurer un travail en équipe au Centre de documentation et d'information (CDI), réaliser un produit technologique, les exemples sont très nombreux et tendent tous à montrer que la classe, l'enseignement magistral, le travail des élèves, ont profondément changé. Ces changements sont entérinés par les dispositifs administratifs qui les préconisent et essaient de les réaliser en dépit d'obstacles matériels certains : options, modules, projets pédagogiques font désormais partie de l'enseignement. Ces formes résultent en grande partie d'une réflexion sur les groupes et se servent des outils qui en sont issus.

BIBLIOGRAPHIE

P. Kaufmann, *Kurt Lewin*, Vrin, 1968.

R. Mucchielli, *La Dynamique des groupes*, Entreprise moderne d'édition, 1967.

D. Anzieu, *La Dynamique des groupes restreints*, PUF, 1990.

D. Anzieu, *Groupements différenciés d'élèves*, INRP, 1984.

Ph. Meirieu, *Apprendre en groupes*, Lyon, Chroniques sociales, 1984.

➤ Voir aussi Méthodes pédagogiques, Pédagogie différenciée.

PÉDAGOGIE DIFFÉRENCIÉE

Le terme « pédagogie différenciée » apparaît lorsque la création du collège unique (réforme Haby, 1975) confronte les enseignants à une hétérogénéité des classes que, auparavant, seuls les maîtres du primaire avaient à prendre en compte.

Si le terme est nouveau, l'idée ne l'est pas. Montaigne écrit déjà : « Ceux qui, comme porte nostre usage, entreprennent d'une même leçon et pareille mesure de conduite de régenter plusieurs esprits de si diverses mesures et formes, ce n'est pas merveille si, en tout un peuple d'enfants, ils en rencontrent à peine deux ou trois qui rapportent quelque juste fruit de leur discipline ». Le fait ne l'est pas moins. La répartition des élèves selon leur niveau de maturation intellectuelle et psychologique, l'existence d'établissements différents (école primaire supérieure, cours complémentaire, collège d'enseignement général, premier cycle des lycées), et de personnels enseignants différents (professeurs d'enseignement général, professeurs de lycées), l'apparition de classes spécialisées témoignent d'un souci de différenciation, mais appliqué exclusivement aux structures éducatives avec un corollaire inévitable : la réponse standardisée du pédagogue.

Le transfert de l'idée de différenciation au cœur de la pédagogie constitue la pédagogie différenciée. Elle est, selon l'Inspection générale, « la démarche qui cherche à mettre en œuvre un ensemble diversifié de moyens et de procédures d'enseignement et d'apprentissage, afin de permettre à des élèves d'âges, d'aptitudes, de comportements, de savoir-faire hétérogènes, mais regroupés dans une même division, d'atteindre par des voies différentes des objectifs communs, ou en partie communs ». Il n'est pas demandé au professeur de s'ajuster à chaque élève ; l'attitude de précepteur n'est ni possible, matériellement et psychologiquement, ni souhaitable, car elle supprimerait chez l'élève tout effort d'adaptation. Néanmoins la prise en compte d'une nécessaire individualisation se traduit par des mesures d'ordre structurel et pédagogique :

– dissociation de la classe et constitution de groupes à effectifs réduits ;

– dégagement d'horaires spéciaux inscrits à l'emploi du temps ;

– actions de soutien afin de remédier à une insuffisance générale ou à des insuffisances spécifiques, à des lacunes d'ordre méthodologique ou à des accidents de l'histoire individuelle de l'élève. Les modalités d'intervention sont variées : répétition, exercices supplémentaires, préparation d'une leçon prochaine, approche plus concrète des notions, rythme d'explication plus lent, utilisation du magnétophone pour des exercices d'élocution ou d'articulation, jeux dramatiques pour débloquer l'expression de soi ;

– actions d'approfondissement : elles vont de la formule sommaire d'exercices complémentaires à des travaux d'enquêtes et de recherches thématiques, à l'établissement de dossiers sur un problème d'actualité.

La pédagogie différenciée ne doit pas se ramener à ces actions inscrites à l'emploi du temps. Elle est une attitude permanente des personnels, impliquant une diversification des pratiques pédagogiques : modes variés de communication au sein de la classe (entretiens individuels, techniques de travail en groupe, travail autonome d'une équipe ou de l'élève, techniques d'utilisation des documents, enseignement mutuel), registres différents de l'appropriation des connaissances, expérimentation de nouvelles technologies (médias, ordinateur, CD-ROM), traitement pluridisciplinaire du savoir, etc.

Cette diversification de l'acte d'enseignement exige ou entraîne :

– une plasticité organisationnelle de la classe (création temporaire de sous-groupes) et de l'emploi du temps autorisant des pédagogies d'attaque, « celles qu'on peut mettre en œuvre pour aborder une notion nouvelle », requérant des durées longues (de trois heures à une semaine consacrées à la même discipline) ou des pédagogies d'entretien et de consolidation (durées courtes avec répétitions quotidiennes ou pluri-hebdomadaires) ;

– un travail d'équipe des professeurs, soit en vue d'une interdisciplinarité, soit en vue d'une répartition des rôles : rôle d'écoute et de conseil (genre tutorat), rôle de conseil méthodologique, rôle de documentaliste ;

– la prédominance d'une évaluation formative, celle qui fait découvrir à chacun le côté positif de son effort et trouve dans l'échec expliqué et démonté des éléments d'encouragement et d'espoir ;

– la concertation entre professeurs, avec les familles, éventuellement avec les psychologues, les conseillers d'éducation, les conseillers d'orientation psychologues, l'assistante sociale.

Par l'assouplissement des structures qu'elle provoque, par la variété des approches pédagogiques, par le renouvellement de la relation élèves-maîtres, la pédagogie différenciée devrait permettre de reprendre ce que Joubert écrivait à Fontanes, le grand maître de l'université napoléonienne : « Il n'y avait point d'écolier, quelque médiocre qu'il pût être qui fût absolument négligé et abandonné par ses maîtres. On cultivait de chaque esprit ce qu'on pouvait cultiver et on n'en laissait aucun d'illéttré et d'incapable d'admirer ».

➤ Voir aussi Évaluation, Pédagogie de groupe, Pédagogies non directives, Soutien, Tutorat.

PÉDAGOGIES NON DIRECTIVES

Historique

On peut dater assez précisément l'introduction du concept de non-directivité dans l'enseignement en France. En 1962, sous le titre « le groupe maître-élèves », un numéro spécial de l'hebdomadaire *L'Éducation nationale* a rendu compte d'un colloque organisé par l'Association pour la recherche et l'intervention psychosociologiques (ARIP). Y figurait un texte de Carl Rogers « Enseigner et apprendre » devenu fameux par la suite. Ce texte a eu un énorme impact auprès des lecteurs qui réagirent et envoyèrent un abondant courrier. Dès lors, de nombreux colloques et des discussions prirent place parmi tous ceux qui se préoccupaient de formation pédagogique et de ce qui n'était pas encore les sciences de l'éducation.

C'est l'époque où les sciences humaines cherchent à se constituer en sciences autonomes et où, par ailleurs, la sociologie, la psychologie sociale, la psychologie clinique s'influencent mutuellement. Tout ce qui touche à la personne, au groupe, à la dynamique des groupes et à la relation interpersonnelle fait référence à Rogers, Bany et Johnson, Leavitt, Bales, Lewin. Ils inspirent très fortement des chercheurs et des pédagogues comme Max Pagès, J.-C. et J. Filloux, A. de Peretti, J. Maisonneuve, F. Oury, A. Vasquez, D. Hameline, M. Lobrot et G. Ferry.
Les thèses de la non-directivité ont été vivement critiquées, notamment par G. Snyders dans son ouvrage *Où vont les pédagogies non directives ?* Un large débat s'est développé dans les années 70, marqué par les confusions et les malentendus. Des expériences pédagogiques ont été conduites de manière plus ou moins heureuse.

La pédagogie non directive

Il faut resituer cette nouvelle approche par rapport à une pédagogie « traditionnelle » qui était uniquement centrée sur les contenus, mais aussi par rapport au mouvement de la pédagogie active et de l'école nouvelle qui exerçaient déjà une critique active du système et qui visaient à rendre les élèves « partie prenante » dans leur formation, à les aider à s'approprier véritablement le savoir. C'est une approche qui sera également reprise dans toutes les recherches-actions et les actions qui se mettent en place dans le domaine de la formation d'adultes, en particulier au Centre universitaire de coopération économique et sociale (CUCES) et à l'Institut national de formation des adultes (INFA) de Nancy.

Dans une école déjà en crise et où l'on souhaitait pouvoir mieux répondre aux exigences induites par une très forte démocratisation qui ajoutait ses effets à un afflux démographique, il apparaissait nécessaire de repenser le rôle du maître et celui des élèves. C'était également poser d'une autre façon la question des modalités d'un apprentissage efficace. C'est une des raisons pour lesquelles cette approche nouvelle a séduit beaucoup de personnes soucieuses d'efficacité et conscientes du besoin d'innover dans le domaine pédagogique.

Dans une telle approche, on met l'accent sur le rapport entre enseignement et apprentissage : « enseigner n'a de sens que si l'élève est en situation d'apprendre » (G. Ferry). L'enseignant doit prendre en compte la demande des élèves, être attentif à leur parole, considérer qu'il a à répondre à la demande des élèves, à s'inquiéter de la bonne réception des messages. Il doit être convaincu que l'élève aussi a quelque chose à apporter. De « maître à penser l'enseignant devient facilitateur d'apprentissage » (D. Lebon, préface à *Liberté pour apprendre*).

Pour les tenants de l'attitude non directive, la non-directivité n'est pas l'équivalent du laisser-faire ; cette interprétation a pourtant été assez fréquente et a pu conduire à des aberrations chez certains. Ce n'est pas parce que l'on n'intervient pas que l'on est non directif. La non-directivité consiste à ne pas imposer ou induire a priori une approche ou une orientation que les élèves ne sont pas disposés à adopter, mais plutôt à les inciter, et de façon active, à trouver leur approche et leur orientation.

Autre malentendu : une pédagogie non directive n'est pas une pédagogie qui mise exclusivement sur le relationnel au détriment des contenus ou sur l'affectif, au détriment de l'activité intellectuelle. G. Snyders considère que le fondement de la non-directivité est l'indifférence aux contenus. Ni Rogers, ni de Peretti, ni Max Pagès ne se reconnaissent dans cette interprétation. Ce n'est pas le fondement de la non-directivité, mais diverses dérives commises en son nom qui pourraient justifier cette sorte de critique. Faute de formation, on a vu sévir diverses pratiques sauvages et caricaturales se réclamant de la non-directivité.

D'une pédagogie dominante, rigide, qui était centrée uniquement sur les contenus transmis de façon autoritaire par la parole du maître, on passait tout d'un coup à une pédagogie qui prenait en compte l'élève, ses représentations, ses désirs, sa personne, non sans encourir les risques des improvisations et les fantasmagories auxquelles pouvait aboutir une notion mal comprise.

La querelle sur les contenus va alimenter des discussions nombreuses pendant toutes les années 70 et le début des années 80. Remarquons que ces réflexions et expérimentations, avec leurs excès et leurs erreurs, ont permis de remettre en question les pratiques de l'enseignant et de faire évoluer le système scolaire vers une meilleure prise en compte de l'élève lui-même et de ses démarches d'appropriation des savoirs.

BIBLIOGRAPHIE

ARIP, *Pédagogie et psychologie des groupes*, éditions de l'Épi, 1966.

J. Maisonneuve, *La Dynamique des groupes*, PUF, 1968.

J. Filloux, « Réflexion sur l'attitude non directive en pédagogie » in *Bulletin de psychologie de la Sorbonne*, n° 8, 9, 10, février 1963.

Carl Rogers, *Le Développement de la personne*, Dunod, 1988.

Carl Rogers, *Liberté pour apprendre ?*, Dunod, 1984.

G. Snyders, *Où vont les pédagogies non directives ?*, PUF, 1985.

G. Ferry, *La Pratique du travail en groupe ; une expérience de formation d'enseignants*, Dunod, 1985.

« Le groupe maître-élèves », *L'Éducation nationale*, numéro spécial du 14 juin 1962.

➤ Voir aussi École ouverte, Éducation permanente, Formation d'adultes, Méthodes pédagogiques, Rogers.

PÉRISCOLAIRE

L'adjectif « périscolaire » a fini par être substantivé dans le langage courant des enseignants. Il faut entendre évidemment « œuvres » ou « activités » périscolaires. *Peri* devant être lui-même entendu au sens de « autour », le périscolaire représente tout ce qui concerne l'école ou les élèves sans être l'école elle-même. Cette notion ne se confond pas avec l'expression « école parallèle » qui désigne chez certains auteurs l'ensemble des influences éducatives, actives ou passives, qui s'exercent sur un jeune : l'église, le mouvement de jeunesse, ou la rue, les groupes de jeunes, mais aussi la mode, la littérature, le cinéma et surtout la télévision.

L'environnement périscolaire a des finalités éducatives explicites, complémentaires de celles de l'enseignement, mais peut aussi avoir des finalités philanthropiques ou sociales. Il ne s'est pas constitué nécessairement aux mêmes époques. Enfin, il est foisonnant.

La distinction est parfois difficile à faire entre les associations périscolaires et les mouvements pédagogiques. Un certain arbitraire est donc inévitable dans les classements, dans la mesure où finalités et activités se recoupent forcément.

Cette réserve étant faite, on définira le périscolaire par les œuvres qui ont pour objectif essentiel la défense de l'école publique et l'aide à la scolarisation, celles relatives à la culture populaire, celles s'occupant plus spécifiquement du sport, celles relevant de la santé, ou de l'aide aux enfants handicapés et à leur famille. Il reste évident que la réalité de chaque œuvre est complexe et en partie polyvalente. Les caractéristiques communes à toutes sont d'être des entreprises militantes, laïques, dévouées à la cause des enfants et adolescents de l'école publique.

L'aide à l'école et la défense de l'école publique

La Caisse des écoles et les Pupilles de l'école publique sont parmi les plus anciens organismes qui aient gravité autour de l'école.

La Caisse des écoles, dont la première est apparue à Paris en 1849, était destinée à inciter à la fréquentation scolaire, à récompenser les élèves assidus et à venir en aide aux familles nécessiteuses. Il s'en crée d'autres, notamment en Alsace dans les années qui suivent. En 1867, le ministre Duruy encourage la création des caisses, en leur donnant une existence légale et organisée, et montre, dans une circulaire du plus grand intérêt historique (12 mai 1867), que la gratuité scolaire, si elle est concédée par les municipalités, n'est pas une mesure suffisante pour assurer la fréquentation scolaire, les parents n'en continuant pas moins à avoir besoin de leurs enfants comme main-d'œuvre gratuite. Les enfants n'ont pas les vêtements qu'il faut pour aller à l'école, l'argent manque pour acheter livres ou papier. À l'initiative (qui reste cependant facultative) des conseils municipaux, une caisse des écoles peut être créée dans toutes les communes ; elle sera alimentée par des cotisations et des dons, des subventions ; elle répartira ses aides d'après les avis donnés par le comité chargé de la faire fonctionner. Un de ses objectifs sera de fournir des livres aux enfants les plus démunis.

Les caisses des écoles existent toujours. Elles n'ont plus pour vocation d'assurer la fréquentation scolaire, mais elles demeurent des organismes de secours, le cas échéant, et une des ressources qui contribuent à faciliter les projets de l'école.

L'Œuvre des pupilles de l'enseignement public, créée en 1915 pour aider les orphelins de guerre ou les familles victimes, fut, à l'origine, une œuvre de solidarité étroitement liée aux circonstances ; elle demeure aujourd'hui une organisation de solidarité qui apporte son soutien aux colonies et centres de vacances, aux classes de découverte, et aux établissements à finalité sanitaire ou sociale.

La Ligue de l'enseignement, créée en 1866 par Jean Macé, dépasse résolument les buts sociaux et caritatifs pour être un vaste mouvement d'opinion en faveur de l'école et une grande entreprise de culture populaire. Son influence fut grande lors de la création de l'école publique à la fin du XIXe siècle et depuis lors, par l'intermédiaire de fédérations départementales qui portent le nom de Fédérations des amicales laïques ou Fédération des œuvres laïques, la Ligue n'a cessé de promouvoir le sport, le cinéma, la lecture, le théâtre, l'aviation de loisir. Forte de près de 3 millions d'adhérents, la Ligue, devenue en 1966 Ligue française de l'enseignement et de l'éducation permanente, est la plus importante fédération d'associations éducatives.

L'Office central de la coopération à l'école, créé en 1928, a une visée d'éducation pédagogique et civique : il s'agit, par l'intermédiaire de l'esprit coopératif et par la création de coopératives d'écoles ou de classes, d'initier les enfants et les adolescents à une gestion partagée et démocratique de projet, depuis la conception jusqu'à sa réalisation, de les investir d'une responsabilité authentique, y compris financière. Les coopératives d'écoles ou de classes adhèrent à l'Office central, qui leur délivre un modèle de statuts et les guide dans leurs démarches. Les fonctions habituelles aux associations – présidence, secrétariat, trésorerie – sont assurées par les élèves, les statuts exigeant cependant la présence et la garantie d'un adulte. L'esprit civique, comme l'esprit d'initiative, se développent dans les coopératives scolaires, dont certaines gèrent non seulement des projets en marge de la classe mais le fonctionnement même du travail scolaire.

L'Institut coopératif moderne, issu de Célestin Freinet et regroupant les pédagogues de sa mouvance, est un mouvement pédagogique et non une œuvre périscolaire, il ne dépend en rien de l'Office central de la coopération, mais il peut cependant illustrer ce que peut être une « pédagogie coopérative ».

La Jeunesse au plein air, fondée en 1938 par le Syndicat national des instituteurs, pour offrir des vacances à tous les enfants, et notamment à ceux qui ne connaîtraient pas sans cela le « plein air » faute de moyens financiers, a gardé une vocation spécifique dans le domaine des loisirs, en fédérant des associations toutes orientées vers les vacances et la détente. La campagne annuelle du timbre « Jeunesse au plein air » est bien connue ; elle se déroule à la fin de l'hiver, sous le patronage du ministre, et associe le public à l'effort en faveur des centres de vacances.

Dans les mêmes perspectives, mais à l'intérieur du ministère de l'Éducation nationale, existe la Fédération des œuvres éducatives et de vacances de l'Éducation nationale, FOEVEN, qui assure un soutien, en les coordonnant, aux œuvres de vacances de l'Éducation nationale. La FOEVEN centralisée est plus connue sous le sigle de ses échelons académiques : Associations régionales des œuvres de vacances, AROEVEN. Mais elle pénètre surtout dans les fonctionnements internes des établissements en fédérant les foyers socio-éducatifs des établissements, en formant des cadres ou des animateurs pour ces foyers, pour les projets d'action éducative, pour les zones d'éducation prioritaires. Elle organise des formations pour les délégués des élèves et les délégués jeunes ou pour l'encadrement des actions de formation des missions académiques à la formation des personnels de l'Éducation nationale (MAFPEN) : elle est représentative des symbioses qui se sont produites entre le périscolaire et l'école.

Associations favorisant essentiellement le sport

L'Union sportive de l'enseignement primaire, USEP, est née en 1939 au sein de la Ligue de l'enseignement et de l'Union des fédérations des œuvres laïques d'éducation physique (UFOLEP). Depuis 1930, l'UFOLEP regroupait en effet les associations sportives des amicales laïques. En 1934 avait été créé l'Office du sport universitaire, devenu en 1938 OSSU, Office du sport scolaire et universitaire. Mais les écoles primaires ne pouvaient en faire partie. À compter de la création de l'USEP, des associations sportives – fondées et régies comme toutes les associations par la loi de 1901 – allaient se développer dans l'enseignement primaire, avec les entraînements, les compétitions, et le développement de l'esprit associatif qui animait les amicales des autres établissements. Aujourd'hui, l'USEP représente – l'année de référence étant 1993-1994 – 13 621 associations ou sections, avec un total de 854 532 enfants, filles et garçons. Les écoles maternelles participent également avec 672 associations.

L' Union nationale du sport scolaire (UNSS) fédère les associations sportives de second degré, membres de la Confédération du sport scolaire et universitaire. Elle se situe dans la continuation des OSSU et se distingue donc des unions directement liées d'origine à la Ligue de l'enseignement pour s'inscrire dans le droit fil des évolutions de l'éducation physique et sportive. Ses buts sont de favoriser la pratique du sport, d'initier les jeunes à la vie associative, sans discrimination d'aucune sorte. Des circulaires ont rappelé en leur temps l'importance de la pratique sportive dans les classes telles que les classes préprofessionnelles de niveau (CPPN) ou les sections d'enseignement général et professionnel aménagé (SEGPA), anciennes sections d'éducation spécialisées. L'UNSS – année de référence 1994-1995 – compte 9 450 associations sportives, 823 000 licenciés, avec une légère prédominance des garçons, et un effritement des âges, les minimes et cadets étant nettement plus nombreux que les juniors et seniors, ce que l'exigence des classes d'examen peut expliquer.

Associations prenant en charge les enfants ou adolescents en difficulté

L'Association nationale des communautés éducatives, ANCE, fondée en 1949, regroupe et aide les collectivités ou les associations qui s'occupent de l'éducation et de la rééducation des enfants ou des adolescents et adultes en grande difficulté. Les plus connues du monde enseignant sont les centres médico-psycho-pédagogiques (CMPP), les instituts médico-pédagogiques (IMP), les instituts médico-professionnels (IMPRO), mais d'autres centres de rééducation en font également partie.

L'Association pour adultes et jeunes handicapés, APAJH, fondée en 1962, soit longtemps avant la promulgation de la loi sur l'intégration, s'efforce d'aider à l'intégration – scolaire ou sociale – des handicapés, en gérant des établissements spécialisés, nationaux ou locaux, en organisant des stages de formation. En dehors des organismes déjà rencontrés à propos de l'ANCE, qui peuvent adhérer aussi à l'APAJH, on rencontre, y adhérant également, les centres d'aide par le travail, (CAT), les ateliers protégés, les établissements relevant de l'Association laïque pour l'éducation et la formation professionnelle des adolescents (ALEFPA). L'ALEFPA, fondée en 1959, est un bon exemple de gestion en réseau d'établissements destinés à éduquer et former à un métier des adolescents en difficultés physiques, mentales ou sociales.

La récapitulation des organismes créés pour aider et soutenir la scolarisation et l'école publique, puis l'éducation populaire et, par le truchement des associations, développer un type de démocratie active et juste, qui n'abandonne pas les plus déshérités mais au contraire en assure l'émancipation, dessine une trajectoire qui épouse de façon tout à fait frappante et les événements de l'histoire, et les évolutions de pensée d'un siècle et demi d'histoire nationale.

➤ **Voir aussi** Mouvements pédagogiques.

PESTALOZZI Johann Heinrich (1746-1827)

Pédagogue suisse, né à Zurich, mort à Brugg. Élève du gymnase de Zurich où les idées de Basedow ont exercé une grande influence, marqué par le piétisme et par les idées rousseauistes du *Contrat social* et de l'*Émile* – dont la lecture lui révèle sa vocation pédagogique –, il participe à l'agitation de la jeunesse intellectuelle zurichoise contre l'oligarchie alors en place. Il garde de ses engagements juvéniles le désir de faire le bonheur du peuple et un intérêt pour les déshérités qui se marque dans les centres éducatifs qu'il dirige et qui accueillent des enfants pauvres ; dans sa dernière école à Yverdon (1805-1825), il crée une maison spécialisée dans l'éducation des sourds-muets.

L'admiration pour Rousseau n'est pas aveugle. Si Pestalozzi le loue d'avoir rendu « l'enfant à lui-même, et l'éducation à l'enfant et à la nature humaine », il lui reproche d'être « en contradiction avec la société et ses invariables besoins, en contradiction même avec l'esprit humain et avec les lois de son développement ». Pestalozzi découvre en effet (*Mes recherches sur la marche de la nature dans le développement du genre humain*, 1797) que la résolution du conflit entre la liberté naturelle et la contrainte sociale ne peut être l'œuvre de la nature – en cela il s'écarte de Rousseau – ni de la politique. Seule l'éducation peut faire de l'exigence sociale l'occasion pour l'individu d'accéder à plus de moralité et d'humanité.

Dans les écoles qu'il dirige à Stans (1799), à Burgdorf (1800-1803) et à Yverdon (1805-1825), Pestalozzi met en œuvre, en les corrigeant, les idées empiristes et rousseauistes de l'époque. La connaissance se fait à partir des sens; l'enfant apprend les mots à partir des objets réels. Le pédagogue suisse souligne l'importance de la progressivité de l'acquisition des connaissances. Il « simplifie et gradue les idées de telle manière qu'elles sont mises à la portée de l'enfant », remarque Mme de Staël dans son livre *De l'Allemagne* (chapitre XIX, 1re partie), car pour lui « la pensée et l'action doivent être, l'une à l'égard de l'autre, comme la source et le ruisseau, l'arrêt de l'une doit entraîner l'arrêt de l'autre et réciproquement ». Les élèves effectuent des stages chez les artisans, stages qui contribuent à leur orientation dans la vie active. Formation professionnelle et formation générale sont étroitement unies. Cette dernière concerne l'être dans son intégralité par une pédagogie de l'esprit (éducation de l'intelligence), une pédagogie du cœur (éducation morale), une pédagogie de la main (éducation physique et formation professionnelle).

L'influence de Pestalozzi tient au prestige de son école d'Yverdon où des stagiaires viennent s'initier à ses méthodes (méthodes actives, monitorat et tutorat confiés à de grands élèves) et à son organisation (travail de 6 à 18 heures avec une grande variété d'exercices, promenades et visites pédagogiques, réunions trihebdomadaires des maîtres). Une importante activité littéraire consolide le rayonnement de Pestalozzi avec la publication de guides pédagogiques (*Guide pour apprendre à épeler et à lire*, *Méthode d'observation de données numériques*) et d'un ouvrage *Comment Gertrude instruit ses enfants* où, sous forme de lettres, le pédagogue définit et détaille les méthodes d'enseignement. Les romans *Léonard et Gertrude*, *Christophe et Else* (1782) mettent l'accent sur le thème de l'éducation populaire et du rôle de la mère de famille. Fichte dans son *Discours à la nation allemande* voit dans les méthodes de Pestalozzi un modèle apte à régénérer l'Allemagne.

BIBLIOGRAPHIE

J. H. Pestalozzi, *Comment Gertrude instruit ses enfants*, P. Castella, 1985.

J. Houssaye, *Quinze pédagogues. Leur influence aujourd'hui*, Armand Colin, 1994.

M. Soëtard, *Pestalozzi ou la naissance de l'éducateur*, Berne, Peter Lang, 1981.

➤ **Voir aussi** Basedow, Rousseau.

PHOTOCOPIE

La reproduction d'un texte, grâce à une machine qui ne nécessite pas de dactylographie préalable, constitue la photocopie du document. Les photocopieuses actuelles sont très performantes, permettant l'agrandissement ou la miniaturisation des documents, qu'ils soient écrits, graphiques ou iconographiques. Les reproductions peuvent se faire, selon les types de machines, en noir et blanc ou en couleurs, en un unique ou en de nombreux exemplaires. La photocopieuse fait aujourd'hui partie de tout équipement de bureau, d'école, d'établissement, voire de classe.

Le besoin de reproduire des documents s'est fait sentir depuis longtemps dans les écoles, bien avant qu'elles ne puissent disposer – ou qu'existent – des photocopieuses. Les correspondances collectives avec les parents, le tirage d'exercices ne figurant pas dans les manuels, ou de figures diverses à découper ou à colorier, créaient la nécessité d'un moyen de reproduction. La « pierre humide », les petites machines à alcool, les ronéo à encre, ont constitué des étapes dans l'équipement des écoles, en fonction des appareils commercialisés et des budgets disponibles. La photocopie a donc été précédée par des moyens de reproduction constituant la polycopie.

Sur le plan pédagogique, photocopie et polycopie relèvent de mêmes utilisations, sinon de mêmes techniques.

Photocopie et enseignement

Utilisées d'abord pour répondre à des besoins administratifs, en l'absence de secrétariat dans les écoles, ou pour pallier le manque de manuels, notamment pour les enfants d'écoles maternelles, la photocopie a peu à peu envahi la pédagogie dans toutes les classes de l'école primaire, du collège et du lycée. Son utilité est évidente quand il s'agit de distribuer une information ou un document à un groupe qui en a besoin, en l'absence d'autres sources disponibles. Il est de plus en plus fréquent que l'on ait besoin de travailler sur des documents partiels, de sources variées, ou sur des dossiers montés à partir d'extraits importants d'ouvrages, que les ouvrages eux-mêmes ne remplaceraient pas. La fortune de la photocopie dans l'enseignement, toutefois, a été grandement parallèle à la désaffection qui a marqué toute une époque à l'égard des manuels scolaires. La photocopie paraissait favoriser la liberté pédagogique du maître, et celle des élèves, qui n'étaient pas asservis aux progressions et types d'exercices imposés par les auteurs de manuels. Elle était aussi destinée à épargner aux élèves un travail de copie considéré comme fastidieux : copie d'énoncés, de phrases ou de textes à travailler ; elle paraissait enfin, toujours en l'absence de manuels, fournir aux élèves des éléments de leçons à apprendre. Pendant longtemps – et encore aujourd'hui – on a vu les classes travailler sur des polycopiés de qualité médiocre parfois, qui se perdaient ou se déchiraient. Pour éviter les pertes et garder les traces indispensables des exercices écrits, les feuilles polycopiées étaient collées dans le cahier, au détriment de sa maniabilité et de sa netteté.

Les professeurs ou inspecteurs qui émettent des réserves à l'endroit des photocopies ou polycopiés ont maintes fois mis en évidence que, par ce procédé, on privait les enfants et les jeunes gens de vrais livres, avec une table des matières et tout ce qui relève de l'identité du livre ; qu'on les privait d'instruments qui leur devenaient familiers, et donc faciles à utiliser, qu'on leur épargnait à l'excès le travail de copie et de présentation qui ne sont pas sans intérêt pédagogique, utilisées à bon escient. Qu'on leur épargnait trop, par cette facilité, la nécessité de rédiger, de prendre des notes, ou d'améliorer leurs performances dans ces domaines. On peut craindre enfin que la cohérence dans la suite des textes ou des exercices ne soit perdue de vue, alors que tout livre, tout manuel, s'efforce de légitimer la succession de ses chapitres.

Cette habitude de distribuer des photocopies – ou des polycopiés – est attestée à tous les niveaux de l'enseignement, à l'université, et dans la formation continue. Elle n'est pas propre à l'Éducation nationale, mais se rencontre dans la pratique de gestion des entreprises, dans le commerce, dans les bibliothèques et dans toute situation où il y a intérêt à garder une trace, partielle ou intégrale, d'une documentation, ou à fournir des exemplaires d'un même document à plusieurs participants.

La pratique prouve que beaucoup de photocopies sont distribuées, qui ne présentent aucun intérêt réel, mais offrent une simple commodité pour les participants, et une qualité de présentation dans la documentation offerte.

La télécopie n'est pas la photocopie, mais la transmission d'un message imprimé, reçu par le destinataire sous forme d'une reproduction du document initial ; elle n'est pas encore entrée dans les classes, sauf de façon très épisodique, même si elle est présente dans les secrétariats d'établissements. Les ordinateurs dont disposent les élèves ne sont pas encore connectés entre eux, comme cela est maintenant le cas aux États-Unis, sauf exception, mais la transmission par ce moyen d'informations incluant la reproduction de textes divers, ajoute au phénomène de la photocopie. Toutes ces impressions de messages sont des formes de copie – qui situe la photocopie dans un ensemble très vaste de communication, et de modalités de travail, différant profondément de la lecture et de l'écriture telles qu'elles sont apprises et pratiquées traditionnellement. La photocopie cherche à se réglementer. Les autres moyens de copie à distance sont trop récents pour avoir fait l'objet d'une réglementation. La croissance de certains réseaux pose pourtant la question de façon urgente.

Photocopie et légalité de la reproduction

En dehors de l'aspect pédagogique de la question se pose un problème d'ordre juridique.

La reproduction par photocopie (ou autre moyen) d'œuvres protégées n'est permise que pour 10 % d'une œuvre, et certaines sont entièrement interdites de reproduction, les auteurs ou leurs ayants droit en gardant la propriété. En dépit de cette limitation, qui n'est guère respectée, la reproduction est en développement constant.

Les copieuses, qui sont passées en moins de dix ans de 450 000 à 1 250 000 débitent sur une seule année 60 milliards de copies, dont 10 %, soit 6 milliards, de pages interdites de reproduction. Ces chiffres sont obtenus par sondages. Les établissements d'enseignement, pour leur part, consommeraient 25 % des copies, chiffre confirmé par des études analogues effectuées dans les pays voisins. Le préjudice commercial, très important, estimé à 2,4 milliards de francs, a amené la constitution du Centre français d'exploitation du droit de copie – CFC – (primitivement, en 1983 date de sa création, Centre français du copyright). Sous la forme d'une société civile de perception et répartition de droits de propriété littéraire, le CFC regroupe des représentants des sociétés d'auteurs, des éditeurs, des syndicats d'éditeurs. Des accords lient le CFC à des sociétés étrangères, aux buts analogues, afin que le droit des auteurs et des éditeurs étrangers soit reconnu en France, et vice versa. Des limitations d'autorisation pour les textes protégés sont édictées, des conventions passées ensuite avec les utilisateurs. Les consommateurs de copies s'engagent à les payer, à la page, à un tarif déterminé, ou par forfait. Les contractants de la convention avec le CFC sont en règle, et donc protégés juridiquement, les auteurs et éditeurs dédommagés en partie de la perte commerciale que représente la photocopie. Les difficultés de recouvrement – l'Éducation nationale en particulier ne paierait pas ses consommations – ont amené le CFC à renforcer ces dispositions et à demander l'institution de la gestion collective obligatoire de la reprographie : les auteurs et leurs ayants droit cédant leurs droits au CFC, les utilisateurs de photocopies n'ayant alors plus que lui comme interlocuteur. La loi du 4 janvier 1995 prévoit ce système dans le code de la propriété intellectuelle.

Sans nier l'utilité d'une technique remarquable, et en dehors de l'aspect juridique de la question, dont on ne peut sous-estimer l'importance, l'emploi excessif de la photocopie dans les établissements scolaires pose la question de savoir si elle n'a pas plus d'inconvénients que d'avantages dans la formation des jeunes.

CFC : 3, rue Hautefeuille, 75006 Paris.

➤ **Voir aussi** Manuels, Nouvelles techniques d'information et de communication.

PIAGET Jean (1896-1980)

Psychologue suisse d'expression française. Très tôt il s'intéresse à la zoologie et, adolescent, publie, dans un journal scientifique de Genève, ses observations sur les mollusques. Ceux-ci seront l'objet de sa thèse de biologie. Enthousiasmé par la lecture de *L'Évolution créatrice* de Bergson, curieux des divers aspects du savoir humain, Piaget se donne une formation intellectuelle alimentée à plusieurs sources. Il suit les cours d'un logicien et épistémologue réputé, Arnold Reymond, écoute les conférences psychiatriques de Bleuler et de Jung, s'initie à la psychologie expérimentale dans le laboratoire de G. Lipps et A. Wreschner et à la psychanalyse dans une clinique psychiatrique de Zurich. Enfin à Paris auprès de T. Simon, l'ancien collaborateur de Binet, la mise au point de tests et leur application aux enfants lui révèlent les possibilités d'une investigation expérimentale de la pensée enfantine.

La problématique fondamentale de Piaget se situe à la confluence de toutes ces disciplines : comment se constituent les connaissances ? L'épistémologie génétique, comprise comme l'analyse du développement des formes de la connaissance dans diverses régions du savoir, a pour ambition d'apporter des réponses. *Logique et Connaissance scientifique* (Encyclopédie de la Pléiade), *Introduction à l'épistémologie génétique* (PUF, 1949) donnent une idée des études menées et à mener dans ce domaine. L'examen des diverses structures cognitives – psychologiques, logiques, mathématiques, cybernétiques, etc. – requiert un travail interdisciplinaire. À cet effet est créé en 1955 à Genève le Centre international d'épistémologie génétique.

Les diverses épistémologies – du nombre, de l'espace, du temps, etc. – renvoient à une psychogenèse et tout particulièrement à l'étude des structures cognitives selon les âges de l'enfant. Ces analyses conduisent Piaget à une conception opératoire du développement enfantin. Celui-ci est un processus continu avec des stades qui en marquent sans brusquerie les transitions. Par là, Piaget s'oppose à Henri Wallon (1879-1962) qui met l'accent sur une certaine discontinuité : le passage de l'intelligence sensorimotrice à la pensée discursive s'effectue par un processus jalonné de crises, dont la plus connue est celle des trois ans.

Même si on reproche à la psychologie piagétienne de ne pas établir des règles universelles mais seulement valables dans un milieu social donné – voir la critique de Vygotski –, les travaux de Piaget ont marqué la science psychologique du XXe siècle. Outre ses fonctions d'enseignement – l'histoire de la pensée scientifique en 1929 à Genève, la sociologie à Lausanne en 1936, la psychologie à Neuchâtel, à Genève, puis à Paris de 1952 à 1963 – Piaget dirigea en 1929 le Bureau international de l'éducation, en 1932 l'Institut Rousseau aux côtés de Bovet et de Claparède, en 1955 le Centre international d'épistémologie génétique. Parmi ses nombreux ouvrages de psychologie de l'enfant citons : *Le Langage et la pensée chez l'enfant* (1923), *Le Jugement et le raisonnement chez l'enfant* (1925), *La Représentation du monde chez l'enfant* (1926), *Le Jugement moral chez l'enfant* (1932), *La Naissance de l'intelligence* (1947).

BIBLIOGRAPHIE

J. J.Ducret, *Jean Piaget : biographie et parcours intellectuel*, Delachaux et Niestlé, 1990.

J. Piaget, *Mes idées*, Propos recueillis par R.I. Evans, Denoël-Gonthier, 1977.

J. Piaget, *L'Épistémologie génétique*, PUF, Que sais-je ?, 1970.

➤ Voir aussi Behaviorisme, Claparède, Constructivisme, Vygotski.

POLYVALENCE

La polyvalence, dans le vocabulaire propre à l'enseignement, est relative aux disciplines enseignées par un même professeur : une seule discipline enseignée, l'enseignement est dit monovalent, terme à peu près inusité dans la mesure où cette monovalence est de règle ; plusieurs disciplines enseignées, l'enseignement est alors polyvalent. En fait, seuls les instituteurs, les professeurs des écoles, les professeurs des ex-collèges d'enseignement général (CEG) qui succédaient aux cours complémentaires et certains professeurs de lycées professionnels peuvent être dits être, ou avoir été, polyvalents.

À noter que traditionnellement certaines disciplines sont associées dans l'enseignement secondaire bien qu'elles constituent chacune des domaines bien distincts. C'est le cas de l'histoire et de la géographie, voire de l'éducation civique, enseignées en général par le même professeur ; c'est encore souvent le cas pour des disciplines littéraires aussi différentes que le français, le latin et le grec. Ces professeurs ne sont pas dits « polyvalents » pour autant. Il arrive enfin qu'un professeur d'une discipline donnée soit invité à compléter son service en donnant quelques heures dans une autre discipline : il n'est pas davantage considéré comme polyvalent. Ces contre-exemples prouvent que la notion de polyvalence est associée essentiellement à des structures d'enseignement, et non à des groupements traditionnels ou occasionnels de nécessité.

La polyvalence, qui est beaucoup plus contraignante pour l'enseignant au niveau de sa formation, de son information, des préparations de son travail, que la monovalence, trouve des justifications dans des raisons historiques et psychologiques.

Sur le plan historique, l'alphabétisation et le rudiment à enseigner aux écoliers incombaient à un seul maître, qui en savait assez, en toute matière, pour mener à bien ses programmes. Si sa qualité n'était pas exactement ce qu'il aurait fallu, la pénurie en maîtres ne permettait guère de se montrer plus exigeant. La prolongation de la scolarité dans des écoles du type cours complémentaire, implantées en général dans les chefs-lieux de canton, devait encore employer des maîtres exerçant dans deux ou trois disciplines chacun : ainsi le réseau territorial et le réseau académique des disciplines se trouvaient complets. Au niveau des écoles primaires supérieures, des collèges et des lycées, l'indépendance des disciplines était un état de fait, sous la réserve des quelques cas particuliers dont il a été fait mention plus haut.

Mais les nécessités en personnels n'expliquent pas tout. La polyvalence peut se défendre d'un point de vue pédagogique.

Les arguments psychologiques en faveur de la polyvalence, en effet, sont importants. Ils s'appuient sur la connaissance, au moins empirique, des enfants. S'il s'agit de très jeunes enfants, la sécurité affective qu'on doit leur assurer commande qu'une seule personne soit constamment avec eux et serve de truchement avec les autres adultes de l'école, voire avec les autres enfants. Dans les premiers temps de la scolarité, un maître, une classe, une place, un décor familier, sont les repères indispensables sur lesquels asseoir les activités de l'école maternelle. À l'école primaire, les enfants sont encore jeunes, les enseignements de base n'ont pas encore le statut de disciplines : apprendre à lire, à écrire et à rédiger, à compter, à mesurer, à raisonner, ces capacités entretiennent entre elles des liens qui militent, en sus de considérations d'ordre affectif qui demeurent valables, pour le maintien d'un maître unique. La cohérence des apprentissages en est renforcée, et même peut-être n'est-elle réalisée qu'à cette condition. C'est ce maître, en outre, qui est apte, en voyant l'enfant se développer dans tous les entraînements et savoirs qu'on lui propose, à suivre son évolution et à intervenir en cas de difficultés.

Le rôle essentiel du maître unique, dans les classes d'enfants jeunes, n'a pas empêché des essais, intervenus depuis une quinzaine d'années, pour introduire à l'école primaire, à partir du Cycle 3, des échanges de services entre maîtres ou des travaux d'ateliers qui bousculent pendant certaines plages horaires de la semaine la configuration des classes. Ces formes de travail sont progressives ; elles ont le double avantage d'utiliser au mieux les compétences individuelles des enseignants, et de préparer les élèves aux formes de travail qu'ils rencontreront dans la suite de leur scolarité : elles ne mettent pas en cause la polyvalence du maître.

Il est possible que beaucoup de difficultés d'adaptation dans les 6e des collèges se trouveraient atténuées si le nombre de professeurs ayant affaire à un même enfant se trouvait diminué grâce à la polyvalence.

Les arguments d'ordre essentiellement affectif pourraient aussi être transposés sur le plan cognitif. L'indépendance des matières enseignées au collège et au lycée ne va pas sans difficultés. L'émiettement du savoir y a souvent été dénoncé. On peut se demander si une certaine polyvalence ne serait pas une réponse appropriée au mal.

L'hostilité des corps professoraux à toute forme de polyvalence est grande ; ils argumentent ce refus par le niveau de qualité de l'enseignement à dispenser, qui ne pourrait être maintenu s'il devait être égal dans deux ou plusieurs domaines. Il y a aussi la tradition, qui fait frein, alors qu'en Allemagne, par exemple, la polyvalence est beaucoup plus répandue.

Peut-être faut-il chercher, en effet, des formes nouvelles de polyvalence, car aucun groupement de disciplines ne peut être vraiment légitimé, et une polyvalence totale est exclue au niveau d'enseignement de la fin du collège et au lycée. C'est plutôt dans la manière d'enseigner, dans l'organisation d'une certaine pluridisciplinarité, dans la conduite de projets, qu'une voie pourrait être ouverte vers un type de travail échappant à la séparation trop nette des disciplines. Il peut y avoir différentes façons de passer à une certaine polyvalence.

➤ Voir aussi Classes, Discipline.

PRÉVENTION

Action qui consiste à mettre en œuvre des mesures et des moyens pour éviter que ne s'installent et ne se développent des situations génératrices de difficultés. Le modèle de référence est à rechercher dans la médecine préventive qui a su, depuis longtemps, prendre des dispositions pour éviter le développement des maladies et la propagation des épidémies et, depuis une époque plus récente, détecter les atteintes génétiques.

Dans le domaine de l'éducation, la notion de prévention est apparue vers les années 70 en se conjuguant avec celle de dépistage qu'elle venait compléter en l'englobant. Si le dépistage a été considéré jusqu'à cette période comme une démarche qui contribuait à détecter les troubles graves et les handicaps pour orienter les élèves qui en étaient atteints vers des structures spécialisées, la prévention s'est imposée comme une action qui permet d'agir en amont, avant que le trouble n'apparaisse, pour que l'enfant se développe dans les meilleures conditions et trouve naturellement sa place dans toutes les composantes de son environnement. La prévention consiste aussi à déceler précocement le trouble ou le handicap lorsqu'ils se révèlent, pour en corriger ou en atténuer les effets par des actions ou des traitements appropriés.

Ainsi, alors que le dépistage était considéré, au moins dans les débuts de son application, comme la phase initiale d'un processus de ségrégation, la prévention s'est inscrite dans une démarche d'intervention précoce en faveur des enfants troublés ou handicapés et d'intégration dans les contextes ordinaires de vie – par exemple l'école –, mais elle inclut à l'évidence un moment de dépistage dans sa dynamique d'action.

Procédure complexe et conduite de manière continue tout au long de la scolarité, la prévention prend des formes diverses en fonction des problèmes abordés et des acteurs concernés. Globalement, il convient de retenir trois modèles.

La prévention primaire

Elle consiste à agir sur l'environnement de l'enfant pour que les conditions de scolarisation soient les meilleures possibles et évitent ainsi les sources éventuelles de difficulté. Elle passe par des conseils d'hygiène, un suivi médical et social discret, des actions d'éducation à la santé, mais aussi par des échanges réguliers entre parents et enseignants pour que l'école soit vécue comme un lieu d'accueil trouvant sa place de manière cohérente et complémentaire parmi les autres lieux de vie de l'enfant.

La prévention primaire concrétise la volonté de fournir à tous les élèves un service de qualité, de plus en plus adapté à l'hétérogénéité de la population scolaire. C'est ainsi que l'organisation de l'école en cycles pédagogiques permet aux maîtres d'adapter leur enseignement aux différents rythmes de développement et d'acquisition des enfants et de porter une attention particulière à ceux d'entre eux qui en ont le plus besoin. La construction progressive des apprentissages cognitifs, comportementaux et sociaux, l'évaluation régulière de la maîtrise des compétences participent également de cette prévention primaire dont la mise en œuvre doit constituer un sujet de préoccupation centrale des conseils de cycle et des conseils d'école.

La prévention secondaire

Elle vise à reconnaître les manifestations des difficultés lorsque celles-ci n'ont pu être évitées dans la dynamique générale de la prévention primaire. Les premiers indices ou signes d'appel sont discernés par l'enseignant et doivent dans un premier temps, susciter une réflexion qu'il conduit en collaboration avec les parents, les personnels des réseaux d'aides spécialisées aux élèves en difficulté, les médecins de la protection maternelle infantile ou les médecins de l'Éducation nationale. Si les signes de troubles sensoriels sont les plus aisés à percevoir, les problèmes de langage ou d'immaturité psychomotrice, les dysfonctionnements cognitifs, les troubles psychoaffectifs sont plus complexes à saisir et demandent une vigilance particulière.

La prévention secondaire appelle, après étude de la situation, une intervention en faveur de l'enfant dans le cadre de l'école ; cette action se réalise sous forme d'adaptation spécifique de l'enseignement par le maître et d'aides spécialisées assurées par les personnels des réseaux. Les médecins intervenant dans l'école sont directement concernés par l'évolution des difficultés repérées et analysent à période régulière l'effet des actions entreprises. Ce niveau de prévention est conduit également en relation avec des partenaires extérieurs à l'école et qui peuvent avoir connaissance de l'émergence de ces difficultés : les assistants sociaux de secteur mais aussi les personnels médicaux et paramédicaux susceptibles de suivre l'enfant concerné.

Une observation attentive de l'élève en difficulté peut permettre d'analyser les causes probables de cette situation et d'essayer d'agir sur elles avant que leurs effets ne s'aggravent. La prévention secondaire tente de rompre ou d'atténuer les séries causales dont on n'a pu éviter le déclenchement. Les actions conduites au titre de ce type de prévention visent à traiter les différences au sein de l'école et à garantir la place de l'enfant, quelles que soient ses singularités, parmi ses pairs.

La prévention tertiaire

Elle constitue le niveau le plus élaboré de l'intervention et sollicite la prise en charge des troubles ou des handicaps par des personnels spécialisés et des moyens spécifiques dont l'école ne dispose pas. Elle nécessite l'appel à des spécialistes de l'extérieur qui peuvent être des personnels de centre médico-psycho-pédagogique, de l'intersecteur de psychiatrie infanto-juvénile, de centre d'action médico-sociale précoce ou du secteur médical et paramédical (orthophonistes, psychomotriciens, psychothérapeutes). L'objectif de la prévention tertiaire consiste, là encore, à tout faire pour que l'élève handicapé ou en difficulté soit maintenu à l'école, grâce à des actions spécifiques qui, articulées avec un enseignement adapté, favorisent l'intégration d'un élève et lui évitent une admission dans une structure spécialisée.

La prévention est une mission fondamentale de l'école. Inscrite dans la loi d'orientation en faveur des personnes handicapées du 30 juin 1975, elle a été réaffirmée par la loi d'orientation en faveur de l'éducation du 10 juillet 1989 et a fait l'objet d'une décision particulière dans le Nouveau contrat pour l'école du 1er septembre 1994. Elle appelle à l'évidence un mode d'action fondé sur la collaboration des différents intervenants, enseignants et personnels spécialisés en relation avec les parents ; aussi s'inscrit-elle dans une démarche de partenariat qui engage les compétences et les efforts de toutes les parties concernées pour concourir à la réussite de l'élève dans le contexte scolaire.

Cependant, la prévention pose, de manière constante et presque lancinante, deux questions essentielles : À quel moment faut-il intervenir ? Est-il légitime d'intervenir sur l'enfant ?

La précocité de l'intervention est désormais reconnue comme souhaitable. L'expérience a montré que des attitudes attentistes, rencontrées parfois chez certains enseignants ou certains médecins traitants et qui consistaient à « laisser agir la nature », pouvaient entraîner la transformation de difficultés discrètes en handicaps parfois difficilement réversibles. Cependant, à l'opposé il est reconnu qu'une intervention trop massive peut stigmatiser hâtivement des difficultés chez certains enfants, contrarier des processus de maturation et bloquer des constructions de compétences. Cette réflexion doit présider à la définition de l'opportunité du moment d'intervention et sous-tendre en permanence l'action des membres de l'équipe de prévention.

La question de la légitimité de la prévention est posée essentiellement à partir de la prévention secondaire, au moment où l'enfant ne semble plus en mesure, par ses propres moyens, de transformer sa situation difficile en situation acceptable par le contexte. La démarche préventive consiste alors à agir sur le sujet pour qu'il s'adapte à son environnement scolaire. Ce type d'action, qui s'inspire du modèle behavioriste, s'appuie sur une conception quelque peu normative de la situation scolaire et devrait solliciter, en contrepoint, une intervention sur l'environnement, par une modification des seuils de tolérance et des modes de fonctionnement de l'école, pour que tous les élèves soient accueillis avec leur diversité.

Dans ce mouvement inverse impliquant non plus l'action sur les singularités du sujet mais l'adaptation de l'environnement scolaire et social à tous les individus, la prévention devrait rejoindre l'intégration.

BIBLIOGRAPHIE

Loi d'orientation en faveur des personnes handicapées du 30 juin 1975.

Circulaire *La Prévention des inadaptations et les groupes d'aide psychopédagogique* du 25 mai 1976.

Loi d'orientation sur l'éducation du 10 juillet 1989.

Le Nouveau contrat pour l'école du 1er septembre 1994.

➤ **Voir aussi** Dépistage, Difficulté (enfants en), Échec scolaire, Groupe d'aide psychopédagogique, Intégration, Partenariat, Réseau d'aides spécialisées aux élèves en difficulté.

PROFESSEUR PRINCIPAL

Dans le second degré et dans toutes les classes, professeur qui assume des tâches particulières concernant les élèves d'une division ; il a la responsabilité du suivi de leur formation, de leur information et de la préparation de leur orientation. Il n'y a qu'un seul professeur principal par division, sauf dans certaines académies où les établissements difficiles peuvent en avoir deux dans chacune.

Son rôle

Au sein de l'équipe pédagogique, il effectue la synthèse des résultats obtenus par les élèves et il la présente au conseil de classe ; il conseille l'élève et l'aide à élaborer son projet personnel. En particulier, il le guide dans le choix des options qui lui sont offertes aux divers niveaux. Il est prévu qu'il soit son interlocuteur privilégié quand il rencontre des difficultés.

Il travaille plus particulièrement avec le Centre de documentation et d'information (CDI) et le Centre d'information et d'orientation (CIO), à partir de la documentation fournie par l'Office national d'information sur les enseignements et les professions (ONISEP) et celle élaborée par les professions elles-mêmes. Il joue aussi un rôle très important dans l'instauration du dialogue entre enseignants, conseiller d'orientation-psychologue, élèves et parents.

Au lycée, le professeur participe également à l'organisation et à la coordination de l'enseignement modulaire.

Au lycée professionnel, en plus des diverses fonctions déjà évoquées, le professeur principal veille à la coordination des périodes de formation en entreprise.

Pour toutes ces charges, il perçoit une indemnité.

Sa désignation

Son rôle ne concerne pas une discipline à proprement parler ; il est désigné indépendamment de celle qu'il enseigne. Les professeurs principaux sont donc désignés par le chef d'établissement essentiellement en fonction de leurs qualités pédagogiques et organisationnelles, de leur aptitude à la relation et au travail en équipe.

Leur fonction prend une importance de plus en plus grande.

BIBLIOGRAPHIE

Circulaire n° 93-087 du 21 janvier 1993.

➤ Voir aussi Centre de documentation et d'information (CDI), Conseils du second degré, Option, Orientation, Projet, Résultats scolaires, Tutorat.

PROGRAMMATION

Le mot programmation n'apparaît dans les dictionnaires, avant une date récente, que dans des emplois très spécialisés : il s'agit de planification, en général, ou, en mathématiques, de « programmation linéaire », c'est-à-dire d'un traitement mathématique utilisé notamment en économie. Mais le terme a pris de l'ampleur et des occurences fréquentes depuis qu'il y a des ordinateurs. C'est en effet un terme propre au travail informatique : la programmation est la mise en place, en un langage informatique donné, d'une fonction de l'ordinateur ou la réalisation d'un logiciel qui fonctionnera sur l'ordinateur. Ces fonctions sont programmées, c'est-à-dire qu'elles suivent un ordre rigoureux d'enchaînements dans les instructions qui constituent leur programme ; l'organigramme complexe d'action est le programme, sa réalisation la programmation.

La programmation au sens informatique concerne peu l'école

L'initiation des enfants et des adolescents à la programmation a été, il y a une quinzaine d'années, – l'année 1985, celle du Plan informatique pour tous peut servir de repère – un projet de l'Éducation nationale. Projet vite abandonné, compte tenu de la complexité des opérations, de l'évolution extraordinairement rapide des langages et devant l'évidence qu'il valait mieux apprendre à se servir des ordinateurs plutôt que d'essayer de les gouverner.

Cette tentative a du moins été efficace en ce sens qu'elle est venue renforcer une idée très présente dans la pensée pédagogique actuelle : celle de la prévision. Si les décennies 60 et 70 ont été celles de l'invention, de la spontanéité et de la créativité comme valeurs essentielles, les années suivantes ont été celles de l'organisation. Les différents projets qui ont occupé la vie des classes depuis plus d'une décennie maintenant – PAE, projet d'établissements, projet de classes, projet d'intégration d'enfants handicapés – en dépit de leurs objets différents, et malgré la créativité et l'autonomie dont ils sont la preuve, n'existent cependant que dans la programmation contrôlée des actions qu'ils envisagent. On est évidemment en présence d'analogies : la programmation d'un robot ou d'un logiciel atteint en perfection ce que l'action humaine, profuse, n'atteint pas et ne désire d'ailleurs pas atteindre ; mais l'ordre à suivre, les opérations à hiérarchiser, les paramètres nombreux et différents qui doivent intervenir au bon moment dans le déroulement de l'action, relèvent d'une vision du travail planifiée et quasi programmée. La construction de référentiels dans l'enseignement technique, dans certaines disciplines comme l'éducation physique, allait dans le même sens et l'implantation nationale de l'évaluation – qui s'appuie nécessairement sur des objectifs référencés – concrétise à son tour les exigences d'une pédagogie contrôlée.

Dans un sens moins précis et surtout moins technique que celui issu de l'informatique, l'idée de programmation comme prévision organisationnelle du travail s'impose dans le vocabulaire pédagogique actuel.

➤ Voir aussi Informatique, Programme, Répartition.

PROGRAMME

Un programme est la prévision d'actions à opérer dans une limite de temps donné. Dans cette acception large, le terme convient à la vie domestique la plus familière, aux prévisions d'un gouvernement, d'un organisme quelconque, d'un parti politique, comme à la suite des opérations qu'effectue une machine.

Dans le monde scolaire, le programme est la prévision de ce qui doit être étudié à un niveau donné, dans une discipline donnée, dans un temps donné. Les programmes visent ainsi, discipline par discipline, un niveau de classe, et, sauf indications contraires, le programme doit être déroulé sur l'espace d'une année scolaire. La question des programmes scolaires est une question passionnelle parfois, qui agite l'opinion publique autant que les professionnels de l'enseignement.

La définition des programmes appartient au ministre de l'Éducation nationale. Une fois publiés, ils ont force de loi et tous les établissements publics ou privés sous contrat doivent les appliquer. La marge d'autonomie – notamment pour adapter certains enseignements à des particularités locales – est assez faible. Mais les programmes s'interdisent de donner des prescriptions méthodologiques, même si des instructions ou des commentaires annexés aux programmes en explicitent les intentions. La liberté pédagogique est donc grande, à l'intérieur d'un cadre fixe.

L'élaboration des programmes a été longtemps de la responsabilité de l'Inspection générale, qui faisait une proposition au ministre, après avoir réuni les avis ou concours nécessaires et travaillé en collaboration avec les directions ministérielles concernées; ces équipes n'avaient pas d'existence officielle ni de composition arrêtée. Le ministre consultait ensuite sur les propositions, dans la mesure où il le jugeait opportun – les syndicats d'enseignants, les associations de parents d'élèves, des personnalités en renom étaient les principaux partenaires de cette consultation.

Les directions du ministère, directions des écoles, des collèges ou des lycées selon le cas (et selon les moments car les directions du second degré ont parfois fusionné) ont de plus en plus contribué à l'élaboration des programmes, l'Inspection générale émettant des avis techniques en cours de travail. En 1989, au moment de la promulgation de la loi d'orientation, le ministre de l'Éducation nationale a mis en place un Conseil national des programmes, chargé d'établir les propositions. Les directions continuaient à être associées au travail, tandis que l'Inspection générale devenait une instance consultée, émettant des avis.

Les programmes officiels sont édités et en vente au Centre national de documentation pédagogique (service des publications, 13, rue du Four, Paris 75005) ainsi que dans les centres de documentation pédagogique régionaux.

La durée de validité des programmes

Les programmes sont redéfinis assez fréquemment, soit en des variantes légères, soit en des variantes profondes. Un programme est valide tant qu'il n'est pas expressément remplacé par un autre. L'histoire des programmes peut retracer l'histoire des différentes conceptions pédagogiques qui se sont succédé au fil du temps. Celles-ci ont varié selon la durée impartie à la scolarité obligatoire, selon les structures du second degré, selon des politiques particulières, par exemple en matière de langues anciennes et langues modernes, selon l'importance attribuée aux mathématiques ou aux sciences, selon l'évolution des technologies et, d'une façon générale, de l'avancée des sciences exactes ou des sciences humaines.

Ce que l'on a appelé « la crise de l'école », qui est en fait une crise de la société, a multiplié les inquiétudes. Un système scolaire efficace devrait éviter les échecs, donner une formation adaptée à l'époque actuelle, sans renoncer à son rôle traditionnel de transmission des savoirs et des valeurs : les programmes à définir sont donc d'une grande complexité.

Les questions les plus fréquemment soulevées à propos des programmes, et jamais résolues de façon entièrement satisfaisante, concernent les disciplines à enseigner, la proportion du temps à consacrer à chacune d'elles, la charge de travail représentée par l'ensemble des programmes. « Les programmes sont trop lourds » est un leitmotiv incessant.

La structure même de l'enseignement peut être mise en question quand, à propos des programmes, se posent des questions concernant les filières à ouvrir et la nature des examens. Bien que, logiquement, ce soient les décisions sur ces points qui devraient entraîner la définition des programmes, c'est souvent l'inverse qui se produit. En recherchant à concilier l'ancien et le moderne, le littéraire et le scientifique, le général et le technique, les disciplines artistiques et les disciplines dites intellectuelles, les programmes influent sur les structures au moins autant que les structures sur les programmes.

➤ Voir aussi Répartition.

PROJET

La loi d'orientation de juillet 1989 fait obligation à toute école et à tout établissement de se doter d'un projet répondant aux besoins des élèves et du milieu, tels que l'équipe éducative les analyse et les apprécie. L'idée de projet n'est pas franchement nouvelle puisque dès 1981 les enseignants étaient encouragés à mettre sur pied des projets qui permettent une approche nouvelle de divers objectifs et surtout d'induire une motivation plus forte de la part des élèves. La rénovation des collèges entreprise par étapes depuis 1982 était déjà basée sur le projet.

Mettre en place un projet

De façon générale, le terme « projet » recouvre l'idée d'un objectif que l'on souhaite atteindre et pour lequel les moyens appropriés doivent être dégagés, des stratégies mises en œuvre ; il importe également de s'assurer que ces stratégies sont efficaces et concourent bien à l'objectif envisagé. Il implique donc une vision de l'avenir à court ou à plus long terme. Il se construit au long d'un certain nombre d'étapes :

– l'analyse des besoins et de la situation ;

– la définition des objectifs ;

– le choix des stratégies et des moyens, ceux-ci pouvant être aussi bien des moyens financiers et matériels que des personnels de compétences variées, complémentaires...

– la mise en œuvre proprement dite, avec un affinement des objectifs, la définition des responsabilités opérationnelles des divers partenaires ;

– l'évaluation, qui doit être liée à la mise en œuvre proprement dite et prévue dès la définition des objectifs, mais qui constitue aussi une étape terminale.

Des projets de types divers

On peut considérer que l'ensemble de la vie du système éducatif est constitué d'un nombre important de projets qui s'emboîtent et visent le même objectif : l'efficacité de l'école et la réussite des élèves.

On distingue :

Le projet d'action éducative

Au départ, il comportait trois volets, selon qu'il concernait l'amélioration des locaux scolaires (décoration des murs du préau ou du restaurant scolaire), des activités extérieures à l'école (classes de nature ou visites diverses) ou des actions plus centrées sur la classe et les programmes eux-mêmes. Ces dernières sont désormais intégrées dans les actions éducatives et innovantes (cf. note de service du 7 juin 1991).

Le projet pédagogique

Au cœur du projet d'école ou d'établissement, il est établi par l'équipe pédagogique ; il définit les objectifs, les moyens, les stratégies, les méthodes d'évaluation qui seront mis en œuvre pour répondre aux besoins analysés des élèves.

Le projet d'école

Composé du projet pédagogique et éventuellement du projet d'action éducative, il a pour but « de mettre en relation les objectifs nationaux et la situation locale et de définir les stratégies qui paraissent les mieux appropriées pour atteindre les objectifs en tenant compte du contexte ». Il concerne en priorité l'action des maîtres dans leur classe et la mise en place des cycles ; il définit les meilleurs moyens de favoriser la cohérence des apprentissages ; il organise l'ouverture de l'école et le partenariat avec les collectivités locales, les associations, les parents, etc. Si l'école est située en ZEP, le projet doit également s'inscrire dans le projet de zone ; il est élaboré par l'équipe éducative mais la partie pédagogique est du ressort de la seule équipe pédagogique ; il est arrêté par le conseil d'école et validé par l'IEN.

Le projet d'établissement

Défini et organisé selon les mêmes modalités, arrêté par le conseil d'administration du lycée, du lycée professionnel ou du collège, il est validé par l'inspecteur d'académie ou le recteur ; il se situe dans la logique de l'autonomie des établissements puisque c'est lui qui doit permettre de répondre à la diversité des situations.

Le projet de classe et le projet de cycle

Définis par un enseignant ou une équipe, ils s'inscrivent dans les mêmes préoccupations que traduisent les projets de l'école ou de l'établissement concerné, mais ils cherchent à s'adapter plus précisément aux besoins et motivations d'un groupe d'élèves.

Le projet de zone

Conçu et mis en œuvre par les divers acteurs de la zone d'éducation prioritaire (établissements, écoles et partenaires divers), il doit répondre à l'analyse des besoins qui a été conduite dans ce secteur ; il inspire les orientations des écoles et des établissements qui se trouvent inclus dans la ZEP.

Le projet de l'élève

Il traduit le souci de mieux centrer les formations sur les besoins vrais des élèves, de les aider à analyser leurs intérêts, leurs compétences et à trouver l'itinéraire de formation le plus approprié ; en particulier, avec l'aide du professeur principal, du conseiller d'orientation-psychologue et des divers organismes chargés de son information, l'élève élabore peu à peu, au cours des années, et plus spécialement en année terminale de collège, son projet de formation ; il choisit parmi les diverses options qui s'offrent à lui et qui contribueront à construire son orientation.

Le projet d'intégration des élèves handicapés

C'est un véritable contrat qui permet au jeune handicapé d'être reçu dans une école ou un établissement ordinaire et de suivre des études dans des conditions aussi proches que possible de celles des autres enfants ; comme cela est stipulé dans la loi de 1975 sur les enfants handicapés, il faut établir une convention entre l'équipe pédagogique, les parents et les divers partenaires compétents, c'est-à-dire, plus particulièrement, l'équipe soignante ou l'établissement spécialisé dans lequel l'enfant se trouve éventuellement. On définit ainsi de façon précise les modalités du suivi, les moments où l'élève sera en classe, etc. Ce type de projet doit être agréé par la Commission d'éducation spéciale.

Des projets à tous les niveaux

Les divers responsables que sont le recteur, l'inspecteur d'académie, directeur des services départementaux de l'Éducation nationale ou l'inspecteur de l'Éducation nationale établissent également des projets de travail, chacun au niveau qui le concerne : plan de travail académique, projet départemental ou projet de circonscription. Ils peuvent ainsi clarifier leur action et obtenir une meilleure adéquation entre les objectifs définis au niveau national et les réalités diverses du terrain, en fonction des moyens disponibles et des priorités définies.

Une nouvelle pédagogie

L'idée centrale est de conduire les divers acteurs du système à quelque niveau que ce soit à effectuer une analyse plus fine des réalités et à réfléchir aux meilleurs moyens de répondre aux besoins du terrain ; c'est une façon de les rendre plus pleinement responsables, en particulier en leur demandant une évaluation des démarches entreprises et des résultats obtenus.

Quels que soient les projets, ils sont sous-tendus d'une même philosophie et reflètent un même souci : se centrer sur les besoins des jeunes et prendre en compte leur environnement pour parvenir à une plus grande efficacité. Ils constituent un élément central de la nouvelle école définie par la loi d'orientation de 1989. C'est en se basant sur ces préoccupations que l'on a pu parler de « pédagogie du projet », dans laquelle le jeune joue un rôle clé, car elle n'existe que par lui et pour lui. On peut dire que cette pédagogie est un effort d'organisation de toutes les activités d'enseignement autour d'un objectif global.

BIBLIOGRAPHIE

Le Projet d'école, CNDP Hachette, 1992.

BOEN du 23 juin 1992.

Note de service du 7 juin 1991.

J.-P. Obin, *La Crise de l'organisation scolaire*, Hachette Éducation, 1993.

➤ **Voir aussi** Chef d'établissement, Conseils du premier degré, Conseils du second degré, Directeur d'école, Évaluation, Loi d'orientation, Orientation, Partenariat, Zone d'éducation prioritaire.

PROJET D'ACTION ÉDUCATIVE (PAE)

Si le Projet d'action éducative s'inscrit dans une pédagogie du projet, il est aussi l'une des premières réalisations concrètes de cette pédagogie et a contribué à familiariser avec elle élèves, enseignants et administrateurs.

Le terme de projet, qui appartient à la langue courante, comme l'idée de projet, n'ont pas attendu pour exister 1973, date qui institue les projets, inclus, facultativement, dans 10 % du temps hebdomadaire (et connus sous la dénomination « les 10 % »), ni 1979, première année des projets d'action culturelle et éducative, ni 1981, date de dénomination des projets d'action éducative (PAE), ni le projet des zones d'éducation prioritaires (ZEP), en 1981 également. Des « projets » avaient été montés auparavant dans plusieurs circonstances : classes de mer ou de neige, devenues depuis classes d'environnement, dans l'enseignement primaire, depuis 1957 ; projets d'intégration d'enfants handicapés dans le cursus scolaire, réalisés dès avant leur codification en 1982 ; réalisation des coopératives scolaires, et plus modestement, en dehors de toute réglementation particulière, sauf de sécurité, les sorties scolaires, les voyages scolaires, voire les fêtes scolaires. Mais le PAE est probablement la première entreprise qui soit marquée de caractéristiques nouvelles et importantes. Parmi elles, le fait qu'il s'agisse d'un projet pédagogique – et non extra ou parascolaire – un projet interdisciplinaire, un projet interécoles, car pouvant intéresser plusieurs établissements d'une même localité ou du même bassin, nécessitant un montage financier, une programmation rigoureuse d'actions et devant aboutir à une réalisation concrète.

Des incitations pédagogiques, des subventions et aides diverses ont accompagné l'élaboration des PAE. Ils ont été montés par milliers et ont touché toutes les disciplines, avec toutefois une prédominance de l'environnement, de l'histoire, des enseignements artistiques. Certains PAE se sont intéressés à l'établissement lui-même, à son embellissement et à sa décoration.

Les PAE ont introduit des façons de travailler qui n'étaient pas habituelles : une coopération entre classes ou entre écoles, une nécessité de concertation et de prise de décision. Ils ont mis en évidence la complémentarité des disciplines dans la réalisation d'un projet concret ; ils ont pesé du poids réel d'un engagement social et financier, et ont contribué à faire prendre conscience de l'image qu'un établissement projetait de lui-même à l'extérieur de ses murs.

Les PAE se sont un peu effacés lors de l'instauration des projets d'école et d'établissement, qui les englobent. Ils ont eu néanmoins une importance significative dans l'élaboration d'une pédagogie de l'activité et de la responsabilité.

➤ **Voir aussi** Classe de découverte, Projet.

PSYCHOLOGIE SCOLAIRE

La psychologie au service du dépistage des inadaptations

Historiquement la psychologie entre à l'école au début du XXe siècle, au moment où l'échelle psychométrique d'intelligence Binet-Simon est utilisée pour détecter les élèves intellectuellement inaptes à suivre l'enseignement ordinaire. C'est donc par l'inadaptation scolaire que la psychologie pénètre le champ de la pédagogie, et le développement de la méthode des tests engendrera, jusqu'au milieu de ce siècle, une pratique un peu réductrice, qui l'enfermera dans une approche essentiellement arithmétique et mécaniste des difficultés des enfants.

Mais les recherches dans ce domaine ont progressé rapidement, notamment après la Seconde Guerre mondiale ; associées aux travaux scientifiques réalisés dans des disciplines diverses (physiologie, médecine, psychopathologie, sociologie...), elles élargissent la réflexion sur l'inadaptation. Les causes ne sont plus recherchées uniquement dans des manifestations déficitaires de l'enfant mais dans un ensemble de facteurs dont il convient d'analyser les composantes pour comprendre les difficultés exprimées et intervenir à bon escient. L'approche psychométrique n'est pas abandonnée mais elle est éclairée par d'autres investigations permettant de saisir le comportement scolaire de l'élève au regard des influences familiales, sociales, mais aussi des pratiques pédagogiques et, plus globalement, du fonctionnement de l'école.

La psychologie comme moyen d'analyse du fonctionnement de l'école

Developpée dans le plan Langevin-Wallon en 1947, la psychologie scolaire nécessite, pour être appliquée dans cette dimension multifactorielle, la création de fonctions nouvelles devant être assurées par des spécialistes en psychologie. Dès 1944, Henri Wallon, qui dirigeait la Commission de réforme de l'enseignement, avait fait organiser la psychologie scolaire et amorcé le recrutement des premiers psychologues scolaires. Progressivement, la psychologie va s'installer à l'école et deviendra non seulement un instrument de dépistage et de prise en charge des inadaptations scolaires mais aussi un support et un moyen d'analyse de tous les problèmes rencontrés à l'école ; la place qui lui sera réservée correspondra aux attributions données à ceux qui ont la charge de l'exercer.

Les fonctions de psychologue scolaire ont été définies une première fois dans une circulaire datée du 18 novembre 1960, non publiée au bulletin officiel, appelée circulaire Lebettre. Ce texte quasi confidentiel servira pourtant de référence pendant une décennie mais ne permettra pas de lever le flou qui entourera la situation des psychologues scolaires. Ceux-ci consacrent encore l'essentiel de leur tâche à la réalisation d'examens psychologiques d'élèves en situation d'inadaptation scolaire, en vue d'une orientation éventuelle vers des services de soins ou vers des structures spécialisées ; certains d'entre eux peuvent néanmoins travailler en relation plus continue avec les enseignants pour améliorer les pratiques d'enseignement et s'engagent parfois dans d'utiles recherches psychopédagogiques.

La psychologie dans les dispositifs de prévention et d'adaptation

À partir de 1970, le travail des psychologues scolaires s'inscrit dans la mission donnée aux groupes d'aide psychopédagogique (GAPP) : la prévention des inadaptations ; en collaboration avec leurs collègues rééducateurs, ils participent à l'observation continue des élèves et définissent, en étroite relation avec les maîtres, les actions les plus appropriées au maintien des enfants dans le cursus ordinaire d'enseignement.

Une évaluation conduite à l'initiative de l'Inspection générale de l'Éducation nationale a abouti à la transformation, en 1990, des groupes d'aide psychopédagogique en réseaux d'aides spécialisées aux élèves en difficulté (RASED). Dans le même temps, les psychologues scolaires voyaient leurs missions précisées (circulaire du 10 avril 1990). Agissant dans le cadre de ces réseaux, ils assurent une observation et un suivi psychologiques des élèves en liaison étroite avec les maîtres et les familles, ils pratiquent les examens cliniques et psychométriques autant qu'il en est besoin; leurs fonctions s'élargissent à une participation à l'organisation et au fonctionnement de l'école et à la réalisation de liaisons fonctionnelles avec des organismes et instances extérieurs à l'école. Enfin, des activités d'études et de formation spécifiques peuvent leur être confiées.

La psychologie dans les commissions d'éducation spéciale

La loi du 30 juin 1975 en faveur des personnes handicapées a donné également une impulsion importante à la psychologie scolaire. Elle crée des commissions d'éducation spéciale dont la mission essentielle réside dans l'orientation et le suivi des enfants et adolescents handicapés dans les structures ordinaires d'enseignement et dans les classes ou établissements spécialisés. Ces admissions sont prononcées sur dossier contenant des renseignements détaillés d'ordre scolaire, psychologique, médical et social; la part des données psychologiques est importante sans être déterminante à elle seule, mais le psychologue scolaire assure bien souvent le relais entre l'école et l'instance d'orientation. Parmi les membres de ces diverses commissions doit toujours figurer un psychologue.

Les psychologues scolaires

Les psychologues scolaires sont recrutés parmi les enseignants du premier degré. Ils bénéficient ainsi d'une position privilégiée puisque leur formation psychologique se double d'une formation pédagogique. Le diplôme d'État de psychologie scolaire, créé en 1989, est délivré à des enseignants titulaires d'une licence de psychologie et qui, après avoir enseigné trois ans au minimum, ont été admis à suivre un cycle de formation universitaire d'un an dans un institut universitaire de formation agréé, et ont subi avec succès les épreuves d'un examen de qualification professionnelle.

La psychologie scolaire s'est ainsi imposée au fur et à mesure des évolutions institutionnelles, elle a suscité la mise en œuvre de pratiques devenues indispensables au bon fonctionnement de l'école.

BIBLIOGRAPHIE

Décret n° 89-684 du 18 septembre 1989, *Création du diplôme d'État de psychologie scolaire.*

Circulaire n° 90-083 du 10 avril 1990, *Missions des psychologues scolaires.*

➤ Voir aussi Classes spécialisées, Commission d'éducation spéciale, Dépistage, Groupes d'aide psychopédagogique, Prévention, Réseaux d'aides spécialisées aux élèves en difficulté, Test, Wallon.

PSYCHOPÉDAGOGIE

La psychopédagogie est une discipline qui n'existe pas, à proprement parler, en ce sens qu'elle n'a aucune image, ou aucun équivalent, dans une discipline scolaire ou universitaire. Faite d'un compromis entre différents savoirs utiles aux enseignants – notamment de l'école primaire – elle est apparue, précisément, essentiellement dans les écoles normales primaires, lors de leur réouverture après la Seconde Guerre mondiale.

Cet empirisme de fait relevait à l'origine de l'ambition de fonder scientifiquement la pédagogie, à tout le moins de lui donner des bases objectives et de la dégager d'un simple savoir-faire, voire d'un art, qui rendait son enseignement problématique. Si seule l'expérience, ou le don infus, consacraient le pédagogue, toute la formation professionnelle se trouvait compromise et retournait à une forme d'apprentissage « sur le tas », où se distinguaient éventuellement les pédagogues les plus doués, ceux qui avaient l'art d'enseigner. Cette conception absolument pragmatique de la pédagogie n'a pas totalement disparu. Elle coexiste avec une conception élaborée dont une forme, aujourd'hui désuète, fut la psychopédagogie.

La science qui paraissait devoir informer la pédagogie était la psychologie de l'enfant. Si le pédagogue connaissait l'enfant, son développement, ses capacités à un âge déterminé, ses besoins et ses intérêts, sa pédagogie s'appuierait sur ces données pour être efficace. Le courant des méthodes actives, basé sur les intérêts et les besoins des enfants, et l'orientation des études des laboratoires de psychologie génétique – qu'il s'agisse de Wallon, de Piaget, ou, moins connus peut-être mais d'influence certaine, de Gesell ou de Zazzo – se rencontrant dans la connaissance des enfants, accréditaient l'idée que la pédagogie devait trouver son fondement dans la psychologie. Le néologisme « psychopédagogie » y trouva son origine.

Les professeurs de philosophie des écoles normales, chargés de l'enseignement de la psychologie en tant que partie de la philosophie, se virent transformés en professeurs de pychopédagogie.

La notion allait rapidement être mise en cause. En effet, qu'il y ait des liens entre la psychologie des enfants et la manière de procéder avec eux pour les éduquer et les enseigner est une vérité trop générale pour être réellement opératoire. La psychologie des enfants est différente de la psychologie de l'enfant telle que la saisit et la décrit une théorie génétique ; des influences diverses et profondes, difficiles à saisir, affectent les développements et les comportements. L'apport de la psychanalyse, la connaissance des conditions d'influence des milieux sociaux, au sens le plus large du terme, la connaissance du milieu scolaire en tant que tel, non pas neutre et stérilisé, mais porteur de ses propres influences, gonflaient la notion de psychopédagogie jusqu'à la rendre inutile, voire nuisible, si on l'attachait de façon trop mécanique à l'idée de la psychologie, comme si celle-ci était une. L'introduction d'une « anthropologie sociale » dans les programmes des écoles normales, dont le contenu visait à compléter ce que la psychopédagogie avait de trop étroit, fut une tentative, pas très heureuse mais significative, pour élargir l'information et la réflexion des futurs maîtres. L'évolution des enseignements réintégra ensuite la philosophie dans ce qu'elle a d'original, la psychologie génétique et la psychologie cognitive dans ce qu'elles ont de spécifique, l'ensemble des influences s'exerçant sur l'enfant, et la connaissance de l'éducation en tant que vaste phénomène social, dans les sciences de l'éducation.

On peut considérer la psychopédagogie comme l'un des antécédents, pragmatiques plus que théoriques, des sciences de l'éducation.

BIBLIOGRAPHIE

G. Mialaret, *Pédagogie générale*, PUF, 1991.

R

RABELAIS François (v. 1494-1553)

Rabelais est né à la Devinière, en Touraine, près de Chinon, probablement en 1494, d'une famille de robe. Sa vie a été souvent errante, des obscurités y demeurent, elle s'est passée tout entière cependant dans l'étude, constamment soutenue par un immense appétit de savoir.

Novice vers neuf ou dix ans au couvent de Seuilly, puis à la Baumette près d'Angers, il devient moine franciscain, à Fontenay-le-Comte. Déjà il entretient avec les humanistes du temps une correspondance active. Il changera bientôt d'ordre, grâce à sa persévérance, et grâce à de puissantes protections, et deviendra moine bénédictin, pour poursuivre l'étude du grec, qui venait d'être interdit dans les couvents de cordeliers. Il quittera les ordres monastiques vers trente ans, dans des conditions peu connues, mais qui l'obligeront à demander l'absolution papale. Il étudiera ensuite le droit, puis la médecine à Montpellier, sera médecin à Lyon, où il publie *Pantagruel*, en 1532. *Pantagruel* est condamné par la Sorbonne. Il voyage alors, par précaution, en Italie, aux côtés de son protecteur le cardinal du Bellay. Il revient à Lyon, publie en 1554 le *Gargantua*, et reprend sa vie errante, par goût sans doute, par prudence encore. On le voit dans maintes universités de France, ou dans maintes villes, où il exerce la médecine. Ses difficultés avec les autorités de la Sorbonne, mais son énorme succès, ses pérégrinations, son intarissable curiosité intellectuelle et sa hardiesse d'esprit, les rebondissements de sa vie de religieux – car il devient prêtre séculier et curé de Meudon, près de Paris, à la fin de sa vie, avant que le bénéfice lui en soit retiré – sa mort dans l'obscurité, et sans doute dans la gêne matérielle, forment une biographie assez surprenante.

Rabelais n'a aucun titre à être dit pédagogue, si ce n'est qu'il est le critique sans pitié de la scolastique et le chantre d'une nouvelle éducation, ouverte aux langues, aux sciences, aux arts, à la plénitude de la vie. Les pédagogues-symboles dans son œuvre sont d'abord Maître Holopherne, qui s'occupa du jeune Gargantua, à la mode des « sophistes » – sorbonistes, sorbonagres – puis Jobelin Bridé, mais Grandgousier s'aperçut que son fils en devenait « fou, niais, tout rêveux et rassoté » ; alors vinrent Ponocrates, Eudymon et Gymnaste, aux noms grecs, les merveilleux précepteurs ou compagnons de Gargantua. Entre le père et le fils, entre Grandgousier et Gargantua, deux mondes si l'on veut, complètement opposés, sauf que dans sa sagesse et son amour pour son fils, Grandgousier voit clair et accepte pour Gargantua une éducation naturelle et riche d'observations, de lectures, d'exercices physiques et hygiéniques. C'est Gargantua, à son tour, qui pressent la chance des nouvelles générations, et le champ illimité de la connaissance. C'est lui qui confie son fils Pantagruel à Epistemon et lui indique le chemin de la plénitude intellectuelle et morale, dans la célèbre lettre qu'il lui adresse, alors que Pantagruel est étudiant à Paris.

Nulle pratique véritable des enfants, chez Rabelais, nulle expérience, mais une perspicacité profonde et une profession de foi, qui peut se lire essentiellement dans les deux premiers livres (*Pantagruel* et *Gargantua*).

L'éducation ne peut se faire, selon lui, ni dans l'incurie et la pauvreté des leçons de quelques écolâtres, qui laissent végéter, ni dans la répression sévère et l'exercice de mémoire, qui soumet les enfants au lieu de les élever et de les développer. Le spectre des verges, des leçons ressassées, pour les plus jeunes, des arguties et élégances formelles pour les aînés, qui ne créent aucun vrai progrès de l'esprit ou du corps, reste vivace chez Rabelais. La peur, sous toutes ses formes, est dénoncée, sous chaque ligne qu'il écrit, ou dans chaque provocation qu'il invente, y compris langagière. Peur de la vérité, peur des réalités, peur de l'autorité, peur des mots, peur du plaisir et de la joie. La science, par contraste, toute la science, les langues, sans restrictions, la culture du corps et de l'endurance, la culture des arts sont les vrais enseignements. Le programme du jeune Pantagruel est chargé, encyclopédique sans doute, mais il recèle l'ambition de faire de lui un homme complet. Le fameux « science sans conscience n'est que ruine de l'âme » n'est pas une concession à la religion, ou à la morale, c'est une vraie conviction : l'homme est aussi une âme. La hauteur morale de Gargantua, vainqueur de la guerre picrocholine, en est une preuve, entre autres.

L'abbaye de Thélème, que Gargantua donna au moine Jean des Entommeurs en récompense de ses services lors de la guerre contre Picrochole, n'offre pas de programme pédagogique, ce n'est pas une école modèle. Ce n'est d'ailleurs pas une école du tout, mais bien une abbaye, ayant, entre autres particularités, celle d'être sans murs. Thélème, c'est une rêverie, qui prend le contre-pied des anciennes coutumes, et chatoie de toutes les libertés, tous les conforts, toutes les beautés de la Renaissance commençante.

Rabelais n'a pas créé de système pédagogique, et encore moins de méthode. Sa critique de la scolastique est elle-même moins philosophique que pratique : c'est aux écoles, aux écolâtres, aux universités ratiocinantes qu'il s'en prend, comme il s'en prendra à la justice dévoyée ou au clergé, dans le *Tiers* ou le *Quart Livre*. Cinglante, bouffonne, débordante de vie, sa critique appelle et annonce surtout la liberté de l'esprit, la joie du savoir, la force de la raison.

Le souffle énorme qui traverse le *Gargantua* et le *Pantagruel* n'est pas éteint, et il y a quelque chose de Rabelais chez tous les pédagogues qui ont fondé leur effort sur l'authenticité du rapport de l'enfant avec la vie, avec les choses et avec les textes.

BIBLIOGRAPHIE

J. Etevenaux, *Rabelais*, LUGD, 1995.

L. Guiraud, *F. Rabelais*, Nathan, 1994.

J. Péladan, *La Clé de Rabelais*, Rumeurs des âges, 1995.

RÉCOMPENSES ET SANCTIONS

La récompense est la gratification, matérielle ou symbolique, offerte en reconnaissance d'un mérite ; la sanction est également la conséquence d'un acte, positive ou négative. Quand la sanction est couplée avec « récompense », elle se charge d'une connotation de pénalité ; elle est alors l'acte, matériel ou symbolique, qui inflige un châtiment pour une infraction, et stipule éventuellement les modalités de sa réparation. Le système des récompenses et des sanctions est de nos jours très faiblement structuré à l'école comme au collège ou au lycée. Il n'en a pas toujours été ainsi.

On peut distinguer deux plans dans la définition des unes et des autres, selon que l'on se place dans l'usage, forcément anecdotique, qui caractérisait la vie quotidienne – ou que l'on se place sur le plan réglementaire.

Les usages autrefois

Les récompenses furent, autrefois, matérielles pour les enfants des écoles maternelles et élémentaires : bons points, images, croix d'honneur à épingler sur les tabliers. Les élèves des cours complémentaires, des écoles primaires supérieures, des collèges et lycées ont connu – dans un passé déjà lointain – les « exemptions » à la place des bons points distribués aux petits enfants, sorte de jokers qui permettaient de racheter de petits manquements. Ils ont surtout connu la distribution solennelle des prix, cérémonie de fin d'année au cours de laquelle les élèves les plus méritants, classés par disciplines et par ordre de mérite, obtenaient, du moins les trois ou quatre premiers de la liste, des livres de prix. Existait aussi une récompense hautement symbolique, l'inscription à un « tableau d'honneur » mensuel, que des notes faibles empêchaient d'obtenir. Ce sont des usages abandonnés. Ils correspondaient à une philosophie de l'éducation impliquant comme valeurs essentielles le travail, l'application, l'excellence de la réussite individuelle. Aujourd'hui, les valeurs seraient plutôt l'initiative, la coopération, la réussite dans une implication collective plus qu'individuelle. Aussi les récompenses ont-elles à l'école – y compris pour les adolescents – un caractère plus collectif : on leur propose des activités exceptionnelles et gratifiantes, des sorties, des spectacles, des projets attractifs, des appréciations positives.

De tout temps, les compliments du maître et ses encouragements ont été les récompenses les plus estimées. Ils n'ont pas été, cependant, sans soulever de réserves de la part de grands esprits – Montaigne, Mme de Maintenon, par exemple – qui redoutaient l'abus et y voyaient une façon d'amollir le caractère. L'école est aujourd'hui, dans son ensemble, généreuse en encouragements, félicitations et attitudes dites « positives ».

Les sanctions, au sens de punitions, ont connu également différentes formes. Mais la réglementation les concernant est réelle, alors qu'il n'en a guère existé pour les récompenses, et elle est précise.

Les châtiments corporels – hérités de la longue tradition des verges et du fouet, dans l'Antiquité, au Moyen Âge et longtemps encore après – furent peu à peu réduits à des brimades, non sans brutalité parfois, comme les cheveux ou les oreilles tirés, le coup de baguette ou de règle sur les doigts. À partir de la Révolution française ces brutalités s'estompent. Non qu'elles n'aient été dénoncées bien avant cette époque : les châtiments étaient très adoucis, par exemple, dans les collèges de jésuites, mais la Révolution marque le tournant décisif. La privation est alors la punition la plus courante : privation de récompenses, privation de récréations, de sorties aux heures réglementaires, pour accomplir une « retenue », privation de sorties hebdomadaires pour les élèves internes, heures de retenue ou de « colles » dans l'argot des écoliers, qui supposaient la privation d'une partie de la journée de congé et obligeaient à revenir dans l'établissement pour y effectuer une tâche assignée en punition. La mémoire collective a retenu de ces tâches punitives, encore récemment en vigueur, quelques exemples : les copies de « lignes », généreusement attribuées, les conjugaisons à dévider, les devoirs à refaire, ou les devoirs supplémentaires à rédiger. Il n'est pas exclu qu'on puisse encore trouver quelques-unes de ces pratiques actuellement dans quelques classes.

Certaines punitions, pourtant humiliantes, ont pu également être recensées, même après la Deuxième Guerre mondiale : enfants « au piquet », cahiers épinglés dans le dos. Il s'agissait, dans tous les cas, de désigner à l'attention, voire à la dérision collective, l'enfant présumé coupable, ou de l'exclure temporairement du groupe, censé le rejeter. Le mauvais travail ou l'indiscipline étaient ainsi interprétés comme des fautes morales, qui ostracisaient les fautifs. Aucun recensement ne peut exister des brimades psychologiques qui existaient parfois : ironie, dédain, dureté. L'idée de la violence qui s'exerçait ainsi contre un enfant n'était pas perçue, ou en tous cas pas réprouvée.

Les sanctions ont été réglementées ; elles sont énumérées comme « seules autorisées » dans le statut des écoles communales de 1834 (art. 29) qui stipule toutefois fermement, et en ouverture de texte, qu'aucun enfant ne pourra être frappé. Dans le règlement scolaire des écoles élémentaires de 1887 (art. 19), les seules punitions dont les instituteurs puissent faire usage sont la réprimande, les mauvais points, la privation partielle de recréation, la retenue après la classe, sous la surveillance de l'instituteur, l'exclusion temporaire.

Aujourd'hui

Aujourd'hui, à l'école élémentaire et a fortiori à l'école maternelle, les châtiments corporels sont rigoureusement interdits, les privations de récréation contrebattues par tout ce que l'on sait du besoin de détente chez les enfants, les retenues impossibles, la plupart du temps, en raison des ramassages scolaires ; même la réprimande cède la place à l'entretien raisonné. L'exclusion temporaire ne peut être prononcée que dans des cas graves, argumentée par l'équipe éducative, et est soumise à l'aval des inspecteurs de circonscription.

Au collège et au lycée, en dehors des réprimandes orales et souvent collectives, l'usage permet qu'un élève soit expulsé de la classe pour être envoyé en étude surveillée pour la fin du cours. Le professeur principal de chaque classe, les conseillers d'éducation, le psychologue scolaire ou l'assistante sociale – ou autre médiateur que l'on peut rencontrer dans certains cas – l'infirmière parfois, le censeur et le proviseur en tout état de cause, assurent, non un rôle répressif, mais un rôle psychologique régulateur, qui indique bien l'évolution des esprits sur la question de la « faute » dont un élève se rendrait coupable. Les manquements graves sont néanmoins soumis au conseil de discipline. Les manquements très graves, en revanche, laissent souvent le personnel de direction et le personnel enseignant sans recours : on ne peut répondre à la violence par la violence.

La responsabilité des enfants et des adolescents vis-à-vis de leur travail, du travail de la classe, de l'établissement tout entier, et des personnels qui y exercent à des titres divers, est définie par les règlements des écoles ou des établissements ; ceux-ci n'énumèrent qu'exceptionnellement récompenses ou sanctions et c'est l'usage, lentement transformé au fil du temps, qui fait loi. Il est possible qu'il y ait un terrain de réflexion ouvert par cette question des récompenses et sanctions, et une lacune dans la réglementation scolaire, le plan psychologique ne se substituant pas entièrement au plan moral de la responsabilité et à la réparation de la faute, individuelle ou collective.

➤ **Voir aussi** Discipline.

RECUEIL DES LOIS ET RÈGLEMENTS

Familièrement appelé RLR, le *Recueil des lois et règlements* est édité par le Centre national de documentation pédagogique. Il rassemble dans un ensemble de dix dossiers à reliure mobile les textes législatifs et réglementaires « en vigueur et à valeur permanente » concernant l'Éducation nationale et la Jeunesse et les Sports. Ces textes sont mis à jour mensuellement et classés. Ils peuvent être consultés par des entrées alphabétiques ou chronologiques.

Les textes sont classés selon les rubriques suivantes dont la table des matières détaillée fait l'objet d'un volume particulier :

I. Organisation générale de l'Éducation nationale

II. Traitements et indemnités ; avantages sociaux

III. Réglementation financière et comptable

IV. Enseignement supérieur

V. Enseignements élémentaire et secondaire

VI, VII, VIII. Personnels

IX. Jeunesse et Sports.

En général, les services des inspections académiques et des rectorats et tous les établissements du second degré sont abonnés à cette publication qui constitue un outil précieux et fiable. Certains bureaux de circonscription du premier degré, voire même quelques écoles particulièrement importantes, peuvent également en être équipés.

➤ **Voir aussi** Centre national de documentation pédagogique (CNDP), Instructions officielles.

RECYCLAGE

En pédagogie, terme utilisé plus particulièrement dans le domaine de la formation continue. Celle-ci peut, de façon générale, concerner diverses préoccupations professionnelles comme l'adaptation à de nouveaux programmes. Dans certains cas, l'évolution des disciplines ou les modifications des contenus d'enseignement sont telles qu'elles peuvent rendre nécessaires des apports en connaissances nouvelles. Ce fut tout particulièrement le cas dans les années 60, lors de l'introduction à l'école primaire des mathématiques « modernes » et de la linguistique.

Le recyclage consiste donc en une formation dans un domaine nouveau.

Il peut également être rendu nécessaire par des orientations fondamentalement neuves qui remettent en question une partie de la formation initialement reçue. Cela peut s'apparenter à une reconversion comme cela se produisit à plusieurs reprises pour les professeurs chargés de la technologie au collège. Concernant souvent un grand nombre d'enseignants, il demande une politique soutenue et l'organisation de modules de formation de longue durée, que ce soit sur une seule session ou sur plusieurs.

La mise en œuvre de pédagogies novatrices, l'introduction de nouveaux modes d'évaluation peuvent également faire l'objet de recyclages systématiques s'il apparaît souhaitable que ces innovations soient rapidement mises en œuvre dans les classes.

Le recyclage peut aussi ne concerner que des individus, soit parce qu'ils éprouvent personnellement le besoin de remettre à jour leurs connaissances, soit parce que l'inspecteur ou le conseiller pédagogique le leur a conseillé.

➤ **Voir aussi** Formation continue, Programme.

RÉFÉRENTIEL

Terme fréquemment associé à celui de compétences et qui représente la traduction des programmes de formation en éléments directement objectivables et évaluables. Utilisé régulièrement dans l'enseignement professionnel, un référentiel est constitué par une liste d'exigences minimales à maîtriser, servant de base à la certification d'une formation. Pour un diplôme donné, le programme de chaque discipline est décomposé en connaissances, savoir-faire et comportements que le candidat doit acquérir pour être censé posséder les compétences requises en vue de l'exercice du métier considéré.

Cet outil d'évaluation est d'élaboration relativement récente. S'inscrivant dans une démarche suscitée par la mise en œuvre de la pédagogie par objectifs, son utilisation permet la définition d'un parcours de formation bien balisé, adapté aux possibilités des élèves ; elle facilite une évaluation régulière, progressive, et autorise la mise en place d'étapes intermédiaires pour atteindre les objectifs fixés. Le référentiel de compétences est à la base de tout processus d'enseignement se référant à la concrétisation de ce qu'il est convenu d'appeler le projet de formation individualisé. Ainsi l'utilisation de référentiel est fortement ancrée dans un dispositif d'évaluation mais aussi dans la démarche pédagogique qui précède et accompagne l'évaluation, au point de devenir le support essentiel de méthodes d'enseignement ; l'illustration en est donnée notamment en éducation physique et sportive ainsi qu'en enseignement du français (évaluation de l'écrit).

Si le concept de référentiel est très utilisé dans la formation professionnelle technique, notamment pour la préparation du certificat d'aptitude professionnelle par unités capitalisables (CAPUC), il s'étend désormais aux autres formes de formation par exemple à celle des professeurs des écoles ainsi qu'à celle des maîtres de l'enseignement spécialisé.

Il correspond à une sorte de renversement de conception concernant ces formations professionnelles. En effet si, de manière classique, on définit des épreuves d'examen à partir d'un programme, en postulant que les candidats qui les réussissent doivent exercer avec bonheur la profession concernée, l'utilisation d'un référentiel s'est progressivement imposée comme une démarche commençant d'abord par la définition de compétences attendues pour accomplir telle profession ; l'élaboration des objectifs à atteindre et des programmes à appliquer est désormais déduite de cette liste de compétences, elle n'est plus à l'origine du dispositif de certification, elle en est la conséquence.

➤ Voir aussi Compétence, Évaluation, Objectifs (pédagogie par), Programme, Unité capitalisable.

REMÉDIATION

Bien qu'il ne figure pas dans le dictionnaire, ce terme, créé à partir du verbe « remédier » est fréquemment utilisé en pédagogie. La remédiation est l'acte pédagogique qui doit permettre à l'enseignant de porter remède à des lacunes détectées dans les connaissances de base des élèves. Elle dépasse le simple soutien ; il s'agit d'une reprise systématique d'apprentissages jugés fondamentaux, qui n'ont pas été réussis et sans lesquels d'autres apprentissages ne peuvent être construits.

➤ Voir aussi Échec scolaire, Soutien.

RÉPARTITION

Répartir quelque chose, c'est faire des parts, égales ou inégales, entre des destinataires ou des réceptacles. Il y a dans la répartition l'idée d'ordre, de planification, voire de programmation du travail.

Ces répartitions, dans le domaine de l'enseignement, visent une double réalité : celle d'une répartition temporelle, et celle d'une progression dans la logique d'un programme d'enseignement. Ces deux acceptions ont parfois fusionné dans le langage courant des pédagogues, qui parlent de progressions ou de répartitions pour décrire la réalisation, dans le temps, d'un programme d'étude.

Dans l'enseignement primaire, la détermination de la progression, et son affichage dans la salle de classe, étaient des habitudes si constantes qu'elles finissaient par revêtir un caractère d'obligation. Les textes de 1887, relatifs à l'organisation de l'école primaire, ne mentionnent que l'obligation d'affichage de l'emploi du temps hebdomadaire. Les programmes n'étaient d'ailleurs pas, à cette époque, définis tels qu'ils ont pu l'être par la suite et se seraient mal prêtés à une répartition mensuelle. Celle-ci s'est peu à peu constituée par l'usage.

Dans l'enseignement secondaire, sans obéir à une contrainte aussi forte, le repérage, par un inspecteur, de l'endroit du programme – donc de la progression – où le professeur et sa classe sont arrivés à la date de l'inspection est un indice la plupart du temps fortement pris en compte. Le programme devant être fini à la fin de l'année, la répartition en prévisions mensuelles était une prospective logique et une préoccupation normale pour les professeurs.

L'évolution de la pédagogie dans l'enseignement élémentaire et le caractère propre du travail en écoles maternelles ont fait tomber en désuétude l'idée d'une progression, qui prend en compte plus le programme que l'élève, et qui ne peut s'appliquer qu'à des connaissances conceptuelles ; les aptitudes qui les sous-tendent et qui font l'objet d'un apprentissage peu apparent, sinon dans la mesure des performances qui en résultent, font préférer aujourd'hui la double perspective du projet et de l'évaluation. On y retrouve l'idée de progrès – et celle du découpage du temps prévu pour la réalisation du projet.

Les programmes de connaissances qui doivent être vus, quelle que soit la méthode employée, y compris celle du projet, s'accommoderaient toujours de répartitions ou de progressions mensuelles, en fonction des actions envisagées. Il n'y a pas d'incompatibilité fondamentale entre les notions de répartition, de projet ou d'évaluation, tout projet impliquant un calendrier précis. Le terme de répartition est sans doute connoté, il appartient à des formes de pédagogie aujourd'hui un peu oubliées, mais la nécessité des répartitions demeure entière dans un organigramme de travail.

➤ Voir aussi Programmation, Programme.

REPRÉSENTATION

Le concept actuel de représentation est issu de la psychanalyse et de la sociologie. En 1911, F. Buisson, dans son *Dictionnaire de Pédagogie* (2e édition) ne signale, à l'entrée « représentation » que les représentations théâtrales. On pourrait pourtant faire remonter le mot plus loin, à Kant ou à Schopenhauer, pour trouver la racine de sa signification : ce qui « apparaît » sans possibilité d'être autre chose qu'un paraître.

En termes simplifiés, c'est l'idée qu'un individu se fait d'une réalité complexe, à partir d'éléments relevant de l'expérience, de la transaction sociale, de ses propres souvenirs et fantasmes. Individuelle comme contenu de pensée, lorsqu'elle émerge à la claire conscience, une même représentation est souvent partagée par un grand nombre d'individus, appartenant aux mêmes époques, aux mêmes catégories sociales, aux mêmes classes d'âge. On peut alors parler de représentations collectives.

La représentation, pour un sujet, est la réalité, en ceci qu'elle n'est pas, à ses propres yeux, relative : c'est pour lui une vision positive, qui explique et attribue une valeur à la réalité représentée, et ce d'autant plus qu'elle est partagée par d'autres, reflétée la plupart du temps par divers moyens de communication, voire confirmée par l'autorité de leaders intellectuels. La patrie, la santé, l'amour ou le racisme, par exemple, sont conçus, reliés le cas échéant en ensembles, sinon en systèmes, qui créent des sensibilités repérables. Les représentations ont pour caractéristique d'être très résistantes : pour confuses qu'elles soient souvent, elles opposent une grande force de persévération à tout ce qui tendrait à les nier. Un enfant, même très jeune, construit aussi, à propos de la plupart des sujets, une image et une explication qui résultent, comme pour l'adulte, de bribes d'informations enchaînées et synthétisées. Il se « représente » les choses à partir de ce qu'il sait, il les interprète à partir de son savoir, ou de ce qu'il imagine, voire de peurs, de désirs, ou conflits latents qui l'habitent.

Dans la mesure où il s'agit d'objets complexes reconstruits, traversés d'irrationnel, c'est toute une méthodologie, et une maïeutique, ou une thérapie, que de les mettre au jour. Les représentations sont cependant évolutives : évolutives selon l'âge, selon les expériences plus ou moins larges que vit le sujet, selon l'éducation et l'instruction reçues, selon le milieu et l'époque ; quelques décennies peuvent faire évoluer considérablement les représentations qu'un sujet se faisait d'une question ou de la hiérarchie de certaines valeurs. La plupart du temps, c'est la société – ou la classe sociale – à laquelle il appartient, qui se transforme insensiblement et qui modèle les mentalités autour d'elle. Le système de représentations d'un individu est si largement tributaire des contextes sociaux, que, dans quelques cas limites, il est inconcevable qu'il puisse du tout s'en échapper : ce serait le cas des représentations scientifiques, ou de tabous dans les mœurs et coutumes.

Une question, d'ordre philosophique sans doute, est de savoir dans quelle mesure, et dans quel domaine, un sujet peut s'émanciper des représentations qui caractérisent son temps.

Cette donnée à la fois psychologique et sociologique est importante en pédagogie.

On peut saisir cette importance au moins à trois niveaux : celui de l'école en tant qu'institution, celui de l'enfant en tant que sujet affronté à l'école, celui de l'acte même d'apprentissage de la connaissance.

La représentation de l'école et ses incidences

L'école est en effet un objet « représenté » dans la conscience et, selon la façon dont elle est ressentie, la nature des relations entre enseignants et élèves, enseignants et parents se trouve modifiée. L'école est également un objet représenté pour l'institution qui la promeut : les programmes, les horaires, la validation des études sont conçus de façon différente selon les finalités qui lui sont assignées.

L'école a pu être successivement un privilège, une institution libératrice pour les classes démunies, ou bien un enrôlement coercitif ; on a pu la croire agent de démocratisation, ou la dire reproductrice des inégalités sociales et conservatrice des privilèges de classes. On lui a attribué un rôle prédominant dans la mobilité sociale avant de lui imputer l'échec et l'exclusion sociale... Respectée, convoitée, puis mise en accusation, brocardée ou réhabilitée, l'école subit ces jugements en fonction de représentations, qui ne sont pas nécessairement sans fondements, y compris dans leurs contradictions, mais qui relèvent plus d'images que d'analyses rationnelles ; l'attitude des parents, celle des élèves, celle des enseignants ne peuvent être les mêmes selon la nature de l'image sociale que l'école projette ou reçoit à un moment donné.

On peut, dans la conception des cursus scolaires et des programmes, mesurer l'impact de ces représentations : les filières littéraires, scientifiques ou techniques ne sont pas jugées de la même façon. La difficulté à s'implanter que l'enseignement technique a pu connaître, le préjugé défavorable qui entoure l'apprentissage, la survalorisation des mathématiques, les hésitations autour de l'enseignement de la philosophie à certaines époques relèvent tous des a priori sociaux, étayés par des éléments objectifs mais partiels. Les exemples sont innombrables : le rôle des parents à l'école, exclus ou associés, le rôle des associations, suspecté ou valorisé, le rôle des jeunes eux-mêmes au sein des établissements sont tributaires des représentations que l'on se fait de l'école, plus ou moins ouverte, et, au-delà, de la société pour laquelle l'école est censée travailler.

La représentation de la réussite ou de l'échec de l'enfant

Enfants paresseux, enfants courageux ; enfants doués ou enfants démunis de dons ; enfants privilégiés ou enfants handicapés par leur milieu social ou étroitement parental ; enfants épanouis ou enfants traumatisés par les événements de leur vie, ces couples antagonistes ont successivement « expliqué » la réussite ou l'échec des élèves. L'application à la réussite scolaire n'était qu'un aspect de conceptions plus larges sur l'individu, la famille, l'éducation, les strates sociales, l'évolution des mœurs. La conduite de l'enseignant est fortement influencée par ces réseaux de représentations : on a pu dénoncer, par exemple, les déterminismes que représenteraient l'idée exclusive du don, ou celle d'un déficit social, notamment linguistique, ou l'adhésion à l'idée d'une liaison quasi inévitable entre le comportement scolaire d'un enfant et les aléas de sa vie familiale, un divorce souvent, ou autre événement grave de la vie privée. L'antithèse, pourtant, apparaît à plus ou moins brève échéance, en fonction d'analyses, statistiques ou cliniques, et les représentations se modifient. Des représentations nouvelles s'élaborent, plus fines, plus justes probablement, qui néanmoins évolueront encore.

La représentation chez l'enfant

Le rôle le plus novateur de la réflexion contemporaine sur les représentations concerne la prise de conscience, par l'enseignant, de la représentation préexistant chez les élèves des tâches qu'on leur demande, ou des disciplines qu'on leur enseigne. Les idées fausses, l'absence apparente de sens de certaines activités scolaires peuvent entraîner chez les enfants ou adolescents des cascades de conséquences. L'incapacité à dépasser la représentation de l'exercice scolaire comme celle d'un exercice de pure contrainte, sans justification ni efficacité, n'engage pas fortement l'effort de l'élève et le laisse dans un état de dépendance intellectuelle. La conception même de l'école, redoutable ou ennuyeuse, où se reflètent fortement les souvenirs, fantasmes ou rancune des parents, voire des traces d'expériences antérieures, peut conditionner des comportements scolaires.

En ce qui concerne le temps historique, les phénomènes physiques ou biologiques, le système descriptif des grammaires, la cohérence de la géométrie, pour prendre des exemples au sein de disciplines qui vont être enseignées, la représentation que les élèves s'en font est un obstacle à leur approche, ou une aide si l'enseignant peut tenir compte de ce qui préexiste dans l'esprit des élèves.

Une surimposition de savoir, qui ne parvient pas à ébranler une conception antérieure, ne crée qu'un savoir artificiel, vite oublié, ou un psittacisme scolaire.

Ces constats ne fournissent pas pour autant les moyens de faire dépasser ou modifier aisément des représentations élémentaires ou négatives. Il y aurait de la naïveté à croire qu'un simple entretien – ou une simple leçon – éclairera les choses d'un jour nouveau, en raison des résistances déjà signalées. Les entretiens, certes, mais, chez les plus jeunes, l'expression par le dessin et les commentaires qui les accompagnent, la discussion de « cas » chez les plus grands, la diversification des textes, l'apport documentaire, l'entrée dans ce qu'on appelle la culture sont les voies qui permettent de prendre conscience de la complexité et de la relativité des systèmes de représentations et de rendre leur évolution possible.

L'enseignant savait déjà que l'élève n'était pas une « *tabula rasa* » à son entrée à l'école. Les travaux sur la représentation lui donnent une idée de la densité de ce qui préexiste à son enseignement. Et donnent à la notion de « conflits sociaux-cognitifs » et de « contrat didactique » voire « contrat pédagogique » des didacticiens contemporains, une assise élargie.

En dehors des applications pédagogiques, les sociologues ont fait de la représentation sociale un des concepts fondamentaux de notre époque.

BIBLIOGRAPHIE

L. Demailly, « Contribution à une sociologie des pratiques pédagogiques », *Revue française de sociologie*, XXVI, 1985.

M. Duru-Bellat, A. Henriot-Van Zanten, *Sociologie de l'école*, Armand Colin, 1990.

D. Jodelet, *Les Représentations sociales*, PUF, 1991.

G. Vergnaud, *L'Enfant, la mathématique, la réalité*, Peter Lang, Berne, 1981.

➤ Voir aussi Durkheim.

RÉSEAU D'AIDES SPÉCIALISÉES AUX ÉLÈVES EN DIFFICULTÉ (RASED)

De création récente (1990), les réseaux d'aides spécialisées aux élèves en difficulté se substituent aux groupes d'aide psychopédagogique et intègrent les classes d'adaptation pour constituer un dispositif souple, susceptible de prévenir et de réduire les difficultés éprouvées par les élèves à l'école primaire.

Les acteurs et leurs missions

Placé sous la responsabilité de l'inspecteur de l'Éducation nationale chargé d'une circonscription du premier degré, le réseau doit étendre son action sur l'ensemble des écoles de la circonscription. Il concentre cependant ses interventions sur les écoles maternelles et élémentaires qui sont considérées comme étant prioritaires. Ses tâches sont donc définies en étroite relation avec l'inspecteur de l'Éducation nationale et les différents partenaires concernés, notamment les directeurs d'école. Répondant aux priorités relevées, le réseau doit se caractériser par une mobilité d'action, donc une souplesse de fonctionnement.

Les intervenants spécialisés membres du réseau sont des psychologues scolaires et des maîtres spécialisés titulaires du certificat d'aptitude aux actions pédagogiques spécialisées d'adaptation et d'intégration scolaires (CAPSAIS), dans l'option correspondant aux types de prise en charge prévue. Leur nombre et leur qualification varient en fonction des besoins de la circonscription et de la configuration du réseau.

La définition du concept d'enfant en difficulté est relativement délicate. Globalement, les élèves qui relèvent d'une intervention du réseau sont ceux qui ne parviennent pas à satisfaire aux exigences d'une scolarité normale, sans pour cela que les difficultés qu'ils manifestent soient considérées comme des handicaps avérés. Aussi le réseau doit-il d'abord inscrire ses aides spécialisées dans le cadre des actions de prévention : la collaboration des personnels du réseau avec les enseignants favorise l'observation des élèves, l'ajustement des pratiques pédagogiques, voire la modification des attitudes individuelles et collectives, devant les difficultés qui s'expriment de façon discrète.

Les types d'aides prodiguées

Les aides spécialisées sont effectivement mises en œuvre lorsque les réponses pédagogiques apportées par les maîtres s'avèrent insuffisantes. Elles peuvent être de deux types :

– les aides à dominante pédagogique, qui ont pour objectif d'amener l'élève à dépasser ses difficultés dans les apprentissages scolaires ; elles sont assurées par les maîtres titulaires du CAPSAIS option E, soit dans des classes d'adaptation, soit dans le cadre de regroupements d'adaptation pour des élèves qui continuent à fréquenter la classe ordinaire à laquelle ils appartiennent ;

– les aides à dominante rééducative, qui ont pour objectif d'aider les élèves en difficulté globale ou particulière à réajuster les conduites émotionnelles, corporelles et intellectuelles, afin de restaurer leur désir d'apprendre ainsi que l'estime de soi. Ces actions sont entreprises par les maîtres titulaires du CAPSAIS option G (ex. rééducateurs) ; elles sont menées auprès des élèves individuellement ou en petits groupes, et doivent permettre à chaque enfant suivi de construire ou reconstruire ses compétences d'élève.

Ces différentes actions d'aides spécialisées sont engagées après une étroite concertation entre les personnels du réseau d'aides, le directeur d'école, les enseignants et les parents. Elles doivent faire l'objet d'un projet écrit qui implique toutes les parties et dont la réalisation nécessite une évaluation. Le fonctionnement des réseaux d'aides spécialisées aux élèves en difficulté appelle d'ailleurs plusieurs types d'évaluation : interne d'abord, et conduite par les intervenants sur leurs propres actions ; externe ensuite, et réalisée par les responsables institutionnels sur l'activité professionnelle des intervenants ainsi que sur le fonctionnement du dispositif.

Les réseaux, éléments du dispositif de lutte pour la réussite scolaire

Les réseaux d'aides spécialisées aux élèves en difficulté doivent constituer un élément important de lutte en faveur de la réussite de tous les élèves à l'école primaire. Ils ne peuvent pas cependant assumer certaines formes d'aides requises pour des difficultés bien spécifiques et parfois lourdes. Le rôle des intervenants consiste alors à conseiller les parents et les enseignants et à suggérer un recours auprès de services extérieurs à l'école (centres médico-psychologiques, centres médico-psychopédagogiques, hôpitaux de jour...), dans lesquels exercent des professionnels spécialisés : orthophonistes, psychomotriciens, psychothérapeutes...

BIBLIOGRAPHIE

Circulaire n° 90-082 du 9 avril 1990, *Mise en place et organisation des réseaux d'aides spécialisées aux élèves en difficulté*.

Circulaire n° 90-083 du 10 avril 1990, *Les Missions des psychologues scolaires*.

➤ **Voir aussi** Dépistage, Difficulté (enfants en), Évaluation, Groupe d'aide psychopédagogique, Prévention, Psychologie scolaire.

RESTAURANT SCOLAIRE

Une institution utilitaire qui évolue

Le restaurant scolaire a pris de plus en plus la place de la cantine, au moins dans le vocabulaire des enseignants et des élus locaux, car dans le langage des enfants ou des parents on continue de « rester à la cantine ».

Ce changement de terme traduit pourtant un changement important dans les préoccupations et dans les réalités.

En 1982, une note de service rappellait que chaque jour 3 500 000 enfants des écoles maternelles et élémentaires prenaient leur repas hors du domicile familial et que plusieurs dizaines de milliers de maîtres participaient à l'animation de ces lieux de restauration. Enfin cette coupure entre les deux demi-journées de classe représentait le quart du temps de présence à l'école.

Les cantines n'étaient réglementées par aucun texte et leur organisation était laissée à la discrétion des municipalités, des associations... Jusqu'en 1977, les enseignants du premier degré devaient inclure dans leur service, par roulement, une obligation de surveillance. Dans les établissements du second degré, des surveillants d'externat exerçaient cet encadrement, qui n'avait aucun objectif éducatif mais répondait au seul souci d'assurer la discipline.

Le restaurant devient un lieu d'éducation

Il est apparu intéressant de transformer ces salles souvent bruyantes et au confort minimal en des lieux d'éducation où les enfants profiteraient de meilleures conditions d'accueil et de convivialité, contribuant ainsi à leur épanouissement intellectuel et physique. Des recommandations très précises ont ainsi été données pour la taille, la décoration et l'organisation générale de ces restaurants. L'équilibre nutritionnel, la qualité et la présentation des divers mets proposés aux enfants ont été également mis au centre des préoccupations des gestionnaires et des éducateurs. En outre, des objectifs de socialisation, de politesse, de respect d'autrui (les dames de service, les maîtres ou les camarades...) faisaient également partie des soucis éducatifs exprimés dans cette nouvelle politique.

Une réflexion et une collaboration du monde scolaire et des élus locaux ont conduit à la mise en place de « restaurants », où les claustras et les plantes vertes agrémentent le cadre, mais également où l'on apprend aux enfants à se servir d'une fourchette, à se laver les mains avant de passer à table, à comprendre pourquoi on ne peut toujours manger des frites ou du poulet. On en est venu également à apprendre aux enfants à gérer eux-mêmes la composition de leur repas et on a vu ainsi éclore des « self-services » dans les établissements du second degré mais aussi dans le premier degré et même en maternelle. Certes, cela peut correspondre à des problèmes d'organisation et permettre ainsi un accueil plus rapide d'élèves plus nombreux, surtout dans le second degré, mais souvent, en maternelle en particulier, cela recouvre un véritable projet pédagogique.

Un élément qui contribue à l'ouverture de l'école

Dès lors qu'un souci éducatif est inclus, il devient nécessaire que la présence des adultes prenne un autre caractère que celui qui prévalait jusqu'alors. Une animation est souvent prise en charge par une équipe éducative, comprenant des enseignants mais aussi des animateurs rémunérés par la collectivité locale et des parents d'élèves. Des expériences positives ont eu lieu dans certaines écoles depuis plusieurs années, en particulier dans les villes nouvelles et dans divers établissements expérimentaux, mais aussi partout où les municipalités tiennent à rénover les conditions d'accueil des enfants.

Une collaboration et une sensibilisation des divers partenaires sont indispensables dans la mesure où, dans le premier degré comme dans le second degré, la construction ou l'aménagement des restaurants dépendent du financement des collectivités locales; par ailleurs, la rétribution des instituteurs ou des « animateurs » pendant ces périodes incombe également aux collectivités. Ce travail a naturellement conduit à réfléchir davantage à l'organisation de ce que l'on a appelé « le midi-deux heures ». Dans la mesure où l'on se préoccupe du bien-être et de l'équilibre des enfants, une réflexion sur l'utilisation qui peut être faite des temps ainsi libérés par le self-service ou sur la façon de ne pas gâcher le calme apporté par un repas pris dans de bonnes conditions, également la qualification de certains des animateurs choisis pour encadrer ces activités, ont induit l'idée de mettre en place des activités organisées, motivantes et enrichissantes. Ce fut souvent le départ des actions d'aménagement du temps de l'enfant.

BIBLIOGRAPHIE

Note de service n° 82-598 du 21 décembre 1982.
« De la cantine au restaurant d'enfants », CNDP, septembre 1984.

➤ Voir aussi Aménagement des rythmes de vie de l'enfant, (ARVE) Aménagement du temps scolaire, Rythmes.

RÉSULTATS SCOLAIRES

Produits, évalués à certains moments de la scolarité d'un élève, des enseignements dont il a bénéficié et des effets du travail qu'il a fourni pour tirer profit de ces enseignements. Exprimés en termes d'acquisitions de connaissances et de compétences, les résultats scolaires se mesurent à l'aune de la réalisation des programmes en vigueur dans le niveau d'enseignement où se trouve l'élève. C'est dire qu'ils sont étroitement dépendants des finalités assignées à l'éducation, des méthodes d'apprentissage mises en œuvre et des exigences définies par le contexte institutionnel.

Les diverses voies d'obtention des résultats

Les résultats scolaires d'un élève sont obtenus par différentes voies. S'ils sont officialisés par la réussite à des examens à l'issue de passation d'épreuves écrites et orales puisées dans les programmes du niveau concerné, ils sont déjà objectivés tout au long de la scolarité par la réalisation de travaux auxquels l'élève est soumis et qui sont quantifiés pour lui permettre de se situer par rapport à une moyenne et un seuil de réussite. Ainsi les résultats scolaires posent le double problème de la nature de ces travaux et de leur notation.

Les travaux diffèrent selon que le maître veut vérifier l'acquisition d'une notion dont il vient de construire l'apprentissage ou qu'il veut effectuer un contrôle global et différé d'un ensemble de connaissances et de compétences. Dans le premier cas, il utilisera soit l'interrogation orale soit l'exercice d'application ; cette démarche qui ne se solde pas nécessairement par une notation, vise à apporter, grâce aux corrections immédiates, une amélioration des productions de l'élève ainsi qu'un ajustement des méthodes d'appropriation du savoir. Dans le second cas, il emploiera des formules plus lourdes lui permettant d'apprécier un niveau d'acquisition d'ensemble. Traditionnellement il s'agit de productions écrites, manuelles ou physiques ou d'interrogations orales après révision, travaux qui exigent de la part de l'élève un effort de réflexion, de mémorisation, de synthèse. Dans un passé encore récent, ces formes de contrôle prenaient, par leur position dans l'année (fin de trimestre), un aspect quelque peu solennel : c'étaient les devoirs surveillés ou encore les compositions.

La composition a été longtemps considérée comme le type même d'activité intellectuelle révélatrice du niveau scolaire d'un élève dans une discipline, puisqu'elle sollicitait, d'une part, une mise en relation de ses connaissances en vue du traitement d'un sujet sous ses différents aspects, d'autre part, la mise en forme d'une synthèse construite, cohérente et argumentée. Elle est encore usitée, notamment pour la préparation de certains examens, par exemple pour l'épreuve anticipée de français du baccalauréat.

Ces travaux, corrigés et notés, ont servi longtemps à établir le classement des élèves d'une même classe, ils sont utilisés désormais comme base de discussion dans les conseils de classe pour les passages de l'élève au niveau supérieur ou pour les propositions d'orientation. Inscrits dans le livret scolaire de l'élève, les résultats scolaires sont pris en compte par les jurys d'examen dans les opérations de repêchage, ils jouent donc un rôle important dans le cursus d'un élève.

La question de la notation

La notation de ces travaux constitue l'autre aspect du problème posé par ces résultats. Elle représente l'opération qui consiste à exprimer en données comparables la valeur d'une prestation d'un élève. Il existe plusieurs systèmes conventionnels de données qui ont varié selon les époques et les écoles. Si l'élaboration d'échelle est nécessaire, elle est souvent tributaire des conceptions pédagogiques et l'utilisation en est laissée à l'appréciation des enseignants. Cependant une certaine harmonisation est appliquée au sein d'un même établissement et une réglementation est définie pour la notation des épreuves d'examen.

La formule la plus utilisée est l'échelle de 0 à 20 mais la gradation de 0 à 10 reste encore en vigueur. Certains enseignants préfèrent la notation littérale, plus qualitative, de A à F, le A qualifiant le niveau le plus élevé et le F le niveau le plus faible ; ce choix a souvent été retenu à la suite des études de docimologie qui avaient montré la relativité, voire l'arbitraire de l'attribution des notes chiffrées et l'illusion qui résidait dans l'utilisation d'un système d'apparence discriminant mais, en réalité, générateur d'erreurs grossières. Cette échelle permet de porter une appréciation globale sur la prestation de l'élève, non sur l'élève lui-même et en tout cas, elle n'autorise pas un classement des individus.

Une approche nouvelle : l'évaluation

Depuis la décennie 1980, les résultats scolaires sont appréciés par divers dispositifs d'évaluation qui tendent à faire abandonner les procédés traditionnels. Les enseignants utilisent différents instruments qui leur sont proposés et qui émanent soit d'équipes de recherches pédagogiques, soit du ministère de l'Éducation nationale, pour évaluer de manière plus distanciée les acquis des élèves. Ces outils, construits selon une méthodologie assez rigoureuse s'inspirant des procédures psychotechniques, garantissent une certaine objectivité et une bonne fiabilité aux évaluations effectuées. En outre, suite aux différentes actions de formation mises en œuvre à tous les niveaux du système éducatif, les enseignants intègrent de plus en plus régulièrement la démarche d'évaluation dans leurs activités d'enseignement, si bien que les élèves sont très souvent soumis à des évaluations et les résultats qu'ils obtiennent rendent obsolète le recours aux devoirs surveillés et aux compositions comme moyens de notation.

L'illustration en est donnée à l'école primaire par l'utilisation du livret scolaire de l'élève dont la tenue régulière suit l'évolution des compétences selon une échelle à quatre composantes : compétence confirmée, compétence à renforcer, compétence en cours d'acquisition, compétence non acquise. Ce modèle se retrouve également dans le second degré de l'enseignement professionnel où, dans certaines sections, chaque élève doit remplir un « portefeuille de compétences ».

➤ Voir aussi Carnet de correspondance, Compétence, Cycles, Devoirs, Docimologie, Évaluation, Livret scolaire, Référentiel, Unité capitalisable.

ROGERS Carl (1902-1987)

Né dans une famille traditionnelle de l'est des États-Unis, Carl Rogers est plus connu comme psychologue ou psychosociologue que comme pédagogue. Il a été marqué très tôt par une participation très active à des mouvements de jeunesse chrétiens (*Young Men Christian Association*). Dans ses activités de militant, il a été conduit à vivre de vifs conflits à la fois entre jeunes et entre confessions religieuses, en particulier lors d'un congrès d'étudiants en Chine en 1922. Cette expérience l'a amené à rompre avec sa famille et à rechercher son autonomie.

Il entra au « *Teachers College* » (Centre de formation des enseignants) de l'université de Columbia, très influencé alors par les conceptions de Dewey. Il travailla avec des enfants dans un centre médico-pédagogique (« *child guidance* ») et il en vint à s'intéresser plus spécialement à la psychologie clinique. C'est ainsi qu'il perçut l'incompatibilité qu'il y avait entre la pensée de Freud, telle qu'elle était mise en application dans ce centre et les pratiques de Columbia, sous l'influence de Thorndike. C'est sur ces questions qu'il centra ses travaux.

Pendant 12 ans, il fut directeur d'un centre médico-pédagogique à Rochester où il conduisit ses travaux et mit au point ses conceptions théoriques et pratiques de psychothérapie.

En 1940, il devint titulaire d'une chaire de psychologie clinique à l'université d'État de l'Ohio où, en tant qu'enseignant, il continua à approfondir sa réflexion et son analyse de ses rapports avec ses étudiants, ses relations individuelles avec ses patients, ses étudiants et ses collègues. C'est ainsi que naquit l'orientation dite « non directive » ou « *client-centered* » .

En 1945, il prit un poste à l'université de Chicago puis en 1957 à celle du Michigan et enfin à celle du Wisconsin.

Il publia de nombreux ouvrages et articles, en particulier *Le Développement de la personne* dont la traduction et la publication en France devaient être à l'origine de nombreux débats dans le domaine des sciences humaines et de l'attitude dite « non directive » en pédagogie. Il a apporté une contribution importante à l'étude de la relation, de la communication, et de tout ce qui est du domaine du conflit entre les individus et dans les groupes.

BIBLIOGRAPHIE

C. Rogers, *Le Développement de la personne*, Dunod, 1970.

C. Rogers, « Enseigner et apprendre » in *Pédagogie et psychologie des groupes*, ARIP Epi, 1966.

➤ **Voir aussi** Dewey, Pédagogies non directives, Psychopédagogie.

ROUSSEAU Jean-Jacques (1712-1778)

Écrivain et philosophe du siècle des Lumières. Malgré la diversité de ses intérêts – compositeur d'opéras (*Les Muses galantes*, *Le Devin du village*), il rédige l'article sur la musique dans l'*Encyclopédie*, auteur de récits autobiographiques (*Les Confessions*, *Les Rêveries du promeneur solitaire*) et romancier (*La Nouvelle Héloïse*) – Jean-Jacques Rousseau est essentiellement préoccupé par les problèmes de civilisation.

La cohérence philosophique

Les discours (*Discours sur les sciences et les arts* 1750, *Discours sur l'origine de l'inégalité* 1755) contiennent deux thèmes, celui de la bonté originelle de l'homme et celui de l'origine sociale des maux : la société a corrompu l'homme naturel. Mais ce dernier reste à l'état sauvage, avec des facultés seulement « virtuelles », s'il ne passe pas de l'état de nature à l'état civil. On doit donc bénir « l'instant heureux qui nous arracha pour jamais » à notre condition primitive et « qui, d'un animal stupide et borné, fit un être intelligent et un homme » (*Contrat social*, I, 8).

La philosophie de Rousseau se résume dans les quelques traits suivants.

– La distinction spécifique de l'homme est la perfectibilité au sens de possibilité de développer des facultés en puissance au moment où elles deviennent indispensables. Seul, l'instinct est nécessaire dans l'état de nature. La plupart des facultés – parole, imagination, raison, conscience – sont des facultés « virtuelles ».

– La sociabilité seule permet l'actualisation des facultés « virtuelles », donc le développement de l'homme. Mais la qualité de cette sociabilité détermine l'orientation de la perfectibilité vers le mal (destruction de l'égalité naturelle de l'homme) ou vers le bien (réalisation progressive de la nature de l'homme, originellement bonne et vertueuse).

D'où la convergence et la complémentarité des œuvres principales publiées dans les années 1761 et 1762. *La Nouvelle Héloïse* (1761) construit une sociabilité familiale – couple, domestiques, amis – telle qu'elle conditionne une vie de vertu et de bonheur conforme à la nature, et envisage les problèmes pédagogiques à propos des adultes (éducation de Julie et de Saint-Preux l'un par l'autre d'abord, ensuite sous la direction de Wolmar) et à propos des deux enfants de Julie.

Émile (mai 1762) pose la nécessité de l'éducation (« Tout ce que nous n'avons pas à notre naissance et dont nous avons besoin étant grands nous est donné par l'éducation. ») et sa finalité : former des hommes et des citoyens.

Les idées pédagogiques

Malgré la particularité du milieu éducatif décrit – Émile est orphelin, élevé seul, protégé de toute influence sociale prématurée – l'ouvrage a des références concrètes. Rousseau, en effet, a vécu deux expériences de préceptorat. L'une, d'une année, chez Jean Bonnot de Mably (frère des deux philosophes, Mably et Condillac) pour lequel il rédige un *Mémoire présenté à Monsieur de Mably sur l'éducation de son fils* et un *Projet pour l'éducation de monsieur de Sainte-Marie* ; l'autre, de quelques semaines, auprès de Jacques Armand Dupin de Chenonceaux. C'est pour l'épouse de celui-ci, « pour complaire à une bonne mère qui sait penser », que l'*Émile* fut commencé. « Recueil de réflexions et d'observations, sans ordre et presque sans suite », plus que traité de pédagogie, *Émile* se propose de réformer l'éducation domestique assimilée à « celle de la nature ». Il assigne à cette éducation la charge d'élever l'enfant à l'état d'homme. « En sortant de mes mains, il ne sera, j'en conviens, ni magistrat, ni soldat, ni prêtre ; il sera premièrement homme », c'est-à-dire tout ce que sa nature lui permet d'être, étant donné la bonté originelle de l'homme.

L'efficacité du processus éducatif exige les connaissances de son point de départ – l'état d'enfance – et de son point d'arrivée – l'état d'homme. Tous deux sont éclairés par les concepts de liberté et de perfectibilité. Pour Rousseau, la liberté est la qualité distinctive de l'homme. « Le premier de tous les biens n'est pas l'autorité, mais la liberté. L'homme vraiment libre ne veut que ce qu'il peut, et fait ce qu'il lui plaît. Voilà ma maxime fondamentale. Il ne s'agit que de l'appliquer à l'enfance et toutes les règles de l'éducation vont en découler. » Il faut donc soustraire l'enfant à la vie adulte et éviter toute socialisation prématurée, afin qu'il exerce sa liberté naturelle dans des activités physiques – jeux et divertissements – qui sont pour lui une occasion de se confronter à la force des choses. Le maître est aussi un élément de cette situation naturelle car l'élève sait qu'il est le plus fort. Il faut « qu'il le sache, qu'il l'apprenne, qu'il le sente ». En conséquence, pas de commandement, pas d'interdiction, pas de châtiment, pas de complaisance envers l'enfant – le laisser pleurer, crier, détruire. L'expérience des lois de la nécessité apprend à l'enfant ses propres limites tout en lui enseignant à borner et contrôler ses désirs. « Émile pourra plus tard dire : C'est vous, ô mon maître, qui m'avez fait libre en m'apprenant à céder à la nécessité. »

Pour ce qui est de la perfectibilité, le pédagogue se doit de discerner l'ordre naturel du développement des facultés humaines. « Chaque âge, chaque état de la vie a sa perfection convenable, sa sorte de maturité qui lui est propre. »

Chacun des cinq livres de l'*Émile* correspond à un de ces âges. Dans le livre I, Émile commence à développer les organes de la connaissance par une éducation purement physique. Le livre II est consacré à ce que Rousseau appelle la « raison sensitive et puérile » qui consiste à former des idées simples par le « concours de plusieurs sensations ». Ces deux périodes sont le temps de l'éducation négative par laquelle le précepteur écarte d'Émile toute intrusion étrangère venant des adultes ou tout savoir purement verbal. Le livre III est consacré à « l'âge paisible d'intelligence ». Mais cette dernière est une intelligence pratique. « Transformons nos sensations en idées, mais ne sautons pas tout d'un coup des objets sensibles aux objets intellectuels ; c'est par les premiers que nous devons arriver aux autres. » Il faut se méfier des mots car, « avec notre éducation babillarde nous ne faisons que des babillards... Il faut parler tant qu'on peut par les actions et ne dire que ce qu'on ne saurait faire ». Le livre IV concerne « la seconde naissance... c'est ici que l'homme naît véritablement à la vie et que rien d'humain n'est étranger à lui ». C'est le temps des passions, de la sexualité, des relations avec autrui. Le développement de la raison qui nous fait connaître le bien et le mal, celui de la conscience qui seule nous fait aimer le bien autorisent un enseignement moral et l'enseignement religieux contenu dans la « Profession de foi du vicaire savoyard ». Le livre V, le dernier, prépare Émile à la vie d'époux et de citoyen. L'apparition de Sophie est l'occasion pour Rousseau d'exposer sa conception de l'éducation des femmes, nécessairement différente de celle de l'homme. Puisque le bonheur de la femme est d'assurer celui de l'homme, « toute l'éducation des femmes doit être relative aux hommes ». Destinées à être épouses et mères, « il faut les exercer d'abord à la contrainte, afin qu'elle ne leur coûte jamais rien, à dompter toutes leurs fantaisies pour les soumettre aux volontés d'autrui ».

Les perspectives

Malgré son côté romanesque et parfois naïvement idyllique, malgré son arrière-plan théologique de la bonté originelle de l'homme naturel, *Émile* a ouvert des perspectives intéressantes à la pédagogie, par son intuition juste des paliers du développement de l'enfant, par l'importance attribuée à l'activité et à l'intérêt, par son objectif humaniste d'éducation. La pédagogie fonctionnelle, les méthodes actives, les pédagogies non directives se réclameront de Rousseau.

Le choix d'une éducation domestique s'explique par la corruption des mœurs « parce qu'où il n'y a plus de patrie, il ne peut plus y avoir de citoyens ». Mais l'idée d'éducation nationale, très en vogue dans la seconde moitié du XVIIIe siècle, est reconnue par Rousseau dans *La République* de Platon (« le plus beau traité d'éducation qu'on ait jamais fait ») ; elle est posée comme nécessaire dans l'article « Économie » qu'il rédige pour l'*Encyclopédie* (« L'éducation publique... est donc une des maximes fondamentales du gouvernement populaire ou légitime. ») et dans les *Considérations sur le gouvernement de Pologne* (achevées en 1772, publiées en 1782), où elle répond à la définition donnée dans *Émile* : « Les bonnes institutions sociales sont celles qui savent le mieux dénaturer l'homme, lui ôter son existence absolue pour lui en donner une relative et transporter le moi dans l'unité commune ; en sorte que chaque particulier ne se croye plus un, mais partie de l'unité, et ne soit plus sensible que dans le tout. Un citoyen de Rome n'était ni Caius, ni Lucius ; c'était un Romain ».

BIBLIOGRAPHIE

J.-J. Rousseau, *Œuvres complètes*, Pléiade, Gallimard, t. IV, 1969.

P. Burgelin, *La Philosophie de l'existence de Jean-Jacques Rousseau*, PUF, 1952 (réed. Slatkine, 1978).

Y. Vargas, *Introduction à l'Émile de J.-J. Rousseau*, PUF, 1995.

➤ Voir aussi Claparède, Éducation fonctionnelle, Éducation négative, Kant, La Chalotais, Libertaire (pédagogie), Mouvements pédagogiques, Piaget.

RYTHMES

Le mot « rythme » apparaît dans des contextes très différents : rythmes biologiques, rythmes d'apprentissage, rythmes scolaires ; dans chaque occurrence, l'idée de temps, de durée, de périodicité, de reprise cyclique d'une même unité, est toujours présente. « Rythme » apparaît évidemment dans d'autres contextes : rythmes musicaux, rythmes plastiques, rythmes dansés, rythmes de la voix, ou du texte ; on trouve aussi pour caractériser les périodes de ces rythmes, des adjectifs : rythmes saisonniers, rythme annuel, rythmes binaires ou ternaires... tous impliquent une idée de temps. Seuls les contextes qui intéressent l'enseignement d'une façon générale sont retenus ici.

Les rythmes biologiques

Les rythmes biologiques existent chez tous les êtres vivants et scandent le déroulement des grandes fonctions ; le caractère fondamental de ces rythmes est démontré par diverses expériences de laboratoire – par exemple, la relation entre les marées et les rythmes de certains mollusques – qui échouent à les déplacer durablement, ou à les remplacer, en dépit de longs conditionnements. Qu'il s'agisse des alternances de la veille et du sommeil ou de périodicités beaucoup moins apparentes, comme celles qui règlent des sécrétions hormonales, des cycles de l'appétit, ou de l'efficience, le rythme, dans le règne végétal comme dans le règne animal est un facteur constamment présent. Les biorythmes, pour certains auteurs, seraient des fluctuations dans les capacités ou les énergies des individus, dans la dépendance de causes physiques, mal connues ou seulement postulées.

Des recherches scientifiques s'attachent à décrire et à mesurer ces phénomènes et leurs variations : c'est la chronobiologie et la chronopsychologie. Elles intéressent la pédagogie dans la mesure où certaines habitudes de vie scolaire, en s'opposant à ces rythmes naturels, imposeraient aux enfants une fatigue inutile, voire nuisible.

Les rythmes biologiques ne sont évidemment pas, chez les humains, complètement indépendants des habitudes sociales, qui peuvent influer sur eux considérablement. Les appétits et les besoins se contrôlent, se dénaturent parfois, mais aussi se créent, par contagion sociale ou par les pratiques de vie adoptées, familiales ou individuelles. À l'inverse, aucune habitude sociale ne peut annihiler complètement les rythmes fondamentaux. De la même façon, des phénomènes psychologiques, d'ordre émotionnel en particulier, tel le plaisir, ou l'antipathie, la peur ou la colère, mais également d'ordre intellectuel, comme l'intérêt, la curiosité, peuvent avancer ou retarder l'horloge biologique de l'individu, créer des perturbations, positives ou négatives. Des différences individuelles, enfin, dépendant essentiellement de la constitution de chaque individu, peuvent être mises en évidence, de façon au moins pragmatique : certains individus dorment plus longtemps que d'autres, mangent plus ou moins, assimilent plus ou moins, ont une croissance ou un déclin plus ou moins rapide.

Il apparaît ainsi que les jours de la semaine, les heures de la journée, et les mois de l'année ne sont pas neutres pour l'équilibre et la santé des individus, pour des raisons qui tiennent à leur biologie, à leur psychologie, à leur comportement social ou à celui qui leur est imposé.

Pour l'écolier, quel que soit son âge, de trop fréquentes ruptures dans le travail, des temps de récupération insuffisants, des fins de semaine fatigantes, des journées mal équilibrées, des efforts demandés à contre-temps sont autant de défis à la chronobiologie. L'école ne peut, à elle seule, assurer une hygiène de vie ou redresser des erreurs éventuelles commises par les familles ; elle ne peut assurer, en outre, les flexibilités qu'exigeraient peut-être les caractéristiques individuelles des enfants et adolescents, mais il est évident que les dispositifs scolaires doivent tenir compte le plus possible des données disponibles sur ces questions, qui intéressent la santé et l'équilibre des jeunes, et leur réussite. Chaque établissement doit veiller, dans le cadre de la vie scolaire, et dans les marges qui lui sont concédées, à faire coïncider au mieux le rythme de sa vie journalière avec ce que l'on sait des résultats de la chronobiologie.

Les rythmes d'apprentissage

Contrairement aux rythmes biologiques, les rythmes d'apprentissage n'ont rien de cyclique, sans préjuger du fait qu'ils soient ou non sous la dépendance des rythmes biologiques personnels à chacun. Ce que l'on appelle « rythme » d'apprentissage est essentiellement la vitesse dans les acquisitions, dans les réactions, et dans la stabilisation des acquis, voire dans le franchissement des stades de développement, tels que la psychologie les décrit. C'est un fait d'expérience que certains enfants ou adolescents sont plus rapides que d'autres, que certains sont plus lents mais conservent mieux leurs acquis. Ces disparités, constatées, sont imputables soit à une « nature » différente, soit à des cheminements méthodologiques imposés, qui conviennent bien à certains et conviennent moins bien aux autres. Les temps d'apprentissage n'étant pas forcément les mêmes pour tous, et les approches du savoir non plus, la conséquence à en tirer est que l'école ne peut demander les mêmes résultats à tous ses élèves dans le même temps et selon les mêmes modalités. Aussi incontestables que soient ces constats, ils n'autorisent pas pour autant des distinctions trop faciles entre élèves : l'homogénéité des réactions chez un même individu est loin d'être évidente ; des phénomènes relevant des relations de personne à personne, de personne à groupe, de procédures méthodologiques, ou d'événements dans la vie individuelle, peuvent infirmer des diagnostics et transformer des comportements.

Les cycles définis par la loi d'orientation reposent sur l'idée de rythmes différents d'apprentissage entre individus, et ils posent que l'acquisition d'un certain nombre de connaissances et d'aptitudes en un laps de temps donné admet comme normaux des parcours rapides et des parcours plus lents.

La pédagogie différenciée repose sur les mêmes constats que les progrès se font en dents de scie, et ne sont pas nécessairement homogènes. Elle admet également des différences d'intérêts, voire des différences de profils psychologiques chez les élèves. La notion de rythmes d'apprentissage s'éloigne dans ce cas du seul facteur de vitesse d'acquisition pour introduire l'idée d'une typologie intellectuelle. Cette typologie pourrait justifier des différences de rythmes d'apprentissage.

Les rythmes scolaires

Dans cet emploi du terme, on revient à l'idée d'une périodicité dans le temps, qui est un temps social, celui du fonctionnement de l'école. L'école devrait être conçue de telle façon que les rythmes biologiques soient respectés, ainsi que les rythmes d'apprentissage, sans pour autant qu'elle impose une révolution dans le temps social dans lequel chacun vit, et dans lequel elle-même fonctionne : cela tient du tour de force.

Le découpage de l'année en année scolaire, la semaine scolaire, la journée scolaire forment ce qu'il est convenu d'appeler les rythmes scolaires.

L'année scolaire

Elle compte approximativement 36 semaines de classe, pour 16 semaines de vacances, plus les jours fériés. La répartition des semaines reste liée en partie aux trimestres anciens, qui étaient eux-mêmes calqués sur les grandes fêtes religieuses : de la rentrée d'automne à Noël, de janvier au printemps, longtemps assimilé à Pâques, puis de la rentrée de printemps à la mi-juillet ; avec des pauses d'une à deux semaines à la Toussaint et en février, aux environs du Mardi gras. Un système de zones décale les vacances selon les académies, pour éviter de trop importants déplacements de population. À ces périodes de vacances s'ajoutent les jours fériés. Les jours fériés ne sont pas très nombreux – la plupart se trouvant inclus dans des vacances. Les 1er et 8 mai, le jeudi de l'Ascension, le lundi de Pâques ou de Pentecôte, s'ils ne sont pas inclus dans les vacances, une journée au choix des maires en fonction de cérémonies ou usages locaux, ou une journée proposée par les conseils d'administration dans le second degré, sont des jours de congé.

La durée de l'année française n'est pas la plus longue, ni la plus courte des années scolaires européennes, et le nombre de ses jours fériés reste dans la moyenne des autres pays ; ses vacances d'été, en revanche, sont généralement considérées comme longues, voire trop longues, bien que les pays méditerranéens en aient de plus longues. Il est difficile de porter un jugement sans examiner conjointement les structures des semaines et des journées scolaires.

La semaine scolaire

Elle varie selon les niveaux d'enseignement. L'école primaire fonctionne sur une durée de 26 heures pour les enfants et de 27 heures pour les maîtres. La semaine du collégien est très mouvante, pouvant aller de 22 à 29 heures ; celle du lycéen, par le jeu des options et des clubs, peut être beaucoup plus longue. Bien que l'implantation des collèges et des lycées soit dense sur le territoire, beaucoup d'élèves sont néanmoins obligés d'emprunter des ramassages scolaires. Ce peut être aussi le cas des écoliers du primaire, dans les zones rurales notamment. Les journées, compte tenu des trajets, deviennent très longues, commençant de bonne heure et finissant tard, incluant le déjeuner dans une collectivité, qui n'apporte pas le repos ou la détente. L'équipement des écoles et établissements ne facilite pas forcément non plus, ou du moins pas pour l'effectif total, les lieux de recréation et de détente souhaitables dans les inter-classes.

La France a longtemps eu le regard fixé sur les pays voisins, où la journée scolaire n'était en fait constituée que d'une longue demi-journée, les après-midi étant alors consacrés aux sports, ou aux activités de loisirs. Les habitudes des familles et des enseignants eux-mêmes, la nécessité de libérer une journée, autre que le dimanche, pour l'enseignement religieux, ainsi que les lois fondamentales de l'enseignement primaire s'étaient engagées à le faire, n'ont jamais favorisé en France un bouleversement des rythmes scolaires: la journée est restée longue. Peut-être pas sans raison; en effet, les pays qui pratiquaient cette alternance du matin et de l'après-midi, – beaucoup de *Länder* allemands, par exemple – confrontés à la difficulté d'encadrer la population scolaire libérée de l'école tous les après-midi, révisent aujourd'hui leurs positions. Six heures de contention scolaire ne sont peut-être pas pires que quatre à cinq heures, suivies d'un après-midi désœuvré.

Pour l'enseignement primaire, de nombreux schémas ont été proposés par le ministère de l'Éducation nationale, respectant la durée hebdomadaire de travail, mais introduisant des souplesses d'horaires, à charge pour les autorités locales d'approuver les propositions des écoles et établissements. Ainsi est née la semaine de quatre jours, dans les années 1991/1992, qui est en vigueur dans de nombreuses communes. Les jours de classe, au nombre de quatre, libèrent les mercredis, journée réservée éventuellement à l'enseignement religieux, et toute la fin de semaine. Le déficit annuel, environ 72 heures d'enseignement, est compensé par 12 journées de travail supplémentaires, réparties sur toutes les périodes de vacances. Cette formule donne en général grandement satisfaction aux familles, qui souhaitent des fins de semaine libres et des vacances raccourcies. Il reste à prouver que les enfants tireront bénéfice d'une scolarité qui se trouve ainsi très morcelée. Les études de chronopsychologie mettent en évidence que de trop fréquentes interruptions ne sont pas favorables: dans ce cas précis l'intérêt individuel et l'intérêt social ne sont pas forcément compatibles.

Dans les lycées et collèges, la semaine est fonction de nombreuses contraintes: programmes à définition horaire hebdomadaire, études dirigées ou autres formes de travail généralement à effectif dédoublé, jeu des options, regroupements des langues à faible effectif, disponibilité des locaux spécialisés. En dépit d'efforts pour avoir la gestion du temps la plus saine possible, les journées sont inégales, parfois très longues, présentant des trous dans l'emploi du temps, qu'il n'est pas facile d'utiliser de façon efficace. Les effectifs chargés, les choix complexes offerts aux élèves, les locaux qui ne sont pas toujours adaptés à leurs effectifs ne permettent guère de respecter les rythmes biologiques des élèves.

La journée scolaire

Elle compte, sauf cas particuliers, 6 heures de classe dans l'enseignement primaire, parfois moins, parfois plus dans le second degré. Des journées de 8 heures ne sont pas exceptionnelles pour les adolescents de lycées professionnels, par exemple.

L'emploi du temps revêt alors une importance très grande. De tout temps, l'alternance des activités dites exigeantes avec celles considérées comme moins difficiles, le calme succédant à l'activité intense, la récréation au milieu de la demi-journée, ou deux pauses au cours de cette demi-journée, ont inspiré les emplois du temps du primaire. La variété des activités en cours de journée, les variations à l'intérieur d'un cours trop long, les disciplines réputées difficiles situées le matin sont également des principes que les écoles essaient de respecter. Ce que des études de chronobiologie apportent, c'est la remise en question d'un empirisme de bonne volonté: les disciplines exigeantes ne sont pas nécessairement celles que l'on croyait, et la première heure de la matinée n'est pas forcément la plus propice pour les mathématiques. Les activités artistiques ne sont pas nécessairement reposantes non plus, et n'ont pas à figurer en fin de journée, ou l'après-midi. Certaines études, enfin, ont mis en évidence que les courbes de rendement scolaire au cours de la semaine n'étaient pas semblables pour les jeunes enfants et pour les adolescents, ces derniers soutenant mieux leur effort, et l'accélérant même en cours de semaine.

Des essais d'aménagement

Le désir de mieux équilibrer la journée des enfants, dans l'enseignement primaire, s'est remarqué dans deux initiatives : l'une, dans les années 60, avec l'instauration du tiers temps, qui devait organiser la journée en sorte que les après-midi soient occupés par de l'éveil, des activités artistiques ou des activités sportives ; l'autre, à compter de l'année 1989, connue sous le nom d'Aménagement du temps scolaire (ATS). Dans cette dernière expérience qui a connu une expansion foudroyante, il s'agissait d'organiser le temps de l'écolier, scolaire et extra-scolaire, en lui ouvrant des activités qui n'étaient pas prévues par les programmes ou, dans le cas contraire, qui leur donnaient une ampleur inhabituelle. Ces activités, dispensées selon un calendrier tournant, employaient les enseignants mais surtout des intervenants, parfois en grand nombre, de toutes sortes de spécialités. Les objectifs de l'initiative, qui se poursuit, sont nombreux : ouverture de l'école, équilibre dans les intérêts, le non-scolaire relayant le scolaire, incitations et initiations pour les enfants, équilibre dans les efforts, joie de la nouveauté. Le rythme scolaire perdait ainsi un peu de son uniformité.

Dans les collèges et lycées, l'emploi du temps essaie en général de se rapprocher des mêmes principes : activités supposant une grande concentration situées le matin, plusieurs disciplines exigeantes séparées les unes des autres, des pauses de 5 minutes entre chaque cours, l'évitement des durées de cours difficiles à supporter pour les élèves et pour les professeurs, comme deux heures consécutives de la même matière. Les cours de 45 minutes ont été envisagés, ils ne sont pas généralisés. Les contraintes structurelles sont très grandes dans l'enseignement du second degré et rendent plus difficile une application stricte des principes souhaitables. Comme dans l'enseignement primaire, les études de chronobiologie bouleversent certaines idées reçues : les premières heures du matin et de l'après-midi ne sont pas, par exemple, les plus propices au travail intellectuel. Il y a des différences de rendement selon les âges, et la courbe de fatigue n'est pas la même pour un enfant ou un adolescent.

La question des rythmes scolaires est constamment à l'ordre du jour au ministère de l'Éducation nationale. Le nombre de facteurs qui interviennent, ou devraient intervenir, dans les décisions, rend improbable une solution qui tienne compte de tous les aspects de ce problème très complexe.

BIBLIOGRAPHIE

H. Montagner, *Les Rythmes de l'enfant et de l'adolescent*, Stock, 1983.

F. Testu, *Chronopsychologie et rythmes scolaires*, Masson, 1991.

G. Vermeil, *La Fatigue à l'école*, Paris, ESF, 1976.

➤ **Voir aussi** Aménagement du temps scolaire, Pédagogie différenciée, Soutien, Vacances.

S

SECTION D'ÉDUCATION SPÉCIALISÉE (SES)

Créée dans le cadre de la prolongation de l'obligation scolaire jusqu'à 16 ans, la section d'éducation spécialisée est une structure annexée au collège et qui a pour vocation d'accueillir dans le second degré les élèves issus de classes de perfectionnement, c'est-à-dire des élèves reconnus déficients intellectuels légers et orientés par les commissions d'éducation spéciale. Une circulaire du 27 décembre 1967 officialise l'organisation et le fonctionnement de la section d'éducation spécialisée : la scolarité est prévue de 12 à 16 ans, elle est consacrée à une formation générale dispensée par des instituteurs spécialisés et, à partir de 14 ans, à une formation professionnelle assurée conjointement par des instituteurs spécialisés et des professeurs d'enseignement technique. Un responsable, titulaire du diplôme de directeur d'établissement spécialisé, est chargé de faciliter le travail de l'équipe pédagogique et d'établir les liaisons avec l'extérieur, notamment avec le monde professionnel. Appliquée dans des classes à effectif réduit (16 élèves au maximum), la pédagogie des sections d'éducation spécialisée s'efforce de s'appuyer sur les réussites et sur un élargissement des centres d'intérêt pour recréer un sentiment de confiance chez les élèves et ouvrir des perspectives sur la société et le monde du travail. Cependant les conditions d'achèvement de la formation à la sortie des SES ne sont pas précisées et les élèves qui ne peuvent être accueillis dans des dispositifs de formation complémentaire ou qui n'ont pas obtenu d'emploi se trouvent en situation très précaire.

La notion de déficience intellectuelle légère disparaît dans la nomenclature des déficiences, incapacités et désavantages (arrêté du 9 janvier 1989) et les troubles cognitifs ne sont plus considérés comme irréversibles. La section d'éducation spécialisée a pour mission d'assurer de manière plus affirmée un enseignement général et professionnel adapté ; cette mission est précisée par les circulaires du 6 février 1989 et du 14 décembre 1990. La SES accueille à la sortie de l'école primaire les élèves en échec scolaire global et persistant, orientés par les commissions d'éducation spéciale (en particulier la commission de circonscription du second degré), afin de leur donner une formation qui leur permet d'obtenir un diplôme attestant une qualification de niveau V (CAP). Cette formation, qui peut se prolonger jusqu'à 18 ans et même au-delà si nécessaire, se fait en étroite liaison avec les lycées professionnels et les différents dispositifs de formation en alternance ; elle est assurée par des instituteurs ou professeurs des écoles spécialisés, des professeurs de collège et des professeurs de lycée professionnel, sous la responsabilité d'un directeur adjoint de collège chargé de la section, ce directeur devant être titulaire du diplôme de directeur d'établissement d'éducation adaptée et spécialisée (DDEAS).

Désormais l'enseignement général et professionnel adapté dispensé dans ces sections est résolument orienté vers une formation professionnelle la plus complète possible, un enseignement très individualisé est conduit à partir d'un projet conçu pour chaque élève, un dispositif d'évaluation des compétences est mis en œuvre, il permet aux élèves de se préparer au certificat de formation générale (CFG) et au certificat d'aptitude professionnelle par unités capitalisables. D'une manière générale les sections d'éducation spécialisée (SES) deviennent des sections d'enseignement général et professionnel adapté (SEGPA) et tendent à s'intégrer au mieux dans le fonctionnement des collèges.

BIBLIOGRAPHIE

Circulaire d'orientation n° 89-036 du 6 février 1989.
Circulaire n° 90-065 du 14 décembre 1990.
Circulaire n° 96-167 du 20 juin 1996.

➤ **Voir aussi** Classe spécialisée, Commission d'éducation spéciale, Dépistage, Difficulté (enfants en), Établissement spécialisé, Référentiel, Unité capitalisable.

SOUTIEN

Le soutien c'est l'aide scolaire apportée aux enfants, et avant de la considérer comme une notion en marge de la pédagogie et comme une pratique récente particulière, il convient sans doute de rappeler que l'école et le collège, ou les établissements qui ont précédé le collège, n'ont jamais fait autre chose que de soutenir leurs élèves. Expliquer, corriger, faire refaire, vérifier à nouveau, encourager, distribuer des réprimandes, et parfois, comme on l'a vu faire de la part de nombreux instituteurs, donner du temps en dehors des heures de classes, c'était agir pour « soutenir » l'effort des élèves. Il n'y a pas jusqu'aux leçons particulières, données à titre onéreux, qui n'aient été des formes de soutien.

La notion a pris toutefois un autre sens au moment où le collège unique abolissant les filières et brassant tous les enfants de la scolarité obligatoire s'est trouvé confronté à une grande hétérogénéité de niveaux qui appelaient des mesures particulières, sans lesquelles on risquait de voir un pourcentage trop important d'élèves en difficulté, accumulant retards, redoublements, jusqu'à l'échec final que constituent une sortie prématurée de l'école ou une sortie sans niveau suffisant de compétence. L'hétérogénéité des classes appelait l'hétérogénéité des procédures pédagogiques, pour soutenir les enfants en difficulté. L'hétérogénéité des classes signifie aussi qu'il y a, parmi les élèves, des enfants lents et qui peinent, mais qu'il y a aussi des enfants rapides, en avance, quelles qu'en soient les raisons, et que ceux-ci ont besoin aussi qu'on s'occupe d'eux. La notion corrélative de celle de soutien est la notion d'approfondissement : il faut pouvoir donner aux élèves qui suivent vite et bien des occasions de travail, afin qu'ils ne s'ennuient pas à l'école et ne développent à son égard une forme de désaffection.

Il ne s'agit pas d'élèves surdoués. Si certains pays les recherchent, pour leur faire effectuer un parcours plus rapide et plus chargé, la France n'a jamais été favorable à la sélection de « surdoués », dans l'hypothèse où elle serait possible. Sans être des surdoués, il s'agit d'enfants dont les besoins ne sont pas les mêmes que ceux des autres : pour eux, l'approfondissement est une mesure de justice.

Toutefois, le poids relatif des élèves en difficulté et des élèves plutôt en avance n'est pas égal : les enfants en difficulté – outre que leur avenir est plus préoccupant – sont en plus grand nombre. Le soutien s'est donc trouvé, abusivement, connoté en remédiation de l'échec. Il est aussi plus visible et plus facile à décrire.

Le soutien est dispensé par l'école et en dehors d'elle.

Le soutien à l'école

On rencontre de nombreuses procédures pédagogiques.

– Les procédés pédagogiques, visant un élève ou un petit groupe d'élèves, sans que la classe soit quittée : la répétition, l'explication complémentaire, l'exercice allégé, l'aide grâce à un logiciel éducatif.

– Un tutorat exercé indirectement, par la composition de groupes de travail : un élève en difficulté associé à un groupe capable de l'aider.

– Un tutorat direct : un professeur, ou un conseiller d'éducation s'occupant particulièrement du travail d'un élève : l'entretien régulier avec lui, le suivi des progrès, l'aide ponctuelle. Des horaires hebdomadaires de français ou de mathématiques peuvent comprendre des heures de soutien, afin de permettre l'assimilation et le transfert de connaissances, en dehors et en sus du développement du programme normal. Sans distinction de disciplines, les programmes de 1995 prévoient 2 heures hebdomadaires pour l'école élémentaire destinées à des « études dirigées ». Le nom des dispositifs peut varier, mais l'intention demeure la même.

– Les études dirigées sont des moments où la différenciation de démarches peut être tentée. Cette aide méthodologique est aussi appelée « aide aux devoirs » – devoirs faits en classe ou faits à la maison. L'importance de ces devoirs individuels (notamment ceux qui sont faits à la maison), vient d'être mise en évidence, comme l'un des facteurs importants de la réussite scolaire, par des équipes de chercheurs américains (universités d'Illinois à Chicago et de Michigan).

Rappelons qu'en France les devoirs à la maison ont été supprimés depuis 1953 pour l'enseignement élémentaire.

– La création de « groupes de besoin », transversaux par rapport aux classes, créés dans le second degré dans les collèges expérimentaux à partir de 1992, relevait de ce type de soutien (ou d'approfondissement). Les groupes étaient fonction des résultats scolaires ; ils peuvent l'être des évaluations effectuées ou des hypothèses faites sur les capacités cognitives de l'élève.

– Des programmes spéciaux, comme le Programme d'enrichissement instrumental (PEI) de Feurstein, peuvent également s'inscrire dans les perspectives du soutien. Le PEI a été employé, avec des fréquences différentes, notamment dans les sections d'éducation spécialisée, aujourd'hui SEGPA et dans les lycées professionnels.

– Des « remédiations » systématiques. Le terme est né pour désigner les actions à entreprendre à la suite des évaluations organisées par le ministère de l'Éducation nationale à partir de 1989 aux niveaux de l'entrée en Cycle 3 (ex. CE2) et de l'entrée en 6e. Ces opérations visaient à introduire dans les pratiques pédagogiques l'habitude de l'évaluation formative. Celle-ci n'a de sens que si, à partir du constat qu'elle fournit, des rectifications de parcours et de procédures peuvent intervenir. La « remédiation » rejoignait ainsi la pédagogie différenciée et, en tant qu'action individualisée, le soutien scolaire. Très largement employée lors des premières années, l'expression a été un peu oubliée, dans la mesure, sans doute, où quelque médicalisation de l'échec s'entendait dans l'idée de remédiation.

– La pédagogie différenciée systématique. Les collèges expérimentaux (de 1967 à 1975 puis de 1977 à 1980), fonctionnant dans le cadre de la recherche pédagogique, relevaient de cette pédagogie de soutien. Ils ont représenté des tentatives plus amples que de simples procédures pédagogiques ; ils visaient l'institutionnalisation d'une véritable pédagogie différenciée. Tous les collèges actuellement dits « en rénovation » sont héritiers de ces tentatives, même si les contraintes d'organisation ont édulcoré quelque peu les principes.

– La création d'activités pluridisciplinaires, du type PAE, projets de classes ou interclasses à l'intérieur de l'établissement, des projets spécifiques définis par le projet d'école ou d'établissement, la création de clubs. Elles représentent des activités de détour qui, en dehors de leurs objectifs propres, déclenchent souvent l'intérêt, la participation, donc une dynamique de succès qui a, ou peut avoir, des retentissements sur les performances scolaires.

Le soutien peut également être structurel et non plus uniquement pédagogique : des classes ont été créées depuis un certain nombre d'années, aux dénominations parfois variables, destinées à opérer, aux points sensibles du cursus scolaire, des temps de stabilisation, de consolidation des acquis, de remédiation aussi. De ce type sont en 1996 les classes de 6e de consolidation, les classes de 4e à contrat, les classes de 3e d'insertion, les classes de 1re d'adaptation.

À l'extérieur de l'école

L'organisation du soutien n'est pas l'apanage exclusif de l'école. On la rencontre aussi en dehors de l'école. Des associations, grâce à la participation souvent bénévole de leurs membres, prennent en charge des enfants ou des jeunes pour les aider dans leur travail scolaire, ou pour effectuer certains rattrapages. Des travailleurs sociaux, des enseignants volontaires peuvent participer à ces groupes d'aide. La décennie 80 a vu l'expansion de ces initiatives, en raison même de l'impact qu'a eu à cette époque la question de l'échec scolaire. Des sommes considérables ont été engagées également par les collectivités locales, avec le soutien financier de l'État, dans de telles opérations. La loi Alliot-Marie, du nom de son promoteur, a organisé ces interventions extra-scolaires de soutien. Il est difficile d'en estimer le nombre, la durée, et encore plus d'en apprécier l'efficacité, compte tenu de leur dispersion et de la dispersion des jeunes auxquelles elles s'adressaient.

On a pu voir un paradoxe dans le fait que l'école a parfois privilégié les pédagogies d'ouverture et de détour, tandis que les associations se centraient sur les acquisitions proprement scolaires de la lecture, de l'orthographe et du calcul. Ce qui pouvait passer pour une dérive est, entre autres facteurs, une raison qui explique le recentrage actuel de l'enseignement sur une plus stricte programmation et une évaluation constante de ses résultats.

La notion de soutien fait partie de toute façon, et quelles qu'en soient les modalités, de toute pédagogie soucieuse du cheminement des élèves. Aucun enfant ne parcourt sa scolarité sans avoir, à un moment donné, besoin d'être soutenu sur le plan intellectuel ou sur le plan affectif. Le soutien est certainement une des formes fondamentales de la pédagogie.

BIBLIOGRAPHIE

A. de la Garanderie, *Les Profils pédagogiques*, Le Centurion, 1980.

Ph. Meirieu, *L'École, mode d'emploi : des méthodes actives à la pédagogie différenciée*, ESF, 1985.

D.E.P. Ministère de l'Éducation nationale, *Compte rendu des opérations nationales d'évaluation.*

➤ Voir aussi Études, Évaluation, Pédagogie différenciée, Remédiation.

T

TÉLÉVISION

On ne définit pas la télévision. Cette transmission à distance des images couvre maintenant toute la planète et l'équipement des foyers, dans un pays comme la France, est quasiment total.

Mais il faut aujourd'hui parler de la télévision au pluriel, et distinguer, au moins, la télévision avec ses programmes pour tout public, la télévision éducative et la télévision proprement scolaire.

La télévision publique

La télévision publique n'a pas de relation directe avec la pédagogie. Elle contribue évidemment à l'information et à la diffusion de connaissances d'une extrême variété, mais sans but didactique, sans public ciblé à des fins éducatives, comme sans séquences coordonnées. Son influence est puissante, démultipliée par le nombre de chaînes émettrices et par le câblage, qui permet qu'un grand nombre de chaînes étrangères soient captées en un lieu donné.

Les rapports de cette télévision avec l'enseignement ne sont importants que par l'intermédiaire des téléspectateurs, donc des élèves téléspectateurs, nourris de ses programmes, de quelque nature qu'ils soient, y compris publicitaires. C'est un débat aussi ancien que la télévision elle-même que de savoir si l'assiduité des enfants et des jeunes devant la télévision est un bienfait ou un danger. Cette assiduité est d'ailleurs variable avec les âges, fortement modulée en fonction des types d'émission et par l'usage de la télécommande qui permet, par le « zapping », de suivre plusieurs émissions simultanément, par prélèvement de fragments. Les jeunes sont consommateurs de télévision, mais ils choisissent de plus en plus leurs émissions en grandissant ; ils sont très utilisateurs de zapping. Cette mobilité d'intérêt, qui suppose aussi une grande acuité de perception, de mémoire et de compréhension des déroulements propres à chaque programme regardé, a sans doute une influence sur l'école, bien que ce soit une influence étrangère aux connaissances elles-mêmes ! Le zapping n'est pas sans conséquence sur la réception des cours et exercices scolaires, jugés trop lents. De même, le type d'animation de très nombreuses émissions – avec un meneur de jeu, des invités de marque, des connexions téléphoniques et visuelles permettant d'interroger des interlocuteurs lointains – n'est pas non plus sans influence sur un grand nombre d'activités scolaires ou parascolaires. Le « modèle » télévisuel est visible aussi dans les récits qu'imaginent les élèves, dans leur quête d'interviews, dans le style de la présentation qu'ils imaginent pour leurs spectacles. Ce qui est vrai pour des enfants jeunes l'est autant ou peut-être davantage pour de grands élèves.

La télévision publique peut intervenir dans les classes et servir d'adjuvant à un cours : documentaires, reportages, adaptations d'œuvres romanesques, pièces de théâtre filmées, émissions étrangères pour les élèves avancés dans la langue ou tout autre émission signalée par les professeurs. Un Centre de documentation et d'information (CDI) peut enregistrer certaines d'entre elles et la vidéo être exploitée en classe. Influence indirecte et utilisation épisodique directe marquent les liens entre la télévision publique et le monde scolaire.

La télévision éducative

Elle se distingue de la précédente par sa finalité qui est de contribuer à l'éducation des téléspectateurs. Elle existe dans de nombreux pays et a pu passer longtemps, et encore aujourd'hui dans certains d'entre eux, pour un palliatif face aux difficultés de scolarisation de populations éloignées (divers pays d'Afrique, Canada, USA, Suède...). Si la maîtrise des programmes y est évidemment résolue, puisqu'elle appartient aux concepteurs, celle des publics l'est moins. L'assiduité des élèves, leur intérêt, leurs progrès, ne peuvent être contrôlés que par des relais – rencontres avec le professeur, travaux écrits de temps à autre, tutorat – quelque forme qu'ils revêtent. Les expériences qui n'ont pas été accompagnées de la sorte ont généralement périclité. L'interaction entre professeur et classe, et entre élèves individuellement, est un impératif. Les adultes sont un peu moins tributaires de cette relation et la télévision éducative a un champ important dans leur formation initiale et continue. Elle a pourtant d'autant plus de chance d'être efficace qu'elle est spécialisée selon les catégories professionnelles. Une distribution de savoir, non ciblée, non garantie par une forme de *feed-back*, est sans doute un leurre.

En France, depuis 1993, une chaîne éducative spécifique a été créée, qui fonctionne depuis 1994 sur le canal de la 5e chaîne. Les émissions, quotidiennes mais limitées à certains créneaux horaires, s'adressent à des publics indifférenciés et abordent les sujets les plus divers : tous ont pour orientation l'information et sont présentés sous des formes variées pour faciliter l'accès et la compréhension.

Cette chaîne a une ambition culturelle large.

La télévision proprement scolaire

Elle appartient à la précédente, mais son rapport avec l'école est plus étroit.

Dans les années 50, la télévision scolaire, service du Centre national de documentation pédagogique, a fonctionné par elle-même, réalisant ses émissions en dépit de moyens réduits par rapport aux budgets de chaînes professionnelles. Sa qualité était certaine, mais des difficultés matérielles et financières ont restreint considérablement son audience. Les écoles n'étaient pas forcément pourvues de postes, le magnétoscope, qui aurait permis d'échapper aux contraintes des horaires de diffusion, est apparu très lentement dans les équipements de l'école, enfin les émissions sous forme de leçons s'inséraient assez mal dans le travail quotidien des classes. Les compléments que sont les cassettes audio ou vidéo ne sont apparues elles-mêmes que lentement.

La télévision scolaire actuelle, qui est toujours gérée par le CNDP, réalise ses émissions en collaboration avec des chaînes publiques et diffuse sur leurs réseaux (FR3). Un effort considérable de publicité est fait pour avertir des thèmes et horaires, et pour instaurer entre téléspectateurs et concepteurs une communication par la voie de revues (*Télescope* en particulier). À l'intention des villes câblées, des programmes sont disponibles (*Éducable*), accessibles par télématique. Un ensemble de documents, en dehors des revues, accompagnent les émissions, disponibles sur demande. La filmothèque du CNDP est très importante.

La télévision scolaire en circuit fermé

C'est une autre forme de télévision, qui s'est installée dans les établissements à partir des années 70, leur permettant de diffuser un cours ou une intervention quelconque à tout l'établissement, si nécessaire, et de se constituer, entre autres avantages, leur propre filmothèque. Des échanges devenaient possibles d'établissement à établissement. Dans les établissements de formation, l'autoscopie, c'est-à-dire la possibilité pour un sujet de se voir travailler, de s'observer pour se juger et se corriger, a été possible grâce aux circuits fermés. L'éducation physique et sportive a beaucoup utilisé, et de façon pionnière, cette auto-observation du geste et du comportement, et les écoles normales d'instituteurs également.

La magie de la télévision opère toujours et on ne conçoit pas un établissement, voire l'école la plus modeste, sans une possibilité de réception. Toutefois, la communication la plus vivante apparaît actuellement dans la mise en relation des ordinateurs, et la participation à des réseaux de données apparemment illimitées. Le couplage de la télévision et des ordinateurs crée – dès maintenant – une sorte de gigantesque école virtuelle, actualisable dans l'instant et dont le fonctionnement est réalisé, déjà, par certaines universités américaines notamment.

BIBLIOGRAPHIE

J. Pomonti, *Éducation et télévision, enjeu majeur du XXe siècle*, rapport au ministre d'État, ministre de l'Éducation nationale, de la Jeunesse et des Sports, La Documentation française, 1989.

➤ Voir aussi Audiovisuel (enseignement), Autoscopie, Centre national de documentation pédagogique (CNDP), Nouvelles techniques d'information et de communication.

TEST

Terme employé depuis la tentative, en 1890, par Galton et Catell de décrire le profil mental de l'individu. Un test est une épreuve utilisée pour évaluer des performances (intellectuelles, scolaires, motrices), ou les facteurs constitutifs d'une personnalité (tendances, intérêts, motivations...). Élément essentiel d'un bilan psychologique, le test doit observer des conditions particulières pour atteindre un niveau élevé d'objectivité ; des conditions de construction d'abord, de passation ensuite et enfin d'interprétation.

La construction d'un test

Elle s'effectue à partir d'une hypothèse concernant ce que l'on veut définir et évaluer. Ainsi, l'échelle de développement cognitif de l'enfant utilisée pour les enfants de 5 à 8 ans, évalue les capacités de catégorisation, de sériation et de conservation parce que ce sont les caractéristiques cognitives qui, dans le cadre de la théorie piagétienne, permettent de définir le niveau atteint par l'enfant. Dans un autre cadre théorique que celui de Piaget, une telle épreuve n'aurait pas la même signification. Elle est donc construite sur des bases bien différentes de celles qui ont présidé à la naissance de la célèbre échelle métrique d'intelligence de Binet et Simon, épreuve comportant une grande variété de questions (30 à l'origine puis 55 dans sa version de 1911) et applicable de 3 ans à l'âge adulte. Comme test d'intelligence générale, cette échelle est construite à partir d'une évaluation empirique de fonctions intellectuelles particulières : compréhension, jugement, raisonnement. Ses auteurs ne la présentèrent pas comme une méthode de mesure objective de l'intelligence. On lui reprocha de comporter trop d'épreuves basées sur le langage. D'autres tests à contenus plus manipulatoires furent construits et quelquefois associés aux tests verbaux comme dans le WISC (*Wechsler Intelligence Scale for Children*) qui comporte ainsi une partie verbale et une partie performance.

L'essentiel est donc de bien préciser les données théoriques qui sont à l'origine de la constitution du test pour ne pas généraliser abusivement ses résultats. Un autre aspect important de la construction est l'étalonnage, qui permet de situer les résultats d'un sujet dans une population de référence, soit quantitativement, soit typologiquement. Enfin, pour qu'un test soit pertinent, il doit être assez sensible aux différences individuelles. Le choix d'un test doit donc être effectué en fonction des problèmes que l'on se pose et du champ conceptuel et méthodologique auquel on se réfère pour y répondre.

Les conditions de passation

Elles doivent être semblables pour tous les sujets en ce qui concerne tant les consignes données que le contenu des épreuves et le temps imparti pour les effectuer. Cette situation standardisée est une exigence que nécessite le recours à l'étalonnage mais qui peut montrer la limite des tests mentaux quant à leur capacité à s'adapter aux différents fonctionnements cognitifs.

Enfin toute situation, pour standardisée qu'elle soit, est vécue de manière particulière par l'opérateur et par chaque sujet. Il ne faut pas oublier qu'elle est de nature à provoquer de l'inquiétude et de la frustration qui peuvent être sources d'altération des performances. Il convient de rassurer, de susciter la motivation pour favoriser l'adaptation à des tâches qui peuvent dérouter le sujet. De nombreuses évaluations scolaires, depuis l'école jusqu'au lycée, devraient être conduites en suivant ces préceptes.

Les conditions d'interprétation

Elles sont liées, d'une part à l'étalonnage, d'autre part à la capacité du test à évaluer ce qui est recherché. Dans de nombreux cas, une note chiffrée permet d'exprimer la position du sujet par rapport à la population de référence dont les résultats ont été traités statistiquement et répartis selon une courbe de Gauss. Un sujet se situera par exemple dans les 10 % les meilleurs dans un test d'aptitudes mécaniques. Dans un test de personnalité, l'interprétation des réponses d'un sujet, effectuée le plus souvent selon la méthode de l'analyse de contenu, montrera de manière significative tel besoin affectif ou telle tendance défensive.

Enfin, l'interprétation repose sur la validité du test, c'est-à-dire sa capacité à mesurer ce qu'il est censé appréhender. On peut concevoir une validité interne qui consiste à penser que les résultats ont la signification attendue : le test qui mesure l'intelligence prend-il en compte tous les aspects de ce domaine ? Le test de français de fin de CM1 est-il constitué par toutes les notions du programme ? On parlera, dans ce dernier cas, de validité de contenu. D'autre part, la validité externe est importante : les résultats obtenus dans le test sont-ils conformes aux observations repérées dans un contexte différent mais supposé faire appel aux mêmes fonctions ? À ce propos, on cherche à établir la plus ou moins grande corrélation entre ces évaluations. Enfin, la validité prédictive d'un test tient à ce que son interprétation permet d'évaluer les comportements ultérieurs du sujet. On a pu montrer à cet égard que de nombreux tests, utilisés trop précocément, avaient une valeur pronostique assez faible.

La méthode des tests présente un intérêt clinique et expérimental pour révéler, connaître et évaluer le comportement et les compétences des individus. Cependant, ces instruments peuvent en fournir une transparence trompeuse si on ne prend pas conscience de leur aspect nécessairement réducteur de la réalité et de leur incapacité – notamment dans le domaine de l'efficience intellectuelle et scolaire – à rendre compte du cheminement du sujet, de ses impasses, de ses erreurs, autant d'éléments qui constituent pourtant des informations essentielles pour passer à des actions d'aide en faveur du sujet.

➤ **Voir aussi** Binet, Compétence, Dépistage, Docimologie, Erreur, Évaluation, Piaget, Prévention.

TRANSFERT

Le terme de transfert est utilisé dans deux domaines très différents, la psychanalyse et la psychologie des apprentissages. Il possède ainsi deux acceptions, même si le substrat conceptuel est le même : le passage et l'utilisation d'une dynamique, affective ou intellectuelle, d'une situation à une autre. On retrouve un emploi de ce concept dans d'autres types d'activités, on parlera ainsi du transfert de technologies.

Le transfert en psychanalyse

En psychanalyse, le transfert désigne le fait qu'un sujet actualise sur une autre personne des situations, des angoisses, des désirs inconscients, liés à sa propre enfance et qu'il avait refoulés. Dans la cure psychanalytique, le patient répète, dans le présent et sur la personne du médecin, des événements traumatisants de situations passées. Mais cette résurgence ne peut se réaliser que dans le cadre d'une relation affective forte, et le transfert se manifeste dans le fait que le malade témoigne, à l'égard de son médecin traitant, une charge affective intense et privilégiée, reproduisant la relation qu'il avait eue dans son enfance avec le parent ou le représentant de la fonction parentale au moment de la situation traumatisante. Cette charge affective peut cependant être ambivalente et bien souvent elle inclut également des réactions d'hostilité, voire d'agressivité.

Le transfert est un support déterminant du traitement psychanalytique, il permet à l'analyste d'agir sur les situations traumatisantes que le patient a réactivées et verbalisées, afin de tracer la voie de la guérison. Dans ce processus, le médecin oppose au transfert du malade le contre-transfert, ensemble de réactions conscientes et inconscientes qui sont provoquées par la situation psychanalytique, et qu'il doit maîtriser pour que la cure réussisse.

D'une manière plus large, le transfert peut s'exprimer dans des situations où l'un des acteurs occupe une position sociale privilégiée par rapport à l'autre (malade-médecin, élève-professeur, plaignant-avocat...). Ce déplacement des affects sur d'autres personnes s'établit naturellement dans les relations humaines et joue un rôle déterminant aussi bien dans la socialisation que dans les activités intellectuelles.

Le transfert dans le domaine des apprentissages

En psychologie des apprentissages, le transfert désigne le processus par lequel une réponse produite dans une situation est reproduite dans une autre. Cette démarche intellectuelle joue un rôle important dans la construction des apprentissages et dans l'acquisition des connaissances, dans la mesure où elle permet, d'une part, d'étendre une compétence à des domaines différents et plus larges, d'autre part, d'accéder à des niveaux plus élevés de compétence à partir de communauté de structures.

Pour qu'un transfert puisse s'établir, il convient, d'abord, que l'apprentissage lors de la situation première soit solide et que les conditions de présentation de la seconde puissent réactiver l'apprentissage lui-même. Or, bien des phénomènes peuvent perturber cette nouvelle présentation. Ainsi, le décalage temporel est un facteur de déclin des traces mémorisées. Le changement de domaine de connaissance peut être en cause : telle acquisition effectuée en physique ne sera pas utilisée dans un devoir de mathématiques.

Cette difficulté exprime l'étroite dépendance qui existe dans la mise en mémoire d'une connaissance, entre son acquisition et les éléments du contexte dans lequel elle a été construite. Pour une même structure sémantique, par exemple le sens d'un problème, des présentations pédagogiques différentes, notamment verbales, peuvent conduire à des niveaux différents de réussite dans la mesure où elles induisent des stratégies de traitement variées des données du problème.

En situation d'apprentissage, l'élève pourra utiliser les connaissances ou les compétences qu'il a acquises si l'enseignant lui propose des situations didactiques légèrement mais significativement différentes de celles qu'il a connues, et s'il les accompagne d'outils et de consignes adaptés aux nouveaux contextes, tout en prodiguant si nécessaire une aide pour que cet élève saisisse l'émergence de structures communes.

BIBLIOGRAPHIE

C.G. Jung, *Psychologie du transfert*, Albin Michel, 1984.

S. Freud, *Introduction à la psychanalyse*, Payot, 1989.

M. Develay, *De l'apprentissage à l'enseignement : pour une épistémologie scolaire*, ESF, 1992.

➤ Voir aussi Apprentissage, Compétence, Didactique, Piaget, Vygotski.

TRAVAIL AUTONOME

Nous entendons par travail autonome celui que l'élève décide par lui-même d'entreprendre et qu'il peut effectuer, totalement ou partiellement, par ses propres moyens. Le travail autonome est un travail personnel puisqu'il exige l'effort de l'élève et qu'il n'est pas étranger au programme scolaire. Mais il s'en distingue par le fait que son déclenchement, son déroulement et parfois son objet ne sont pas impérativement dictés par une stimulation extérieure : ordre, aide ou soutien, programme. Le travail autonome peut être individuel ou collectif. Individuel, il exige de la part de l'élève une gestion personnelle de son temps et de ses tâches scolaires, l'acquisition de méthodes de travail et de recherche documentaire et un goût réel pour l'étude. Collectif, il réclame l'esprit d'équipe, la prise en compte des avis et réactions des autres, l'aptitude à l'échange. Les projets d'action éducative peuvent encourager le travail autonome, individuel ou collectif. Le travail autonome détermine une relative liberté de l'élève, y compris vis-à-vis du programme d'enseignement lui-même, affirme sa personnalité, renforce ses motivations. En ce sens, l'éducation au travail autonome d'ordre intellectuel, consolidée par l'action des centres de documentation et d'information (CDI), a une haute valeur éducative de préparation à l'autonomie.

➤ **Voir aussi** Autonomie, Centre de documentation et d'information (CDI), Devoirs, Étude, Travail personnel.

TRAVAIL PERSONNEL

Nous appelons travail personnel l'activité demandée à l'élève en vue de mener à bien le programme scolaire qui lui est proposé. Le travail personnel se situe pendant les heures de classe et hors des heures de classe. En cours, il consiste dans une attention et une vigilance intellectuelle soutenues pour suivre un raisonnement, répondre aux questions, effectuer un exercice. Il appartient aux professeurs d'éviter la monotonie de l'exposé, de susciter l'intérêt, de faciliter la compréhension et de donner des méthodes de travail. Ce travail personnel se prolonge hors des cours dans les études surveillées, dans les études dirigées et dans les travaux scolaires faits à la maison ; le cahier de textes individuel facilite l'organisation de ce travail personnel effectué hors des cours. Le travail personnel manifeste l'implication de l'élève et révèle la part prise dans l'appropriation des connaissances.

➤ **Voir aussi** Cahier de textes, Devoirs, Étude, Travail autonome.

TUTORAT

Le tutorat est l'organisation des aides apportées à un sujet en formation. Cette institution, développée dans les établissements secondaires de Grande-Bretagne, du Québec et d'Allemagne, suscite en France quelques réticences comme le montre la rareté de l'emploi du terme dans les textes administratifs.

Le terme de tuteur n'existe explicitement qu'au niveau de la formation des enseignants. Le tuteur est le professeur titulaire chargé de compléter la formation d'un professeur stagiaire en situation dans un établissement « par un accompagnement tout au long de la période de stage » (note de service n° 95-114 du 9 mai 1995, *Formation par les MAFPEN des stagiaires issus des concours*). Le professeur tuteur assiste au cours du stagiaire et l'accueille dans sa classe. Il l'aide à s'intégrer dans l'équipe éducative, à identifier son public, à repérer ses difficultés, à préparer les conseils de classe, remplir les dossiers scolaires, etc.

Le terme de tutorat, et non celui de tuteur, figure dans la circulaire n° 82-230 du 2 juin 1982, *Objectifs pour la vie scolaire dans les collèges*. On y souligne le rôle déterminant du professeur principal « dans le cadre actuel et dans l'attente d'un éventuel tutorat ». Par la définition de ses tâches inspirée, d'une part, des expériences de tutorat menées durant les années 70 dans des collèges expérimentaux, d'autre part, par les idées de Bertrand Schwartz et surtout de Louis Legrand (rapport de 1982 à Alain Savary, *Pour un collège démocratique*), la circulaire lui fait assumer « dans le respect du rôle des parents, une "guidance" incluant, outre le suivi scolaire, des préoccupations d'éducation, de formation et de préparation à la vie adulte ». Fondée sur des rapports individualisés, « l'action du professeur principal et de ses collègues, sans préjuger de la mise en place d'une nouvelle forme de "guidance" ou de tutorat pour chaque élève, contribue à une éducation à la responsabilité et à l'autonomie ».

Dans les établissements où sont implantées des structures de tutorat, le tuteur est un conseiller des élèves, autre que le professeur principal en général, ayant en charge de 12 à 15 élèves. Il agit en liaison avec les professeurs, l'administration, les familles et le cas échéant avec les services sociaux. « L'aide pédagogique et éducative de l'élève » se manifeste sous des formes variées : organisation du travail, gestion du temps, tenue et utilisation du cahier de textes, participation à la vie de la communauté scolaire, préparation à la fonction de délégué de classes, etc.

Durant l'été 1995, des CNED, en particulier ceux de Rouen et Rennes, ont organisé un tutorat « téléphonique » pour les élèves inscrits à leurs cours d'été. Trois jours par semaine et selon des plages horaires indiquées pour les diverses disciplines, les professeurs répondent aux appels téléphoniques des élèves. Il s'agit d'aider les élèves à résoudre une difficulté (compréhension d'un énoncé, suggestion de recherches, etc.) sans jamais se substituer à eux dans l'élaboration de leur travail personnel.

Toutes ces activités d'aide concrétisent les recommandations de l'article 14 de la loi d'orientation sur l'éducation (n° 89-486 du 10 juillet 1989). « Les enseignants apportent une aide au travail personnel des élèves et en assurent le suivi. Ils procèdent à leur évaluation. Ils les conseillent dans le choix de leur projet d'orientation en collaboration avec les personnels d'éducation et d'orientation. »

BIBLIOGRAPHIE

B. Schwartz, *L'Éducation demain*, Aubier-Montaigne, 1973.

L. Legrand, *Pour un collège démocratique*, INRP, 1982.

M. Colin-Michaux et **F. Cros,** *Groupement différencié d'élèves. Le tutorat : une relation d'aide pédagogique et éducative*, INRP, 1984.

➤ Voir aussi Autonomie, Études, Travail autonome, Travail personnel.

U

UNITÉ CAPITALISABLE

Épreuves ou association d'épreuves correspondant à une partie d'examen et qui, cumulées en cas de réussite, permettent d'attester du succès à l'examen considéré. Cette forme de certification est utilisée surtout dans le domaine de la qualification professionnelle. Traditionnellement, un examen est composé d'épreuves écrites ou orales passées à la fin d'un cursus de formation, de manière groupée, afin d'évaluer les connaissances et les compétences acquises par un élève et de reconnaître ses capacités à exercer une activité professionnelle. La réussite à l'examen est prononcée après obtention de la moyenne aux différentes épreuves, pourvu que l'une d'elles ne soit pas sanctionnée par une note éliminatoire. Une telle procédure, valable pour des élèves qui suivent une formation sur une durée continue, par exemple une année scolaire, n'est pas adaptée à des élèves qui souhaitent acquérir un niveau de formation ou parfaire le leur, tout en étant hors statut scolaire.

Le développement de la formation des adultes ou de la formation en cours d'emploi a incité le ministère de l'Éducation nationale à proposer aux candidats des formules souples et adaptées, permettant de valider une formation professionnelle préparée selon un cursus discontinu. L'adjonction des différentes parties constitutives de l'examen permet, à l'issue de cet itinéraire, d'attribuer le diplôme de qualification. Le certificat d'aptitude professionnelle a été ainsi structuré en unités dans les différents domaines qui le constituent: spécialité professionnelle, mathématiques, sciences, français, vie sociale et professionnelle. Ces unités se divisent en deux niveaux de difficulté et, préparées séparément puis capitalisées après validation de chacune d'elles, elles constituent le certificat d'aptitude professionnelle complet. Chaque unité fait l'objet d'une évaluation distincte, soit par épreuves ponctuelles terminales, soit par contrôle en cours de formation, soit par contrôle continu. Ainsi se trouve attribué le certificat d'aptitude professionnelle par unités capitalisables (CAPUC).

Cette modalité de certification a été d'abord réservée aux candidats qui n'étaient pas sous statut scolaire. Cependant, le développement de la formation en alternance et la nécessité de favoriser la formation professionnelle de publics en difficulté ont ouvert les possibilités de passation de CAP par unités capitalisables, par exemple aux élèves de sections d'éducation spécialisée (SES) et d'établissements régionaux d'enseignement adapté (EREA).

Si cette manière de passer un examen est encore peu développée, elle peut devenir progressivement un modèle pour d'autres formes d'examens; ainsi il faut noter que, sous certaines conditions, des candidats au baccalauréat peuvent désormais conserver les notes d'épreuves réussies pour terminer la préparation des autres épreuves et obtenir l'attestation du diplôme terminal sanctionnant les études du second degré.

BIBLIOGRAPHIE

Décrets du 19 octobre 1987, du 19 février 1992 et du 24 mars 1993.

➤ Voir aussi Établissement spécialisé, Évaluation, Examen, Formation des adultes, Section d'éducation spécialisée.

UNIVERSITÉS D'ÉTÉ

On entend par universités d'été des stages de formation des personnels de l'Éducation nationale organisés pendant les vacances scolaires d'été ou pendant les vacances de la Toussaint. Les universités d'été se distinguent des autres dispositifs de formation, en particulier des actions déconcentrées dans les académies et conduites par les missions académiques à la formation des personnels (MAFPEN), par leur gestion nationale (la Direction des lycées et collèges) et « par leur caractère exploratoire, leur dimension prospective et anticipatrice ».

Elles s'adressent à l'ensemble des personnels de l'Éducation nationale et peuvent accueillir des publics n'appartenant pas à cette administration. Selon le thème retenu et ses contenus, des prérequis (connaissances de base, compétence particulière, appartenance à une équipe engagée dans un travail en liaison avec le thème) permettent d'effectuer la sélection des stagiaires ; le budget attribué prend ces derniers en charge (hébergement et déplacement).

Chacune des universités d'été se propose un ou des objectifs conformes aux finalités définies sur le plan national :

- faire prendre conscience du progrès des connaissances – dans l'ordre cognitif, méthodologique et technologique – pour les capitaliser et les diffuser ;
- impulser les recherches didactiques à partir de l'actualisation des connaissances nouvelles ;
- traiter des problèmes complexes auxquels le système éducatif est confronté (par exemple, la violence dans les établissements scolaires, le rapport des élèves au savoir et aux apprentissages, l'identité professionnelle des enseignants, l'orientation et l'insertion professionnelle des jeunes) ;
- analyser les réussites pédagogiques et les pratiques pédagogiques innovantes, étudier leurs conditions et possibilités de transfert ;
- développer des échanges intercatégoriels et partenariaux par la rencontre de personnels appartenant à des catégories différentes (personnel d'inspection, de direction, enseignants, personnels ATOSS). L'ouverture à des publics n'appartenant pas à l'Éducation nationale (associations pédagogiques, culturelles, entreprises, collectivités locales) favorise la prise en compte d'un environnement élargi et le partage des compétences et des expériences.

L'initiative des projets peut émaner d'organismes divers : une ou plusieurs académies, établissement d'enseignement supérieur, IUFM, MAFPEN, ministère de l'Éducation nationale et autres ministères, mouvements pédagogiques, etc. Après expertise de leur contenu, de leur apport scientifique, du dispositif de formation prévu, de la composition de l'équipe d'encadrement, les projets retenus sont publiés au Bulletin officiel de l'Éducation nationale du mois de mars ou d'avril.

Exemples de thèmes proposés en 1995

Acquisition et maîtrise du langage – L'utilisation pédagogique du roman policier pour des pratiques d'innovation et de soutien à la lecture et à l'écriture – Aide à la mise en œuvre des nouveaux programmes en géographie à l'école élémentaire, en collège et en lycée – Éduquer à la citoyenneté – Comprendre et désarmer la violence en milieu scolaire – La physique des télécommunications – Le gène en 1995 : concept et méthodes actuelles en génétique moléculaire.

BIBLIOGRAPHIE

Bulletin officiel n° 7, 6 avril 1995, n° spécial : « Formation continue des personnels de l'Éducation nationale : universités d'été ».

V

VACANCES

Les vacances représentent le temps long qui sépare légalement des périodes de travail. Ce sont des temps de non-travail, des temps vides de travail, mais les dimanches, jours fériés ou chômés, qui impliquent aussi la suspension du travail, ne sont pas des vacances. Pour mémoire, on rappellera qu'au singulier, la vacance signifie le vide : vacance d'un poste, d'un siège de magistrat, du pouvoir politique le cas échéant.

Notion relativement neuve, les vacances telles qu'elles sont conçues aujourd'hui représentent une restructuration de l'individu par le repos physique, la distance par rapport aux contraintes psychologiques journalières du travail, la possibilité de restaurer des relations – amicales, familiales – que la vie quotidienne distend, le changement d'horizons grâce aux séjours dans des lieux touristiques ou par les voyages, la pratique de sports, en bref, par l'usage de la liberté. Les vacances annuelles – les congés payés obtenus en 1936 ont représenté une victoire sociale qui reste symbolique de la valeur que représentent les vacances – les vacances courtes et fragmentées des personnes très chargées de responsabilités, les « grandes vacances » des élèves, qui rythment leur progression dans les échelons de la scolarité, ont toutes leur forme propre, mais impliquent de toute façon un impact psychologique et un retentissement social importants.

L'organisation des vacances scolaires

C'est une question d'apparence simple mais qui, dans la réalité, est hérissée de difficultés : le choix d'un calendrier met en cause des traditions, notamment religieuses, des intérêts familiaux, pour la concordance des congés des parents et des enfants et pour le gardiennage des plus jeunes, des intérêts associatifs, notamment de toutes les associations qui gèrent des centres de vacances, des intérêts corporatifs, les enseignants étant attachés à leurs vacances, des intérêts commerciaux comme ceux des hôteliers ou des promoteurs de loisirs. Il touche aux notions de rythme physique ou biologique, donc de fatigue, de rythmes saisonniers, notamment dans les départements d'outre-mer (DOM), où les saisons chaudes peuvent interdire la classe ; il a des conséquences sur le trafic routier, ferroviaire ou aérien, car les déplacements de population sont considérables. C'est donc un problème aigu d'organisation du temps.

Les vacances, traditionnellement, étaient réglées par le calendrier du travail agricole et celui des fêtes religieuses. Les « grandes vacances » coïncidaient avec les moissons et battages, voire avec les vendanges (pour lesquelles, si elles étaient tardives, il pouvait y avoir des autorisations de manquer la classe). Noël et Pâques rythmaient les petites vacances du cours de l'année. Ces repères ont depuis longtemps disparu, même si les fêtes religieuses continuent d'être fériées. Un autre calendrier doit être inventé.

Le calendrier des vacances

Quelles sont les périodes maximales de travail pour éviter la fatigue excessive ? Quelle longueur attribuer aux repos pour qu'ils soient efficaces ? En dépit de très nombreuses études, aucune réponse certaine ne peut être donnée à ces questions. Les « trimestres » trop longs, ou trop inégaux, les vacances trop longues, les vacances trop courtes sont tous cause de fatigue et de déperdition scolaire. Une tentative fut faite pour faire alterner des périodes de six à sept semaines de travail avec des périodes de deux semaines de repos. Ce rythme n'a pas pu tenir. Une autre tentative, qui touchait à l'organisation sociale et non au rythme biologique des élèves, fut de diviser le territoire en zones, les dates de départ et de retour de vacances s'échelonnant entre les zones.

Les zones existent toujours, bien que la tendance soit à ne pas les différencier trop pour les congés courts.

Les vacances sont donc arrêtées pour une année scolaire seulement, voire deux ou trois années au maximum ; les dates par zones en sont publiées longtemps à l'avance. La question est constamment à l'étude en France. Les pays voisins ont des calendriers propres, et différents, qui correspondent à d'autres traditions et dont les modèles ne sont guère transposables. Les huit ou dix semaines d'été accordées en France semblent trop longues et occasionner une déperdition scolaire ; elles créent un désœuvrement nuisible aux enfants ou jeunes qui ne sont pas encadrés par leur famille ou par un centre de loisirs. Mais il est difficile de trouver le bon équilibre. Un minimum de trois semaines consécutives de repos a souvent été considéré comme le seuil au-dessous duquel il n'y a pas de récupération suffisante, et six semaines une durée convenable pour les vacances d'été. Mais l'unanimité ne s'est jamais faite sur des propositions qui s'écarteraient par trop de la tradition.

Les vacances, de toute façon, ne peuvent pas être considérées en dehors de l'ensemble de l'organisation du temps scolaire : temps journalier, temps hebdomadaire, jours fériés, qui contribuent évidemment à poser différemment, selon leur nombre et leur répartition, les problèmes de fatigue, d'encadrement des enfants, et d'infrastructure de loisirs.

BIBLIOGRAPHIE

J. Dumazedier, *Vers une civilisation du loisir*, Seuil, 1972.

J. Dumazedier, *Temps libre*, Dunod, 1991.

A. Rauch, *Les Vacances*, PUF, 1993.

➤ Voir aussi Aménagement du temps scolaire, Périscolaire, Rythmes.

VYGOTSKI Lev Sémionovitch (1896-1934)

Psychologue soviétique dont la formation pluridisciplinaire le conduit à étudier la psychologie de l'enfant et ses applications pédagogiques, tant en ce qui concerne l'enfant « normal » que l'enfant handicapé. Son intérêt se porte aussi sur la psychologie de l'art et l'épistémologie de la psychologie. Marquées par son engagement marxiste, ses observations et ses recherches menées sur le terrain et en laboratoire visent à rendre compte de la dialectique du psychisme et du culturel dans la genèse de la personne et dans l'activité humaine.

Les travaux réalisés pendant une dizaine d'années ont porté principalement sur le développement de la conscience, à une époque où les réflexes conditionnés de Pavlov et le behaviorisme imposaient une psychologie de comportements externes. C'est pourquoi il fallut attendre les années 60 avec l'entrée en scène du cognitivisme pour commencer à reconnaître la fécondité de l'œuvre de Vygotski.

Dans son ouvrage principal *Pensée et langage*, centré sur la dynamique du passage entre la pensée et le mot (et vice versa), il cherche à montrer comment la pensée se forme par intériorisation des expériences que le milieu procure à l'enfant. L'outil nécessaire à ce travail est le langage. Grâce à ce « médiateur sémiotique », l'enfant peut transférer dans la « sphère des fonctions psychiques » les savoirs et les savoir-faire que le milieu social doit lui transmettre. Inversement, une pensée élaborée dans cette sphère selon des lois spécifiques se réalise en s'extériorisant par le langage verbal : la représentation du « petit garçon qui court dans la rue en blouse bleue et pieds nus » existe dans la pensée comme perception globale d'une situation que la mise en mots va organiser en séquences linéaires et transformer en signes. Pour simple et évident qu'il apparaisse, ce schéma de la production langagière constitue un cadre épistémologique cohérent, permettant d'étudier des phénomènes longtemps disjoints par la linguistique et la psychologie structurales.

Dans le modèle vygotskien, l'accent est donc porté à la fois sur le sujet qui construit sa pensée en mettant en œuvre un langage intérieur régulateur de ses conduites et sur le milieu qui fournit l'étayage, surtout linguistique, dans des conditions interactives permettant à l'enfant de prendre de la distance par rapport à ces conduites.

Pour Vygotski, le travail de la pensée est d'abord relié à la personnalité du sujet. Avant que la pensée ne soit ce « lourd nuage qui se déverse dans une pluie de mots », elle doit naître dans la « sphère motivante de notre conscience » avec des intérêts, besoins, affects, émotions qui constituent le « motif » du mouvement de ce « nuage ». Cette première phase est essentielle pour nous dire que, derrière le langage verbalisé, réside l'épaisseur de l'expérience vécue, constitutive du sens de ce qui sera incarné dans le mot. Cette conception pose déjà des interrogations concernant l'origine des inhibitions intellectuelles, des retards de langage et de parole ou des troubles des contenants de pensée dans les difficultés de motivations ou affectives.

La construction de cet « espace mental », qui fournira à l'enfant les moyens de se représenter les situations et les connaissances utilisables pour établir des relations et choisir des procédures, mobilise le langage comme instrument de régulation interne, favorisant la prise de conscience et la compréhension du message. C'est pourquoi Vygotski considère que le langage égocentrique ne traduit pas, comme chez Piaget, l'incapacité à se placer du point de vue d'autrui, mais la capacité de réfléchir sur ses propres actes. Il s'agit d'une pensée à haute voix dont on observe l'intériorisation progressive chez l'enfant, mais qui ne manifeste pas un repli sur soi. D'ailleurs le recours à la verbalisation reste fréquent chez les sujets plus âgés qui réussissent ainsi à mieux planifier et réguler leur activité.

Enfin, Vygotski a cherché à comprendre comment l'aide d'autrui devait être conduite pour être profitable à l'enfant, afin qu'il en intériorise les apports. La zone proximale de développement est « la distance entre le niveau de développement actuel, tel qu'on peut le déterminer à travers la façon dont l'enfant résout des problèmes seul et le niveau de développement potentiel, tel qu'on peut le déterminer à travers la façon dont l'enfant résout les problèmes lorsqu'il est assisté par l'adulte ou collabore avec d'autres enfants plus avancés ». Ce concept apparaît naturellement très opérationnel pour ceux qui doivent conduire des apprentissages et approfondir une réflexion didactique.

La fécondité de cette notion, centrale chez Vygotski, semble reposer sur plusieurs préoccupations dans ce domaine : quel étayage l'adulte doit-il mettre en place pour favoriser le « voyage » dans cette zone proximale ? Il peut orienter l'attention du sujet, lui fournir des moyens efficaces pour construire une représentation adéquate de la tâche ou rappeler des étapes dans une planification. Ce qui conduit à chercher quelles sont les représentations, stratégies, procédures mobilisables chez le sujet et dont les remaniements sont rendus possibles grâce à ce « voyage ».

Cette thèse est à prendre en compte avec attention en pédagogie. Elle invite à proposer des activités d'apprentissage à l'enfant, moins en fonction des compétences qu'il maîtrise (niveau de développement actuel), qu'en se référant aux compétences qu'il ne maîtrise pas encore mais qu'il est susceptible de mettre en œuvre (niveau de développement potentiel), pour acquérir l'apprentissage prévu. L'enseignant a un rôle fondamental puisqu'il amène l'enfant à dépasser ses limites de l'instant tout en restant dans les limites du potentiel, afin que la situation d'apprentissage ne se transforme pas en une problématique d'échec.

BIBLIOGRAPHIE

J. S. Bruner, *Le Développement de l'enfant, savoir faire, savoir dire*, « La conscience, la parole et la zone proximale : réflexions sur la théorie de Vygotski », PUF, 1983.

L. S. Vygotski, *Pensée et langage*, Éd. Sociales, 1985.

L. S. Vygotski, *Défectologie et déficience mentale*, Delachaux et Niestlé, 1994.

➤ Voir aussi Apprentissage, Cognitivisme, Compétence, Constructivisme, Neurosciences, Piaget, Transfert, Wallon.

W

WALLON Henri (1879-1962)

Henri Wallon est le grand psychologue français qui, à l'instar de J. Piaget, a développé au début du siècle une théorie générale du développement de l'enfant et de l'adolescent. Agrégé de philosophie, docteur en médecine, il a posé les bases d'une étude ontogénétique indépendante des méthodes classiques qui s'appuient sur l'introspection ou qui privilégient des objets isolés comme les facultés. Son projet, lentement élaboré, est celui d'une psychologie scientifique qui cherche à se libérer des attitudes idéalistes ou organicistes de l'époque, toutes deux réductrices, en conduisant « l'étude concrète d'une réalité concrète » : l'homme. Pour s'affranchir des modèles alors dominants comme l'introspection et le parallélisme psychophysiologique qui s'enferment, l'un dans la subjectivité, l'autre dans le refus de l'explication causale, Wallon cherche à comprendre, en multipliant les observations, comment s'élabore le développement de la personne.

De cette position épistémologique dériveront deux conséquences : en premier lieu, l'approche wallonnienne de l'enfant sera globale, elle cherchera à montrer comment les facteurs biologiques, affectifs, sociaux et mentaux sont en relation dans un « tout organisé ». En second lieu, pour étudier le fonctionnement réel de ce système, il conviendra de diversifier les objets d'étude (le jeune enfant, l'enfant « normal », les pathologies cérébrales chez l'adulte) et les méthodes : « méthodes physiologique, statistique, structurale, psychanalytique peuvent être utilisées selon les cas [car] la liberté de leur emploi a pour seul régulateur, leurs résultats ».

Le modèle théorique qui soutient cette conception systémique avant l'heure est hérité, en partie, du darwinisme dont Wallon retient que le milieu social est pour l'individu ce qui à la fois l'influence et subit son influence : lieu des échanges interindividuels qui pourront permettre à l'être humain de dépasser son immaturité biologique.

La notion de stade de développement

Ainsi, pour Wallon, le développement de l'enfant doit être éclairé par les interactions entre les contraintes neurobiologiques de maturation et d'adaptation et les conditions sociales de relation. Le jeu dialectique de ces facteurs produit de l'affectivité et de l'intelligence dont l'évolution par stades consacre l'alternance de la prédominance de l'un sur l'autre.

– Le stade impulsif et émotionnel (0-1 an) objective le rôle dominant de l'affectivité sur l'intelligence. La motricité et l'émotion sont les principaux organisateurs du développement pendant cette période. L'impulsivité motrice avec ses moments de « détentes et de gestes incoordonnés » ouvre la voie vers une activité motrice plus ordonnée où se joue l'adaptation aux situations affectives et relationnelles. Le réglage des réponses motrices par le milieu, la coordination de la sensibilité et du mouvement créent des variations musculaires et toniques, sources d'émotions différenciées. Wallon accorde à celles-ci un rôle fondamental dans l'organisation de la personnalité. Constitutive des débuts de la vie, cette période sera à l'origine du caractère mais aussi du langage. Elle est marquée aussi par la conduite devant le miroir, source d'une prise de conscience nouvelle : être soi parmi les autres.

– Le stade sensori-moteur et projectif (1-3 ans) est marqué par le rôle accru de l'éveil intellectuel. L'activité motrice est, plus que dans le stade antérieur, tournée vers la connaissance des objets extérieurs : c'est plus le regard qui dirige la main que l'inverse. Le mouvement « va devenir l'accompagnement de représentations mentales » dans ce stade projectif où l'enfant a besoin de gestes pour dire sa pensée. De l'imitation différée, très active pendant cette période, Wallon tire un parti assez semblable à celui de l'émotion dans la période précédente. En effet, si « par les émotions, l'enfant appartient à son milieu avant d'appartenir à lui-même » grâce à l'imitation, le dialogue avec l'image d'autrui, s'il semble toujours soutenu par une communication émotionnelle, permet au sujet de se découvrir lui-même après avoir créé une image du modèle qui s'en sépare peu à peu. L'imitation est aussi un des moyens de dépasser l'intelligence sensori-motrice pour aller vers l'intelligence représentative parce que l'image est devenue une « sorte d'unité conceptuelle » détachée des situations.

– Le stade du personnalisme (3-6 ans), marque le retour de l'influence prépondérante de l'affectif dans le développement de l'enfant. La crise des 3 ans semble marquer la fin d'une longue période où, par le modelage émotionnel, l'enfant vivait « encore encastré dans sa famille ». Par une opposition souvent systématique, il apprend à s'en distinguer et à être lui-même. Wallon en tire les conséquences pédagogiques dans un très beau texte dont les nuances et les implications psychopédagogiques sont toujours d'une grande actualité : crise nécessaire qui ne doit être ni « trop effacée », « ni trop disputée », ni « trop aisée » pour que le désir de grandir ne soit pas asservi à celui de la toute-puissance infantile ou à la dépendance des adultes. À l'école maternelle où se déroule cette période, l'éducateur devra sentir les fluctuations relationnelles dont l'enjeu est la capacité ultérieure de s'adapter à autrui avec une conscience suffisamment forte de soi-même. L'imitation, dans un tel contexte, est à visée plus affective et sociale qu'intellectuelle : elle instaure un jeu d'identification de ce qui est pareil et différent entre soi et autrui. Au cours des échanges, l'alternance du besoin d'imiter et de se différencier explique toute la richesse des comportements de participation et d'opposition dont certains auteurs (H. Montagner) ont approfondi l'analyse et d'autres (B. Zazzo) ont montré le rôle déterminant dans la réussite scolaire.

– Le stade catégoriel (6-11 ans) consacre le primat des activités intellectuelles. Alors que J. Piaget met l'accent sur l'installation des opérations concrètes, Wallon perçoit toute l'importance du développement des compétences catégorielles dans les apprentissages scolaires. Les travaux les plus récents (J. Bideaud et Rosh) semblent lui donner raison.

– Le stade de l'adolescence (11-16 ans) marque la fin de ce cycle d'alternances et constitue le dernier stade à dominance affective où de nouveau apparaît une crise d'opposition. Mais, à la différence de celle de 3 ans qui se résolvait par la recherche imitative comme source d'enrichissement de soi, la crise d'adolescence a une dynamique plus différenciatrice : l'individu doit se reconstruire seul et parvenir, souvent en rupture avec ses parents, à se doter d'un système personnel de valeurs psychologiques et sociales pour devenir à son tour adulte.

Ainsi Wallon a eu pour préoccupation majeure de montrer comment s'organise la personnalité aux âges successifs de l'enfance et de l'adolescence. Il ne pouvait mieux consacrer l'aboutissement de son travail qu'en proposant à l'école l'éclairage psychologique comme élément essentiel de la formation des maîtres et en justifiant la place de la psychologie scolaire dont il fut l'initiateur.

L'œuvre de Wallon dans l'éducation

À la Libération, ses responsabilités dans la réforme de l'enseignement se sont affirmées avec le « plan Langevin-Wallon » dont il a assuré la rédaction en tant que président de la commission ministérielle après la mort de P. Langevin en 1946, et son engagement dans le Groupe français d'éducation nouvelle (GFEN) a concrétisé son souci permanent d'être à la fois homme de terrain et homme de recherche. Dans ce dernier rôle, la fécondité de ses approches, si elle a été en partie éclipsée par l'œuvre monumentale de J. Piaget, a contribué aux progrès continus de la psychologie de l'enfant en inspirant des auteurs aussi différents que Spitz, Zazzo, Ajuriaguerra, ou en trouvant un écho très actuel dans le champ de la compétence sociale de l'enfant. La création de la revue *Enfance*, dont il a eu l'initiative, illustre sa volonté de donner la possibilité aux chercheurs de publier leurs travaux de psychologie et d'établir des liens étroits entre psychologie et éducation.

BIBLIOGRAPHIE

H. Wallon, *De l'acte à la pensée*, Flammarion, 1978.

H. Wallon, « Psychologie et éducation de l'enfance, buts et méthodes de la psychologie », *Enfance*, numéro spécial, 1985.

H. Wallon, *Les Origines de la pensée chez l'enfant*, PUF, 1989.

H. Wallon, *Les Origines du caractère chez l'enfant*, PUF, 1993.

H. Wallon, *L'Évolution psychologique de l'enfant*, Armand Collin, 1995.

➤ **Voir aussi** Mouvements pédagogiques, Orientation, Psychologie scolaire, Piaget, Vygotski.

Z

ZONE D'ÉDUCATION PRIORITAIRE

Une nouvelle politique

Créées en juillet 1981, les zones d'éducation prioritaires (ZEP) apportent une orientation neuve dans la politique et dans la réalité quotidienne de l'éducation. À la conception d'une école unique dont les modalités sont semblables sur tout le territoire, on substitue celle d'une école dont les objectifs restent les mêmes pour tous mais dont les moyens et les modalités diffèrent en fonction des besoins et des lieux.

Certes, des expériences avaient déjà eu lieu en ce sens depuis les années 70 (Habitat et Vie sociale), à la Villeneuve de Grenoble par exemple, dont le maire avait pris une part importante dans la réflexion conduite sur ces problèmes. Mais pour la première fois on cherchait à ériger ces expériences en politique nationale.

Actuellement, en 1995, les ZEP sont régies par la loi du 10 juillet 1989 et la circulaire du 1er février 1990, complétée de la circulaire du 22 décembre 1990. Ces textes prennent acte des modalités et des difficultés de fonctionnement qui avaient pu être observées depuis leur création, notamment à partir des évaluations effectuées par les inspections générales en 1984 et 1988. Une autre évaluation a également eu lieu en 1992.

En parallèle, une politique de la ville a été élaborée et mise en œuvre, donnant lieu à la mise en place d'actions de « développement social des quartiers » (DSQ), devenues par la suite des actions de « développement social urbain » (DSU). Quels que soient les appellations et les développements de cette politique, elle s'est trouvée de plus en plus reliée à celle des ZEP. C'est pourquoi la politique des ZEP a dû prendre en compte ce nouveau contexte et être reprécisée.

L'organisation

Les zones ont été définies en tenant compte de facteurs qui permettent de situer les populations ; si les taux de redoublement, le nombre des orientations en SES ou en LP, etc. sont pris en compte, ce sont surtout les dimensions socioéconomiques et socioculturelles qui sont déterminantes : taux de chômage, revenu moyen, nombre de familles non francophones, familles monoparentales, taux de délinquance, équipements socioculturels ou sportifs, isolement, etc. On a souvent dit les inconvénients qui peuvent résulter d'une telle classification qui montrait du doigt les déficiences de certains sites ou de certains quartiers. Ce problème, s'il se pose encore, semble désormais quelque peu atténué.

Il incombe aux inspecteurs d'académie et aux recteurs de définir ces zones en fonction de ces critères. Ces zones doivent comprendre des écoles et des établissements de tous niveaux, de façon qu'il soit possible d'élaborer une véritable politique d'ensemble sur toute la scolarité d'un jeune. Toujours dans le même souci d'efficacité, leur taille doit être raisonnable, c'est-à-dire telle que les acteurs aient véritablement la possibilité de se connaître, d'élaborer et de suivre ensemble une politique réaliste et cohérente.

La liste des ZEP est arrêtée par le recteur après consultation des organismes paritaires.

Il y avait 362 ZEP en France à l'origine ; il y en a actuellement 558, concernant 11,3 % des élèves de l'enseignement public (France et départements d'outre-mer). En janvier 1994, les recteurs avaient été invités à aménager le réseau des ZEP et à infléchir leur politique en ce domaine si besoin en était.

Les ZEP sont chacune sous la responsabilité d'un « responsable de zone », le plus souvent un chef d'établissement ou un IEN, choisi par l'inspecteur d'académie. Par ailleurs, un « coordonnateur » est plus spécialement chargé de l'animation interne, les relations avec l'extérieur étant, en théorie du moins, davantage du ressort du « responsable de zone ».

Chaque ZEP a un conseil de zone, composé des chefs d'établissement et autres représentants des diverses catégories des personnels de l'éducation qui peuvent avoir à connaître de ces questions. En fonction des besoins et des motivations, d'autres personnes peuvent y siéger (membres de la municipalité, représentants d'associations et/ou d'autres ministères, etc.). C'est ce conseil qui veille à la mise en œuvre du projet et en tire le bilan.

Enfin, un groupe de pilotage académique ou départemental, placé selon le cas auprès du recteur ou de l'inspecteur d'académie, établit la politique générale à tenir et en suit l'exécution.

Les zones d'éducation prioritaires sont inégalement réparties sur le territoire. Elles sont de plus en plus souvent en adéquation avec les zones définies pour le développement urbain. C'est ainsi que l'on notera que les zones les plus sensibles sont situées dans des départements fortement urbanisés : le Nord, le Pas-de-Calais, la Moselle, le Rhône, les Bouches-du-Rhône, la Haute-Garonne et tous les départements de la Région parisienne. Toutefois, il existe des ZEP rurales dont les problèmes sont généralement différents mais qui n'en sont pas moins aigus et réels. Ces dernières ZEP sont au nombre de 32 et ne représentent que 4,5 % de l'ensemble.

Les personnels qui exercent en ZEP n'ont pas forcément choisi ces postes et ils s'y trouvent souvent par le hasard de leur barème et des nominations. Ils ne souhaitaient donc pas toujours y rester plusieurs années, ce qui n'était pas pour favoriser l'organisation des équipes de terrain sans lesquelles le suivi des projets ZEP n'est pas possible. C'est pourquoi un certain nombre de dispositions ont été prises afin de les aider à se fixer plus longtemps sur place. Ainsi, depuis 1990, il leur est attribué une prime spécifique (l'indemnité de sujétions spéciales ou ISS). En outre, leur affectation sur ces postes leur permet d'acquérir une bonification de leur barème (NBI, la nouvelle bonification indiciaire) qui doit faciliter leur mutation, après un certain temps, vers un poste qui les intéresserait davantage. Il faut remarquer cependant qu'un certain nombre d'enseignants, peu attirés a priori par ce genre de poste, ont pris intérêt à ce nouveau style de travail et sont devenus très actifs, voire moteurs dans les actions ZEP.

La mise en œuvre

L'objectif essentiel des ZEP est de permettre à tous les jeunes d'obtenir de meilleurs résultats scolaires. Selon les endroits, cet objectif peut être atteint grâce à des sous-objectifs différents, en fonction des moyens et des compétences disponibles. C'est pourquoi il a été estimé nécessaire d'élaborer des projets propres à chaque zone, eux-mêmes articulés sur les projets d'école et d'établissement basés sur une analyse précise des données, des moyens et des problèmes locaux, projets qui doivent également faire état de l'engagement des autres partenaires. C'est sur cette base que des moyens spécifiques peuvent être obtenus. Ces projets sont prévus sur trois ans mais des amendements peuvent éventuellement leur être apportés en cours d'exercice.

Les crédits sont affectés à chaque ZEP en fonction des projets proposés. Souvent, ils sont délégués à un établissement support, collège ou lycée. Les crédits servent à renforcer l'action éducative, en particulier le soutien, les études, en plus des Fonds d'aide à l'innovation et des Projets d'action éducative. Viennent s'adjoindre à ces crédits mis en place par les instances administratives compétentes, éventuellement par le FAS (Fonds d'action sociale pour les travailleurs immigrés et leurs familles qui, étant donné l'environnement le plus fréquent des ZEP, est très souvent partie prenante), d'autres crédits qui peuvent être attribués par la municipalité, le conseil général ou régional, les associations diverses.

Il faut toutefois souligner que si les ZEP, sous certaines conditions, peuvent prétendre à des moyens supplémentaires, ceux-ci ne sont pas automatiques. Dès le départ, cependant, il avait été spécifié que les ZEP devaient être particulièrement prises en compte lorsqu'il s'agissait d'implanter des équipements ou des structures valorisantes : sections de techniciens supérieurs, laboratoires de langues, équipements informatiques, sections sport-étude, enseignement précoce des langues vivantes, etc. L'implication des divers acteurs et des enseignants en particulier est absolument essentielle et doit conduire à une révision des pratiques et des attitudes.

Les projets

Même si les ZEP sont toutes différentes, dans la mesure où l'échec scolaire est la préoccupation dominante, on retrouve des constantes dans les divers projets. Ainsi, l'accent est généralement mis sur la communication avec l'ensemble des adultes et sur l'ouverture des établissements. En ce qui concerne l'enseignement lui-même, toutes les actions qui peuvent permettre l'amélioration de la lecture, de l'expression écrite ou orale sont privilégiées et on remarque alors les nombreuses innovations mises en place par les enseignants qui ont recours, selon les moyens dont ils disposent et les collaborations qu'ils peuvent obtenir, à des activités diversifiées qui visent à motiver les élèves et qui changent des méthodes dites traditionnelles : visites de musées, travail avec des écrivains et des conteurs, ateliers conduits avec des journalistes soit de la presse écrite, soit de la presse audiovisuelle. On cherche également à créer ou à renforcer l'autonomie des élèves par rapport au savoir ou à leur environnement en leur donnant des responsabilités.

Il est clair que c'est la qualité des résultats scolaires qui permet de vérifier que les méthodes utilisées portent bien leurs fruits ; c'est pourquoi le résultat des élèves aux tests passés en CE2 et en 6e peuvent être des indicateurs précieux de leur évolution en ce domaine ; encore convient-il d'exploiter ces données avec la prudence nécessaire.

BIBLIOGRAPHIE

Rapports conjoints de l'Inspection générale de l'administration et de l'Inspection générale de l'Éducation nationale, 1984, 1988, 1992.

Circulaire du Premier ministre, 22 mai 1989.

Décret n° 90-806 du 11 septembre 1990.

Lettre du Premier ministre aux préfets de région, 22 décembre 1990.

A. Bourgarel, *Travailler en ZEP*, CDDP de Versailles, Hachette, 1991.

« L'évaluation des zones d'éducation prioritaires », *Les dossiers d'Éducation et Formations*, n° 14, Direction de l'Évaluation et de la Prospective, septembre 1992.

➤ Voir aussi Difficulté (enfants en), Évaluation, Projet.

Liste des sigles

AFL : Association française pour la lecture.
ALEFPA : Association laïque pour l'éducation et la formation professionnelle des adolescents.
ANCE : Association nationale des communautés éducatives.
APAJH : Association pour adultes et jeunes handicapés.
ARIP : Association pour la recherche et l'intervention psychosociologiques.
AROEVEN : Association régionale des œuvres de vacances.
ARVE : Aménagement des rythmes de vie de l'enfant.
ATOSS : (Personnel) administratif, technique, ouvrier, de service et de santé.
BCD : Bibliothèque centre documentaire.
BEP : Brevet d'études professionnelles.
BEPC : Brevet d'études du premier cycle.
BOEN : Bulletin officiel de l'Éducation nationale.
BUS : Bureau universitaire de statistiques.
CAEA : Certificat d'aptitude à l'enseignement en école annexe et dans les classes d'application.
CAFIMF : Certificat d'aptitude à la fonction d'instituteur-maître formateur.
CAMSP : Centre d'action médico-sociale précoce.
CAP : Certificat d'aptitude professionnelle.
CAPSAIS : Certificat d'aptitude aux actions pédagogiques spécialisées d'adaptation et d'intégration scolaires.
CAPUC : Certificat d'aptitude professionnelle par unités capitalisables.
CAT : Centre d'aide par le travail.
CATE : Contrat d'aménagement du temps de l'enfant.
CCPE : Commission de circonscription préélémentaire et élémentaire.
CCSD : Commission de circonscription pour le second degré.
CDDP : Centre départemental de documentation pédagogique.
CDEN : Conseil départemental de l'Éducation nationale.
CDES : Commission départementale d'éducation spéciale.
CDI : Centre de documentation et d'information.
CEC : Centre éducatif et culturel.
CEG : Collège d'enseignement général.
CEMEA : Centre d'entraînement aux méthodes d'éducation active.
CEP : Certificat d'études primaires.
CES : Collège d'enseignement secondaire.
CFC : Conseiller en formation continue.
CFG : Certificat de formation générale.
CIEP : Centre international d'études pédagogiques.
CIO : Centre d'information et d'orientation.
CIPPA : Cycle d'insertion professionnelle par alternance.
CLIS : Classe d'intégration scolaire.
CMPP : Centre médico-psychopédagogique.
CNAM : Centre national des arts et métiers.
CNDP : Centre national de documentation pédagogique.
CNED : Centre national d'enseignement à distance.
CNIL : Commission nationale informatique et libertés.

CP : Cours préparatoire.
CPA : Classe préparatoire à l'apprentissage.
CPAIEN : Conseiller pédagogique auprès de l'inspecteur de l'Éducation nationale.
CPC : Conseiller pédagogique de circonscription.
CPPN : Classe préprofessionnelle de niveau.
CPR : Centre pédagogique régional.
CRDP : Centre régional de documentation pédagogique.
CSAIO : Chef des services académiques de l'information et de l'orientation.
CSE : Conseil supérieur de l'éducation.
CUCES : Centre universitaire de coopération économique et sociale.
DAET : Délégué académique à l'enseignement technique.
DAFCO : Délégué académique à la formation continue.
DDEN : Délégué départemental de l'Éducation nationale.
DSDEN : Directeur des services départementaux de l'Éducation nationale.
EAO : Enseignement assisté par ordinateur.
EPLE : Établissement public local d'enseignement.
EPS : École primaire supérieure.
FOL : Fédération des œuvres laïques.
GAPP : Groupe d'aide psychopédagogique.
GFEN : Groupe français d'éducation nouvelle.
GPLI : Groupe permanent de lutte contre l'illettrisme.
ICEM : Institut coopératif de l'école moderne.
IGEN : Inspecteurs généraux de l'Éducation nationale.
IMP : Institut médico-pédagogique.
IMPRO : Institut médico-professionnel.
INFA : Institut national de formation des adultes.
INRP : Institut national de recherche pédagogique.
IPR : Inspecteur pédagogique régional.
IPT : Informatique pour tous.
IUFM : Institut universitaire de formation des maîtres.
IUT : Institut universitaire de technologie.
MAFPEN : Missions académiques de formation des personnels de l'Éducation nationale.
NTIC : Nouvelles techniques d'information et de communication.
OCCE : Office central de la coopération à l'école.
OCDE : Organisation de coopération et de développement économique.
OFAJ : Office franco-allemand pour la jeunesse.
ONISEP : Office national d'information sur les enseignements et les professions.
OSSU : Office du sport scolaire et universitaire.
PAE : Projet d'action éducative.
PAF : Plan académique de formation.
PDF : Plan départemental de formation.
PEE : Projet éducatif européen.
PEI : Programme d'enrichissement instrumental.
PST : Promotion supérieure du travail.
RASED : Réseau d'aides spécialisées aux élèves en difficulté.
SEGPA : Section d'enseignement général et professionnel adapté.
SES : Section d'éducation spécialisée.
SESSAD : Service d'éducation et de soins à domicile.
UFOLEP : Union des fédérations des œuvres laïques d'éducation physique.
UNSS : Union nationale du sport scolaire.
UPI : Unité pédagogique d'intégration.
USEP : Union sportive de l'enseignement primaire.
ZEP : Zone d'éducation prioritaire.

Index

Aubin Imprimeur
LIGUGÉ, POITIERS

Achevé d'imprimer en avril 1999
N° d'impression L 57959
Dépôt légal avril 1999 / Imprimé en France